Abattoir Fermé:
ANATOMIE / ANATOMY
-tien jaar slachten-
-ten years of slaughter-

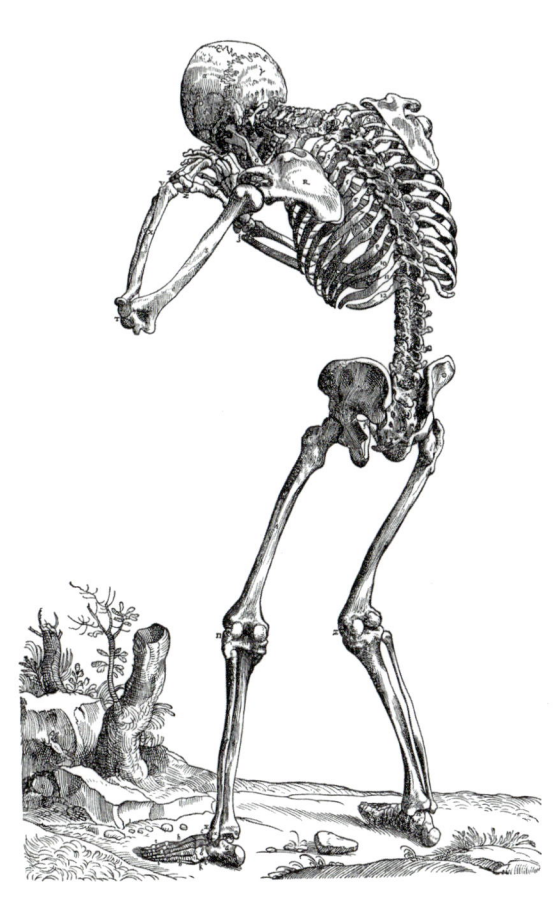

LANNOO

opgedragen aan / dedicated to

Pol Dehert
souteneur, inspirator en alchemist
pimp, source of inspiration and alchemist

en

Dirk Verstockt
om 't handje vast t' houden en ons tegen de kont te schuppen
for holdin' our hands and kickin' our arses

DOORSNEDE / CROSS SECTION

VOORSCHOUWING / PROLOPSY
Wilfried Pateet-Borremans

ORIGINS
Yves Desmet
Nick Kaldunski
Axel Doumen
Elke Van Campenhout
Mark Cloostermans
The Realm of Things Past
Roel Verniers

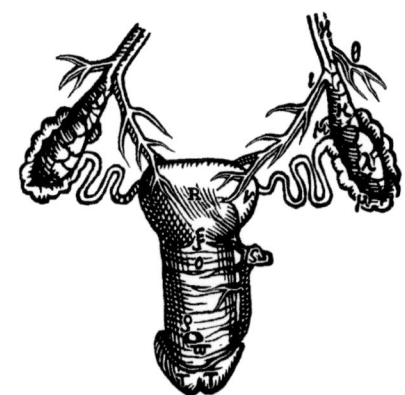

TALKIES
Jonas Govaerts
Martin Schouten
Vett Lexter
Wouter Hillaert
Wilfried Pateet-Borremans
The Realm of Sound
Christian Biet
Jan De Smet

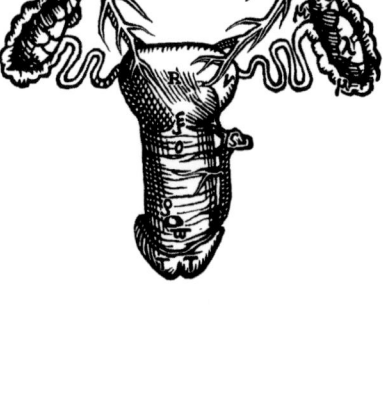

SILENTS
Patrick Bonté
Karel Vanhaesebrouck
Cis Bierinckx
Kristien Van Driessche
The Realm of Sense
Kevin Doyle

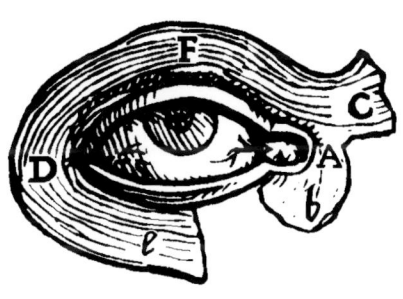

SPARKS
Marc Didden
Ad-Harry Shredder
Bram De Cock
Raffael Pascoe
The Meta-Realm
Stef Bos

APPENDIX

ARCHIEF / ARCHIVE

COLOFON, RECHTEN, MET DANK
COLOPHON, COPYRIGHTS, THANK YOU

Galilea,
12 april 2009

Wat een vreselijke hoop bijeengesprokkeld academisch strontmateriaal dat voor een boek moet doorgaan!
Gelukkig ben ik er om de boel op te tillen naar een degelijk niveau met deze braakwaterval van een voorschouwing ...

En dat terwijl ik bezig ben met men nieuwe project. Ik ga mezelf omgekeerd met men ballen aan een kruis nieten. Als ik dood ben, zal ik herrijzen en dan mág de Vlaamse Opera een *Messiah* voor me ensceneren en ik sta erop dat men rol wordt ingevuld door Herbert Flack. Laat ik de eerste zijn om met rotte tomaten te gooien.
Mwhoehahaha!!!

Waar te beginnen?
Ik zou het kunnen hebben over de zin of onzin van het ensceneren van repertoire, of het overaanbod, of de ondersteuning van jonge makers of de pecuniaire verdeling in subsidierondes. Maar daar heb ik geen zin in. Ook niet in een lofrede voor die bende geperverteerden uit Mechelen en ik heb het niet over het Mechelse stadsbestuur, maar over die slachthuisclub die nog steeds probeert toneeltje te spelen.
SUKKELS!

Mijn vrouw. Is dood. Op haar begrafenis heb ik van het begin tot het einde staan lachen, zo verdrietig ben ik. Nu dat kreng de wormen dient, rest mij alleen nog theater om te slaan en te snijden. Theater, men liefde, men vreugde, dat afschuwelijk beroep.

Bij het lezen van een eerste worp van dit excuus dat moet doorgaan voor een 'boek', was ik van plan af te wachten tot het hele lot geramsjt wordt om het dan op te kopen en in de fik te steken.
Een schande is het. Pagina na pagina vol gezwets dat alleen maar bijdraagt tot de verdere erosie van de literatuur.

Galilea,
April 12th, 2009

What a stinking pile of academic shitsausage that has to pass for a book! Luckily I'm here to bring this material to the level of genius with my vomitorious prolopsy ...

And all that while I'm working on my new project in which I will staple my balls to a wooden cross in an upside down crucifixion kind of way. And when I am dead, I will resurrect majestically so that the Flemish Opera can mount a *Messiah* in my honour. I will insist that my part will be played by Herbert Flack.
Let me be the first to throw rotten tomatoes.
Mwhoehahaha!!!

Where to begin? I could talk about the sense or nonsense of staging repertoire, about over abundance, about supporting young artists or the pecuniary division of government grants.
But I don't feel like doing any of that. Also I don't want to go into a laudatory speech about that useless bunch of perverts living in Mechelen and I'm not talking about the city council, but about that slaughterhouse club who are still pretending to make theatre. **LOSERS!**

My wife. Is dead. At her funeral I laughed from the beginning to the end, that's how sad I am. And now that this bitch is serving only the worms, all that remains is theatre to hit and cut. Theatre, my love, my joy, that awful profession.

When reading the first draft of this excuse that has to pass for a book, I intended to wait until the books would be marked down so I'd buy all of them and make myself a giant bonfire. It's shameful. Page after page of gibberish which only adds to the further erosion of literature.

Alleen de woordjes van de titelbladen inspireren me.

Origins, Talkies, Silents en Sparks.

Met men scherp mes snijd ik door de anatomie van dit vleesboek en door met men handen diep in het lijf te graaien kom ik bij de essentie, dieper en dieper in de met bloed besmeurde ziel van het misvormde beestje.

De 'origins' zijn het zaad en de aars. Het spuiten en kliederen, het schijten op een doek. Het primordiale spelen en zoeken. Een eerste zoektocht naar verhaal, naar mensen, naar inhoud.

Met men chirurgenmes snij ik de oren van de kop en naai ze diep de darmen in, zo zijn de 'talkies'. Scherpe zinnen met woorden die tot in de onderbuik snijden. Het is taal geven aan ideeën via het gesproken woord. Maar ook aan ideeën in de zwangere stiltes tussen zinnen.

De 'silents' zijn vergeilde beelden die zich opdringen aan de oogbioscoop en het geslacht vol bloed pompen. Fantasma's en perverzen die zich tegen het lijf aanschurken en wachten om bezwangerd te worden door menige gretige blik. Hoe wijd staat de hellepoort open en op hoe een kleine kier staat de deur naar het paradijs?

En dan zijn er de 'sparks'; dat is het hart.
Het kloppende hart!
De zijprojecten die alles levend houden, de elektrische vonk die leven geeft aan het monster, de naam van God in het voorhoofd van de golem gekerfd, de autobatterij met klemmen op verschroeide tepels geschroefd. Het vuur, de vonk, de sparks,

het hart. Het hart!

Wat hou ik van vuur, men vrienden. Wat graag zou ik de wereld in brand steken. Uit een tot houtskool vergaan bos rijst soms de mooiste flora, al moet daarbij een hert of twee het leven geven. En geloof mij dat niemand meer dan ik tranen laat wanneer Bambi's moeder sterft, maar die prent wordt vanaf dan des te mooier.

Only some of the words on the title pages inspire me.

Origins, Talkies, Silents and Sparks.

With my knife I cut through the anatomy of this flesh-book and by groping with my hands deeply into its body, I get closer to its essence, deeper and deeper in the blood-smeared soul of this cripple beastie.

The 'origins' are the semen and the anus. To ejaculate and mess about, taking a shit on a canvas. The primordial playing and seeking. A first quest for story, people and content.

With my surgical scalpel I cut the ears from the head and sew them deep in the guts, these are the 'talkies'. Sharp sentences with words cutting you deep in the colon. It's about giving language to ideas by spoken word. But also to ideas that live in those pregnant silences between sentences.

The 'silents' are horny images that press themselves unto the eye-cinema and vehemently pump blood through the sex. Phantasms and perverse verses rub themselves against the body waiting to be impregnated by many eager glances. How wide open are the gates of hell and how narrow is the gap to paradise?

And finally there are the 'sparks'; which is the heart.
The beating heart!
All these projects on the side that keep things alive, the electric spark that brings life to the monster, the name of God carved in the head of the golem, the car battery with clamps screwed to scorched nipples. The fire, the sparks,

the heart. The heart!

And how I love fire, my friends. How I would love to set the world ablaze. From a forest turned to charcoal sometimes rise the most beautiful flowers. So what if a deer or two must give their life in the process? There is no one who sheds as many tears as I do when Bambi's mother dies, but doesn't that film become all the more beautiful from then on?

In myth, in folklore and art it is the jester that establishes anarchy. The fool as the sworn enemy of the establishment. But that same dickhead also has a positive side; he incarnates the primitive energy boiling in the deepest part of our psyche, without which our lives would be boring and dull. He is Prometheus, fantasy incarnate, the bringer of fire.

Hell yeah! The homo ferus or wild-man, the crazy one that turns the world topsy-turvy. Such is the role that has been parted to me. Displeased am I, that this ten-year birthday of Abattoir will be celebrated with only three of my hundreds of plays. Pffft! The Chaos-trilogy, which I'll have you know, I'll be directing myself. How strange it will be for an audience that jumped on the theatre-train somewhere between stations *Tourniquet* and *Snuff*. How scared all these little people will be, when they'll look up and see me in all my vitality. And so must it be.
A high mass, where I as a high priest at the altar will swing my scalpel about in a highly spectacular fashion. Slaughter! Slaughter! Slaughter!

One more thing. Listen.
In one of the books of my late library, thousands I have given to the Vernadsky National Library of Ukraine in Kiev with each time the last page missing, there is an article about the syndrome of Cotard. A terrible neurological ailment, one thinks he's dead or that blood or organs are missing. The affliction is attended with depersonalisation. There is no lust and the patients feel as though they are doomed eternally. Personae who languidly drag themselves through a universe dictated by a higher force. The living dead seeking that which he has not by invoking actions or images from 'reality' and the subconscious. Looking for meaning, action and image is ritualised and on occasion a hypnotic *maelstrom* might come into existence.

This all sounds too familiar when I look at the phantasmagoria of this flighty club from Mechelen. I wonder if those sickly scrawny girls and stinking gay-boys from the Abattoir have dramaturgically based their oeuvre upon this syndrome. Suppose; a neurological ailment as a basis for ten years of theatre.

Hell yeah. If this is indeed part of Abattoirs anatomy, then I quiver in excitement when thinking of doing an autopsy in a few years. O, cutting is my work, again and again, and digging deep with dirty hands, deeper and deeper.

And now I will stop writing this regurgitated pellet. At twelve I have to go get an honorary doctorate and in the late afternoon an order in knighthood awaits me.

Mwhoehahaha!!!

Sincerely,

Wilfried Pateet-Borremans

Wilfried Pateet-Borremans, the enfant terrible of theatre, began his illustrious career as an explorer and professional bowler. He directed a few hundred plays and is the author of the bestseller Theatre of Rage. *He was also the artistic director of the cult theatre company Shotgun Bride. Borremans lives partly in Blaasveld, Israël and Okinawa.*

Borremans bezoekt de Man Rayretrospectieve in het Los Angeles County Museum of Art (1966)

I. ORIGINS

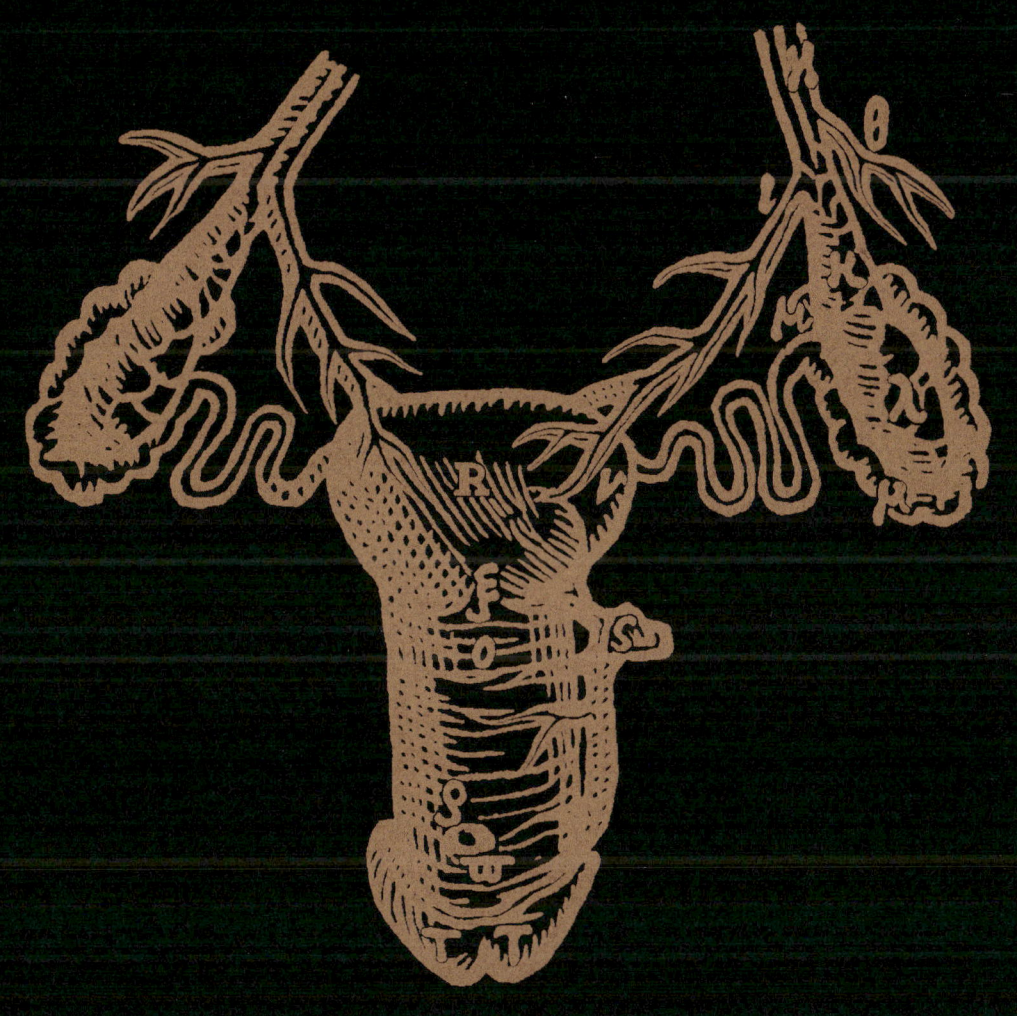

zaterdag, oktober 30, 2004

God = Dog

Uit een kleine witte stip, creëerde God de ruimte. Of eerder; creëerde de ruimte zichzelf. Toen hij zoveel tijd later nog eens ging kijken vond hij de aarde. En met een bouwpakketje schiep hij de aap.
Met zijn kleine goddelijke piemel verwekt hij een kind.
Oedipuscomplex. Kind neemt Koninkrijk Gods over en schept eigen wereld. Schept vrouw, schept moeder. Schept wereld waar tijd stilstaat. STOP.
Kind naait Vader in zijn veilige vriend. God = Dog.
Ik was in de ban. Ik ben nog steeds onder de indruk. Abattoir Fermé; de eerste 16 stukken gemist. Maar vanaf nummer 17 draai ik mee. Ik Ben Fan.

- http://drowsydyke.blogspot.com

Het Warme Hart van de Wereld (2002), blz. 43, 45, 50
Ontucht in het stadje M. (2000), blz. 46-47, 50, 51, 54
De Ongewervelden (2000), blz. 48-49, 52-53, 54-55
Lagere Dieren (1997), blz. 51
Salomé (1999), blz. 54
De Jacht op de Snark (1999), blz. 56
De Invertebrae (2001), blz. 56, 57
Schneeweiss im Schwarzwald (2001), blz. 57
Raah Lucie Raah (2001), blz. 57
Marc & Betty (2001), blz. 57
Affiche *De Jacht op de Snark* (1999), blz. 58

Alle foto's © Stef Lernous

Sperma

Yves Desmet

Ergens, in de tijd dat theateracteurs nog spraken en Abattoir Fermé nog een amateurclubje was,
zat ik in een ijskoude, totaal onaangepaste en van de slechtst mogelijk akoestiek
voorziene Mechelse zaal naar een van de eerste voorstellingen van de groep te kijken.

Vraag me niet meer waarover het juist ging, maar het beeld van een emmer behangsellijm
die over de propere vloer werd uitgekieperd, waarna de acteurs dit metaforische sperma wegdweilden,
is me bijgebleven.
Alsook dat van een tiental toeschouwers die bij het zien van zoveel zedenverwildering de zaal verlieten.
Dan weet je altijd dat er iets gebeurd is, die avond in het theater.

Dat sperma droeg zoveel elementen van Abattoir in zich mee:
choqueren, maar niet alleen om te choqueren, zwarte humor, maar met wat hoop erin,
de absurditeit van het leven en de lach, de wanhoop en de waanzin die dat afwisselend met zich meebrengt.
Vragen stellen die iedereen verdringt, beelden oproepen die iedereen vermijdt,
rauw en ongegeneerd de essentie van het leven dissecterend.

Blijkbaar volg ik ze nu al tien jaar, verneem ik. We worden oud.
En stellen ons steeds meer vragen: Wanneer slapen Stef Lernous en zijn kompanen bijvoorbeeld?
Waarom moeten er ieder jaar grofweg tien producties gemaakt worden?
Waarom moeten die altijd goed, zeer goed of verbluffend zijn?
Mag er niet eens één keertje een complete mislukking tussen zitten?
Is er een film die die gasten nog niet gezien hebben?
Cinefiel, porno, horror, het maakt niet uit.
Het maakt niet uit. Van behangsellijm tot cultuurprijswinnaar, laat het nog maar eens tien jaar duren.

Ik probeer er geen enkele te missen.

Yves Desmet is theaterbezoeker, hobbykok en commentator van De Morgen.

I. ORIGINS

BRIEF AAN DE KONING DER BELGEN

Koninklijk Paleis
Brederodestraat 16
B-1000 Brussel

Mechelen, 18 mei 2009.

Majesteit en Koningin,
Uwe hoogheden Meneer Albert en Mevrouw Paola,
Maar ook Filip en Mathilde;
Prinses Elisabeth en Prinses Eléonore,
En de jongens Prins Gabriël en Prins Emmanuel,
Mevrouw Astrid en Meneer Lorenz,
Kleine Amedeo, Maria Laura, Joachim, Luisa Maria en Laetitia Maria,
Prins Laurent en Prinses Claire,
En de kids Louise, Nicolas én Aymeric,
Enfin, U Allen dus

Het verheugt ons om U, de koninklijke familie van het zeer geliefde vaderland, op de hoogte te stellen van een belangrijk feest dat een groot deel van Uw bevolking met jolijt en vreugde vervult, zijnde de tiende verjaardag van 's lands meest geliefde theatergezelschap Abattoir Fermé, en ook om U niet zonder enige schroom – al is die overbodig, want het is niet in onze naam, maar in die van vele fans en landgenoten – te vragen om Uw nederige dienaren, de leden van het Abattoir Fermé, tenminste als het U behaagt, te willen overwegen voor een Grootkruis in de Kroonorde voor bewezen artistieke diensten aan de koning en het vaderland.

Het palmares van Abattoir Fermé vanaf 2002 tot nu is genoegzaam bekend. Teneinde echter ook enige klaarheid te willen scheppen in de waas van mysterie die de vroegere jaren van het Abattoir omhult en in de hoop daarmee de kandidatuur voor het Grootkruis (maar een andere medaille uit de Kroonorde is ook goed) kracht bij te zetten, verzamelen wij graag voor U enige belangwekkende feiten en gedachten uit het grote geschiedenisboek dat de archivaris bijhield zo tussen 1999 en 2001. Flashbacks uit de tijd toen de dieren nog spraken kortom, en zij deden dat vaak in lange monologen en met Mechelse tongval.

LETTER TO THE KING OF THE BELGIANS

The Royal Palace
Brederodestraat 16
B-1000 Brussels

Mechelen, 18th May 2009.

Your Majesties the King and Queen of Belgium,
Beloved Royal Highnesses, Sir Albert and Lady Paola,
But also Filip and Mathilde,
Princess Elisabeth and Princess Eléonore,
And the boys Prince Gabriël and Prince Emmanuel,
Mistress Astrid and Mister Lorenz,
The li'l ones – Amedeo, Maria Laura, Joachim, Luisa Maria and Laetitia Maria,
Prince Laurent and Princess Claire,
And the kids Louise, Nicolas ánd Aymeric,
Anyways, all of You, that is,

It is with great pleasure and affection that we wish to inform You, the Royal Family of our much-beloved mother country, of a most important upcoming celebration that has the hearts of a vast portion of Your population filled to the brim with utter joy and delight; this event being of course the tenth anniversary of this country's most beloved theatre company, Abattoir Fermé; whilst also to take the opportunity of this jubilee to ask You humbly and not without a certain degree of reserve – even though any discomfort is really needless here, since we are not applying for ourselves but merely on behalf of millions of fans and fellow-countrymen – anyway, to ask You, that is if it should please You, to consider Your modest servants, the members of the Abattoir Fermé, for a presentation of the Crown Order's Grand Cross medal, rewarding highly esteemed artistic merit for King and Country.

Abattoir Fermé's track record from 2002 onwards has been widely known and recognized. But so as to also shed some light on the company's early years, which until now have been shrouded in mystery, and in order to lend more cogency to our application for the Grand Cross (though a different medal in the Crown Order range would be equally satisfactory), we are delighted to present to you some memorable facts and thoughts from those records compiled by the archivist between, say, 1999 and 2001. Flashbacks from once upon a time when the animals could speak, if you will, and they often did so in long monologues, heavy on the Mechelen accent.

Blackness. Darkness.
A beginning is a very delicate time.
There is only darkness.
Nothing but black. Black soil. Everywhere.
A world filled with soil. Metre upon metre. Mountain upon mountain.
The sky. Clouds of soil, slowly passing in the black sky.
And in the back, a black sun. Radiant darkness upon a black soil.
- Albert Van Nuffelen in *Misery*.

It all begins with a certain gentleman named Stef – Stefan in full – Lernous. The initiator and later artistic director of Abattoir Fermé began his professional career around 1991 in unexpected territories. Around that time, Stef – Stefan, if you will – was subsequently employed by an antique store, a hotel, various video rental shops, a wholesale business in terrariums and one of the first Belgian mobile phone stores. Not taking into account a ten-year-long diet of watching three films per day, Stef/Stefan picked up the scent of the arts through a film role in *La vie sexuelle des Belges* (1994), classical ballet lessons in the town of Kontich and a scriptwriting workshop led by Stuart Gordon in Pasadena. The earliest traces of what would later develop into Abattoir Fermé can be found around 1995, when Stef(an) was drifting about on the local amateur scene as an actor and guest director. Notwithstanding the large number of active companies it was clear, truth be told, that the heydays of the Mechelen amateur theatre scene had long since passed. But despite this situation, Lernous happily appeared in a variety of two-penny excuses for a play, such as Herman van Veen's *Jukebox* and Neil Simon's *Brighton Beach Memoirs*, flanked in the latter by yours truly. Also dating from this period are Lernous' adaptation of Kroetz and unsurpassed Dutch translations of Mamet's *Sexual Perversity in Chicago* and Nicky Silver's *The Food Chain* and *Fat Men in Skirts*.

The first official predecessor of Abattoir Fermé as an independent company is called *Het Walgen* (*The Disgust*) and its first and only exploit would be *Lagere Dieren* (*Lower Animals*, 1997) – an homage to freakshows and amphibians. The poster image for this first-fruit is a pious photograph of one of Lernous' estranged aunts, taken around 1960 on the occasion of her holy communion. (The aunt in question unexpectedly showed up and failed to see the humour of it. What a pity that was.) Around the same time, Lernous also adapted and directed a version of *Salome* (1998), in which a sensually dancing debutante (not counting two years of failed drama education), Tine Van den Wyngaert, is flanked by two SS-dogs wearing pig masks while constrained by an S&M-style leash. That, at least, is how the archivist will always remember

I. ORIGINS

hoe de archivaris zich dit bijzondere staaltje Vlaams culttheater later zal herinneren.

Reeds in deze eerste, veeleer officieuze voorstellingen tekent zich een bondgenootschap van spelers af rond Lernous, een beweging die zich de volgende jaren zal herhalen en voortdurend vernieuwen. Jong gespuis, vaak rechtstreeks van de straat geplukt, in een innige omhelzing met *anciens* uit het Mechelse amateurcircuit, het was schoon en hartverwarmend om te zien.
In 1999 wordt het kind officieel boven de doopvont gehouden en krijgt het de schone naam mee die het in latere jaren tot ver buiten de eigen grenzen roem zal brengen. In geen tijd groeit Abattoir Fermé tot een bont gezelschap van een honderdvijftigtal spelers én muzikanten, aangeworven volgens het democratische principe van: 'Hebt ge goesting?'. Spraakgebreken, horrelvoeten en protestantse geloofsovertuiging vormen geen bezwaar.

(Enkel van dat laatste krijgt Abattoir rond 2001 enige spijt, wanneer een als Alice in Wonderland verklede protestante tijdens een repetitie met een schattige glimlach opmerkt dat *'jullie later allemaal zullen branden in de Hel. Hihi.'* Waarvan akte.)

Maar laten wij niet talmen, beste Majesteit en Koningin, lieve Prinsen en Prinsessen, en alras ons verhaal vervolgen.

Het oorspronkelijke plan is om Abattoir Fermé twee, maximaal drie jaar te laten bestaan, waarna alle leden van de *extended family* vadermoord zullen plegen en een eigen structuur beginnen. Al gauw ontstaan inderdaad subdivisies, die echter elk een kort leven zijn beschoren. In het jaar 2000 bijvoorbeeld ontdekken Stef, Tine en Nick dat verscheidene Mechelse politici lid zijn van een illustere loge en besluiten ze een soortgelijk genootschap op te richten. De exclusieve uitnodiging voor The Burned Ashes Club belooft een visie van Ken Russells *Salome's Last Dance*, die zal plaatsvinden *on Saturday the 12th at the stroke of midnight*. Tine geeft vele duizenden franken uit teneinde alle vier de genodigden te laten vertoeven *in the company of the finest cigars and cognac*. Hoewel Van den Wyngaert zich – het moet gezegd – met glans spiegelt aan Hare Majesteit in de rol van uitstekende gastvrouw, blijft het bij een eenmalige bijeenkomst. In dezelfde periode lanceren Stef en Nick een boekenclub, die evenmin van de grond raakt, wellicht vanwege de verplichting aan de leden om op 2 maanden tijd 26 klassiekers te hebben herlezen (van o.a. Nabokov, Burroughs, Kafka,

this curious sample of cult theatre in the Flemish underground.

Already in these first, rather unofficial performances one is able to discern a confederacy of actors around Lernous – a motion that throughout the company's history would often be repeated and renewed. Young riffraff, often plucked straight from the streets, in a loving embrace with the *anciens* from the Mechelen amateur scene, I can assure Your Royal Highness, it was a truly beautiful and heart-warming sight to behold.
The year 1999 saw the official inauguration of the company by means of that lovely name that will bring the ensemble fame and success far beyond the borders of its beloved native country. In no time Abattoir Fermé develops into a motley crew of about one hundred and fifty actors and musicians, recruited according to the democratic principle of '*D'you feel like it?*' and regardless of speech defects, clubfeet or a protestant conviction.

(Of this lack of conditions, only the latter will cause the company headaches when during a rehearsal around 2001, a protestant girl dressed up as Alice in Wonderland, comments that '*you will all burn in Hell anyway*', her darling smile in no way devaluating the sincerity of the remark.)

But let's not procrastinate, dearest Majesties, and continue our story without further ado.

Originally, the foreseen lifespan of Abattoir Fermé is set at two, maximum three years, after which all members of the extended family were to resort to patricide and develop or expand their own structures. In effect, very soon certain subdivisions spring to life, though all of these are granted rather short lives. In the year 2000, for example, Stef, Tine and Nick discovered that several Mechelen politicians were members of an illustrious society and they decided to form their own fellowship. The exclusive invitation to The Burned Ashes Club promised a screening of Ken Russell's *Salome's Last Dance*, taking place 'on Saturday the 12th at the stroke of midnight'. Tine spent thousands of francs – the currency at the time – so as to ensure all four invitees may dwell 'in the company of the finest cigars and cognac'. Although Van den Wyngaert, it must be said, is not an unfair match to Her Majesty when it comes to being the perfect hostess, it remains at the one meeting. Around the same time, Stef and Nick launched a book club that also failed to get off the ground, quite possibly because the membership conditions stipulated re-reading twenty-six classics of world literature in two months time, including inter alia Nabokov, Burroughs, Kafka, Milton, de Sade, Voltaire and Hitler. A musical enterprise is the Abattoir Fermé All Star Band, which made its memorable

Milton, de Sade, Voltaire en Hitler). Een muzikaal initiatief is dan weer de Abattoir Fermé All Star Band, die opgemerkt debuteert op de Maanrockrally van 2001. Highlight van deze set is *Placenta*, dat dankzij een pakkend rijm *(Rood, warm en blubber, 'k vind moederkoek super)* in de jaren daarop uitgroeit tot een meezinger onder Abattoir-ingewijden. En uiteraard zijn er vele feestjes (*The Big Kosher Party*), seizoensetentjes (*Abattoir Brunché*) en bovenal de *Nachten van de Waansmakelijke Film* (sic), eerst voor intimi ten huize Lernous, later voor een publiek in het Cultureel Centrum.

Abattoir Fermés eerste Officiële Theaterstuk gaat in première op negenentwintig oktober negentienhonderd negenennegentig en heet *De Jacht op de Snark*. Het beroemde epische nonsensgedicht van Lewis Carroll vormt de basis voor een bewerking die verhaalt over de bemanning van een schip die aanspoelt op een eiland en er op zoek gaat naar een mythisch wezen. Een cast van negen verbeeldt Belleman, Bakker, Beenhouwer, Bever, Bankier, Biljartmarkeerder, Badmeester, Bode en Bochelaar (eigenlijk Janneke Maan). Deze laatste is uitgedost in twee gebogen pvc-buizen met daartussen een geel doek gespannen en beweegt zich voort in een decor dat bestaat uit scheef opgehangen stukken gele en groene stof en varkenskarkassen op karton geschilderd. Het was prachtig om zien. Verder introduceert Tine Van den Wyngaert in deze voorstelling Björk in Mechelen door een persoonlijke impressie van *It's oh so quiet* te berde te brengen en verliest zij van dan af alle hoop om ooit normaal te worden gevonden.

Voor enkele aanwezige professionele amateurs, en wie zal hun dat kwalijk nemen, is het allemaal wel heel erg experimenteel. Na de première spreken sommigen van schande en 'labowerk'. 'Daarmee moogt ge niet naar buiten komen, en zeker geen inkom vragen', tekent de archivaris op, maar de rest van het massaal opgedaagde publiek vindt het allemaal geweldig. De aanwezigheid van de eerste live stripteaseact in de annalen van de Mechelse theatergeschiedenis is daar mogelijk niet vreemd aan. Halverwege de voorstelling script Van den Wyngaert vanuit haar beverkostuum naar een zwarte outfit waarop witte beenderen zijn geschilderd, die oplichten onder een blacklight en zo het effect van een dansend skelet creëren. Tijdens een van de voorstellingen dondert zo'n met gaffatape vastgemaakte spot naar beneden en mist op een haar na twintig oudjes van het Hanswijkkoor, die in een nis achter in het podium al kaartend zitten te wachten op het einde van de voorstelling, waarbij

debut at the 2001 Maanrockrally. The highlight of the set would be *Placenta*, a song which thanks to its catchy refrain (*Red, warm and goo; we love it, it's true*) would gain singalong status amongst insiders for many years to come. Finally, of course, there is room for parties (*The Big Kosher Party*), celebratory dinners (*Abattoir Brunché*) and above all the *Bad Taste Movie Nights*, at first among close friends *chez Lernous*, later as a public event in the Mechelen Cultural Centre.

Abattoir Fermé's first Official Theatre Performance had its opening night on the twenty-ninth of October nineteen ninety nine and was entitled *The Hunting of the Snark*. It is an adaptation of Lewis Carroll's famous and epic nonsense poem in which the crew of a ship drift ashore an island and set out on a quest for a mythical creature. A cast of nine impersonate Bellman, Boots, Barrister, Broker, Billiard-marker, Banker, Butcher, Baker, Beaver and The Hunchback (who is actually the Moon). The latter is quaintly rigged out in two bent PVC-pipes in between which a piece of yellow cloth is attached; he moves about in a set consisting of oblique pieces of yellow and green fabric and pig carcasses painted on carton. 'Twas truly an exquisite sight to behold. *The Snark* is also the performance in which Tine Van den Wyngaert introduced Björk to the Mechelen public by rendering a highly personal impression of *It's oh so quiet*, after which all hope of being considered 'a normal person' was forever abandoned.

To some of the professional enthusiasts present at the event, all of this is considered a tad too experimental, and who could blame them? After the performance, some were overheard whispering that it was a disgraceful laboratory piece; '*One should not present this in public, let alone charge admission for it*'. Duly noted. The rest of the audience however attended in droves and they all found it wonderful. This may or may not have had to do with the fact that the performance features the first live striptease-act in the annals of Mechelen's theatre history. Halfway through the performance Van den Wyngaert, who up until that point was wearing a Beaver costume (no pun intended), strips to a black outfit on which white bones have been painted, thus creating a dancing skeleton when lit by an ultraviolet tube. During the third performance, one of those lights, which had been strapped to the grid with merely a bit of household tape, fell to the ground and missed the Hanswijk Church Choir by an inch. This choir consisted of about twenty elderly people, who throughout the whole performance were silently playing cards in a back alcove of the stage, only to shuffle out front stage near the closing of the piece, when they sang a most heartfelt *Requiem* and thus concluded the performance. (Weeks

I. ORIGINS

ze naar voren mogen schuifelen om een ontroerend *Requiem* te komen zingen. (Als dankbetuiging voor hun medewerking gaat het verzamelde Abattoir later luisteren naar hun concert in de Hanswijkkerk.) Naast het koor zijn er ook elke avond vier special guests van een lokale dansschool present. Op een dood moment in het stuk komt ene Pedro een, toegegeven, veel te snel vertelde en onverstaanbare Spaanse anekdote in de microfoon roepen en zet hij met zijn danspartners *Mambo no. 5* in. *Bring the house down.*

Hoe dan ook lijkt met *De Jacht op de Snark* een niche ingevuld. Abattoir verzekert zich in de Dijlestad, die op veertig minuten tijd wereldberoemd in Vlaanderen wordt door één VTM-reportage over onrustwekkende criminaliteitsstatistieken, vrijwel onmiddellijk van een publiek en nauwelijks twee maanden na *De Snark* gaat *'t Kruipend Vlees* in première. Deze tweede productie is een stiekeme pastiche op het volkse theater *à la* Sierens dat op dat moment furore maakt en waar Stef – eigenlijk Stefan – graag een ei over kwijt wil. Theater over gewone mensen, aandoenlijk in hun stommigheid maar groots in hun geworstel met existentiële vraagstukken. *'t Kruipend Vlees* – het resultaat van twintig jaar caféonderzoek – wordt een monsterkomedie, gesitueerd in een Mechelse kroeg, die opent met een indrukwekkende tapdans van de cafébazin op een tweehonderd *beats-per-minute* tellend drum-n'-bassnummer van Aphex Twin en verder ontspoort tot op het punt waar de enige vaste tooghanger Zwette Gust de cafédochter tot bloedens toe misbruikt in de toiletten. Het was me daar spektakel.

't Kruipend Vlees is het eerste luik van een trilogie die later zal worden gevolgd door *Ontucht in het stadje M.* (2000) en *Het Hof van Leyden en Afzien* (2001, met remake in 2004). Een ander drieluik dat Abattoir in het gezegende jaar 2000 inzet is de Bijzondere Trilogie, die bestaat uit achtereenvolgens *De Invertebrae* (2000), *De Ongewervelden* (2001) en *De Beatificatie van Nul* (2002). Waar Abattoir in de Vleestrilogie de anekdotiek tracht te vatten van het-leven-zoals-het-is-maar-niet-op-tv, luidt de Bijzondere Trilogie een periode van vormelijk en dramaturgisch onderzoek in. Vertrekkend vanuit werk van respectievelijk Edward Gorey, Jean Ray en Robert Walzer maakt Abattoir Fermé drie voorstellingen over een kliek dadaïsten die samen een theatervoorstelling trachten te creëren en daar maar moeilijk in slagen. Het resultaat is eenmaal een gefragmenteerde *'soirée composée'* met liedjes, monologen en theatrale nonsens (*De Invertebrae*), dan een locatieproject over de macabere omzwervingen van een meisje

later the whole of Abattoir went to see their concert in the Hanswijk Church as an expression of gratitude for their co-operation.) Apart from the choir, the performance also boasted four special guests from a local dance school. At a certain point, a dead end in the story, a geezer named Pedro appears on stage, grabs a microphone and shouts an incomprehensible anecdote in Spanish, after which he and his dancing partners launch *Mambo no. 5*. Bring the house down indeed.

In any case *The Hunting of the Snark* seemed to strike a chord. Abattoir Fermé almost instantly guaranteed itself an eager audience in Mechelen, that lovely City by the Dijle which became infamous in Flanders in less than forty minutes time, all because of one (questionable) television report documenting alarming crime statistics. Merely two months after *The Snark*, a brand new performance called *The Creeping Flesh* has its first night. This second feat was a sneaky pastiche on the kind of theatre from the likes of Arne Sierens & Co, which were the fad at the time. Stef – Stefan, if you insist – wanted to get something off his chest about this form of theatre 'about common people', oh, those chaps and lassies continuously portrayed as adorably dim-witted, yet ever so grand in their struggle with deep existential issues. Thus *The Creeping Flesh* was born. It was announced as 'the result of 20 years of research in bars' and is a monstrous comedy set in a Mechelen pub. The performance opened with the innkeeper boasting an impressive tap dance on an Aphex Twin tune @ 200 BPM, and further derails up to the point where the sole barfly Filthy Freddie sexually abuses the lady's daughter in the toilet until she bleeds. What a spectacle it was.

Incidentally, *The Creeping Flesh* is to be the first part of a trilogy, followed by *Wanton Behaviour in the Town of M.* (2000) and *The Garden of Misery and Suffering* (2001, with a remake in 2004). Another triptych initiated in the year 2000 is the Curious Trilogy, consisting of *The Invertebrae* (2000), *The Invertebrates* (2001) and *The Beatification of Nought* (2002). Whereas the Meat Trilogy attempted to portray, rather anecdotally, a gutsy version of the 'This is your life, starring common people'-kind-of-theatre, the Curious Trilogy marks an era of formal and dramaturgical investigation. Starting from work by respectively Edward Gorey, Jean Ray and Robert Walzer, Abattoir Fermé presents three consecutive plays about a troupe of Dadaists who collectively try to create a play but have a hard time succeeding. The result is firstly a fragmented 'soirée composée' filled with songs, monologues and theatrical nonsense (*The Invertebrae*); the second time, a location project about a young girl's wanderings through purgatory (*The Invertebrates*); and finally something rather indescribable – but for more

door het vagevuur (*De Ongewervelden*) en in het derde geval iets onbeschrijflijks – maar daarover later meer. In deze voorstellingen experimenteert het Abattoir met nieuwe publieksopstellingen, livemuziek, niet-narratieve structuren, het idee van een oeuvre waarbij plotlijnen en personages worden voortgezet over producties heen, en het ressorteren van maximaal theatraal effect met vijfduizend frank productiebudget.

(Daarvoor kocht men, in die tijd, bijvoorbeeld één microfoon, twee halogeenspots en rijstpap voor driehonderd toeschouwers (*Het Nut van Nele*). Of een dozijn fopbrillen, één antieke theaterspot, drie doosjes witte en zwarte Snazaroo-waterschmink, stoelen en een zak bommakostuums uit de Kringloop (*De Regels van het Goor*).)

Het zou ons thans, beste Majesteiten, te ver leiden om alle producties en teksten die het Abattoir in deze intense periode produceerde per stuk te gaan bespreken. Wij kunnen voor deze kandidatuur volstaan met de vaststelling dat het gezelschap in drie jaar tijd meer dan twintig creaties aan het erfgoed der Vlaamse theaterliteratuur heeft toegevoegd met memorabele teksten als *Ontucht in het stadje M.*, *Het Hof van Leyden en Afzien* en de eenakters *Marc & Betty* en *Meiske in 't zwart*. Lernous, Kaldunski en Van den Wyngaert realiseerden in deze periode overigens ook een flink aantal bewerkingen en regies die niet onder de Abattoirvlag voeren maar stiekem bij amateurverenigingen werden binnengesmokkeld. Hoogtepunten hier waren o.a. een remix van *'t Kruipend Vlees* bij Playerwater en een bewerking van *Het begeren onder de olmen* van Eugene O'Neill voor Theater De Peoene. Het is inderdaad een goed bewaard geheim dat Abattoir Fermé de klassiekers uit het IJzeren Repertoire in het vizier had lang voor de hoofdletters werden gerecupereerd door bemoeizieke politici en inspiratieloze gezelschappen. Naast O'Neill ging Abattoir zo geregeld aan de slag met materiaal van Wedekind, Wilde, Carroll, Nabokov, Grimm, Mamet, Shakespeare, Schwab, Berkoff, van Warmerdam, Maeterlinck, de Coster en andere, enkel om er keer op keer op uit te komen dat ze ofwel (nog) niet ensceneerbaar waren (*Lulu*) of dat de cast het mes en de ganzenveer van Lernous verkoos boven het origineel (*Richard XXX*, *Ontucht in het stadje M.*). Of dat de artistieke noodzaak en de inspiratie van het moment toch meer werden gevoed door Marilyn Manson, John Waters, *The Texas Chainsaw Massacre*, Edward Gorey of *The Old Dark House* natuurlijk. Repetitieprocessen waren hoe dan ook trial-and-error en het Abattoir installeerde een roemrijke traditie

about that, see later on. In each of these performances Abattoir Fermé experiments with live music, non-narrative structures, the idea of a big body of work in which plots are extended and characters pop up in consecutive productions, alternative ways of seating the audience, and trying to gain maximal theatrical effect out of a production budget of five thousand francs.

(In those days, that would buy you one microphone, two wonky halogen lamps and rice pudding for an audience of three hundred (*What's the Use of Nele*, 2000). Or: a dozen dummy goggles, one antique spotlight, three tiny boxes of white or black Snazaroo facepaint, a few chairs and a bag of old woman's clothes from the second-hand store (*Sordid Rules*, 2001).)

It lies far beyond the scope of this modest application, dearest Majesties, to revisit every single production and written text that Abattoir Fermé has created during this intense period. Suffice it to say that the company added more than twenty new plays to the national heritage in three short years, among which are such memorable pieces as *Wanton Behaviour in the Town of M.*, *The Garden of Misery and Suffering* and the one-act plays *Marc & Betty* and *Girl in black*. Additionally, Lernous, Kaldunski and Van den Wyngaert also realized a considerable number of adaptations and stagings which were not officially stamped 'Abattoir Fermé', but were smuggled into a variety of amateur theatre companies. Highlights were the *Creeping Flesh*-remix version and an adaptation of Eugene O'Neill's *Desire under the Elms*. It has indeed been a well-kept secret that Abattoir Fermé already had a keen eye for classic repertoire plays long before recycling became fashionable again via meddlesome culture politicians or all those theatre companies lacking inspiration. Apart from O'Neill, Abattoir often set to work with material from the likes of Wedekind, Wilde, Carroll, Nabokov, Grimm, Mamet, Shakespeare, Schwab, Berkoff, van Warmerdam, Maeterlinck, de Coster and many others, often to conclude that the play could not be adequately staged (yet) – as was the case with *Lulu* – or that the full cast preferred the scissors and quills of Lernous above the original text (see *Richard XXX*, adapted from Shakespeare or *Wanton Behaviour in the Town of M.*, a free interpretation of *Lolita*). Or thirdly, of course, that the artistic urgency and the inspiration of the moment were rather sparked by Marilyn Manson, John Waters, *The Texas Chainsaw Massacre*, Edward Gorey or *The Old Dark House*… However it may be, every single rehearsal period was marked by trial and error, to a degree that Abattoir Fermé installed a rich tradition of texts that never made it to the stage, such as *Steaming Sex in the Working Class*, *The Dirty Opera*, *The Day Stef Died* and *Misery, the Sad and Gloomy Van Nuffelen Family Saga*. Also, the year 2000

I. ORIGINS

van wel-uitgeschreven-maar-niet-opgevoerde teksten als *Wilde seks in de werkende klasse*, *The Dirty Opera*, *De dag dat Stef stierf* en *Misère, of hoe de familie Van Nuffelen aan haar triest en meelijwekkend einde kwam*. Overigens zet Abattoir Fermé in 2000 ook een eerste poging tot langspeelfilm op de rails. *Beyond Redemption* komt bij gebrek aan financiën niet verder dan de *treatment* en een mooie affiche met een dood vogeltjesskelet en het ronkende 'a Liza Verlinden production', een mislukte poging tot vleierij bij Stefs moeder om een productiebudget af te troggelen.

U zal zich op dit punt in het relaas wellicht afvragen, beste Majesteit en Koningin en alle Anderen, waar precies in het Schone Mechelen zich al deze eigenaardige feiten dan precies afspelen.

Wel. Abattoir Fermé leidt in de jaren 1999-2001 een gedwongen nomadisch bestaan dat hen achtereenvolgens voert langs illustere Mechelse leegstand als de zolder van Granen Somers, het klein MMT, feestzaal Friends, de oude Stadsfeestzaal, enkele amateurverenigingen, het zaaltje achter café de Lustige Vrienden, jeugdhuis Tsentroem, Parochiezaal Sint-Gommarus, een garage waarvan de eigenaar wachtte op de bouwvergunning voor zijn loft, het toenmalige cultuurcentrum A. Spinoy, enkele industriële panden en het voormalige Lorettenklooster.

De op een na langdurigste basis (ca. twaalf maanden) die het Abattoir betrekt, is Café Mariëtte in de Adegemstraat (2001, op het moment van schrijven een zonnesalon). Twee dagen na de dood van Mariëtte, van wie de open beenwonden waren geïnfecteerd geraakt door bacteriën uit haar onververste netkousen, bezegelt het gezelschap voor de ronde som van 15.000 franken per maand een pact met huisbaas en godsdienstleerkracht Pateet voor de huur van het begeerde pand. De schoonmaak duurt vele weken en levert de wonderbaarlijke vondst op van 37 skeletjes van muizen die zich om onduidelijke redenen en in nog levende toestand in de compartimenten van de houten toog hadden verschanst.

Een jaar later slaat het drama toe, want de persoonlijke financiële toestand van Lernous, Kaldunski en Van den Wyngaert is niet langer van die aard dat ze de huur van het inmiddels roosgeverfde café kunnen bekostigen. Het gezelschap verkast dan maar voor maandelijks zevenduizend franken naar een appartement in de Ziekeliedenstraat. Daar worden de Faecaliëndrama's van Schwab (niet-

marked Abattoir's first attempt at producing a full motion picture. Due to a lack of finance, *Beyond Redemption* never quite makes it beyond the treatment stage and a nice poster, displaying a dead little bird's skeleton as well as the capitalized credit 'A Liza Verlinden production', that one being a failed attempt to flatter Stef's mother and in the process trying to wheedle a production budget out of the woman.

Dearest Majesty and Queen and all those Relatives, You may be wondering at this point in the story *where* exactly in that beautiful City by the Dijle all these curious incidents have taken place.

Well. Between 1999 and 2001, Abattoir Fermé was forced to live a nomadic existence leading the company to famous vacant dwellings such as the attic of the corn merchant Somers, the second stage of what was once the Mechelen Miniature Theatre, the old communal reception hall, a couple of amateur companies, a small party hall in the back of the Merry Friends-café, youth centre Tsentroem, the Sint-Gommarus parish hall, a garage (of which the owner was awaiting the building permit to turn it into a fancy loft), the city cultural centre Spinoy, a few industrial lots and a former nunnery.

The second longest period during which Abattoir Fermé was able to sustain headquarters would be for about twelve months in Café Mariëtte (2001), located in Adegem Street and currently housing a solarium. Two days after the tragic passing of the old lady Mariëtte (whose open leg wounds had gotten fatally infected with bacteria from wearing the same filthy fishnet stockings over and over again), the company made a deal with the owner Pateet (who was a teacher of religion) for the round amount of fifteen thousand francs per month. The clean-up took many weeks and resulted in the peculiar discovery of thirty seven mice skeletons, which, obviously while still alive, had hidden themselves for unclear purposes in the wooden compartments of the bar.

One year later drama struck, as the personal finances of Lernous, Kaldunski and Van den Wyngaert no longer allowed them to pay the rent of the café, now painted in pink. And so, for a monthly price of seven thousand francs, the company moved to an apartment in the Ziekeliedenstraat (which roughly translates as Sick Folks' Street). On the second floor, Abattoir Fermé set off with Schwab's *Faeces Dramas*, but the living room measuring three by four metres proved to be a tad too small for rehearsing any play whatsoever. And so the apartment was transformed into a private cinematheque, cataloguing about five thousand VHS-tapes instead. Invitees count themselves lucky to discover such eye-opening work there as *The Tenant* (Polanski), *A Zed and two Noughts* (Greenaway), *Nadja* (Almereyda),

opgevoerd, nvdr) op de tweede verdieping gerepeteerd, maar de woonkamer van drie bij vier blijkt net te krap om theater te maken. In de plaats daarvan wordt het appartement omgevormd tot een ongeveer vijfduizend VHS-tapes tellende privécinema, waar genodigden bij het licht van een peertje en een 40 centimeter breed beeldscherm ontdekkingen doen als *The Tenant* (Polanski), *A Zed and Two Noughts* (Greenaway), *Nadja* (Almereyda), *De Pak de Poen Show* (Verreth bros.), *Suspiria* (Argento), *Christusfiguren* en *Lottowinnaars* (Jambers) en de collectie Z-trailers uit de doos van producent Troma. Vele *tapes* zijn tigste generatiekopieën en bij sommige levert de Macrovision-kopieerbeveiliging een zwart-witbeeld op dat elke tien seconden langzaam in- en uitfadet, wat het herhaald bekijken van Cronenbergs *Crash* tot een bijzonder inspannende maar eens zo hypnotische ervaring maakt.

Gedurende geheel deze periode blijft ook het uitpuilende huis van Stef Lernous aan de Brusselsesteenweg 97 dienstdoen als ontmoetingsplek, cinema, kantoor en denktank. Een buurvrouw raakt gealarmeerd door het af en aan gaan van jonge mensen langs het huis van een volwassene (het post-Dutrouxtijdperk!) en schakelt prompt de wijkagent in om poolshoogte te nemen.

(Ja, Majesteiten, naast vele vrienden verzamelden de slachters in de loop der jaren ook enige zelfverklaarde tegenstanders. Deze namen vele vormen en gedaantes aan: bestuursleden van amateurverenigingen, programmatoren, recensenten en af en toe ook een echte toeschouwer. Vaak uitte de boosheid zich in een vorm van groteske verontwaardiging die het gezelschap uren van verwondering en (spel)plezier verschafte. Van de voorzitter die letterlijk schuimbekte (na Kaldunski's voorstel om het komende seizoen een William Burroughsbewerking tussen het publiek te spelen, 1999) tot de halsstarrige programmatrice (die weigerde Abattoir te zullen presenteren omdat ze zich geviseerd voelde door de oprichting van de virtuele groep 'I bet I can find 1,000,000 people who think Eeklo is ready for Abattoir Fermé', 2008): al waren deze olijke boosaards kleiner in getale, hun passie moest niet onderdoen voor die van de fans.)

(Nog eentje: na de memorabele première van *De Regels van het Goor* (2001), vroegen de voorzitter en zijn vrouw, wier kapsels hun de bijnaam Kartonnen Tuurke en de Suikerspin hadden opgeleverd (Stef Lernous zal zich hun handdruk levenslang herinneren als 'krokant vanbuiten en vanbinnen wak'), zich heimelijk fluisterend af waar dat zou eindigen met

The Take the Money and Run quiz show (Verreth bros.), *Christ Figures* and *Lottery Winners* (Jambers), *Suspiria* (Argento) and a collection of Z-movie trailer reels from the Troma production company. Viewing was accompanied by one single light bulb and involved a ridiculously small television screen. On top of that, many of the tapes were copies of copies, analogue recordings that have been passed on again and again while obviously degrading in the process. Additionally, some of the tapes had not managed to circumvent the infamous Macrovision copy protection and so the image suffered from fading in and out every ten seconds, which in the case of Cronenberg's *Crash* made for an extremely strenuous but all the more hypnotic experience.

But also Lernous's home, then located at the Brusselsesteenweg 97, continued to serve as a meeting spot, cinema, office and think-tank during the whole of this period. One neighbour was alarmed by the sheer amount of youngsters continuously visiting the house of an adult person (this is the post-Dutroux-era, you see) and decided to take it up with the local police – you know, just to make sure.

(Yes, dear Majesties, apart from many, many friends, the butchers also managed to incur some self-proclaimed antagonists. These came in many forms and shapes: board members of local amateur companies, professional programmers, theatre critics and, once in a while, even a real-life spectator. Often these people's wrath manifested itself by means of grotesque outrage, which filled the company with constant amazement whilst also providing its members with hours and hours of material for funny impersonations. All the way from the board director literally foaming with rage (after Kaldunski's upcoming season proposal to perhaps perform the William Burroughs adaptation *in the middle of* the audience, 1999) to that one obstinate programmer (who promised to never ever present Abattoir Fermé since she felt personally targeted by the Facebook-group *'I bet I can find 1,000,000 people who think the town of Eeklo is ready for Abattoir Fermé'*, 2008): yes, even though these rogues were fewer in numbers, their passion was unsurpassed but by the love of the fans.)

(Another one: after the memorable première of *Sordid Rules* (2001), the board director and his wife, whose strange hairdos cost them the nicknames Cardboard Willy and Cotton Candy, were overheard whispering to one another, wondering where all this would end and what taboos could possibly be left standing, what with Lernous already having a go at child murder, cannibalism,

I. ORIGINS

Lernous en zijn stukken en welke taboes er na kindermoord, kannibalisme, necrofilie, incest en zelfverminking in godsnaam nog te slopen zouden zijn. Halfbakken recensies staan sindsdien bij het gezelschap bekend als een Kartonnen Tuurke en een verontwaardigde toeschouwer als een Suikerspin.)

En zo, Albert en Paola en heel de familie, zijn wij bijna aan het einde van het verhaal van hoe het gezelschap dat nooit had mogen zijn op miraculeuze wijze in het professionele podiumkunstenveld terechtkwam.

De titel van de kantelproductie die in zekere zin het begin van het einde van de beginjaren inluidt, is *De Beatificatie van Nul* en het is het negentiende werk dat Abattoir Fermé spuit op tweeënhalf jaar tijd. Acht spelers met leeftijd tussen de 15 en 30 jaar (vele intussen *anciens* in het Abattoir) komen in de vroege maanden van 2002 samen in het achterzaaltje van Jeugdhuis Tsentroem. Twee maanden lang repeteren Hans, Marjan, Bram, Jan, Line, Ans, Raf en Leen met wisselend succes aan tekstmateriaal van Wedekind, Schwab, Walzer, Lernous en Kaldunski, maar op de dag van de première besluiten zij al dat materiaal te laten voor wat het is. Het is 14 maart 2002 en Lernous en Kaldunski besluiten dan maar om elke avond van de komende voorstellingenreeks een nieuw decor te knutselen dat de spelers pas vijf minuten voor aanvang te zien krijgen: de ene avond een omstandige constructie van hout, slingers en rommel uit de Blokker, de volgende avond een amateuristisch *sci-fi*-decor van aluminiumfolie, de volgende voorstelling één lege kartonnen doos centraal op de scène enzovoort. 'De inzet van de voorstelling', orakelt Lernous, 'is vijf keer een kwartier energie'. *De Beatificatie van Nul* wordt inderdaad de productie met wellicht het grootste rock-'n-rollgehalte uit de Abattoir Fermé-annalen, waarin een zootje ongeregeld met als enige houvast zichzelf en flarden weggegooid tekstmateriaal elke avond vijfenzeventig minuten theater bij elkaar improviseert. Van de acht voorstellingen waren er drie die we zonder schaamte geniaal noemen, twee zeer goed, twee middelmatige, één slechte en één die gewoon als 'de laatste' staat geboekstaafd. Die duurde nog geen halfuur en was een gênant spektakel waar we soms nog met een schok aan worden herinnerd bij het bekijken van de gevreesde solo's op toneelscholen. De details doen er niet toe, 't volstaat te zeggen dat het Nul was. Geen energie, geen communicatie, niks. Na dertig minuten draaide Jan – die om onduidelijke redenen den Ajuin was gaan heten – zich naar het publiek en spreekt de woorden "'k Denk dat het gedaan is. 't Is op. Geen ideeën ni meer en de goesting ook ni. 't Gaat niet meer. Merci

necrophilia, incest and self mutilation? Since then, a feebly written review is coined 'a cardboard willy', whilst an outraged audience member is still known to the company as 'cotton candy'.)

And so, Albert and Paola and all you lot, we have, almost but not quite yet, reached the conclusion of our story about the origins of the theatre company that never should have existed, yet miraculously made it on to the international performing arts scene.

The pivotal play that in a certain sense marked the beginning of the end of the early years bears the title *The Beatification of Nought*. 'Twere the early months of 2002 and eight actors, ranging in age from fifteen to thirty but many of them already veterans in the Abattoir, were gathered in the backroom of youth centre Tsentroem to kick off the nineteenth production of Abattoir Fermé in two-and-a-half years time. For two long months Hans, Marjan, Bram, Jan, Line, Ans, Raf and Leen have their rehearsals, this time starting from texts by Wedekind, Schwab, Walzer, Lernous and Kaldunski. The theatrical results vary from week to week, when, on the fourteenth of March 2002, scarcely a few hours before opening night, the actors express a firm desire to stray from the concept, leaving the directors Lernous and Kaldunski no other option but to come up with Something New. It is decided that Stef and Nick would create a surprise set 'which shall be replaced every night and is only to be revealed to the actors five minutes before curtain call'. The first night saw an elaborate set consisting of wood, festoons and rubbish from a local grocery store, the next night featured an amateur sci-fi setting heavy on aluminium foil, while on another night the stage had nothing on it but an empty cardboard box, et cetera. 'The only thing at stake in this performance,' Lernous famously pontificates to the actors, 'is five times fifteen minutes of Energy.' During the eight consecutive nights of performing before an audience, the rock & roll calibre of *The Beatification of Nought* proves indeed to be unsurpassed in the annals of Abattoir Fermé. A motley crew improvises seventy minutes of theatre for eight nights in a row, with nothing to cling on to but themselves and flotsam and jetsam of previously rehearsed texts. We have no difficulty in admitting that of these eight performances, three were sheer genius, two were excellent, two mediocre and one was bad. The eighth one; well, that one is respectfully chronicled as 'the last one'. It lasted for less than thirty minutes and it was a highly awkward spectacle that we are sporadically reminded of when visiting certain mandatory solo performances so dreaded by theatre students. The details are of no importance here, suffice it to say that this final one was Nought. There was no energy, no communication, simply not anything there. After half an

voor te komen maar 't is op. Ga naar huis.'

En met die aandoenlijk eerlijke en profetische woorden leken ook de vroege jaren van Abattoir bezegeld en was het tijd voor iets anders.
Dat is alles.

In afwachting van Uw antwoord, hooggeëerde Koninklijke Familie, verblijven wij,
Met onze voorname groeten,
Namens alle vrienden van Abattoir Fermé,

Nick Kaldunski

PS – Beste Majesteit, mogen wij tevens verzoeken bij het afwegen van onze vraag tot het ontvangen van het Grootkruis ook een postume toekenning voor volgende overledenen te overwegen?

† Cookie I, de Duitse herdershond, gevonden in een Waals dierencrematorium en vervolgens vervoerd naar een taxidermist in Bonheiden.
† Jean-Claude Van der Auwera, enfant terrible van de Mechelse amateursien en bestuurslid van VZW Abattoir Fermé 2001-2005.
† God, een muis – tijdens een repetitie van *Super Seance* verdronken in een lavabo met heet water.
† Elf albinokonijnen – losgelaten op de repetitievloer van *Testament* en ondanks water, wortels en een bedje van stro de volgende ochtend om mysterieuze redenen allemaal overleden.
† Wilfried, het twaalfde albinokonijn – op een tragisch en onbewaakt moment uit zijn kooi ontvreemd en doodgebeten door de windhond van Dolly Bouckaert.
† Minouche, de opgezette kat – *cast member* in *'t Kruipend Vlees* (2000), *Super Seance* (2003) en *Mythobarbital* (2008).
† Eén gans, niet zo vakkundig opgezet door een mevrouw uit Berchem en binnen zes maanden tijd opgevreten door maden en muizen in een loods te Mechelen.
† Cookie II, de dobermann – ontleend uit de collectie van professor Simoens, faculteit diergeneeskunde in Merelbeke en *cast member* in *Life on the Edge* (2004).

Nick Kaldunski is zakelijk leider en medeoprichter van Abattoir Fermé.

---

hour Jan – who got nicknamed the Onion for whatever reason – faced the audience and spoke from his soul:
'I guess it's finished. It's empty now. The ideas have run out and I don't feel like it anymore. It's finished. Thank you for coming but this is the end. Please, do go home.'

And with those disarmingly honest and prophetic words, Abattoir Fermé seemed to indeed turn a page. 'Twas time for something new.

That is all.

Eagerly awaiting your decision, most honoured Royal Family, we send you our esteemed greetings,
On behalf of all the friends of Abattoir Fermé,

Nick Kaldunski

PS – Dearest Majesty, may we also suggest that, whilst considering our application for the Grand Cross, thou also contemplate a posthumous appreciation for those deceased?

† Cookie I, the German shepherd dog – found in a Walloon animal crematorium and transported to a taxidermist in the town of Bonheiden (2004).
† Jean Claude Van der Auwera – *enfant terrible* of the Mechelen amateur theatre scene and board member of Abattoir Fermé 2001-2005.
† God, a mouse – drowned in a sink filled with hot water during a rehearsal of *Super Seance* (2003).
† 11 unnamed albino rabbits – set loose during a rehearsal of *Testament* and all of which mysteriously passed away overnight (despite sufficient water, carrots and a nice straw mattress), 2006.
† Wilfried, the 12th albino rabbit – sole survivor of the inexplicable collective passing, but tragically bitten to death by Dolly Bouckaert's greyhound when we were caught off guard for less than a minute.
† Minouche, the stuffed cat – cast member in *The Creeping Flesh* (2000), *Super Seance* (2003) and *Mythobarbital* (2008).
† 1 unnamed goose – too hastily prepared by a taxidermist from Berchem and devoured by mice and worms in less than six months while stored in a hangar in Mechelen (2007).
† Cookie II, the Doberman – borrowed from the collection of Professor Simoens, faculty of veterinary medicine in the town of Merelbeke; cast member in *Life on the Edge* (2004).

Nick Kaldunski is managing director and cofounder of Abattoir Fermé.

I. ORIGINS

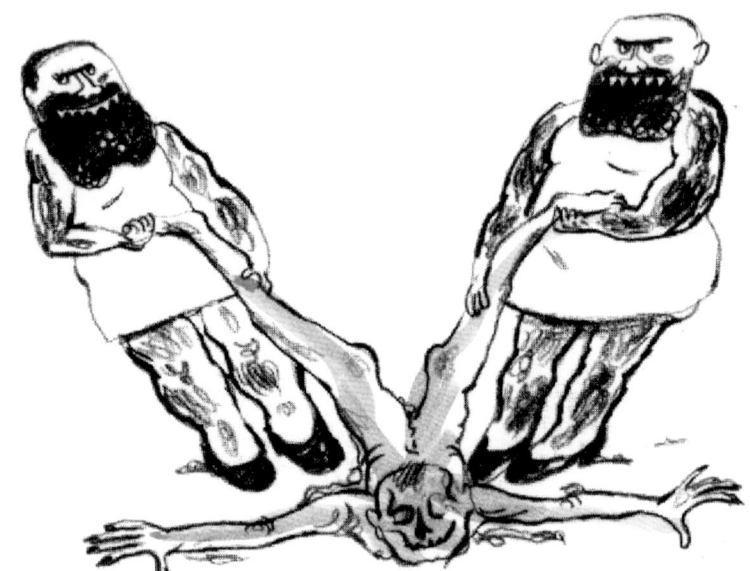

Affiche voor De Regels van het Goor *(2001) / tekening Paul Contryn*

Den dikke en den dunne

Axel Doumen

It started with a kiss ... of nee, liever geen geschiedenisvervalsing – het begon met taartjes en de voorstelling *Drie Madammen*[1] en Stef is een van die drie madammen die als volkse commentatoren hun bevrijdende humor spuiten. Den dunne was er als toeschouwer. In den beginne was er ook een doek, gesigneerd S. Lernous, een minuscuul duiveltje op een vierkante kubus – te midden van een zee van okertonen, een soort van vlammende *rideau*. Inferno, *déjà. I am Stef Lernous.* Het theatrale zit erin. Het duiveltje is onmiskenbaar Stef in persona, de Vlaamse miniaturist. Ik ben nog altijd blij dat mijn – toen jonge – zoon per ongeluk het doek beschadigd heeft – er gaapt nu een gat van tien centimeter. Ik laat het nooit herstellen, ik kan me niet van de indruk ontdoen dat sindsdien het die ontbrekende dimensie extra gekregen heeft die Stef zou hebben gewild, waardoor het doek ineens theatraler spreekt ... Een beeldenstormer verdient een beeldenstorm.

Stef en Nick, den dikke en den dunne, maar ook *tinsel goddess* Tine, *sharking* Chiel, paarseblotebillen-Pepijn, *taped-up* Kirsty en de trouwe levenloze viervoeter Cookie – hellehond bij uitstek ... ze worden vriend aan huis – kom maar binnen – en nOna ondersteunt voluit deze hybride makers ... bij allen is een hoek af, onherstelbaar. Dat is maar goed ook, zo heb ik ze graag, wars van platgetreden paden, idiosyncratische eclecticisten, knipoog-Dirk ... die gothic, Pynchon, comics, horror, cinema, opera en veel meer in hun gesloten slachthuis misbruiken, hertalen naar alomvattende voorstellingen met pijn en angst in lijf en leden. Opnieuw. Op-nieuw.

Alles blijft kleven, na een AF-performance rest er de smeerlapperij in alle kieren: van zagemeel tot talk, van rottende varkenskoppen in koelkasten tot infusen, van extreme excrementen tot ontsnapte konijnen, van *chainsaws* tot cirkelzagen, van levenssappen tot ketens en kettingen.
Tien jaar lang ovuleert, fecundeert Abattoir Fermé als een tgv, een *théâtre a grande vitesse*, de ene performance na de andere, orgieën van extreem menselijk gedrag, van woordenvloed naar woordeloos.
Tijdens deze tien jaar worden Stef en Nick en de AF-leden (het lijkt wel een of andere bevrijdingsbeweging) huisgenoten, tafelschuimers, concubines, paaldansers, een zelfstandige vergroeiing zo lijkt het soms, maar vooral vrienden van hart en bloed (veel bloed en veel hart).
Kisses, ik lik je.

-23-

Axel Doumen staat in voor de algemene leiding en de infrastructuur van kc nOna, Mechelen.

[1.] *1998-1999 Drie Madammen, TheaterTeater vzw – maart 1999*

I. ORIGINS

The Escapist of
the Apocalypse-Generation

THE WONDROUS WORLD OF STEF LERNOUS

Elke Van Campenhout

In his novel, *The Amazing Adventures of Kavalier & Clay*, the American writer Michael Chabon sketches in an inimitable way the origins of the comic strip, and in particular of the superhero, The Escapist. The book is set during the Second World War and the writers of the cartoon are an ambitious young Jew and a Czech pupil of Houdini. In their own way, they transform a gruesome reality into a superhero, clad in tight lycra and with a big key on his chest. He wondrously manages to escape from every perilous situation. His barely concealed huge torso is hung with broken chains, and the superhero radiates the typical mix of barely restrained violence and erotic tension that have made comics so popular with a young (male) audience. '*The inspirations and lubrications of five hundred aging boys dreaming as hard as they could*', is how Chabon aptly describes the genre.

The Nerd in the Abattoir

The chains, the kitsch, the merciless transformation of reality by escapist means of genre are all elements that would definitely suit theatre maker Stef Lernous. Originally very active in the amateur theatre circuit, Lernous now operates under the name of Abattoir Fermé with his brothers-in-arms, Nick Kaldunski, Joost Vandecasteele and Tine Van den Wyngaert. Besides this, he is an actor and has written several theatre texts. The plays are usually driven by grotesque absurdity, and effortlessly throw overboard all rules that are governed by good taste. In *White Roses for Carla* (text by Lernous, produced by Fabuleus) four spinsters are taken unawares by their menstrual cycles. In *Super Seance* of Eland Nieuwe Stijl (a collaboration between Stef Lernous, Chiel van

---

FROM THE DICTIONARY OF STEF LERNOUS

APOCALYPSE CULTURE: Adam Parfey's catalogue of contemporary aberrations, praised by J.G. Ballard as the bible of present life. Amongst other things, there are conversations with the cannibal-murderer Issei Sagawa, and a fascinating investigation into the extremes of crime, religion, politics, paedophilia, scatology and misanthropy.

PARFREY: '*Apocalypse Culture* is the manifestation of far-gone apocalyptic thought. It's an end-time situation. People do not feel or act as if there's a

gooien. In *Witte Rozen voor Carla* (tekst van Lernous, productie Fabuleus) worden vier jonge juffrouwen in een oud huis overvallen door hun Regels. In *Super Seance* van Eland Nieuwe Stijl (een samenwerking tussen Stef Lernous, Chiel van Berkel en Joost Vandecasteele) richten drie nerds een sekte op om meisjes te kunnen verkrachten. En in *Galapagos* (Abattoir Fermé) wordt in een sm-scène een flinke pingpongbal in de aars van de acteur gepropt. Lernous' theater is een hallucinante mengeling van autobiografische elementen, groteske genremiddelen en pakkende anekdotiek.

Ook Lernous heeft het over de wereld, maar dan wel de wereld zoals die zich nu voor ons ontvouwt. Voor *Galapagos* dook de regisseur de *Counter Culture of Apocalypse Culture* binnen. Tijdens onze gesprekken zag ik fragmenten uit Guy Maddins *The Heart of the World,* een fantastische ode aan de film uit de jaren twintig, met referenties aan Lang en Murnau. Een haast surrealistisch beeldverhaal (zoals het letterlijk kloppende hart van de wereld) gemonteerd op MTV-snelheid. Daarnaast een vroege film van de Koning van de Slechte Smaak John Waters, die de onnatuurlijke speelstijl, vreemde cameravoering en *sleazy* inhoud van zijn films verhief tot een zeer eigen 'esthetiek van het te veel', van puberale transgressie. Er is ook *The Old Dark House* uit 1932 van culthorrorregisseur James Whale. En uiteraard *Buffy the Vampire Slayer*, maar deze keer in speciale musicalversie, compleet met roze discofilters op de horrorscènes, de fashionable sérieux van de hippe jeugdserie vederlicht opgesmukt met een flinke lading ironie.

En natuurlijk kijken we ook naar de onnavolgbare documentairereeks *Disinformation,* een interviewreeks waarin twijfelachtige wetenschappers, 'ervaringsdeskundigen', geflipte kunstenaars, heksen en magiërs hun verslag kunnen doen over samenzweringstheorieën, magische uitvindingen, marketing, religie en de wereld in het algemeen. Het zijn vooral deze getuigenissen die Lernous inspireerden tot het schrijven van *Galapagos*: een stuk over de alledaagse angsten van gewone mensen die oplossen in de allesbehalve alledaagse theorieën en

Berkel and Joost Vandecasteele) three nerds create a sect so they can rape girls. And in *Galapagos* (Abattoir Fermé) a ping-pong ball is inserted into an actor's anus during an SM-scene. The theatre of Lernous is a hallucinating mix of autobiographical elements, grotesque genres and gripping anecdotes.

Lernous also talks about the world as it is unfolding before our eyes. For *Galapagos* the director immersed himself in the *Counter Culture of Apocalypse Culture.* During our talks, I saw fragments of Guy Maddin's *The Heart of the World*. This is a fantastic ode to films from the 1920's, with references to Lang and Murnau, an almost surreal comic strip (literally like the beating heart of the world) edited at MTV-speed. Besides this, there was also an early film by the King of Bad Taste, John Waters, who elevated unnatural acting style, strange camerawork and sleazy content to his very own 'aesthetics of too much', of pubescent transgression. And also *The Old Dark House* from 1932 of cult-director James Whale. And of course there is *Buffy The Vampire Slayer*, but this time in the special musical version, with pink disco-filters during horror scenes, the fashionable seriousness of the hip series for youngsters lightly embellished with a good dose of irony.

And of course we also watched the inimitable documentary series *Disinformation*, an interview series where questionable scientists, 'hands-on' experts, crazy artists, witches and magicians talk about conspiracy theories, magical inventions, marketing, religion and the world in general. In particular these testimonies inspired Lernous to write *Galapagos*: a play about the everyday fears of common people, who dissolve into the anything but common theories and artifices of a minority gone wild. The world of Lernous in a nutshell.

Channelled Fears

STEF LERNOUS We live in a world that is ruled by an overflow of information. Next to a canonised truth, one is confronted on the Internet and on television by a diverse number of conspiracy theories, Roswell-scientists and misinformation of all possible kinds.

the downward slope of Western civilization, for good or bad. (...) Total democracy seems to have won. But it's really some sort of masturbatory shake-off. Of course, I'm not sure I want a more civilized society. Western civilization is tottering, and I'm just giving it a quick kick to help it tumble faster.'

COUNTER CULTURE: Ontstaan in de flowerpowerbeweging van de jaren zestig, evolueerde van de esoterische uitstapjes van The Beatles naar Indische yogi, over de psychedelische cultuur van Timothy Leary, tot een veel uitgebreider en ongrijpbaar veld van afwijkende theorie, beeldcultuur en denken.

future. We're on the downward slope of Western civilisation, for good or bad. (...) Total democracy seems to have won. But it's really some sort of masturbatory shake-off. Of course, I'm not sure I want a more civilised society. Western civilisation is tottering, and I'm just giving it a quick kick to help it tumble faster.'

COUNTER CULTURE: Originated in the flower power movement of the '60s. Counter Culture evolved from the esoteric escapades of the Beatles to Indian yogi, over the psychedelic culture of Timothy Leary, to a much broader and intangible field of

kunstgrepen van een dolgedraaide minderheid. De wereld van Lernous in een notendop.

Gekanaliseerde angsten

STEF LERNOUS We leven in een wereld die geregeerd wordt door een overvloed aan informatie. Naast een gecanoniseerde waarheid word je op internet en op tv geconfronteerd met een gevarieerd aanbod aan samenzweringstheorieën, Roswell-wetenschappers, en *misinformation* van alle mogelijke soorten. Zelf ben ik erg geïnteresseerd in mensen die hun eigen waarheid maken. In freaks en weirdo's, die hun eigen werkelijkheid produceren. Maar die tegelijkertijd ook de verborgen onderstromen in ons denken zichtbaar maken, zoals die ook wel naar boven komen in sadistische kinderverhaaltjes.
We zitten in een tijdsgewricht waar iedereen houvast zoekt in uitzinnige waarheden. Het denken van de satanist Aleister Crowley bijvoorbeeld is onzettend populair hier in Mechelen. Er is een grote belangstelling voor het occulte en magie, in mijn ervaring vooral bij jonge meisjes. Vroeger werd je prinses, nu duik je in Wicca.
De *Disinformation-serie* is daar een logische uitloper van. Er is bijvoorbeeld de striptekenaar Grant Morrison, die vertelt hoe hij naar Kathmandu is gegaan om zich te herbronnen, en daar is gekidnapt door aliens. Zijn beschrijving van de parallelle wereld waarin hij terechtkomt is fascinerend, maar op een vreemde manier ook heel geloofwaardig. In zijn betoog, maar ook bij andere sprekers, is het geloof in *magick* zeer groot. Maar dan niet de magie zoals wij die kennen, met de bubbelende toverketel en het dikke toverboek. Maar wel een magie als simpelweg de energie die dingen doet gebeuren in de wereld. Morrison zelf verwijst bijvoorbeeld naar marketing, naar McDonald's, als plekken waar de leerling-tovenaar zijn inspiratie moet zoeken. Zelf bedrijft hij magie in zijn strips: wat hij tekent, laat hij ook werkelijk worden. Bijna op dezelfde manier als de prehistorische mens het object van zijn verlangen op de muur van zijn grot tekent, om de jacht te beïnvloeden. Als je zo een hele reeks van die verhalen

I'm personally very interested in people who make their own truth. In freaks and weirdoes, who produce their own realities. But who also make the hidden currents in our thoughts visible, in the same way that they surface in sadistic children's stories.
We're now in a juncture where everyone is looking for a grip in wild truths. The thoughts of Aleister Crowley, for example, are very popular here in Mechelen. There's a huge interest in the occult and magic, in my experience particularly amongst young girls. You used to become a princess, now you immerse yourself into Wicca.
The *Disinformation*-series is a logical offshoot of this. The strip cartoonist Grant Morrison for example, tells how he went to Kathmandu to find rest and was kidnapped there by aliens. His description of the parallel world he enters is fascinating, but in an odd way also very credible. In his argument, as with other speakers, the faith in 'magick' is very great. This is not the magic we know with the sizzling cauldron and the heavy book of magic. But it is magic, it is simply the energy that makes things happen in the world. Morrison himself for example refers to marketing, to McDonald's, as places where the sorcerer's apprentice should look for inspiration. He personally creates magic in his comic books: he brings his drawings to life. Almost in the same way as the prehistoric man draws the object of his desire on the wall of his cave in order to influence the hunt. When you see a whole series of stories one after the other, you start to put reality into perspective. There are private truths everywhere, fed by the media, by the Internet. In *Disinformation*, they are bundled under the title 'Everything you know is wrong'.
In *Galapagos*, the actors personify all these fears of conspiracies, of what we cannot control. 'I don't know who I am, because the CIA has brainwashed me!' People are ready to believe a lot, but they are absolutely not sure anymore of what they should believe. How further away from the truth these stories are, the more credibility they gain. At that moment the fear very often gets a political connotation. If the CIA has indeed brainwashed me, things are a lot clearer all of a sudden.

Van vrije seks, feminisme en ecologie tot cyberspace, sm en magie.

ALEISTER CROWLEY (1875-1947): Bijgenaamd 'The Beast', magiër en schrijver van het handboek voor de hedendaagse magische praktijk *Magick in Theory and Practice*. Hij omschreef magie als *'the science and art of causing change in conformity with will'*. Hij was een voorstander van vrije seks en drugs, en bestreed de traditionele moraliteit met alle voorhanden zijnde middelen. Zijn denken en schrijven hadden een grote invloed op heel wat muzikanten en kunstenaars uit de jaren zestig en zeventig. De rituelen van het door hem

deviant theory, visual culture and way of thinking. Of free sex morals, feminism and ecology to cyber-space, SM and magic.

ALEISTER CROWLEY (1875-1947): Also known as 'The Beast', magician and writer of the manual for contemporary magic *Magick in Theory and Practice*. He described magic as 'the science and art of causing change in conformity with will.' He was a champion of free sex and drugs, and battled against traditional morals with all the means he had. His thinking and writings were a huge influence on a lot of musicians and artists in the '60s and '70s. The rituals of the

achter elkaar ziet, begin je de realiteit te relativeren. Overal duiken particuliere waarheden op, gevoed door de media, door internet. In *Disinformation* worden ze samengebracht onder de noemer *'Everything you know is wrong'*.

In *Galapagos* verpersoonlijken de acteurs al die angsten voor samenzweringen, voor wat we niet kunnen beheersen. 'Ik weet niet wie ik ben, want de CIA heeft mij gebrainwasht!' Mensen zijn bereid heel veel te geloven, maar ze weten absoluut niet meer wat. En hoe verder de verhalen van de werkelijkheid verwijderd geraken, hoe geloofwaardiger ze lijken te worden. Op dit moment krijgt die angst steeds vaker een politieke invulling. Als de CIA mij zou hebben gebrainwasht, dan worden de dingen ineens veel duidelijker. Het past ook in het kader van de films van Michael Moore, die eigenlijk evengoed opereert onder het motto *'Everything you know is wrong'*. Of Von Däniken, die in zijn boek *Waren de goden kosmonauten?* schrijft dat de piramides zijn gebouwd door aliens en daar ongelofelijk veel plausibele en wetenschappelijke elementen voor aanvoert. Of Rousseau, die het geval beschrijft van een Provençaalse boer die de duivel uit een boom heeft geschoten, en dit ook doet met een serieuze wetenschappelijke argumentatie. Voor mij leven zij allemaal in verschillende realiteiten. Elk zijn eigen werkelijkheid, daar heb ik geen probleem mee. Ik geloof in wat zij geloven dat ze zeggen.

De grootste angst van de mensen is dat zij niet meer weten wat er gebeurt. Er wordt hun allerlei wijsgemaakt. Dat kinderen die te lang voor tv zitten gewelddadig worden, dat MTV epilepsie bevordert, dat je bang moet zijn voor pedofielen op het internet. In 1999 moesten we bang zijn voor de *millennium bug*, en er is altijd wel ergens een oorlog. Het zijn die persoonlijke angsten die ik aanboor in mijn theater. Ik zoom in op deze gecatalogiseerde angsten en gebruik ze als een blikopener. Via de angst die je herkent, duw ik de andere angsten mee naar binnen.

Voor mij zijn al die weirdo's echte soldaten omdat ze hun wapens inzetten tegen 'onze' werkelijkheid. Tegen wat wij vanzelfsprekend vinden, en waar niet meer aan getornd mag worden. Daarom zijn die zotten, of moordenaars, of pedofielen, of kunstenaars nodig. Om

This also fits the framework of Michael Moore's films that operate under the same motto of 'Everything you know is wrong'. Or Von Däniken, who writes in his book *Chariots of the Gods* that the pyramids were built by aliens and who uses an unbelievable amount of plausible and scientific elements to argue this. Or Rousseau, who describes how a farmer from Provence has shot the devil out of a tree and then uses serious scientific arguments to prove it. For me, they all live in different realities. Everyone his or her own reality, I don't have a problem with that. I believe in what they say.

The biggest fear people have, is that they don't know what's happening anymore. They're told a lot of things: that children who watch too much television become violent, that MTV leads to epilepsy, that you should be afraid of paedophiles on the Internet. In 1999, we had to be scared of the millennium bug, and there's always a war going on somewhere. These are the personal fears I tap into in my theatre work. I zoom in on these catalogued fears and I use them as a can opener. Through the fear that you recognize, I push other fears inside as well.

For me, all those weirdoes are true soldiers because they use their weapons against 'our' reality. Against what we take for granted and what shouldn't be touched. That's why we need all those fools, killers, paedophiles or artists. To position something against reality. By this I don't mean to say that theatre is therapeutic. I'm just a weak little brother of these warriors. I sample the theories of the people who are truly engaged in these issues. I throw myself on their fears. It's my job to make all this craziness recognisable to the audience. In *Galapagos,* there's a scene where a man is tied to a bed, in an SM-environment, and the woman sticks a firecracker in his anus. He begins the next scene with the line: 'Lately, I'm having trouble finding joy in life.' Then of course it's crucial to get this line right. By the grotesque exaggeration of the image, this sentence suddenly becomes very funny, but also appeals to a lot of compassion. I have used a few lines from Bob Flanagan almost literally in my text. Flanagan was an extreme masochist who fought against a terminal

-27-

opgerichte occulte genootschap The Golden Dawn kennen ook nu nog gretig navolging.

GRANT MORRISON: Fel gewaardeerde striptekenaar van onder meer het revisionistische Batman-album *Arkham Asylum* en *The New Adventures of Hitler*. Hij creëerde onder meer *The Invisibles*, een groep occulte wetenschappers die model stonden voor *The Matrix*. In zijn strips wordt een politieke werkelijkheid ingebed in een fantasmatische parallelwereld. Hij is de eerste striptekenaar die werd opgenomen in de *Entertainment Weekly's* top 100 van Amerikaanse creatievelingen. Morrison is een praktizerende chaosmagiër sinds 1979.

occult society he founded, *The Golden Dawn*, are still widely used.

GRANT MORRISON: Very esteemed cartoonist of amongst others, the revisionist Batman-album *Arkham Asylum*, and *The New Adventures of Hitler*. He created amongst others *The Invisibles*, a group of occult scientists who inspired *The Matrix*. In his albums, a political reality is embedded in a phantasmatic parallel universe. He's the first cartoonist that was listed in *Entertainment Weekly's* top 100 of American artists. Morrison is a practising chaos magician since 1979.

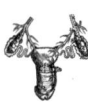

iets tegenover de realiteit te stellen. Daarmee wil ik niet zeggen dat theater therapeutisch is. Ik ben zelf maar een zwak broertje van die krijgers. Ik sample eigenlijk de theorieën van de mensen die daar echt mee bezig zijn. Ik gooi mij op hun angsten. Het is mijn taak om al die gekte herkenbaar te maken voor het publiek. In *Galapagos* komt er een scène waar een man op een bed ligt vastgesnoerd, in een sm-setting, en de vrouw steekt vuurwerk in zijn gat. In de volgende scène begint hij met te zeggen: 'Ik voel mij de laatste tijd zo geheel zonder levensvreugd.' Dan is het natuurlijk cruciaal om die zin goed te krijgen. Door de groteske uitvergroting van dat beeld, krijgt dat ene zinnetje ineens een sterk humoristische lading, maar roept het ook enorm veel begrip op. Ik heb een paar zinsneden van Bob Flanagan bijna letterlijk in mijn tekst gebruikt. Flanagan was een supermasochist, die vocht tegen een dodelijke ziekte, en die zegt *'There's a lot of memory involved in SM'*. En dan wordt dat sadomasochisme ineens een stuk begrijpelijker, en helemaal niet meer zo choquant. Ik maak gewoon theater over mensen; ik kan mij geen ander theater voorstellen.

In *Fahrenheit 9/11* toont Michael Moore een vrouw die haar familie heeft verloren tijdens een bombardement op haar huis. Zij huilt tegen haar god en vervloekt hem voor alle ellende die hij haar doet meemaken. Daar hou ik van. Ik hou van wezens die hun god vervloeken en in vraag stellen. Dat is ook heel herkenbaar: in tijden van pijn vallen alle zekerheden weg. Die minderheid moet er zijn om de meerderheid in beweging te houden. In dat geval kan theater nog gevaarlijk zijn. Maar ik denk niet dat Abattoir dat al werkelijk is.

Theater van de slechte smaak

Wat is slechte smaak? Het is vooral een term, denk ik. Er is al het conventionele, en dan is er alles wat dat niet is. Dat is dan meer een 'andere' smaak. Zo gauw je begint moeilijk te doen, kom je al zeer gemakkelijk in de slechte smaak terecht. *Ubu Roi* (schandaalstuk van Alfred Jarry, 1896, nvdr) vangt aan met *'Merdre!'*: dat is zeer goede smaak in de slechte smaak. Er zijn

disease and who says 'There's a lot of memory involved in SM.' And then sadomasochism suddenly becomes a lot more understandable and not quite so shocking. I just make theatre about people, I can't imagine any other kind of theatre.

In *Fahrenheit 9/11,* Michael Moore shows a woman who has lost her family when her house was bombed. She cries against her god and curses him for all the misery he makes her undergo. I love that. I love beings that curse their god and question him. This is also very recognisable: in times of pain all security flounders. The minority is necessary to keep the majority moving. In this case theatre can still be dangerous. But I don't think Abattoir is just that yet.

Theatre of Bad Taste

What is bad taste? It's mainly a term, I think. There's all the conventional stuff, and then there's everything that is not. That's more than a 'different' taste. As soon as you start being difficult, you're easily catalogued as being 'bad taste'. *Ubu Roi* (the scandalous play by Alfred Jarry, 1896) starts with *'Merdre!'*: that's very good taste in bad taste. There are a number of things you are not supposed to do, and therefore are very nice to do.

I don't have the habit of comparing my work to something else. When you're working with a code or an aesthetic that is not recognisable, it's automatically seen as problematic. But to me it's a very recognisable framework. When I was little, my father rented a movie box every weekend with three free films. And every time I chose horror films, dreadful '70s things, with big creatures. One time, my father had chosen something and by mistake, it turned out to be a real exploitation film: nuns that got thrashed in a SS-camp. Even as a little boy I immediately felt that there was a big difference. I didn't understand it at all, but I intuitively felt that these images were 'dirty' or 'naughty'.

I was a total nerd when I was little. I was fascinated by mushrooms and insects, but particularly by frogs. And I went out to catch butterflies until I was seventeen or so. To me, the video recorder was a

---

HOWARD BLOOM: Schrijver van onder meer *The Lucifer Principle* (1995) en *Global Brain* (2000), waarin bewijsmateriaal wordt aangebracht voor het bestaan van een planetaire geest, die zowel het leerproces van microben, wilde katten, militanten, religionisten als wetenschappers beïnvloedt. Het boek voorspelt de grote wereldoorlog van de 21ste eeuw als een strijd van de collectieve intelligentie van de mensheid tegen het wereldwijde web van de 96 triljoen generaties oude en biljoenen jaren wijze microbegemeenschap.

ILLUMINATI: Vereniging van vrije denkers en democratische hervormers die een geheim

HOWARD BLOOM: Writer of *The Lucifer Principle* (1995) and *Global Brain* (2000), that offers proof of the existence of a planetary spirit that influences the learning process of microbes, wild cats, militants, religionists and scientists. The book predicts the great world war of the 21st century as a battle of the collective intelligence of humankind against the worldwide web of 96 trillion generations and billions of years old intelligent microbes community.

ILLUMINATI: Association of liberal thinkers and democratic reformists who have created a secret society inside the Freemasonry and who used the

fantastic instrument. In the '80s we had Filmnet (a film channel) at home, that put on a lot of bizarre films because the copyrights were so cheap. You could watch the strangest things on that channel. I once saw a soft-porn musical version of *Alice in Wonderland*. I thought it was fantastic: that something like this exists, that someone has decided to make this! My personal preference goes out to deviant figures, to characters that transcend reality, like Peter Pan or Alice. I have a huge fondness for weirdoes, and perhaps this partly explains the bad taste. I love the Dancing Dildoes in the *First Nudie Musical* (a nude musical from 1976 with the ominous opening song *'Gotta sing, gotta dance/ While I'm taking off my pants'*).

The grotesque makes escapism possible. *The Rocky Horror Picture Show* (a camp transvestite musical variation on the ancient haunted house-genre, by Jim Sharman, 1975) for example. The first time I saw that film, I had no idea what was happening, but the erotic tension did move me deeply. And musical is the most escapist thing that exists. Horror goes hand in hand with unbridled fantasy.

This is what I wrote about in *White Roses for Carla*, a story about four old spinsters who live together in an old house, they're actually like teenagers gone wild. And in this house the Menstruation-periods barge in. It's *grand guignol* with a big dose of Edgar Allen Poe. Think about *The Tell-Tale Heart*, the story about a murderer who is driven mad by the sound of the beating heart of the man he has killed, under the floorboards. It's the kind of story where melancholy and romance are very close to each other. I want to show the horror underneath the fairytale. You see it quite often in Czech children's films. I remember the image of a girl in a field of daisies who starts menstruating. As a child, I didn't understand it, but I did remember it. It's intriguing and erotic at the same time. I feel the same way about Russian cartoons, who are the complete opposite of Disney with their jerkiness and roughness.

I would like to be outside every category. Make plays that are different, an exception. In this regard, I think you shouldn't misunderstand democracy. In a

Freemasons as cover for a conspiracy to overthrow all kings in Europe and the Pope. Their goal was only partly realised. In his theory of the Illuminati, Robert Anton Wilson brings together elements of Swift, Thomas Pynchon, William Burroughs, *Mad Magazine*, *The Warren Report*, The Firesign Theatre, Orson Welles, James Joyce and many others.

BOB FLANAGAN: The Supermasochist who battled a terminal disease with sadomasochistic means. His performances and his *Pain Journal* give

hand in hand met ongebreidelde fantasie. Daarover heb ik geschreven in *Witte Rozen voor Carla*, een verhaal over vier oude jonge zusters die samen in een oud huis wonen, eigenlijk op hol geslagen tieners. En in dat huis vallen de Menstruatieregels binnen. Dat is *grand guignol* met een flinke dosis Edgar Allen Poe. Denk maar aan *The Tell-Tale Heart*, het verhaal van een moordenaar die tot waanzin wordt gedreven door het geluid van het kloppende hart van de man die hij heeft omgebracht, onder de vloerplanken. Het is het soort verhaal waarin melancholie en romantiek heel dicht bij elkaar liggen.

Wat ik wil tonen, is de gruwel onder het sprookje. In Tsjechische kinderfilms zie je dat wel vaker. Ik herinner mij het beeld van een meisje op een madeliefjesveld dat begint te menstrueren. Als kind begreep ik daar niks van, maar het blijft wel bij. Het is tegelijkertijd intrigerend en erotisch. Ik heb dat ook met Russische tekenfilms, die in al hun schokkerigheid en ruwheid compleet tegengesteld zijn aan Disney.

Ik wil graag buiten categorie vallen. Voorstellingen maken die anders zijn, een uitzondering. In dat opzicht vind ik wel dat je democratie niet verkeerd mag begrijpen. In een democratie gaat het niet alleen om de stem van de meerderheid, maar ook om het recht van de minderheid om zich te laten horen, en dat zijn wij.

Daarom ben ik ook zo blij dat er nog altijd taboes bestaan. Spelen met taboes is een fantastische manier om mensen te laten nadenken en flexibeler te maken. *Porn around the World,* de tentoonstelling rond erotiek in nOna bijvoorbeeld, was een kans om na te denken over seks. Of dat nu geslaagd was of niet. Ik denk dat seks een heel goede manier is om iets te zeggen over mensen. Ik zou zelf graag een peepshow maken met vijftig mensen, rond Richard XXX. Dat is een droom van me: een pornovoorstelling die echt 'laag' en ronduit sensationeel is, met een dildo in maatpak. Ik catalogiseer graag alle dingen die je absoluut niet zegt op een scène, zoals: 'Ik vind het heel geil om op iemands tenen te zuigen.' Misschien maak ik wel Traumatheater en neem ik daar alles in op: mijn lief dat mij dumpt, en alle andere ellende, en zet dat dan op scène. En door dat heel klein menselijk stukje probeer ik dan de wereld te laten zien.

democracy, not only the voice of the majority counts, but also the right of the minority to be heard, and that's us.

That's why I'm so pleased that taboos still exist. Playing with taboos is a great way to allow people to think and make them more flexible. *Porn around the World*, the exhibition about eroticism in (arts centre) nOna for example, was an opportunity to reflect about sex. Whether it was successful or not. I think that sex is a very good way of saying something about people. I would love to make a peepshow with fifty people, about Richard XXX. That's a dream I have: a porn-play that is really 'base' and simply sensational, with a dildo in a tailored suit. I like cataloguing all things you absolutely shouldn't say on stage, like: 'I think it's very horny to suck someone's toes.' Maybe I make Trauma theatre and I gather everything in it: my girlfriend dumping me, and all sorts of other misery and then put it on stage. And through this tiny bit of humanity I try to show the world.

---

en *Pain Journal* geven een tegelijkertijd zeer menselijk en inzichtelijk, zij het schokkend, beeld van de sadomasochistische praktijk. Hij overleed in 1996 aan de gevolgen van *cystic fibrosis*.

Deze tekst verscheen oorspronkelijk in *Etcetera*, jaargang 22, nr. 93, oktober 2004.

Elke Van Campenhout is freelance critica, dramaturge en essayiste en schreef voor de krant De Standaard *en diverse kunsttijdschriften.*

a very humane and insightful, but at the same time shocking image of sadomasochistic practice. He died in 1996 of the effects of cystic fibrosis.

This article was originally published in *Etcetera*, Volume 22, n° 93, October 2004.

Elke Van Campenhout is freelance critic, dramaturge and essayist and has written for the De Standaard *newspaper and for several art magazines.*

HUMOUR, HORROR AND THE GROTESQUE
The theatre of Abattoir Fermé

Mark Cloostermans

In the spring of 2005, kc nOna, the arts centre in Mechelen, organised a film evening. From 8.30 pm onwards, three films were to be shown with short intervals. These were selected by Stef Lernous, member of the artistic core of Abattoir Fermé and as such very much at home at nOna. The first film was a bizarre but excellent art house movie, shot in black and white in the style of the *Dr. Mabuse* films, called *The Saddest Music in the World*. A powerful and rich one-legged factory owner (Isabella Rossellini) offers a prize for the person who can bring her the saddest song in the world. I can't remember what the second film was, but as a finale to the evening Lernous promised a porn film 'about which even my most hardened friends told me: well, this time you've really disgusted me'. How often I have regretted that I had to leave after the first film!

The Abattoir Fermé theatre group was founded in 1999. By 2003, it had won the hearts of almost all theatre critics and it had built up a loyal audience. No one will deny that Abattoir has added extra variety to the Flemish theatre scene. Regarding the origins of the company, Stef Lernous once said: 'Abattoir Fermé grew out of the amateur circuit in Mechelen A few of us wanted to go in our own particular direction, away from well-travelled roads. Abattoir is a jumble of influences. Anyone who has an idea they wish to try out, can do it here. Sometimes we almost literally pick up people off the street if we feel they have something to say. We have to shape all these styles and expectations into a homogeneous unit step by step.' (*De Standaard*, 31 May 2002).

Lernous is one of the company's co-founders. The other members of its artistic core are Tine Van den Wyngaert, Nick Kaldunski and Joost Vandecasteele. The fact that Lernous is a writer and director makes him seem the most important of the group's members, though Vandecasteele also often supplies scripts. Lernous is a jack of all trades: he studied Applied Graphics at St Luke's, had his own programme on the Canal+ TV channel and has acted with Theater Teater, Bronstig Veulen and Antigone. Abattoir Fermé was fortunate in that its inception coincided almost exactly with the opening of kc nOna. The arts centre could not imagine any better 'appointed supplier' than this theatre group, while the company immediately obtained a permanent venue.

I. ORIGINS

Het Mechelse kunstencentrum kon zich geen betere 'huisleverancier' dromen dan het eveneens Mechelse theatercollectief. Omgekeerd had Abattoir meteen een vaste speelplek. Dirk Verstockt, oud-directeur van nOna, regisseerde soms teksten van Lernous voor Abattoir, of stuurde de groep een bepaalde richting uit door schrijfopdrachten te geven. Zo ontstonden onder meer het volksdrama *Marc & Betty* en *Het Warme Hart van de Wereld*, een stuk over de Jodendeportatie vanuit de Mechelse Dossinkazerne.

Mettertijd is de invloed van het amateurcircuit sterk geslonken. In de recente voorstellingen van Abattoir Fermé zijn twee sporen te onderscheiden: de zogenaamde Chaostrilogie, waarvan het pas in première gegane *Lala-land* het laatste deel is, en de *one-shot*-voorstellingen. In de afleveringen van de Chaostrilogie zoeken Lernous en co. naar een evenwicht tussen ernst en humor, gruwel en groteske. In de voorstellingen die op zichzelf staan, helt de balans duidelijk over naar het gruwelijke. *Testament* was een verkenning van de dood. Op zich een beetje vreemd, want álle voorstellingen van Abattoir gaan over de dood. In het uitstekende *Moe maar op en dolend*, bijvoorbeeld, laat Abattoir eerst zien en horen hoe sommige mensen (zoals een verkoper van elektrische stoelen en een patholoog-anatoom) de dood behandelen als het gewoonste ter wereld. In de rest van het stuk krijgen we een reeks beelden te zien waarmee de dood wordt 'geherwaardeerd' tot de ondenkbare gruwel die hij is. Een fundamentele angst. Dat is precies wat Abattoir wil aanboren: de angsten, verlangens en obsessies die de mens wil rationaliseren. Niet om snelsnel te choqueren (al zijn de theaterbeelden die ze creëren vaak mensonwaardig), maar omdat die extremen deel uitmaken van het leven. Er bestaat vrolijke popmuziek, jazeker, maar soms heeft een mens behoefte aan de droevigst mogelijke muziek. Er bestaan brave liefdesrelaties, maar elkaar pijn doen kan ook een uiting zijn van liefde. Dat blijkt in het sm-sprookje *Galapagos*.

Niet iedereen kan deze extremen appreciëren. Over *Moe maar op en dolend* schreef Guido Lauwaert in *De Tijd* dat er andere gesubsidieerde instellingen dan het theater bestaan die beter geschikt zijn voor mensen met de fantasieën van Lernous. Een voorbeeld van die perverse schoonheid is de slotscène van *Tinseltown*. Op de voorgrond zien we Tine Van den Wyngaert en Chiel van Berkel, die een naakte Kirsten Pieters in een harnas hijsen. De actrice wordt daarna in de lucht getakeld. Tot het moment dat Van Berkel 'Opnieuw!' roept. Ze zakt, stijgt weer, Van Berkel schreeuwt weer, ze zakt, stijgt weer ... Als Pieters om haar as draait, zie je haar blote billen, obsceen uit het harnas puilend.

Dirk Verstockt, a former director of nOna, sometimes directed Lernous' plays for Abattoir, or guided it in a particular direction by commissioning plays. This led to such pieces as the working-class drama *Marc & Betty* and *Het Warme Hart van de Wereld (The Warm Heart of the World)*, a play about the deportation of Jews from the Dossin Kazerne in Mechelen. Over time, the influence of the amateur circuit diminished considerably. Two main lines can be distinguished in Abattoir Fermé's recent productions: its Chaos Trilogy, whose final part, *Lala-land*, opened early in 2007, and the 'one-shot' plays. In the instalments of the Chaos Trilogy, Lernous and company try for a balance between seriousness and humour, horror and the grotesque. In the independent plays, the balance tilts clearly towards the horror side. *Testament* was an exploration of death, which may seem a bit odd, as *all* Abattoir's plays have been about death. In the excellent *Moe maar op en dolend (Tired but Up and Erring)* for example, Abattoir first lets the audience see and hear how some people (such as an electric-chair salesman and a pathologist-anatomist) treat death as if it were the most normal thing in the world, simply a part of life. In the rest of the play, we see a series of images that 're-evaluate' death to make it the unimaginable horror that it is. A fundamental fear. This is exactly what Abattoir Fermé wants to open up: the fears, longings and obsessions that man seeks to rationalise. Not just to administer quick shocks (though the stage images they create are often demeaning), but because these extremes are part of life. Cheerful pop music exists, of course, but sometimes one needs the saddest possible music. Virtuous amorous relationships do exist, but hurting one another can also be an expression of love. This becomes apparent in the SM-fairytale *Galapagos*. Not everyone appreciates these extremes. With reference to *Tired but Up and Erring*, critic Guido Lauwaert wrote in *De Tijd* that there are other subsidised institutions that are better suited than theatres for people with fantasies like those of Lernous. One example of this perverse beauty is the final scene in *Tinseltown*. In the foreground, we see Tine Van den Wyngaert and Chiel van Berkel, lifting a naked Kirsten Pieters into a harness. The actress is then hoisted into the air, until van Berkel shouts 'Again!'. When she is let down, lifted up again, van Berkel shouts again, she comes down, goes up again ... When Pieters spins round, her bare buttocks are bulging obscenely out of the harness.

For the critic it is always a challenge to review an Abattoir Fermé production without referring to the American director David Lynch. Of course, Lynch examines the underbelly of society, his films feature

Het is voor de recensent altijd weer een uitdaging om een voorstelling van Abattoir te bespreken zonder te verwijzen naar de Amerikaanse regisseur David Lynch. Natuurlijk, Lynch onderzoekt de onderkant van de maatschappij, in zijn films lopen personages rond die de dood personifiëren én Abattoir deelt met Lynch een voorliefde voor klassieke sprookjes. Lynch filmde zijn eigen *Wizard of Oz* met *Wild at Heart*, terwijl *Testament* te bekijken is als een perverse variant op *Alice in Wonderland*.

Maar de gelijkenis gaat verder. Lynch is ook de meester van het tempo. Personages nemen hun tijd om iets te doen, sloffen van het ene uiteinde van de set naar het andere. Het is tegelijk realistisch (want zo handelen mensen nu eenmaal) en vervreemdend (want zo krijg je de realiteit zelden voorgeschoteld). Met deze tweespalt in het achterhoofd, heeft Abattoir Fermé al een paar ontzettend grappige scènes gemaakt.

Dat dit theater niet aan iedereen besteed is, zal ik niet ontkennen. Een mespuntje meer verhaal zou al wonderen doen voor de publieksvriendelijkheid van deze voorstellingen. Nu is de werkverdeling vaak iets als: 'Wij doen ons ding op het toneel en u verzint er een verhaaltje bij, goed?' Gemakzucht? Ongewoon is dit soort contract tussen publiek en makers niet. Sowieso is 'de nieuwe Abattoir Fermé' altijd een bezoek waard, want wat je voorgeschoteld krijgt, is esthetisch, origineel en (op allerlei manieren) prikkelend. Abattoir Fermé schreeuwt een verwarde kreet in de diepste krochten van de mens. De echo die we terugkrijgen, is weerzinwekkend, komisch vervormd en oneindig boeiend.

Deze tekst verscheen oorspronkelijk in *Ons Erfdeel*, jg. 50 (2007), nr.1, blz. 141-142.
Website: www.onserfdeel.be

Mark Cloostermans is sinds 2001 criticus van de krant De Standaard. *Van 2004 tot 2009 was hij theatercriticus; tot op heden schrijft hij voor de boekenbijlage van* De Standaard. *Hij publiceerde een werk over de Vlaamse boekensector (*De tak waarop wij zitten, *Epo 2006) en één over schrijfster Kristien Hemmerechts (*Bloot zijn en beginnen, *Atlas 2008).*
Website: markcloostermans.blogspot.com/Goudzand

characters who personify death *and* Abattoir Fermé shares with him a penchant for classical fairytales. *Wild at Heart* was Lynch's version of *The Wizard of Oz*, and *Testament* can be seen as a perverse variation on *Alice in Wonderland*. But there are other similarities too. Lynch is also a master of tempo. His films are always that little bit slower than one is used to in the cinema. The characters take their time to do things, shuffling from one end of the set to the other. It is both realistic (because this is actually how people behave) and alienating (because one rarely sees reality portrayed in this way). With this conflict in mind, Abattoir Fermé has already created a few incredibly funny scenes. I can't deny that this sort of theatre is not to everyone's taste. But a pinch more story would work miracles to make these plays more audience-friendly. The division of work is currently something like: 'we do our thing on stage and you make up a story for it, OK?'

Laziness? This sort of contract between audience and artists is not unusual. In any case, it's always worth watching the latest Abattoir Fermé production, because what you see is always aesthetic, original and stimulating (in many ways). Abattoir Fermé sends out a confused cry into man's deepest undercrofts. The echo that comes back is repulsive, comically distorted and infinitely enthralling.

This article was originally published in *Ons Erfdeel*, Volume 50 (2007), n° 1, page 141-142.
Website: www.onserfdeel.be

Mark Cloostermans (1977) has been a critic for the newspaper De Standaard *since 2001. He was a theatre critic from 2004 to 2009, and he still writes for the literary supplement of the paper. He has published two non-fiction books: one about the book scene in Flanders (*De tak waarop wij zitten, *Epo 2006) and one about author Kristien Hemmerechts (*Bloot zijn en beginnen, *Atlas 2008).*
Website: markcloostermans.blogspot.com/Goudzand

you feel lost
　　estranged from this world
　　you don't seem to belong
words appear meaningless
　　　　　　contact, trifle

　　　　　　　　　　the cold floor is soothing

　　　　you've been laying there for hours
　　　　　the body, a chrysalis in wait
　　　growing in what we perceive as time
　　　　　　from dawn to sunrise
　　　　the length of the Gnawa Lila
　　　　　telling stories of old

　　　　once upon a time
　　　　　a young woman

lost as the people at Roanoke
save the word Croatoa
carved in a tree

a word as symbol
for a lost world
forgotten people

back
back in time

every beginning is delicate

on the floor
curled up as a baby
in amniotic fluid

the heart beating
steady
steady beating

the heart of the world
from the cradle to the end of the universe

hush-a-bye, baby, in the tree top
when the wind blows, the cradle will rock
this is the very first poem

when the bough breaks, the cradle will fall
and down will come baby, cradle and all
created on American soil

old words in an old world
are very powerful
opening up gateways
soft places

the universe as a living organism
breathing
beating
back
back in time

Notitieschriftjes van De Jacht op de Snark *(1999) tot* Het Warme Hart van de Wereld *(2002)*

Rauwkost

Roel Verniers

Woensdagavond. Mechelen. Toen ik naar huis reed, dacht ik: 'Is zo gepiept. Blogje over Abattoir Fermé.' Maar zo makkelijk zijn ze niet te pakken. Vriendelijk en ondoorgrondelijk tegelijkertijd. Bescheiden over hun werk, pompeus in hun denken. Pompeus want ambitieus en zoekend en zeker van hun stuk en daarom soms wat blind. Halsstarrig, weerbarstig, grappig en tegelijkertijd zo banaal dat het godsgruwelijk pijn kan doen. Ik ben fan.

Abattoir Fermé. Vorig jaar nog gelauwerd op Het Theaterfestival. Daarnaast geliefd én verafschuwd. Altijd een goed teken. Klaar voor een groot podium, internationale context. Dromen ze zelf ook van. Hardop. Abattoir Fermé. Groot bakkes, sterke blik, scherpe tanden. Pitbulls van het Vlaamse toneel, dat al een tijdje op zijn knieën ligt. Bleek weggetrokken, want half doorbloed. *Tinseltown*, de nieuwe van Abattoir Fermé, is het tegendeel. Reflectie op Hollywood. Op fictie. En daardoor op realiteit. Verhaaltje is niet meer dan een flutscenario. Regisseur zit met nieuw werk in zijn hoofd, zoekt actrices, ziet realiteit en fictie in elkaar opgaan. Het zit in de vorm. De manier waarop. Doen en denken. Als die blenden, wenkt de waanzin; ankerpunt in hun werk.
Reflectie op wat verborgen ligt onder het oppervlak.

Tinseltown is een braakbal. Naturalistische (film)citaten naast grotesk carnaval, moment bij uitstek waarop orde op zijn kop mag worden gezet. Chaos en anarchie, na de stilte van Hopper, maar minstens even picturaal in scène gezet. De voorstellingen van Abattoir Fermé hebben een merkwaardige bloedsomloop. Maar het klopt. Het stroomt. Op scène, maar vooral tijdens de voorstellingen zelf. Opgefokte adrenaline. Niets geen bloedarmoede. De enige die bleek wegtrekt, ben ikzelf. En dat is vreemd. Want de helft van de tijd denk ik: begin er nu eens aan. Abattoir Fermé. Waar de kunst van het chambreren van publiek zo lang opgetrokken wordt, waar verschillende eindes elkaar in zo'n vaart opvolgen dat je de ommekeer niet ziet komen. De draaikolk die je denken naar beneden haalt.

Het is knal, boem en daar zijn ze. Ruwweg gooien ze prut op scène. *Counterculture*. Porno, geweld, seks, referenties aan B-films, *snuff*, *indiemedia*, rotten.com. Het bestaat. En je krijgt het op je bord. Ik vraag me af waarom. Waarom die verheviging? Die romantiek? Wellicht precies om die bloedsomloop te laten draaien. Te klauwen naar het leven. Het is zoals rauwkost eten. Je moet dat leren. Maar het is zo gezond.

Gepost op de *Knackblog* op 19 mei 2006, 12:00

Roel Verniers werkte als theaterrecensent voor Radio 3 en De Standaard *en werd vervolgens coördinator voor Het Theaterfestival en artistiek leider van het kinderkunstenfestival Tweetakt. Na een periode bij kunstencentrum Villanella, is hij sinds september 2006 directeur van het cultuurcentrum Berchem. Hij schreef eveneens columns en blogs voor het weekblad* Knack.

trial vers. monologue / collage of quotes from killers

We all go a little mad sometimes.

They say it's the number of people I killed, I say it's the principle.
To me, this world is nothing but evil, and my own evil just happened to come out cause of the circumstances of what I was doing. It wasn't as dark and scary as it sounds. I had a lot of fun... killing somebody's a funny experience. I always seemed to enjoy everything that hurts.

People don't know me. They think they do, but they don't.
When this monster entered my brain, I will never know, but it is here to stay. How does one cure himself? I can't stop it, the monster goes on, and hurts me as well as society. Maybe you can stop him, I can't. I sat down to think things over a bit. While I was sitting there, a little kid about eleven or twelve years old came bumming around. He was looking for something. He found it too. I took him out to a gravel pit about a quarter miles away. I left him there, but first I cut him up and then killed him. His brains were coming out of his ears when I left him, and he will never be any deader.

Look down on me, you will see a fool. Look up at me, you will see your Lord. Look straight at me, you will see yourself. You eat meat with your teeth and you kill things that are better than you are, and in the same respect you say how bad - and even killers that your children are. You make your children what they are.

From the time I was a very young child -- and this is very young... I'd say two or three years old -- I had an imaginary friend. His name was Paul. He had the same clothes I had, the same toys I had. Everything I did when I was by myself, it seemed as if he was with me. He was always the person that would get me into trouble. One time the painters were painting the house, and he dared me to throw dirt against it, so I took the dare and did it. Things like that. I'd do things like run into fences and get cuts because I'd be playing with him. I'm sure my parents knew about it, because I can remember my mother telling me one time, 'You damn fool. You've got to quit pretending.' Occasionally, I still hear from Paul.

There is much I'd like to say, about our world and my beliefs.
However, I feel whatever I might have to say is overshadowed by the suffering I've caused. I have taken what I cannot return. I can not bend back the hands of that ageless clock and change the past. I am not the keeper of time, only a small part of history and the legacy of man's fall from grace. Guilty. I was literally singing to myself on my way home. The tension, the desire had built up in such explosive proportions that when I finally pulled the trigger, all the pressures, all the tensions, all the hatred, had just vanished, dissipated. All of the sudden I realized that I had just done something that separated me from the human race and it was something that could never be undone, from that point on I knew I could never be like normal people. I must have stood there in that state for 20 minutes. I have never felt like I did right then and I never will forget that feeling. It was like I crossed over into a realm I could never come back from.

People like me don't come from films. The films come from people like me.
I wish I could stop but I could not. I had no other thrill or happiness.
In the morning he was lying dead on one of the beds fully clothed. He was dead. I had no idea who he was. He's still there. On the bed. Fully clothed.

Ongebruikt tekstmateriaal

I hated all my life. I hated everybody. When I first grew up and can remember, I was dressed as a girl by mother. And I stayed that way for two or three years. I was treated like what I call the dog of the family. I was beaten. I ate cold muck from the floor. I slept in the cupboard under the sink. I was made to do things that no human being would want to do.
Even when she was dead, she was still bitching at me. I just wanted to see how it felt to shoot Grandma. I remember there was actually a sexual thrill . . . you hear that little pop and pull their heads of and hold their heads up by the hair. One side of me says, I'd like to talk to her, date her. The other side of me says, I wonder what her head would look like on a stick?

Every man to his own tastes. Mine is for corpses.
For me a corpse has a beauty and dignity which a living body could never hold . . . there is a peace about death that soothes me. My first murder was thrilling because I had embarked on the career I had chosen for myself, the career of murder. The sixth commandment - 'Thou Shalt Not Kill' - fascinated me . . . I always knew that some day I should defy it. When I murdered my wife I removed the one obstacle which for ten years had apparently held me in check. After she had gone the way was clear for me to fulfil my destiny. A clown can get away with murder. Life is full of shocks of all descriptions and they have to be faced. After my head has been chopped off, will I still be able to hear, at least for a moment, the sound of my own blood gushing from my neck? That would be the best pleasure to end all pleasure. In the case of my 3rd victim, I sucked blood from the wound on her temple, and from the 4th from the stab in the neck. From number 5 I only licked the blood from her hands. It was the same with the swan in the parc. I used to stroll at night through the park very often, and a few years ago in spring I noticed a swan sleeping at the edge of the lake. I cut its throat. I drank from the stump and ejaculated.

Even psychopaths have emotions, then again, maybe not.
Killing is killing whether done for duty, profit or fun. We've all got the power in our hands to kill, but most people are afraid to use it. The ones who aren't afraid, control life itself. I can not help the fact that I am a murderer, no more than the poet can help the inspiration to sing. It was like a nightmare, I was in a movie. I will not go away as a monster, but as a tragedy.
I had an amazing childhood. And although my parents were kind and loving, I had none of the joys, or the companionship, which small children usually have.

The fantasy that accompanies and generates the anticipation that precedes the crime is always more stimulating than the immediate aftermath of the crime itself. They wouldn't be stereotypes necessarily. But they would be reasonable facsimiles to women as a class. A class not of women, per se, but a class that has almost been created through the mythology of women and how they are used as objects. We serial killers are your sons, we are your husbands, we are everywhere. and there will be more of your children dead tomorrow.

I followed the woman from the convenience store, to a driveway she pulled into. And I hung around several hours, till it come wee hours of the morning. Then I went into this house...I go to the first bedroom I see...I don't know whose room it is and, and, and, and I start stabbing. I went in and, and, and I don't know if it was her room, don't know if it was his room, I don't, I just knew I wanted to go in there and, and hurt someone. My life don't make a lot of sense....It don't make sense that I go around the country killing people. Period. It don't make sense doing that. Take your worst nightmares, and put my face to them.

Big deal, death comes with the territory.
See you in Disneyland.

I. ORIGINS

Uit Stefs schetsboek van *Moe maar op en dolend* (2005)

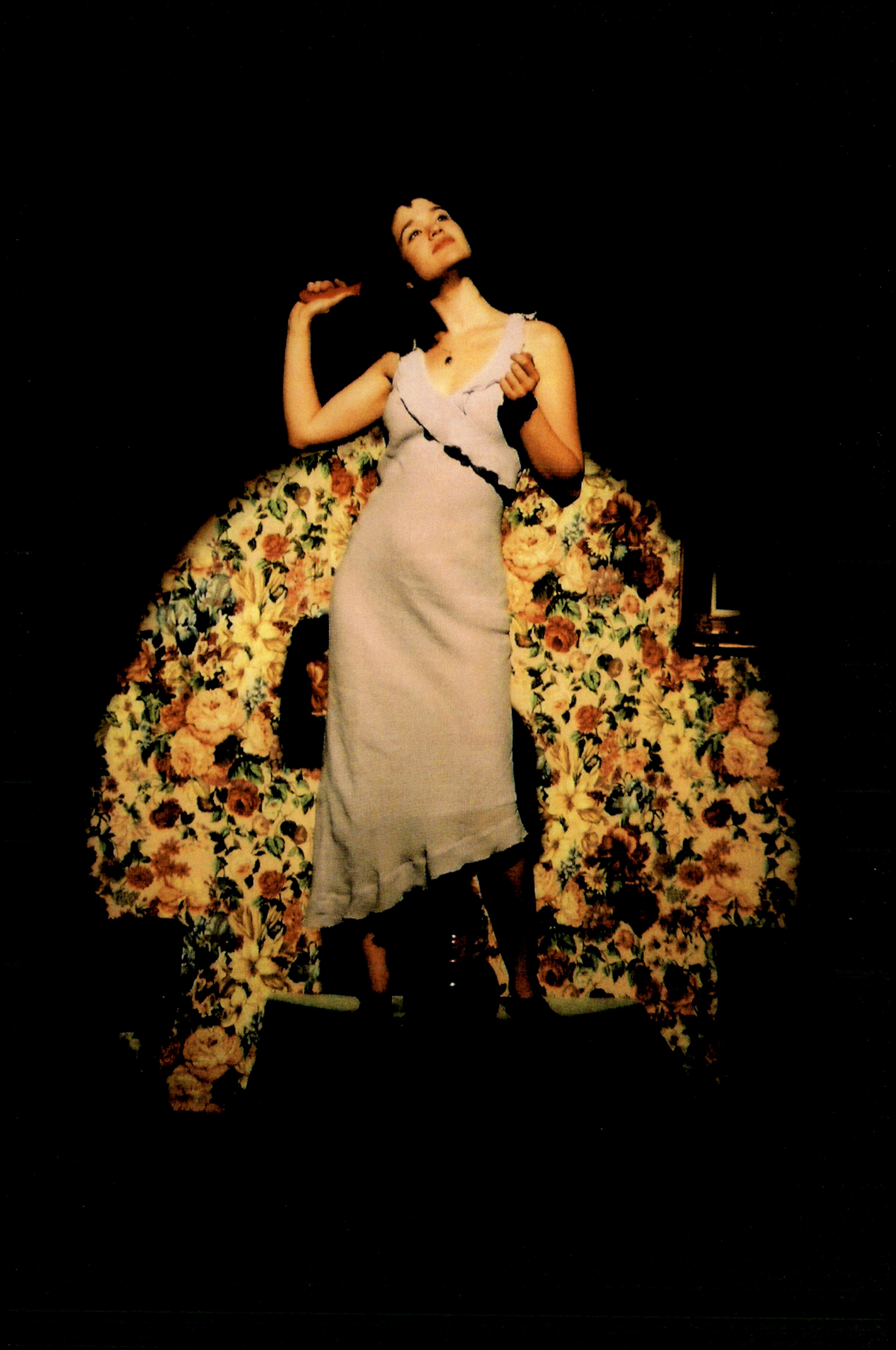

*Het was in Praag dat ne rabbi uit klei een beeld optrok / dat is De Golem / dat is een
wezen dat ons beschermt / dat voor ons volk opkomt / dat heel sterk is /
en uw commissen doet / als ge naar den Aldi moet / of naar de Spar.*

*It was in Prague that a rabbi erected a statue out of clay / such is The Golem / a creature
that will protect us / and our people / that is very strong / and does the shopping /
when you gotta go to Ralphs / or a 7/11*

Het Warme Hart van de Wereld (2002)

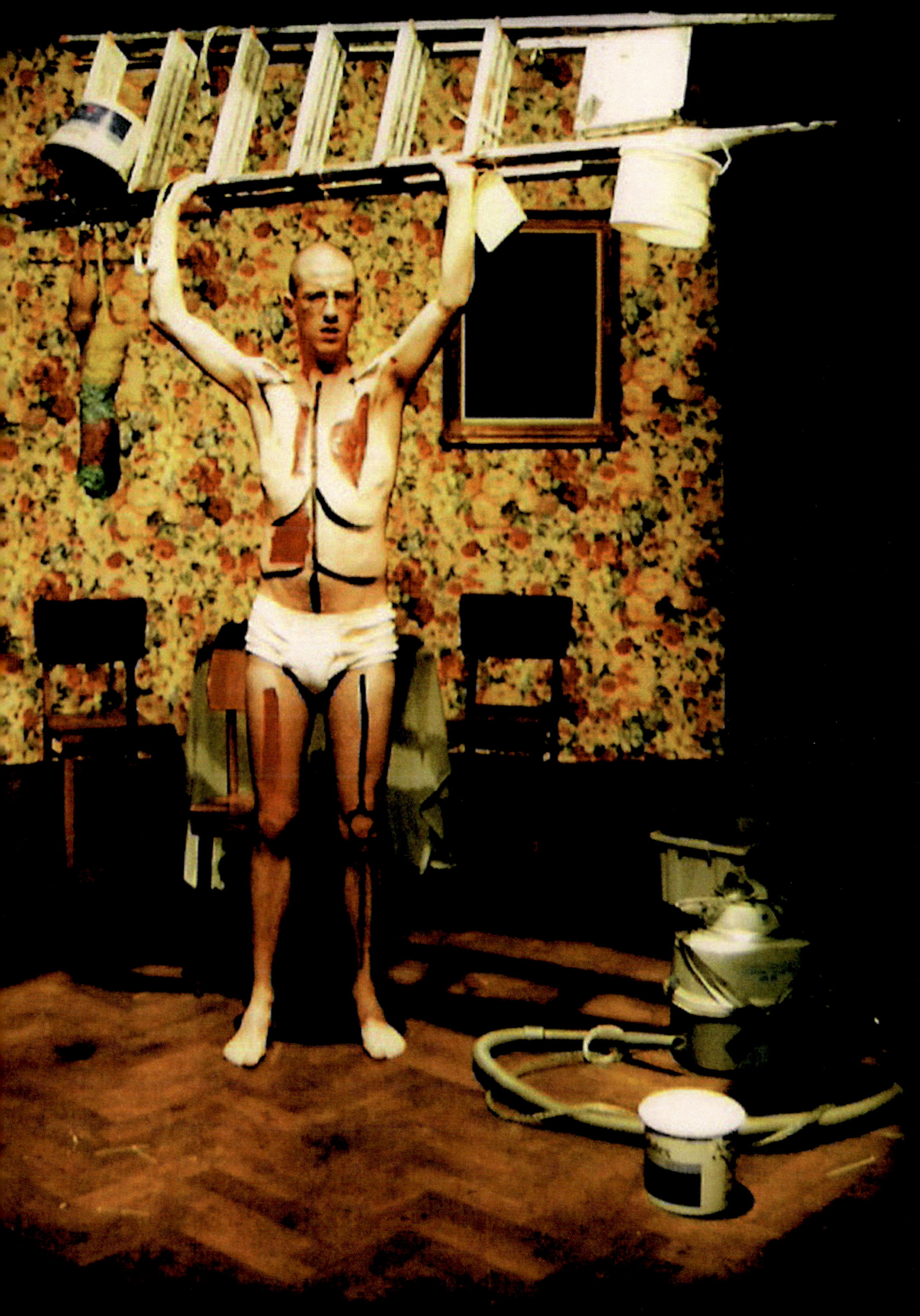

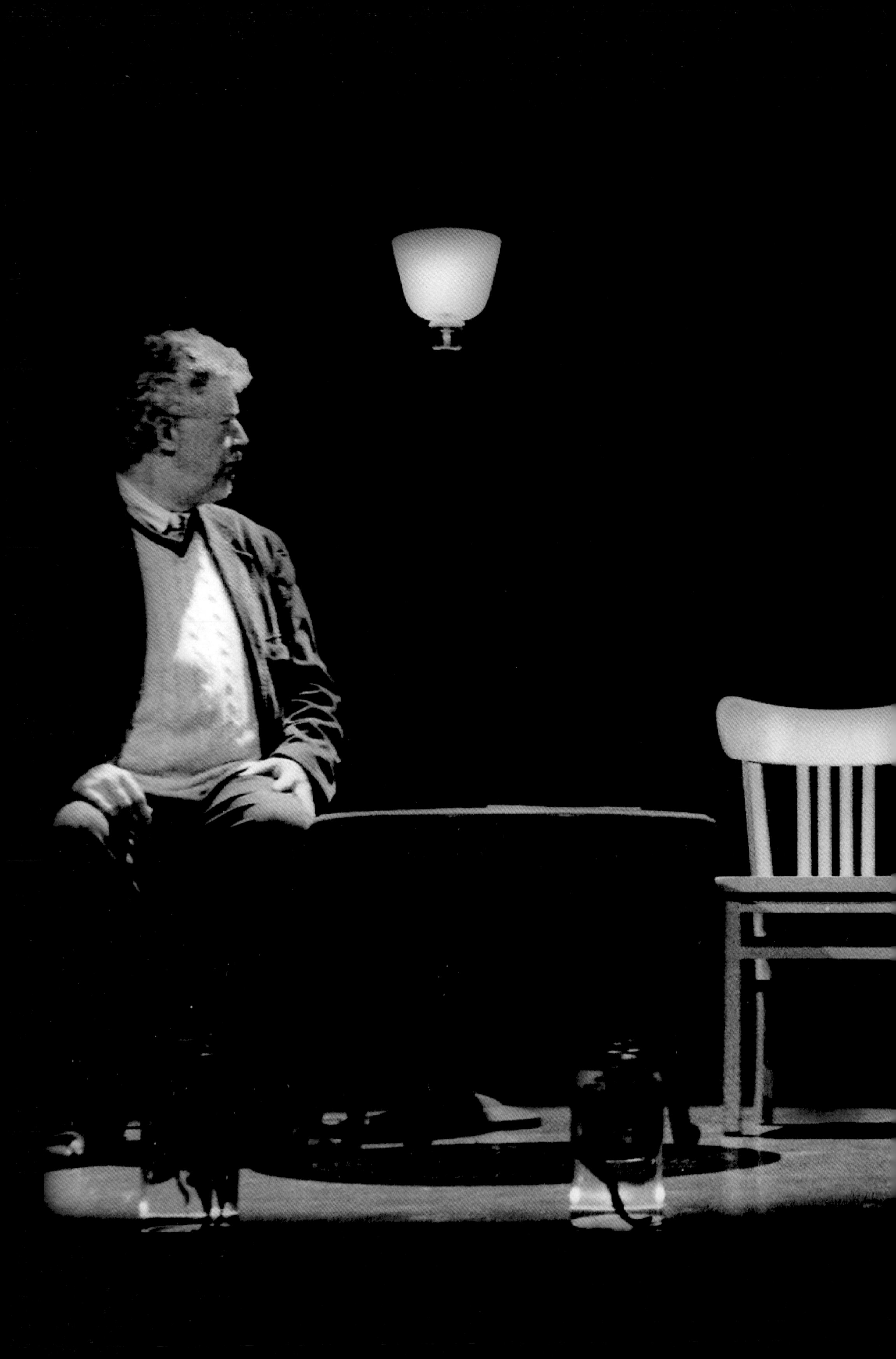

Ik koop een brood en wil dat aan de kwakskes
voeren. Ik kom daar toe. Een vrouw is eclairekes in
't water aan het smijten. Dat dat ni goed is voor de
cholestorol van die beeskes. Ha! Ik kan dat ni van
mijn pensioen. Ik heb dat geld ni om eclairekes te
kopen.

I buy some bread and want to feed it to the duckies.
I get there. A woman is throwing pastry into the
water. That's not good at all for the cholesterol of the
darlin' animals. Ha! My pension isn't sufficient. I
don't have the money to spend on pastry.

Ontucht in het stadje M. (2000)

Als ik mijn hoofdje schud naar links
bedoel ik daarmee niks slechts
idem geldt dan ook aldus
als ik het schud naar rechts
ipso facto weer omhoog
zonder gegronde reden
behalve dan als het veel woog
dan hangt het naar beneden

When I shake my head to the left
I don't mean anything bad
thus the same applies
when I shake it to the right
ipso facto up again
without good reason
except when it weighs too much
then it hangs down

De Ongewervelden (2000)

-49-

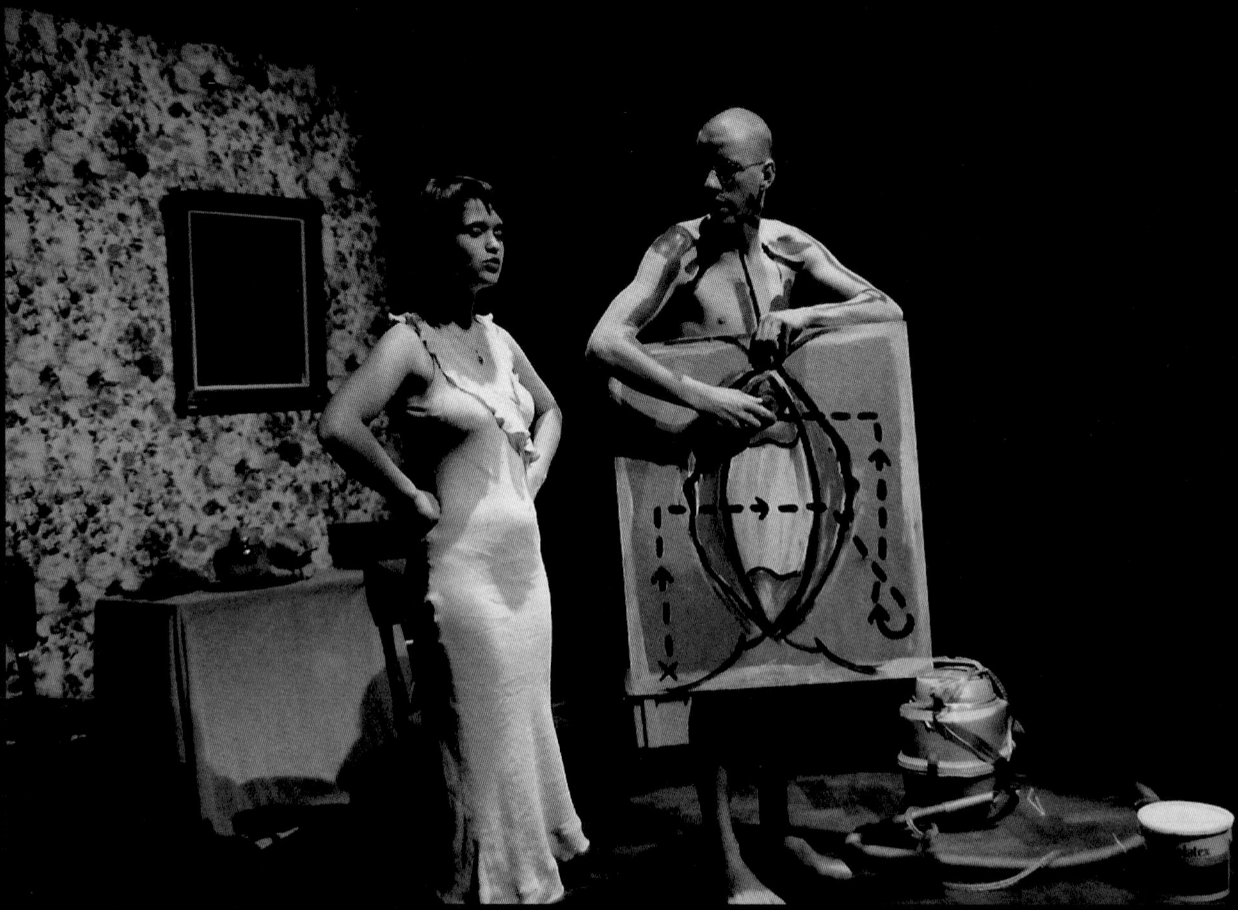

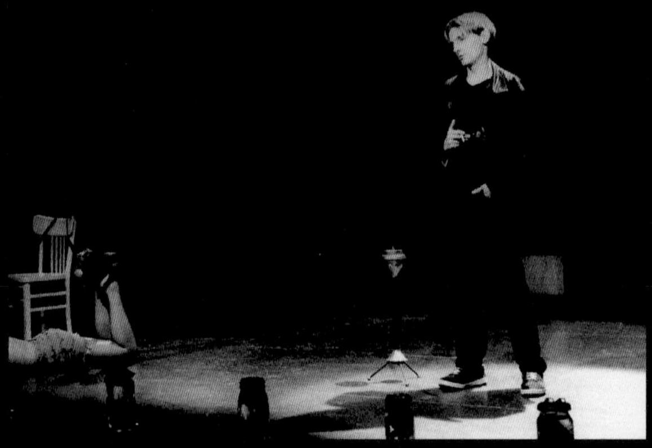

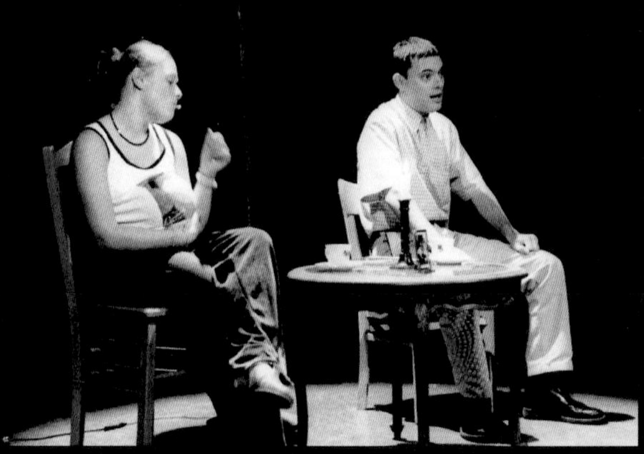

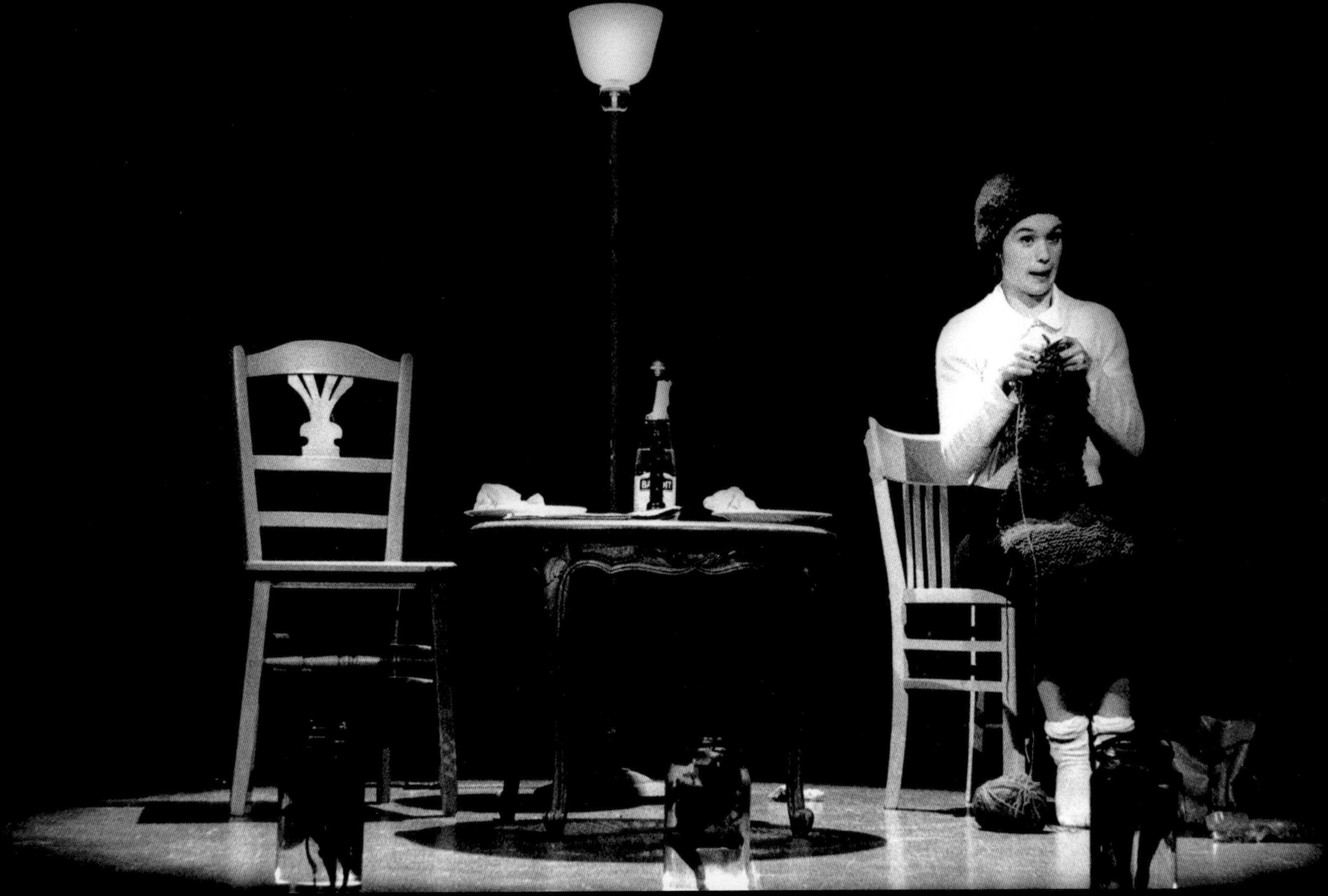

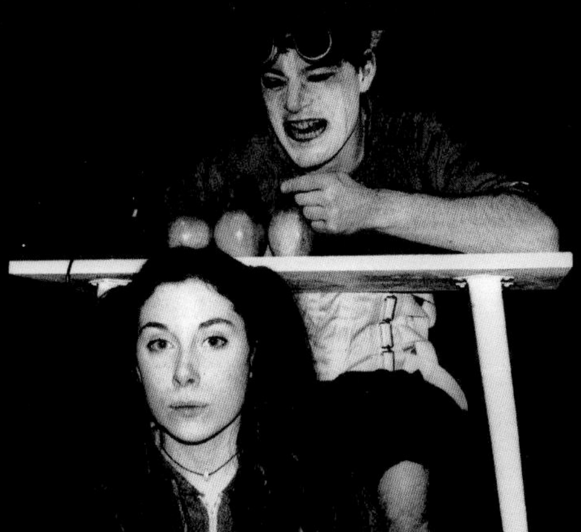

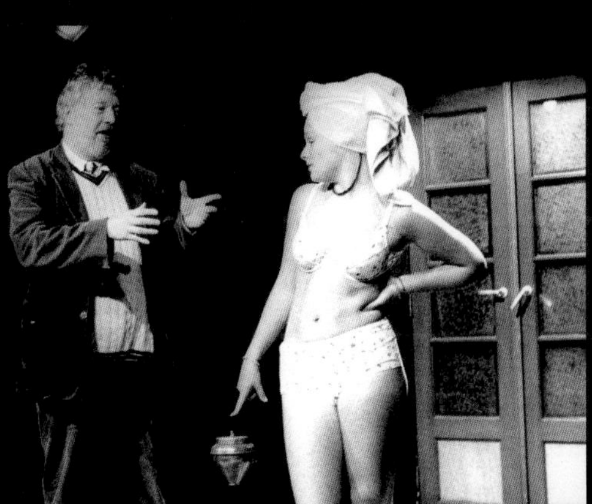

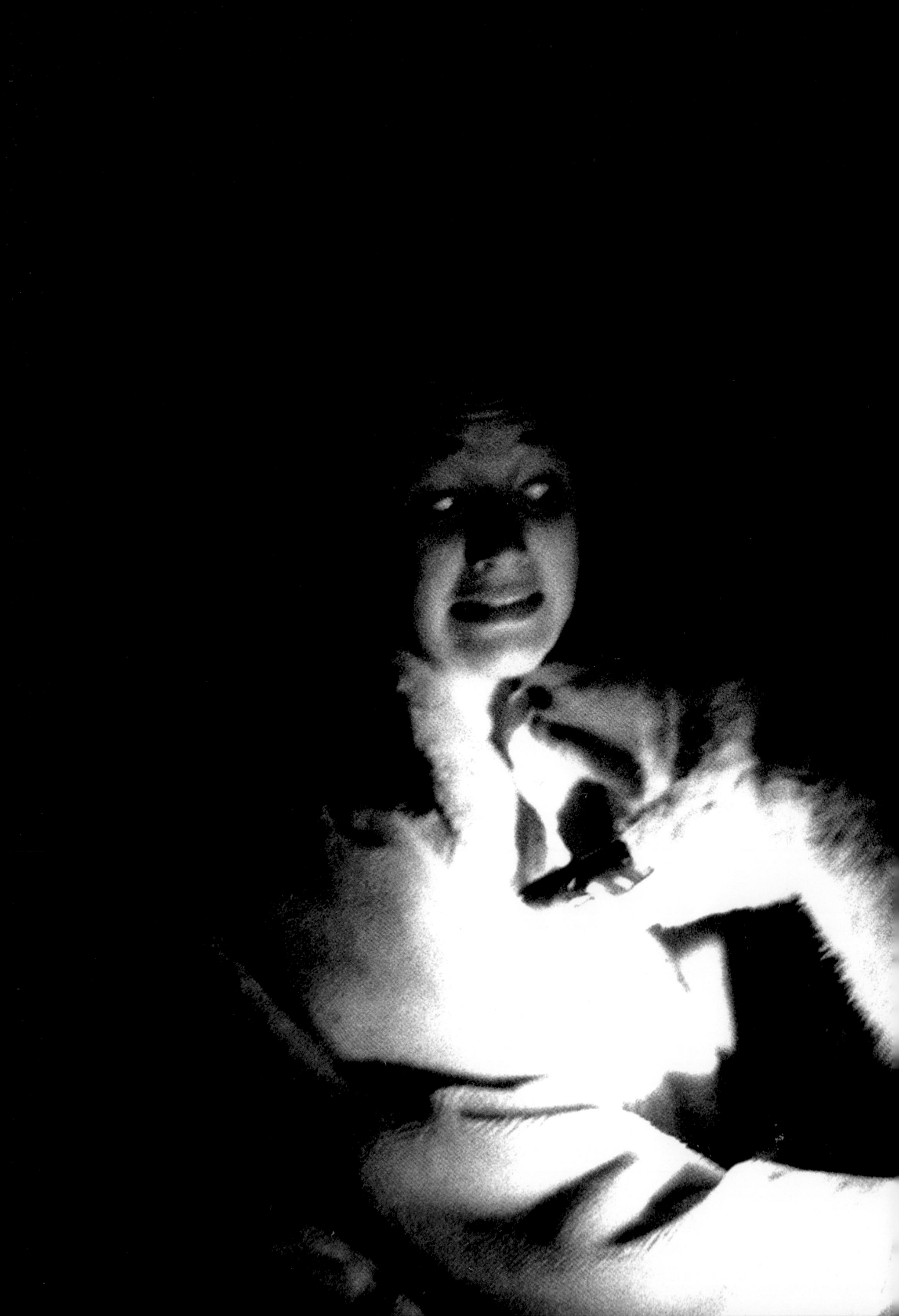

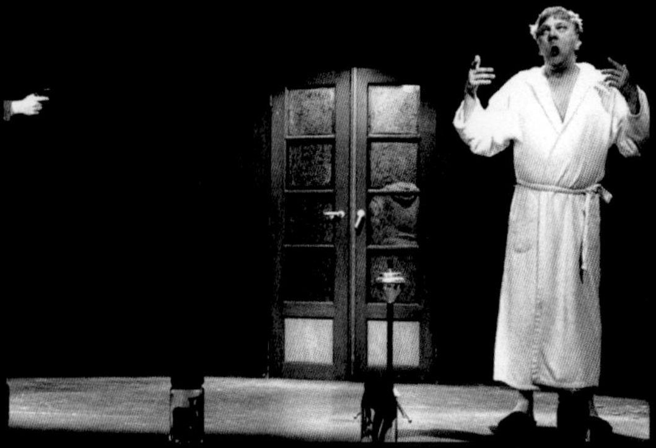

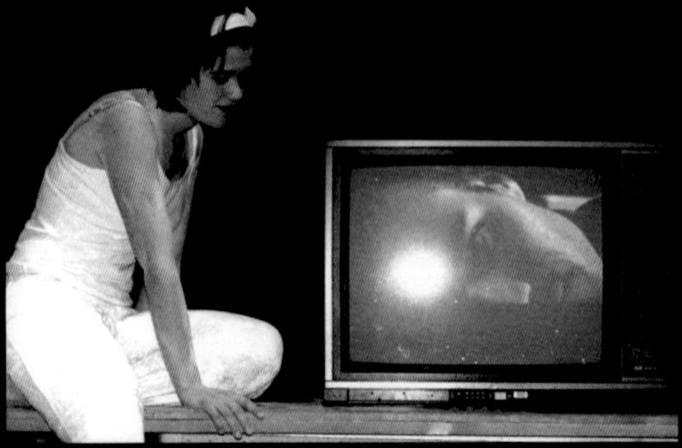

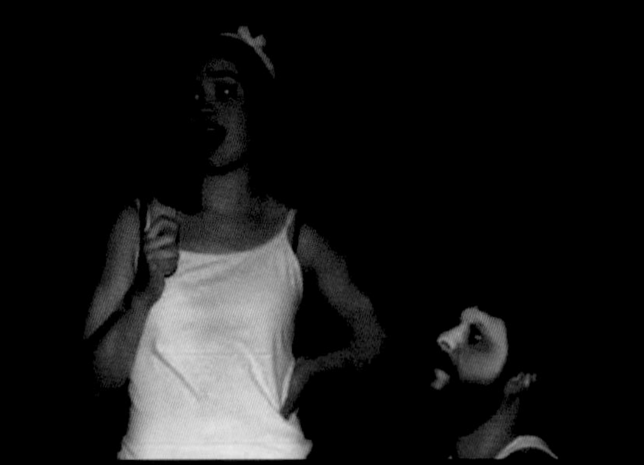

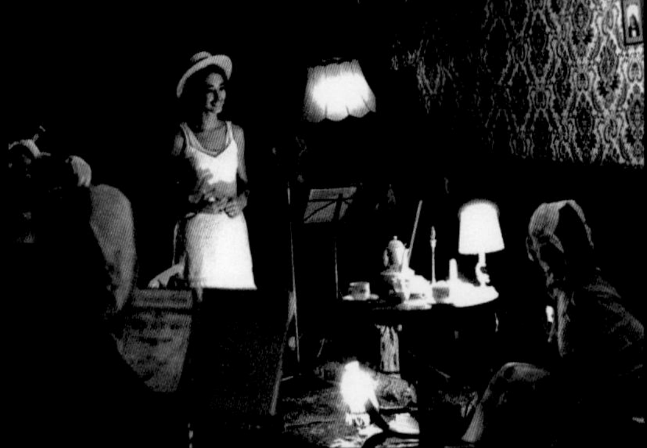

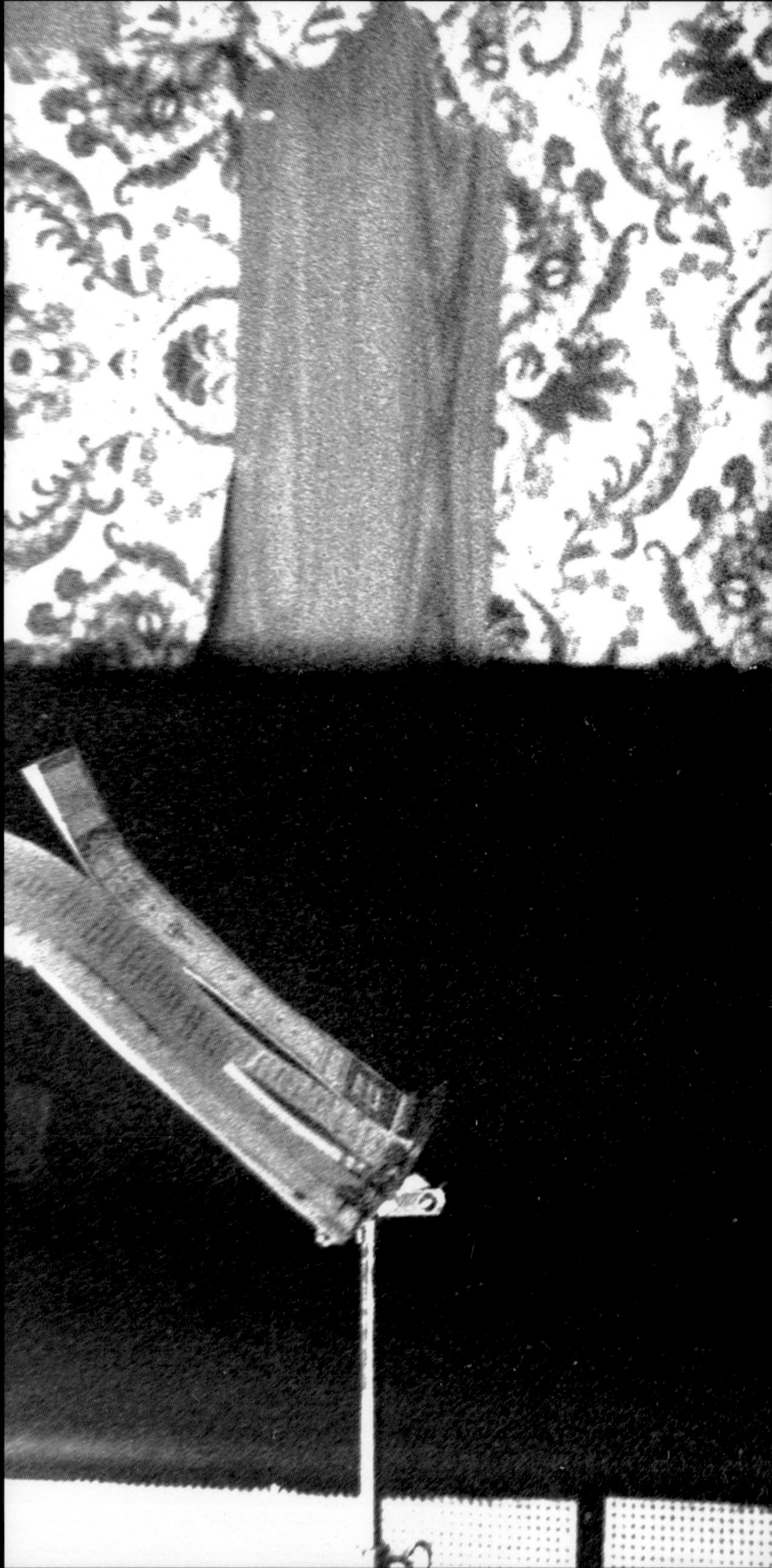

-55-

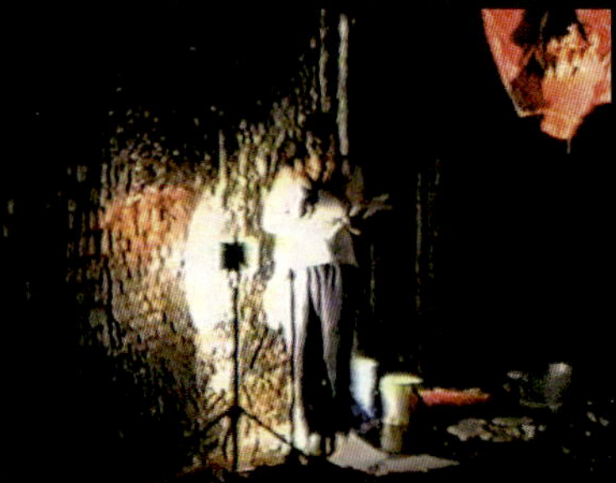
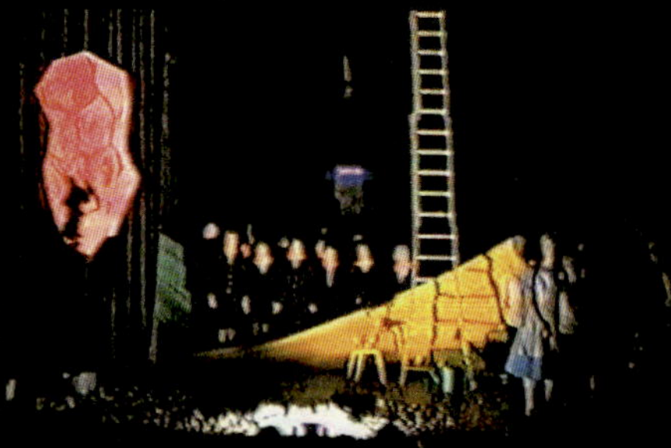
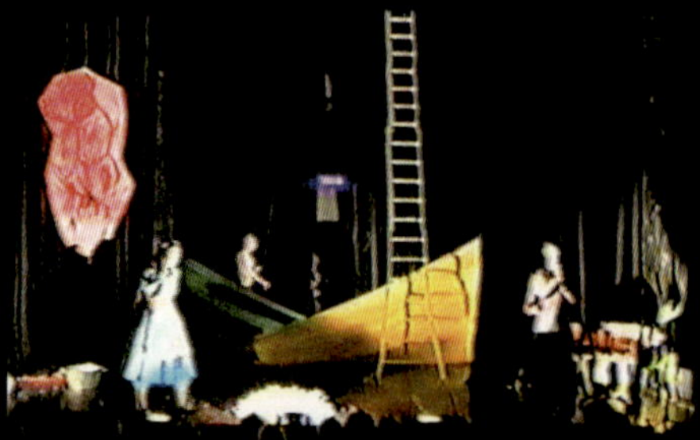
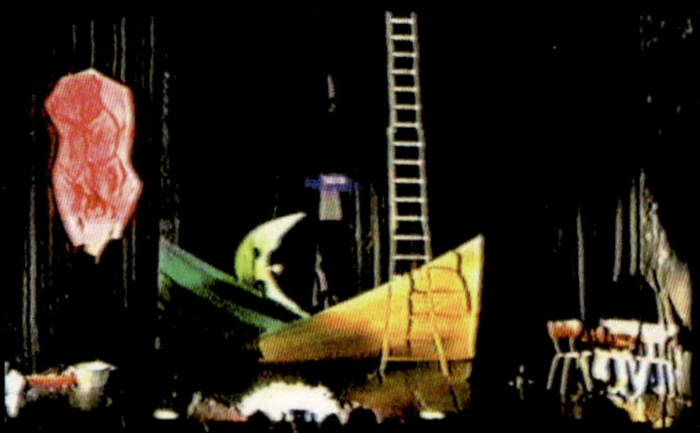
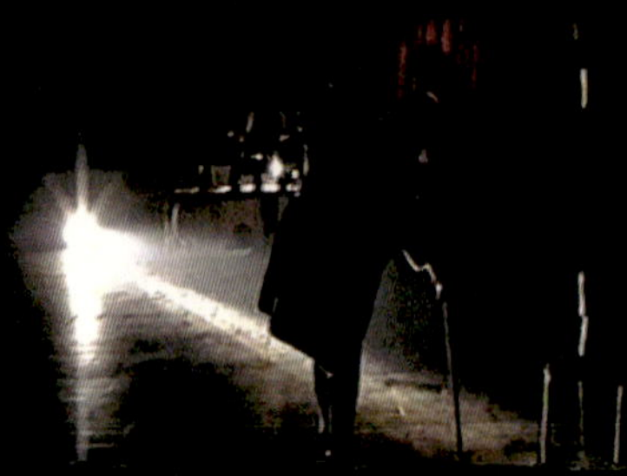
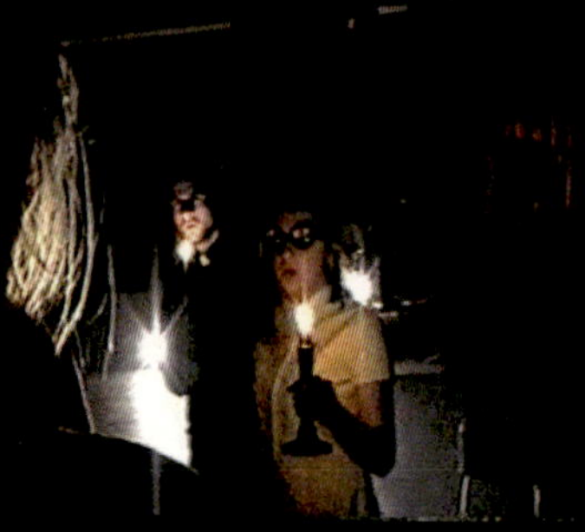
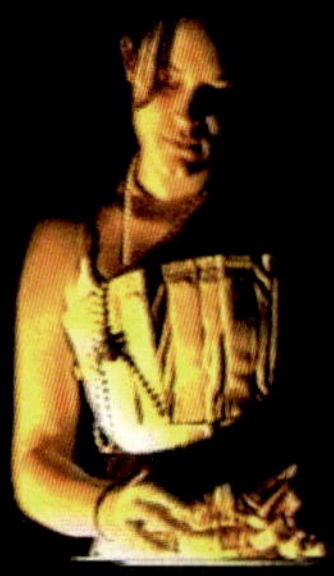
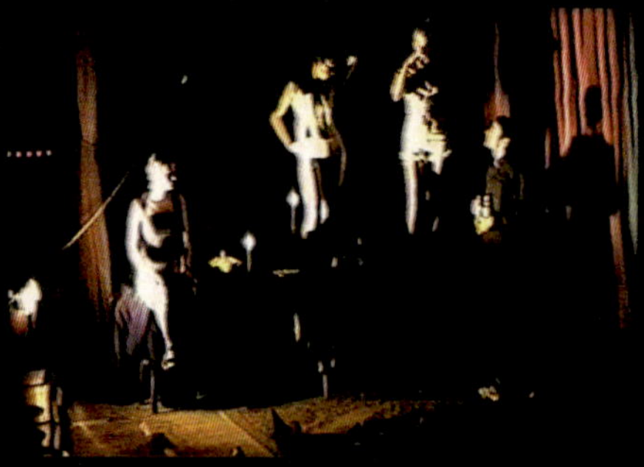
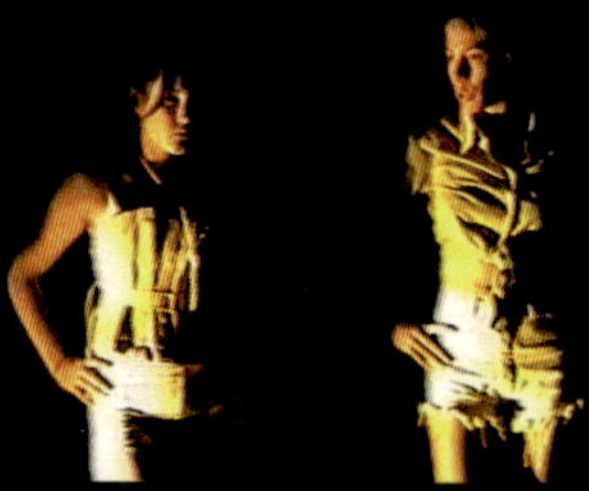
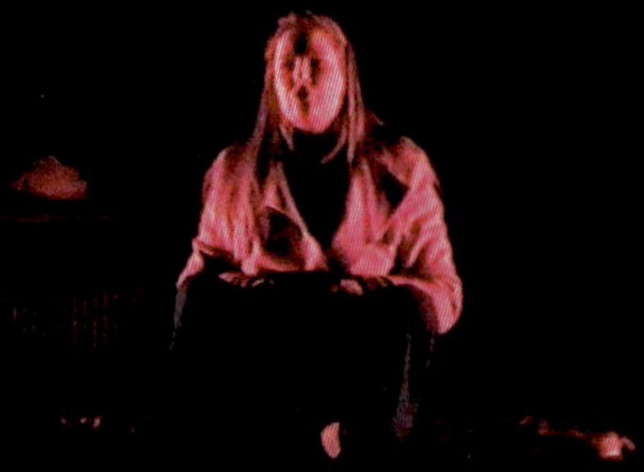
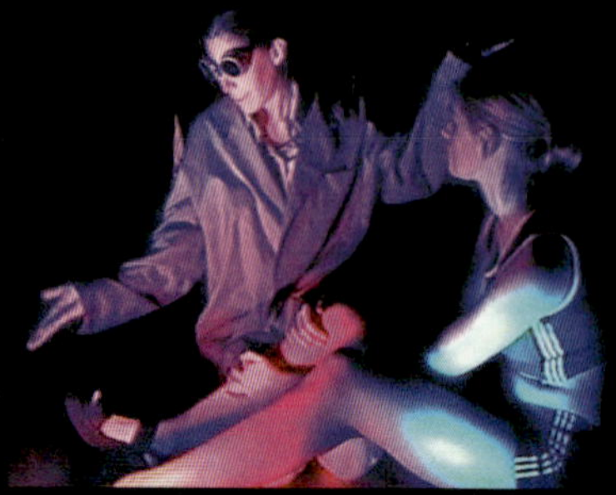
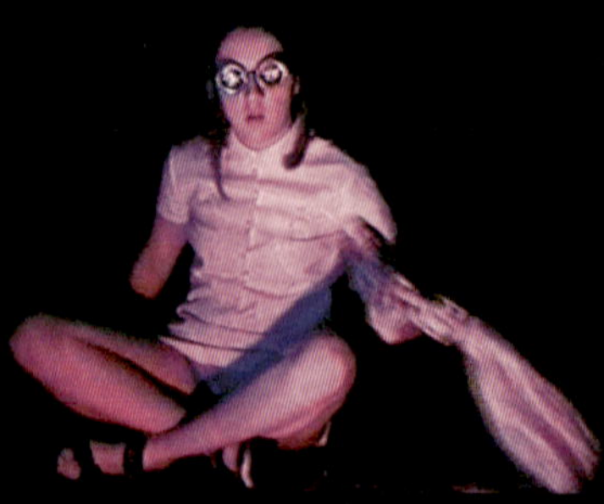

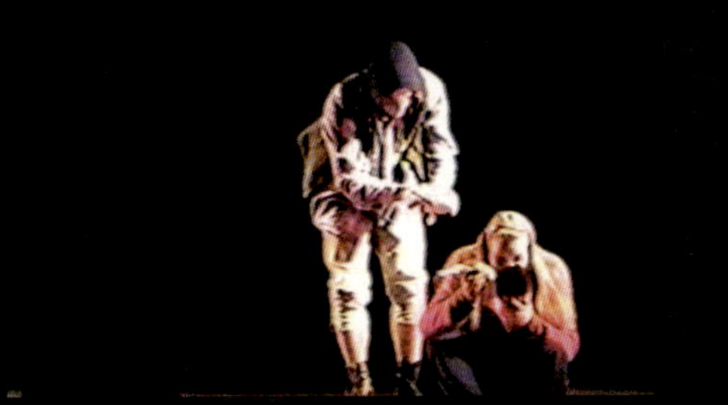
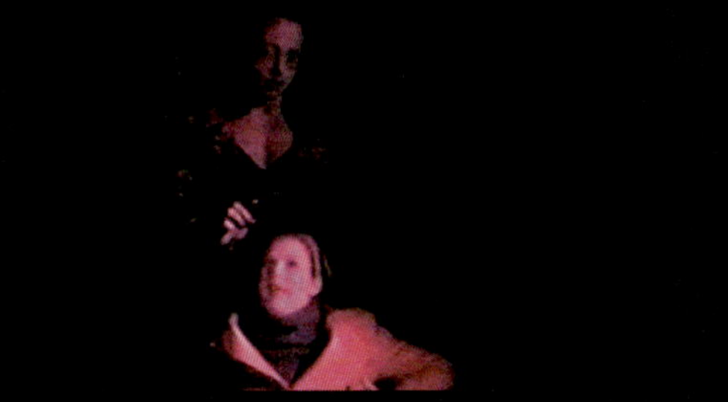
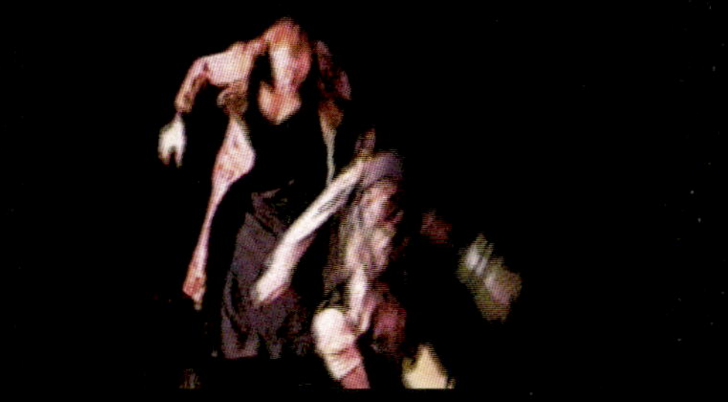
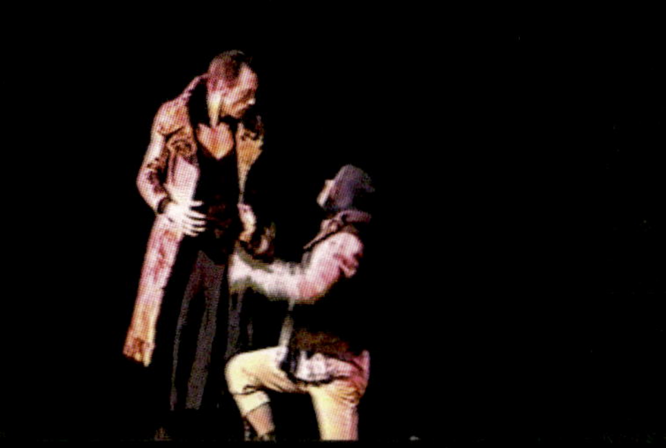
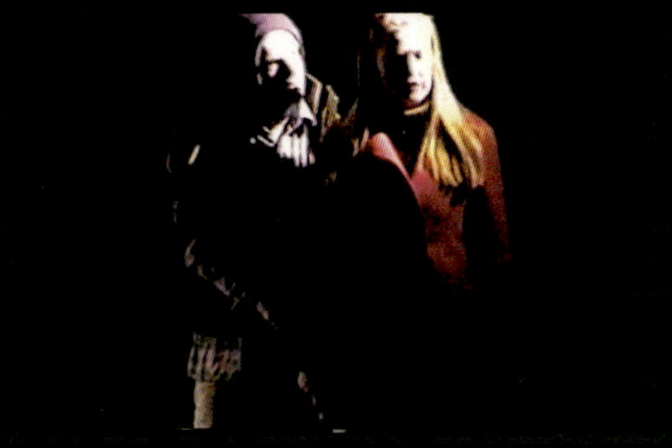
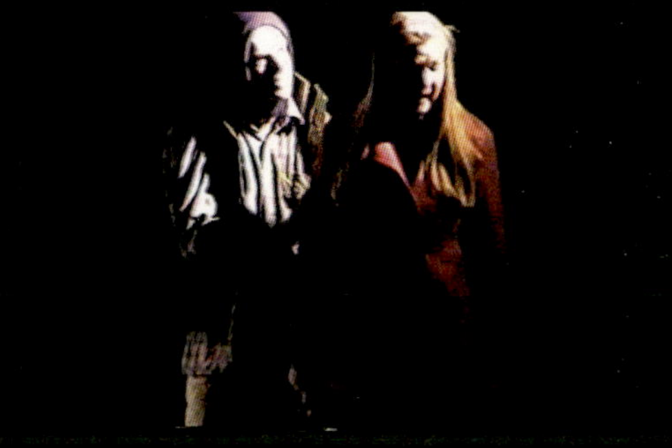
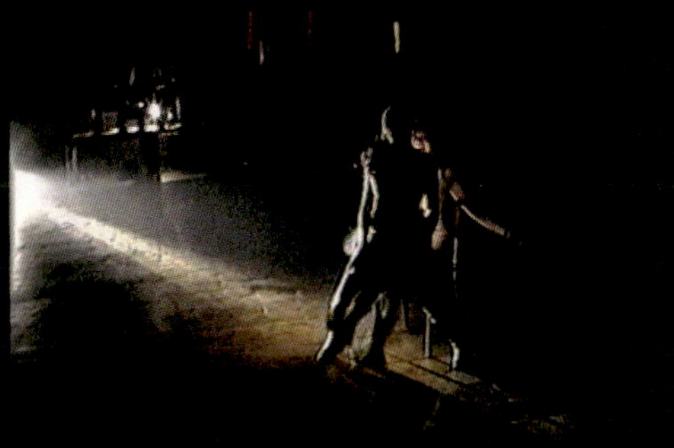
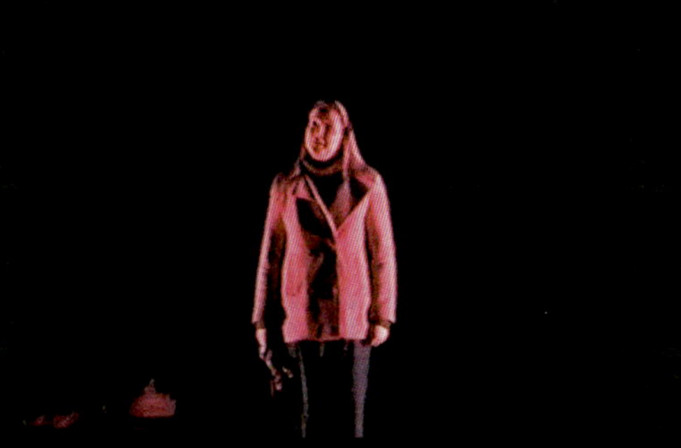
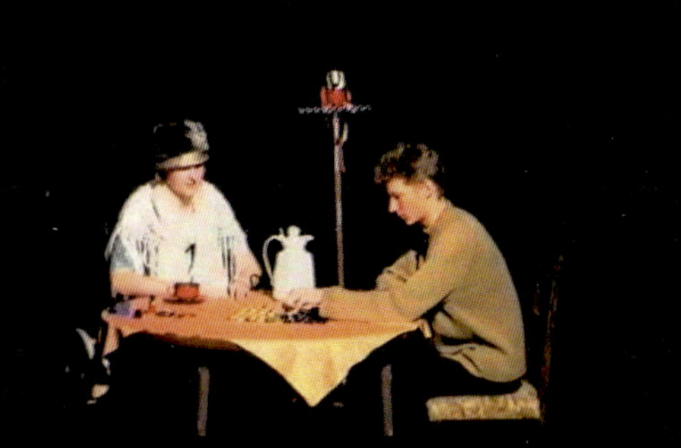
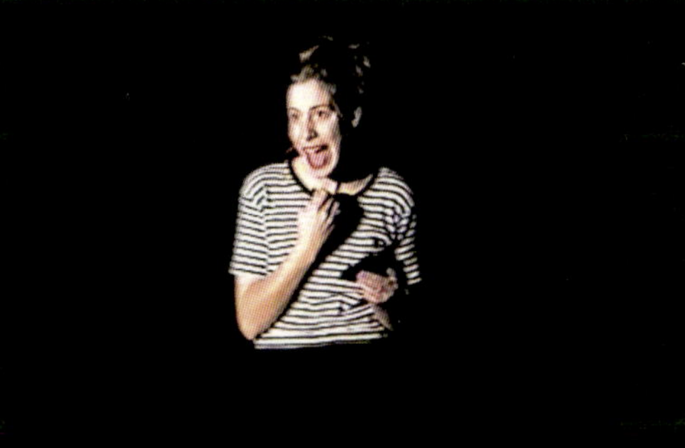
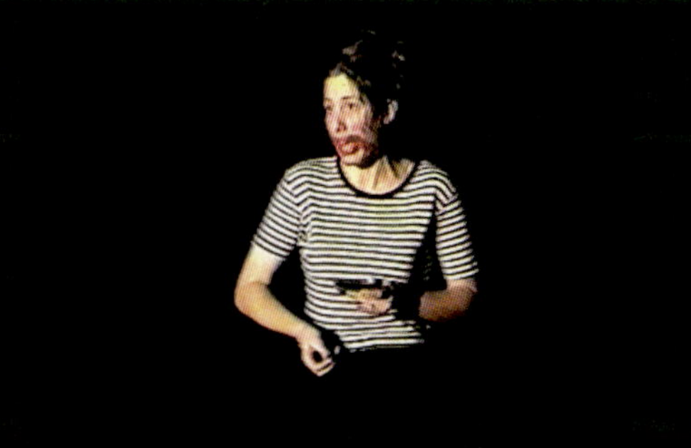
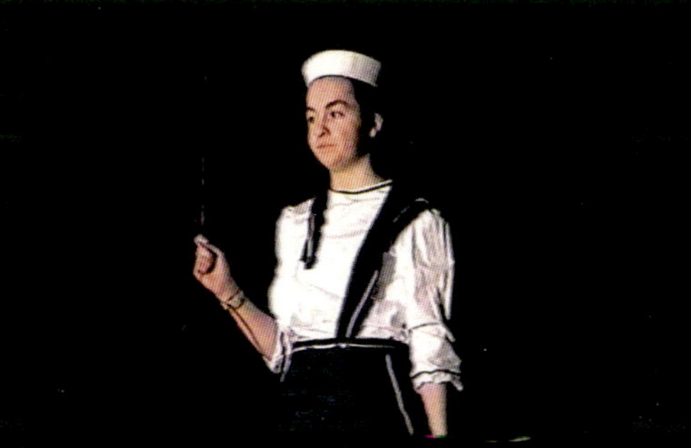

vzw Waanzien? / Abattoir Fermé
presenteren

de Jacht op de Snark

een afzien in acht spasmen
regie Stef Lernous

vr 29, za 30, zo 31 oktober
vr 12, za 13, zo 14 november
om 20.30 uur
kleine zaal MMT
Oude Brusselstraat, Mechelen
reservatie 015/ 42 25 44

II. TALKIES

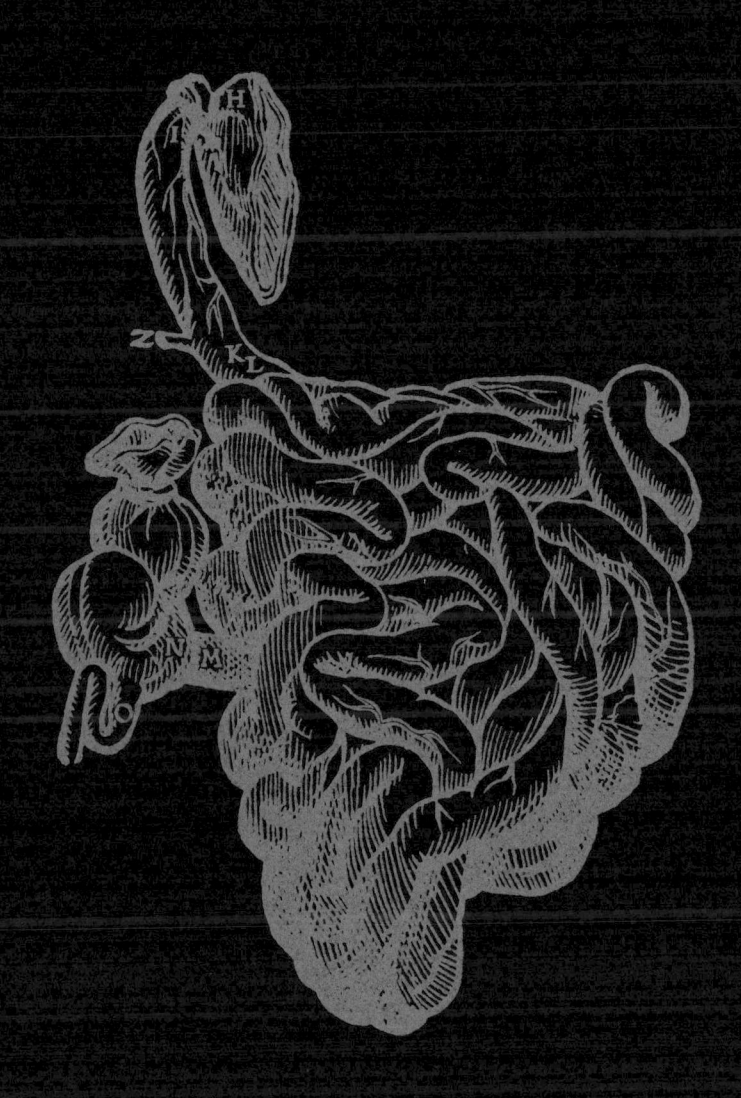

Bart Van Gyseghem zegt:
om 15:07
Beste Stef, Chiel, Joost en Ragna,
Het is nu een maand geleden dat ik jullie nieuwe voorstelling zag en nog steeds knaagt ze aan me. Wat ik zag, kan ik moeilijk onder woorden brengen. Wat ik voel, probeer ik nu, zovele ogenblikken na het verlaten van de plaats van gebeuren: een grote bewondering, een nog grotere verwondering, lichte adoratie, fascinatie, en vooral de smaak naar meer.
Wat ik niet kan begrijpen: dat *Tinseltown* naar het theaterfestival gaat, en *Tourniquet* niet. Niet dat *Tinseltown* niet goed was ofzo, integendeel – zo goed dat ik het drie keer zag –, maar het had gerust twee keer prijs mogen en kunnen zijn.
Ik wil niet langer nadenken over wat jullie juist vertellen, wat jullie doen, hoe jullie het vertellen en zeker niet meer over hoe jullie het doen. Daar kom ik toch niet achter.
Ik wil jullie heel graag proficiat wensen en bedanken voor 't schone – en ik weet dat het voorgaande en het komende woord niet helemaal de lading dekt – theater. Merci.
Bart.

Gepost op de blog van www.nona.be, juni 2007

Indie (2005), blz. 93, 96-97, 110-111, 118-119
Galapagos (2004), blz. 94-95
Tinseltown (2006), blz. 98 t.e.m. 103, 106 t.e.m. 109, 112-113, 115, 116-117, 122-123
Life on the Edge (2004), blz. 104-105
Lala-land (2007), blz. 120
Het Hof van Leyden en Afzien (2001), blz. 121
Rekwisiet voor *Lala-land* (2007), blz. 124

Foto's © Stef Lernous, behalve:

Blz. 94, 95 (twee onderste foto's), 105 (onderste foto) en 118 (bovenste foto) © Ronny Wertelaers
Blz. 98, 100-101, 112-113, 115 en 122-123 © Kaat Celis
Blz. 121, alle foto's © Liesbet Peremans

INDIE

Jonas Govaerts

Ik moest een Hollander hebben.
In het scenario voor mijn afstudeerfilm *Forever* kwam een gladde reclameboy van rond de vijftig voor, en het leek me logisch daar een Nederlander voor te casten. Bie Boeykens, mijn toenmalige lerares, raadde me aan 'die kale kerel van Wacko' te bellen; ze kon alleen niet op zijn naam komen.
Ik googelde Wacko, en kwam uit bij Chiel van Berkel. Ik had geluk: Van Berkel speelde die week in een stuk genaamd *Indie*, van het theatercollectief Abattoir Fermé. Het zou nooit in me opgekomen zijn om uit vrije wil naar een toneelvoorstelling te gaan kijken, maar zoals ik al zei: ik had dringend een Hollander nodig.

Toen ik later die week de foyer van zaal nOna in Mechelen binnenstapte, verwachtte ik niets, behalve misschien dat mijn vooroordelen tegenover theater één voor één zouden worden waargemaakt: dit zou vast saai, humorloos en onbegrijpelijk worden.
Wanneer de zaal eindelijk opening, liep er al één acteur te ijsberen op de scène: hij zag eruit als een kruising tussen Popeye en Max Schreck, en keek het binnenstromende publiek vol minachting aan (ik had Van Berkel op dat moment nog niet herkend, vanwege de Kabuki-make-up en de grotesk vooruitgestoken onderkaak).
Het eerste wat ik dacht was: fuck, ik hoop dat dit niet zo'n voorstelling wordt waarbij de acteurs de confrontatie aangaan met het publiek. Dat haat ik namelijk nog harder dan traditioneel toneel.
De acteur op het podium wachtte tot iedereen neerzat, brieste dan: 'IK HAAT TONEEL!'
Ik grijnsde en maakte het me gemakkelijk in mijn stoel; dit zou best wel eens leuk kunnen worden.

Voor wat er volgde na die openingsscène kan ik verschillende termen bedenken, maar Saai, Humorloos en Onbegrijpelijk horen daar hoegenaamd niet bij. Dan eerder Hilarisch: de scène waarin een kolerige mini-Hitler over de knie wordt gelegd door een boomlange, bebaarde Jood. Of Bevreemdend: de sequentie waarin een lijzige patholoog een bloedmooi lijk met zalf insmeert terwijl hij mijmert over leven en dood. Soms zelfs ronduit Beangstigend: de apocalyptische climax, waar een poedelnaakte Troch iets tegelijk sexy's en walgelijks doet met een varkenskop, de andere personages met zichtbaar plezier elkaars urine drinken, en de hele wereld – of toch ten minste Mechelen – ten onder lijkt te gaan op de oorverdovende tonen van Kreng.
Ik zag verwijzingen naar David Lynch (die seksueel gefrustreerde panda!), spottende knipoogjes naar Ed Wood (die belachelijke robot!), vond referenties naar Dario Argento (die agressieve, primaire kleuren, die ostentatief aanwezige soundtrack!), en besefte plots: wie dit ook gemaakt heeft, zijn of haar (maar ik vermoed dan al: zijn) smaak komt verdomd goed overeen met die van mij. Een tweede, nog verrassender besef: ik had evenveel genoten van dit toneelstuk als van gelijk welke film van bovengenoemde cineasten.

Na de voorstelling wandelde ik terug naar het station, boordevol inspiratie: misschien moest ik *Forever* toch maar van een agressieve, Goblin-achtige soundtrack voorzien, kiezen voor een *Suspiria*-achtig kleurenschema, of een rol bij verzinnen voor een seksueel gefrustreerde panda (van dat laatste idee ben ik uiteindelijk wijselijk afgestapt). Allemaal dankzij *Indie*, en Abattoir Fermé.

... te bedenken dat mijn lerares eigenlijk Manou Kersting (die andere van Wacko) bedoeld had.

Jonas Govaerts is filmnerd, kortfilmmaker en muzikant bij The Hickey Underworld.

Warmbloedig Vlaams

Martin Schouten

Zaterdag 3 december

Grensverleggend. Lang niet gehoord, dat woord. Was dat niet iets van de jaren tachtig? En is het later niet gedevalueerd tot een grap: 'Ben je weer lekker grensverleggend bezig, jongen?'
Opeens is dat woord er weer, zonder enige ironie, in een foldertje van de Brakke Grond dat om extra aandacht vraagt voor een paar Vlaamse producties. Abattoir Fermé, een clubje uit Mechelen, opende de reeks met *Indie* (zonder trema op de e, want de Belgen hebben niets met ons Indië). Ik kende twee eerdere voorstellingen van ze, waaronder het terecht voor het afgelopen Theaterfestival geselecteerde *Galapagos*, dat de sfeer had van een goedkope horrorfilm uit de jaren vijftig. *Indie* gaat daarop door. De spelers, wit geschminkt met slordig rood onder de ogen, zien eruit als zombies en bedienen zich van een speelstijl die ontleend lijkt aan Duitse expressionistische films uit de jaren twintig, zoals *Das Kabinett des Doktor Caligari*. Ze grommen en galmen op een manier die hier nu bekendstaat als toneel-toneel en dat dan nog eens in het kwadraat – thoonhéééél thoonhéééél dus – zodat ik moest denken aan Ko van Dijk in zijn gloriedagen, wat heet, aan Albert van Dalsum in zijn beroemde vertolking van de titelrol in het antifascistische *De Beul* in de jaren dertig (niet dat ik die rol ooit gezien heb, zo oud ben ik nu ook weer niet, maar ik heb wel een idee op grond van foto's en Van Dalsum live in zijn nadagen). Aan Van Dalsum deed in *Indie* 'de regisseur' denken die de voorstelling opende met: 'Aan emoties doe ik niet, ik hou niet van theater, ik hou niet van actrices ...' Een monoloog van het soort waarop Thomas Bernhard, de ooit zo grensverleggende Oostenrijkse toneelschrijver, het patent had. *Dr. Caligari meets Albert van Dalsum & Thomas Bernhard* – ieders welwillende aandacht waard dus.
Op het achtertoneel staat een rij serveerboys, van die wagentjes op zwenkwielen, en een voor een komen de spelers met zo'n ding naar voren om een monoloog en/of een act te doen. Een mechanisch lachende man bakt worstjes, een Hitlertje krijgt billenkoek van een Jood, een soort Dr. Frankenstein smeert een naakte actrice in met witte zalf – en zo meer.

Sterke, originele beelden, losjes met elkaar verbonden door een verhaal over een gebouw waarin iedereen zich bevindt. Alle monologen en acts worden steeds middenvoor gedaan, de plek voor de belangrijkste

en meest oprechte mededelingen in een voorstelling. Hier is dus alles even belangrijk, wat op den duur nogal monotoon werkt, alsof steeds iemand hard in je oor toetert. Enzovoort, enzovoort, dacht ik na een uur, nauwelijks nog benieuwd naar hoe het verder zou gaan bij gebrek aan een spanningsboog. Bijna een half uur later maakte een acteur eindelijk een slot door het (buitengewoon slecht) zingen van *Stranger in Paradise*. Maar dat bleek een *Trugschluss* (Duits voor bedrieglijk slot, maar in zo'n Nederlandse vertaling klinkt het toch wat minder), want alle serveerboys werden naar voren gereden en toen werd het pas echt ruig. Twee acteurs spogen elkaar in het gezicht, een acteur piste drie bekertjes vol die door hem en twee anderen leeg werden gedronken, waarna men zich met poep insmeerde en op echte varkenskoppen begon in te slaan en te zagen, terwijl een actrice een striptease deed en vervolgens met haar benen lag te klapwieken. Mijn gedachten gingen uit naar Nederlandse voorstellingen uit de jaren tachtig waarin dat (de varkenskoppen daargelaten) ook gebeurde, maar nooit in één voorstelling. *Nieuw West meets Gerardjan Rijnders & Lodewijk de Boer & Waardenburg + De Jong* – daar kwam het zo'n beetje op neer.

Oude koek dus? Nee, want de combinatie was nieuw en heftig, zodat ik behoorlijk door elkaar geschud de zaal verliet. Hier werd het toneel bijna weer opnieuw uitgevonden door alle 'theaterwetten' te negeren en uit een hoop oude rommel iets te maken dat, met alle pis en poep, wel iets had van een nieuw soort volkstheater. Waarom hebben we in Nederland niet zo'n groep? Daar heb ik een theorie over die erop neerkomt dat de vernieuwingen in het toneel hier zijn begonnen met Aktie Tomaat, rond 1970, terwijl in Vlaanderen pas rond 1980 de vlam in de pan sloeg. In Nederland is dus de wet van de remmende voorsprong van kracht, terwijl de vernieuwing in Vlaanderen nog even te gaan heeft – al hebben 'de gouden tachtigers' het daar nu ook moeilijk door subsidiekortingen. Maar de opstandige geest is er nog niet terug in de fles, en Abattoir Fermé is, theatraal gezien, in polemiek met de Vlaamse tachtigers, die erg veel hebben ontleend aan het Nederlandse voorbeeld van Maatschappij Discordia, waarvan ook in Nederland de invloed nog enorm is. Vlaamse voorstellingen die zich daaraan onttrekken, voeden zich met het volkstoneel, een krachtbron die we hier allang niet meer hebben (ondanks of dankzij Van den Ende c.s., die het publiek geven wat het wil, maar dan zo glad gestreken dat echt iedereen het kan verteren, een soort ziekenhuiseten dus, terwijl de liefhebber van eigenzinnige gerechten op zijn honger blijft zitten).

everything here is of equal importance, which becomes monotonous after a while, a bit like someone loudly bellowing in your ear the whole time. Etcetera, etcetera, I thought after about an hour. I was hardly curious about what was going to happen next due to the lack of dramatic tension. Almost half an hour later, an actor finally finished it by (abysmally) singing *Stranger in Paradise*. But this turned out to be a *Trugschluss* (German for a deceptive ending, but it sounds less juicy when translated), because all trolleys were rolled to the front of the stage and then things really started to become rough. Two actors spat in each other's faces, an actor pissed three cups full that were drunk by him and two others, after which they covered themselves with shit and they started to hammer into and cut up real pig's heads, while an actress stripped and then started flapping her legs. I had to think about Dutch plays from the eighties where the same thing (except for the pig's heads) happened, but never combined in one performance. *Nieuw West* meets Gerardjan Rijnders and Lodewijk Boer and Waardenburg + De Jong – it kind of boiled down to this.

Nothing new under the sun, then? Not quite, because the combination was new and fierce and made me leave the theatre pretty shaken. Here, theatre was almost reinvented by ignoring all laws of theatre and by creating something out of a load of old junk that, with all the piss and the shit, resembled a new kind of popular theatre. Why don't we have a company like this in Holland? I have a theory about this which basically comes down to the fact that all innovation in theatre here started with Aktie Tomaat around 1970, while things really started happening in Flanders around 1980. So in Holland we're already slowing down, while the innovation in Flanders still has some way to go, even though the 'golden eighties-artists' are having trouble now because of the decrease of grants. But the rebellious genie is not back in the bottle yet, and Abattoir Fermé is, from a theatrical point of view, engaged in a polemic with the Flemish eighties-artists who borrowed a lot of elements from the Dutch example of Maatschappij Discordia, who are still very influential in Holland, even nowadays. Flemish performances who move away from this direction, find their inspiration in the popular theatre, a source of energy we don't have anymore (despite or thanks to Van den Ende who give the audience what they want, but in such a polished way that truly everyone can digest it, like hospital food, while the gastronomic enthusiast remains hungry).
People are now saying that 'political theatre is back' in Holland. They mean that plays talk about Islam, extremism and terrorist attacks. Generally, it means they sort of read the paper out aloud. But Abattoir Fermé doesn't do this and still manages to talk about us, here and now via a detour of art. The artistic directors of

II. TALKIES

In Nederland is, hoor je de laatste tijd weleens, 'het politieke toneel terug'. Over de islam gaat het dan, over extremisme en aanslagen – de krant zo'n beetje naverteld, daar komt het doorgaans op neer. Abattoir Fermé doet dat niet en heeft het, via de omweg van de kunst, toch in hoge mate over ons, hier en nu. De artistiek leiders van Abattoir Fermé, Stef Lernous en Joost Vandecasteele, zijn namelijk zelf extremisten. Theaterextremisten. Ze vertolken de tijdsgeest zo misschien beter dan wie ook in het toneel. Vrolijk word je daar niet van; je komt er een beetje huilerig uit (al viel er goddank soms ook wel wat te lachen), en ik moest denken aan de bekende studie van Siegfried Kracauer over de Duitse expressionistische film. Volgens Kracauer preludeerden die films, naar inhoud en vorm, op de Hitlertijd. Abattoir Fermé heeft onmiskenbaar de vinger aan de pols van de tijd en God verhoede dat het weer zo afloopt als destijds. In zulke gedachten verzonken struikelde ik na het verlaten van het theater over een paaltje, zodat ik dit nu tik met een paar geblesseerde vingers. *Indie* (God mag weten waarom het stuk zo heet) was een nachtmerrie die me werkelijk in alle opzichten heeft omgewoeld.

De andere grensverleggende voorstellingen zijn in het voorjaar geprogrammeerd door de Brakke Grond, en uit eigen waarneming weet ik dat je je in elk geval bij Kris Verdonck, die dan ook op het programma staat, absoluut afvraagt: is dit nog theater? De kunst van het boos weglopen valt dan waarschijnlijk, net als vanavond bij *Indie*, ook te genieten. Maar kijk daarbij wel uit voor dat betonnen paaltje bij de waterpartij op het pleintje voor het theater. Dat is, al staat het nu een beetje scheef, erg hard en hedendaags.

Uit *Toneeldagboek*. Oorspronkelijk verschenen in *HP De Tijd*, 16 december 2005

Martin Schouten was als journalist werkzaam voor o.a. NRC Handelsblad, De Volkskrant en HP De Tijd. Hij schreef twee toneelstukken en publiceerde ook een groot aantal boeken, waaronder journalistieke reportages en romans.

Abattoir Fermé, Stef Lernous and Joost Vandecasteele, happen to be extremists themselves. Theatre extremists. Maybe that's why they succeed in presenting the spirit of this age better than anyone in theatre. It doesn't make you happy, you leave the theatre feeling a bit like you want to cry (although thankfully there were some funny moments), and I was reminded about the famous study of Siegfried Kracauer about German expressionist film. According to Kracauer, these films were, in content as well as in style, a prelude for the Hitler-era. Abattoir Fermé unmistakably holds the finger to the pulse of the times and Heaven forbid things should turn out like they did last time. Completely occupied with these kinds of thoughts, I tripped over a little post after I left the theatre, so I'm typing this now with wounded fingers. *Indie* (God only knows why this is the title of the play) was a nightmare that truly messed me up in every way.

The other ground-breaking performances will be put on in spring by the Brakke Grond. Out of experience, I know that particularly with Kris Verdonck who is also programmed, you will wonder: 'Is this still theatre?' The art of angrily walking out on a play will undoubtedly be savoured just like tonight with *Indie*. But do watch out for the little concrete post by the fountain on the little square in front of the theatre. It is, albeit a bit crooked now, still very solid and contemporary.

Excerpt from *Stage Diary*. This article was first published in *HP De Tijd*, on December 16th, 2005.

Martin Schouten has worked as a reporter for NRC Handelsblad, De Volkskrant *and* HP De Tijd. *He has also written two plays and published several books, including journalistic reports and novels.*

Roller-Blade Granny Leering at Young'uns

by Vett Lexter

Hi there, folks! Welcome to Los Angeles, shitty of angels. Hé hé.

Why dontcha get on the bus and I'll take you on a trip through this truly – héhé – wonderful dump of a town. From Belgium are ya? Yep, we had one or two of those back in the days. Kinda chubby guy who goes by the name of Lernotsch or something. Whatever. So. Let me take you on this tour and let me show ya the kind of shit this guy's been fascinated by for the last two decades or so.

'I'll show you the life of the mind'. That's a *Barton Fink* quote, that is. See, we love movies out here, after all this is West Hollywood. It doesn't look like much 'cept for all them tourist traps but look-ee here mister: 'Jumbo's Clown Room', the great, yet so intimate, burlesque bar. It's a dirty dive on Hollywood and Winona where I wouldn't trust the drinks. They've got amateur nights on Tuesdays and a freaky crowd, but the girls are fuckin' hot making money in between flippin' burgers.
One chick even picks up dollar bills with her ass. Héhé. Good shit.

Ya got Santa Monica Blvd with its gays, transsexuals and chicks with dicks. Wonderful, wonderful! Walkin' in broad daylight, handbag in one hand, mobile in the other, screamin' for all to hear in bad American: 'O pappie! Yeah, pappie, gimme to me, nice harrrrd …' – héhé – gotta love those Puertorican pervs gettin' on the bus continuously talkin' like out of a seventies porn flick.'

Right there; Frederick's of Hollywood, a no good lingerie store, though Frederick Millenger did invent the push-up. In the back of the store ya got a lingerie museum where you can goggle at the used frillies of celebs the likes of lean Great Garbo, voluptuous Mae West and hottie Marilyn Monroe.

Now if you're lookin' for a place to stay; get the hell outta town. Otherwise The Hastings was a great place but it got torn down after an earthquake, probably all for the best 'spose. The godforsaken place was built in the roarin' twenties. Up until recently the rooms were occupied by madmen. See chum, in the late eighties, lunatics were left to their own choice as to whether they were willing to stay in the funny farm or – well – leave. Since then of course the streets of Los Angeles are roaming with homeless and mindless freaks. The Hastings being the cheapest shithole in West Hollywood, would be their future home. With deadbolts on the doors, the place would be very much alive at nights all o' them screamin' like banshees.

Look over there, buddy. You see that little van that can seat about twelve? Well they be specializing in Death-Tours. Hop on in and drive by landmarks where people got killed. You'll be driving by 'The Mayan', close to where the Black Dahlia's body was found. Or notorious 10.050 Cielo Drive, murder site of the beautiful Sharon Tate. What about 'The Chateau' where Lenny Bruce killed himself by overdosing. Stand-up comedian no more. Héhé. Like my bitch mother used to say: 'Speak only good of the dead.' Well, they're all dead: good.

Now there's a sight for sore eyes: the abandoned Ackermansion. Home of the late-great (he sadly left this dimension a year ago) Forrest J. Ackerman, nicknamed mister monster. His incredible collection of monster movie memorabilia was open every Saturday for pilgrims of the filth. Nerd herds everywhere gotta settle for a lot less now. The few places for pilgrimage now are Necromance on Melrose and the Amok Bookstore on Hollywood and Vermont. Necromance sells insects the likes of chocolate covered scorpions and freeze dried ducklings, can you believe this sick shit? The Amok bookstore stacks everything subculture-wise: from Ed Gein to McKenna, Buckminster Fuller to John Waters.

The Strip hosts a lot of sleazy bars and gettin' gals poses no problem. Unless yer picky. But yer not picky, right? Right? Last time I was on The Strip, a chick's fake tits jumped out of their tube top. ''scuse me miss, but yer plastic bits are hanging out for all to see.' With an 'oops' as a sole response, the titties were put firmly in place.

Ya see; all these chicks workin' the clubs and the eateries desperately wanna be discovered. Yep. They wanna be in the flicks. All no good scream queens and horror hussies, z-movie starlets and b-film babes. The best breasts you'll find in the San Fernando Valley, dubbed Porn Valley, it's where 90 percent of American porn is made and distributed from. Seymore Butts; here! Jesse Jane; right here! If ya wanna see a girl squirt on camera; this is the place.

Van Nuys is the administrative centre of the valley, it's also called the asshole of the world. To be interpreted as: it fuckin' reeks of sewage. The air is filled with smell of shit. Faeces for all. There's this fifties diner on Van Nuys that's sheer inspiration for artistic wannabes. A gazillion of muses for preachers of the filth and smut peddlers. At one table you'll find a black guy feverishly praying to his fries, at another table sat a guy with nuts the size of fuckin' watermelons, at the counter meet a guy who feeds on cigarette butts, left-over cocktails and the kindness of strangers.

Ya hungry, fellers? In a state that's got the best food on the planet, there also must be places where you can eat shit like no other. The Cheesecake Factory serves chicken covered in honey and chocolate, stuffed with M&M's. And whilst sushi can be divine to some, I bet when served with ketchup and mayonnaise, it's simply put: disgustin'. For a unique dining experience visit Opaque, a restaurant that has the sentence 'Dining in the Dark', trademarked. Ya see, they reckon' that in this era of information overload, visual stimulation has reached an all time high. So not seeing one bit of what yer eatin' in a pitch black restaurant must be quite a stimulating dining experience. Meals are served by blind waiters. Héhé. How you know yer finished with yer plate, right? What are we, psychics? Also 'The Stinking Rose' in Beverly Hills specialises in food that stinks. The main ingredient of every dish is garlic.

In the school of Unarius the interdimensional psychodynamics of the mind are taught. – Hold it – What now? The school was founded in '54 by Dr. Ernest L. and Ruth E. Norman, Cosmic Visionaries. They laid down a bridge that is a cosmic link to the Space Brothers. Unarius, an acronym for Universal Articulate Interdimensional Understanding of Science is dedicated to exploring the frontiers of science and expanding our awareness and connection with galactic intelligence.

More otherworldly business at the The Warner Pacific Theatre. The place is an old abandoned cinema that during a brief stint re-opened mid-nineties to show exclusively direct-to-video horror movies. I loved it! Pipes leaking fluids in buckets placed throughout the theatre. No cosy seats but chairs (chairs!) and you had to take an 'am I psychic-test' upon leavin'. The entrepreneurs, a lovely couple,
were paranormal ghost hunters. And they convinced me the theatre is a certified haunted cinema. The couple ran out of money and within a year they had to close the place down. Héhé.

A few years ago two men traveling on the 101 West Freeway encountered some peculiar animals. Described as two odd, goat-like bipedal figures walking towards an eerie glowing orb in a nearby field. The creatures were grey in colour, scaly on their backs with tear-drop shaped eyes a bright red. Dubbed 'the goatsuckers', these animals invade back gardens and feast on local pets. Carcasses are left almost untouched 'cept for a hole where the blood and innards are drained. It often levitates, striking prey with a straw-like tongue which exsanguinates the corpse of its victim.

When the above sounds as somethin' out of a William S. Burroughs novel, the next one 'll sound more like somethin' Lovecraftian. The former lobby of The Windsor Hotel, 'The Prince', has one of the most unique atmospheres of any bar in L.A. Sit at the bar and order the live squid. They cut the wriggling thing up for ya, and serve the critter with the tentacles still movin'. Los Angeles; where you can go up to a newsstand and buy Anton LaVey's *Satanic Bible*. Where you can buy magazines for guys and gals who are into bookworm bitches. And if you're into necrophilia get yer bi-monthly copy of *Girls and Corpses*.

The theatre, though mostly worthless, is sometimes unforgettable. A few years ago there was a terrible play about Christopher Walken, all the actors portrayed the king of cool but none of them looked even remotely like him. The Actor's Playhouse interpreted *Waitin' for Godot* from that old hack, Beckett. Two men waitin' for a little guy comin' out of a box, but he never does, see? Luckily there's the incredible, inimitable Ricky Jay, who

for two hours long can entertain an audience by telling the history of poker while holding a deck of cards.

Ah! Venice Beach with its body builders lifting tourists posin' for pictures, the roller-blade granny leering at young 'uns, the Ocean Sidewalk Café with its burgers named after philosophers. Get yer cheese and onion Kierkegaard. Palm readers, aura pluckers, crystal healers and snake oil salesmen. Self-proclaimed artists selling Dayglo-paintings.

Trendy Sunset Blvd eateries with every waiter an actor or actress ready to be discovered, pouting lips, flexing tanned muscles, tit jobs galore, their acting is terrible and taught by overpaid men and women havin' a midlife crisis.

Every conversation on the Strip is about movies. Celluloid is the very matter of Los Angeles' existence. Big mouth producer talking Christian Bale's temper tantrum and a Big Foot script. Dig it: a couple driving end up on the wrong dust road, bunch of yokels tellin' em to get outta there, scary monster chasing them through the woods. Well, never seen thàt before.

On the bus, a guy tells me I dropped my pocket. He goes on explaining how that's a joke you can tell in mixed company. There's only forty-two jokes, clean jokes, the joke-meister continues. His wheelchair-bound girlfriend sits next to him. He says he told some kids once that they dropped their virginity and once you lose it, it's gone forever. The girlfriend laughs, I can tell by the way saliva is dripping from her chin.

The American Film Institute paying tribute to great filmmaker Russ Meyer, unfortunately also deceased, dressed impeccably stylish, full of testosterone at 80. Accompanied by his ex-wife Kitten Natividad, dressed in a fishnet catsuit with nothin' underneath, lookin' like shit at 50. Worn out, destroyed by porn and drugs, breakin' my heart.

At a convention, hundreds are waitin' for an autograph of the über-beautiful Traci Lords. A drunk David Hasselhoff poses at 2 a.m. for pictures at his star imprinted in Hollywood Blvd. At Grauman's Chinese Theatre sharing a dump with Tom Waits. Nicolas Cage doesn't have time for a picture, he's gotta catch a movie. Drew Barrymore in an ol' big caddy drives by and my heart misses a beat. Blossom Dearie performs at the Tiffany Theatre. Amy Adams enjoys a sandwich at Cheebo's and I take a picture of where she sat. Danny Elfman's Oingo Boingo farewell concert at the Universal Amphitheatre was amazing.

What kinda place is this? At a diner, right behind me a guy in his twenties is setting up an obviously fake audition to score with hot girls. At another diner a week back, a woman told a stranger how her daughter is actually an Indian princess entitled to crown jewels. A year ago at a sushi restaurant a guy with a thin moustache was making out right there at the table with two very fat women, sucking at each other's fingers, eating shrimp rolls. What kinda place is this?

An enormous cue to see *The Dark Knight* at the Hollywood Arclight.
I am standing next to Sarah Silverman, the funniest woman on earth.

She looks incredibly sad.

Afraid to speak, I freeze.

Vett Lexter was born and raised in L.A. and is sometimes called the granddaddy of porn.
He produced an overwhelming amount of 2000 porn films.

II. TALKIES

Het slachthuis gesloten?
(Brief van een fan)

Beste Abattoir Fermé,

Mannen, ik had plannen! Ik zou eindelijk 's dat eerste artikel schrijven dat wat dieper op jullie werk inging dan onze recensies doorgaans vermogen. Mijn epistel zou zichzelf voornemen – dogma 07 – om alvast drie woorden absoluut te mijden: 'horrortheater', 'het afwijkende' en 'falluskunst'. Het zijn de vaste termen geworden waarmee we jullie werk steevast op onze krantenpagina's vastnagelen, 'terwijl het Abattoir daar helemaal niet om gaat' (repliceren jullie intussen ook standaard, met altijd die mysterieuze grijns). Ik zou het mysterie kraken, of toch minstens voor mezelf de dingen 's doordenken. Ik zou jullie Chaostrilogie als kapstok nemen. Ik had die rond, ik zag de lijnen, het was me klaar (ook ik heb zo mijn orgasmen).
Maar toen kwam in januari ineens *Lala-land*, de afsluiter van wat in *Indie* en *Tinseltown* was aangezet als de finale ontworsteling van jullie oeuvre aan de spuwende, vies-visionaire tekstlappen uit pakweg *Dial H for...** (2003) of *Life on the Edge* (2004). Met die laatste *Lala*-monoloog schoof alles grondig scheef. Samen met jullie machtige beelden werd ineens ook mijn hele theorietje naar de vuilnisbak verwezen, plus mijn artikel. Het is 0.48 uur, ik heb keiharde techno opgezet. Ik schrijf jullie een brief.

Een en ander is me over jullie laatste werk beginnen te dagen toen ik naast jou, Stef Lernous, weer wakker werd na Romeo Castellucci's *Marseille*-episode op het laatste Kunstenfestival. Je zat te grienen als een kind, totaal aangedaan. Wat was er dan vertoond?
Louter schuivende kleurvlakken rond iets wat leek op een vlammende kubus, uitgevaagd achter lagen en lagen doorschijnend projectiegaas. Enkel vervloeiende techniek, op een soundscape van Scott Gibbons die door het lijf trilde alsof je schrijlings op een vliegtuigmotor zat. Er was niks naturels te zien geweest. Niks geen acteurs, laat staan een bevattelijke inhoud. Maar jij zat daar door de hand Gods geslagen.
Jij had het licht gezien.
Ik van mijn kant heb een paar van jullie dvd's herbekeken. *Indie* eerst. De scène is daar één donker hol, waaruit steeds nieuwe enkelingen in de spaarzame lichtcirkel voor het publiek komen getreden. Samen vormen ze een nachtwacht in clair-obscur: de vervaarlijk fluisterende hondenslachter met zijn laatste buit op een chirurgisch rolkarretje, de paranoïde schrielhaan in zijn wasbeerkostuum ('*I can't breathe in this fucking city!*'), de necrofiel die achter zijn witgekalkte *face* 238 persoonlijkheden

The Abattoir Closed?
(Letter from a fan)

Dear Abattoir Fermé,

Boy, did I have plans! At last I would write my first article that would delve more deeply into your body of work than my reviews usually are able to do. My missive would – dogma 07 – avoid three words at all costs: 'horror theatre', 'deviant' and 'phallic art'. These are the words reporters always use to pin down your work in the papers, 'while that is not at all what Abattoir is about' (is your standard reply, always accompanied by that mysterious grin). Now, I would break the mystery, or at least think everything through for myself. I would use your Chaos-trilogy as a steppingstone. I understood it, I saw the lines, it was clear (I also have orgasms). But then all of a sudden *Lala-land* came along in January. This is the closing chapter (the first two parts were *Indie* and *Tinseltown*) of the final rupture of your work with the spitting, dirty-visionary long texts of, for example, *Dial H for...** (2003) and *Life on the Edge* (2004). But then this latest *Lala*-monologue brought another twist. Not only your powerful images, but also my theories were discarded (including my article). It's 0.48 in the morning, I've put on some hard techno. I'm going to write you a letter.

A few things became clear to me about your most recent work when I woke up to reality again next to you, Stef Lernous, after a performance of Romeo Castellucci's *Marseille*-episode at the Kunstenfestival. You were crying like a baby, completely moved. What had you just seen? Only coloured surfaces moving around what looked like a burning cube, vaguely visible behind layers and layers of transparent gauze that was used as a projection screen. Nothing more than flowing technics, accompanied by a soundscape by Scott Gibbons that reverberated through your body as if you were sitting on top of an airplane-engine. We had seen nothing natural. No actors, no comprehensible content. But you sat there like the hand of God had just slapped you in the face. You had seen the light.
I recently watched a few DVD's of your plays. First of all: *Indie*. The stage is a dark cave that spews out new characters, one by one, who face the audience in the small circle of light. Together they are like a night watch in chiaroscuro: the frightfully whispering dog-killer with his latest catch on a surgical cart, the paranoid, gaunt man in a panda suit ('*I can't breathe in this fucking suit!*'), the necrophiliac who tries to control 238 personalities while hiding behind

in de hand probeert te houden, de grote Jood die een Hitlertje over zijn dijen legt voor een portie snerpende billenkoek, de manisch sjiekende Sinjoor scheldend over zijn 'kloetewaaif'... Het houdt niet op. Allemaal bewonen deze freaks hetzelfde voorstedelijke appartementenblok, waarvan de onveilige gangen zich uitstrekken als het labyrint dat je vermoedt onder de menselijke hersenpan. Hoe jullie pan er vanbinnen uitziet, heb ik me weleens afgevraagd. Die biografische interpretatie van een oeuvre is naast de aantrekkelijkste, natuurlijk ook de goedkoopste. Maar jullie kunnen het me moeilijk kwalijk nemen. Niet als ik zie hoe jullie voorstellingen steeds weer die likkebaardende, offergrage, pervers-mannelijke kunstenaar in het middelpunt stellen van wat hij uit zijn beschadigde fantasie over de scène uitgeprojecteerd heeft. In *Bloetverlies* (2004) waren dat twee krolse verpleegstertjes waartussen hij (schrijver) niet kon kiezen, en waardoor hij zich in rood licht dan maar liet kruisigen en castreren. In *Indie* heeft hij de gedaante aangenomen van de megalomane theatermaker waarmee de voorstelling begint en eindigt, en dus volledig rond hem opkrult. Chiel van Berkel vermeit zich in een tirade tegen elk gesubsidieerd pleziertoneel, en stelt daar zelf een theater tegenover dat 'lelijk, raar en ondoorgrondelijk diep is'. Jullie theater, dus. Zeker als hij daarna een schaars gekleed ero-danseresje voor hem laat kontdraaien, kan ik dat nauwelijks anders zien dan een enscenering van jullie eigen makersfantasma's.

Ik verbeeld me dat een auditie (zoals ook die in *Moe maar op en dolend*, waar Tine Van den Wyngaert gedwongen wordt één borst te ontbloten) bij Abattoir net zo verloopt. Als een keuring van het vlees in de cup. Maar relevanter voor mijn gecastreerde theorietje is hoe Van Berkel dat danseresje telkens weer afkeft met een autoritair 'nee, opnieuw!'. Ze stopt, herpakt zich, wordt prompt weer gestopt. En opnieuw. En nog eens, steeds sneller: 'opnieuw!' Precies dezelfde botte eis tot 'repetitie' loopt als een rode draad door opvolger *Tinseltown*, waarin jullie inzoomen op de achterkant van het Hollywood-bedrijf. Hier is Van Berkels protagonist een regisseur van rituele snuffmovies, maar zijn zelfverblinde machtsneurose blijft onveranderd: 'Opnieuw!' kraakt hij op auditie een naïeve actrice tot tranen toe, en 'opnieuw!' zal hij haar anderhalf uur later op en neer en weer optakelen aan een vleeshaak van het plafond. Niet de foltering op zich vind ik de kern van deze scène, noch de pervertering van een herhaaldelijk gespeelde filmopname. Maar wel: dat die inhoudelijke kern er bij elke herhaling verder uitglipt. Vergelijk het met een woord dat je repetitief blijft uitstoten (zoals

his whitened face, the big Jew who puts a small Hitler across his knees for a thorough spanking, the manically gum-chewing man from Antwerp who continuously curses about his 'fucking cunt' of a wife ... It doesn't end. All these freaks live in the same suburban block, with unsafe corridors that are as extensive as the labyrinth one imagines the human brain to be.

I have wondered at times what your brain actually looks like on the inside. A biographical interpretation of a body of work is not only the most appealing, but of course also the cheapest interpretation. But you can't really reproach me for it. Not when I see how your plays are always centred around the same lusting, perverted male artist who wants to make sacrifices, and the projections from his damaged fantasy on stage. In *Bloetverlies* (2004), it happened to be two horny nurses between whom the writer couldn't choose, which resulted in his voluntary crucifixion and castration while the stage was bathed in red light. In *Indie,* this artist has taken on the shape of the megalomaniac theatre director who opens and ends the play and thus completely curls himself around it. Chiel van Berkel takes delight in a diatribe against every form of subsidised theatre for amusement and juxtaposes it with his own theatre that is 'ugly, odd and unfathomably deep'. In other words: your kind of theatre. Especially when he proceeds to let a scantily clad exotic dancer wriggle her behind for him, it is hard not to see it as a staging of your own fantasies as an artist. I imagine that an audition for Abattoir is very similar, like the audition in *Tired but Up and Erring* during which Tine Van den Wyngaert is forced to show one breast, to inspect the meat on display. But more relevant to my castrated theory is how van Berkel over and over barks authoritatively at the girl: 'No, again!'. She stops, starts again and is immediately stopped again. And again. And again. And again, faster and faster: 'Again!' Exactly the same blunt demand to do it 'again' is a theme in the second chapter of the trilogy, *Tinseltown*, in which Abattoir zooms in on the other side of the Hollywood industry. Van Berkels protagonist is now a director of snuff movies, but his self-blinding power-neurosis is unchanged: 'Again!', he yells during an audition until the naïve actress starts to cry. An hour and a half later, he will hoist her up and down 'again!' while she is dangling on a meat hook from the ceiling. The essence of this scene to me is not the torture itself, nor the corruption of a repeatedly played film shot. The core is the fact that the intrinsic essence slips further away with each repetition. Compare it to a word you keep saying repetitively (like 'again'): in the end it becomes no more than sound, devoid of any meaning. Content

II. TALKIES

'opnieuw'): op den duur wordt het louter klank, ontdaan van zijn betekenis. Inhoud wordt vorm, en thema's één trance. Was dat niet wat zich in *M.#10 Marseille* aan je openbaarde, Stef?

Trance-vorm-atie

Ziedaar mijn premature theorie over waar het jullie in de Chaostrilogie, en in jullie héle oeuvre, echt om draait: een ontwikkeling van tekstmateriaal naar pure materialiteit. Van de duistere revue van monologen in *Indie* gaat het naar dat fameuze slotmoment waarin alle gepasseerde personages zich samen overgeven aan een orgie van varkenskoppen *hammeren*, terwijl op dezelfde slachttafel ook het gestripte danseresje haar vlees doet kronkelen. Straf zijn vooral het mechanische van alles, de zinnelijkheid van de opzwepende muziek in het ontvelde witte licht, en dat het allemaal duurt en blijft duren. Veel meer dan een raid op mijn morele bewustzijn, was deze dionysische rite er dan ook een op mijn zintuigen. Veel meer dan een beeld van een ontspoorde maatschappij, vormde ze een plaatje op zich: elke betekenis eruit geklopt, voor het kloppen zelf. En het is net die *trance-vorm-atie* die jullie in *Tinseltown* verder doorvoerden. Tekst was er nog nauwelijks, en in de plaats kwam een niet te stoppen surreële reeks van filmscènetjes met duikbrilapen, lesbo-erotica, Oscaruitreikingen, akelige gasmaskers, gifgroen licht, metalige klanken, rook. Opnieuw, nóg, méér! Als jullie extreem zijn, dan vooral in beeldende overdaad.

Wat is het doel achter dit alles? Het was, telkens als ik de laatste vier jaar uit jullie shows kwam, de eerste vraag die ik aan het eind van mijn ontwakingstunnel tegenkwam. Wat willen die gasten met hun publiek? Het antwoord op net die vraag is wat er al die jaren nog het meest geëvolueerd is in jullie werk, meen ik. Ik waag een klein overzicht. In het bordeelstuk *Het Hof van Leyden en Afzien* (2003) en het mannelijk-sektarische *Super Seance* (ook 2003, als Eland Nieuwe Stijl) ging het om seksistische grollen en politiek-incorrecte taboedoorbrekingen. Het had het doel van stand-up: een goh-goh-goh in de zaal. Joost Vandecasteele die zegt dat hij vroeger zo lelijk was 'dat er moeiteloos een wetsvoorstel kwam dat abortus toeliet veertien jaar na verwekking', dat soort verbale standjes van overdrijving. Ik vond het vaak flauwiteiten worden. Gelukkig was *Bloetverlies* daarna jullie eerste waarin er niet meer zo nodig met ironie gescoord hoefde te worden, en er bij de subjecten op scène een psychologische haveloosheid de overhand nam. Dat alles vertaalde zich in korte scènetjes die pas op het eind hun verband prijsgaven. Het publiek diende nog steeds geconfronteerd te worden, maar

becomes the form, and themes become a trance. Isn't that what *M.#10 Marseille* revealed to you, Stef?

Trance-Form-Ation

This is my premature theory about what your Chaos-trilogy entails: the development of text material into pure materiality. *Indie* evolves from a dark revue of monologues to the famous finale in which all the characters participate in an orgy of smashing pigs' heads, while the naked exotic dancer writhes her body on the same slaughter block. What makes this scene so powerful is the mechanical aspect of the action, the sensuously stirring music in the stark white light and the fact that it just goes on and on. This Dionysian rite was more a raid on all my senses, than on my moral conscience. It was more than an image of a degenerate society; it was a picture on its own: every meaning was knocked out of it, before the actual hammering began. It is exactly this trance-form-ation that you continued in *Tinseltown*. There was hardly any text; instead there was an unstoppable surreal sequence of film scenes with goggles, lesbian erotica, Oscar award ceremonies, scary gasmasks, poisonous green light, metallic sound, smoke. Again, more, more! If you are extreme, then that's particularly true for your visual excess.

What is the purpose behind all of this? This is the first question I have been asking myself for the past four years every time I woke up to reality again after one of your performances. What do these guys want from their audience? I believe the answer to that question lies in the aspects that have evolved the most in your work. I'll make an attempt at an overview. The brothel-play *Het Hof van Leyden en Afzien* (2003) and the male-sectarian *Super Seance* (also in 2003, under the name of Eland Nieuwe Stijl) were full of sexist jokes and politically-incorrect ways of breaking taboos. Its purpose was similar to that of stand-up: elicit chuckling from the audience with some verbal exaggerations like Joost Vandecasteele saying he used to be so ugly 'that a law was passed effortlessly to allow abortion fourteen years after conception'. I often thought it was all a bit silly. Thankfully *Bloetverlies* followed and this was your first play where you didn't feel the need to score with irony. The characters on stage were infused with a psychological shabbiness. All this transpired in short scenes that only revealed a connection at the end. The audience still had to be confronted, not necessarily with the outsiders on stage, but with repressed traumas within themselves. This is where the trip truly began.

With the bloodcurdling *Galapagos*, your breakthrough in the Theaterfestival 2005, this trip finally received

niet zozeer meer met outsiders op scène, wel met verdrongen trauma's in zichzelf. Hier begon de trip.

Pas met het ijzingwekkende *Galapagos*, jullie doorbraak op het Theaterfestival 2005, kreeg die trip ook de beeldende soevereiniteit waar het mij hier om gaat. Onder jullie favoriete fosforescerende paarse, groene en dieprode licht werd het ineens filmisch. Ik bedoel: gericht op uitgekiende visuele tableaus, waarvan de helft van de spanning al ontstaat doordat ze zich niet meteen klaar laten lezen. Neem het begin: hoe het vage lijf van Nick Kaldunski achteraan op scène neergetakeld werd, en daarbij alleen het versterkte ratelen van de ketting te horen was. Dát is horror: de suggestie regeert, en het (durven) kijken op zich wordt een thema. Jullie aandrang tot allerlei seksuele en maatschappelijke anomalieën vond hier een vormelijke vertaling, een esthetiek. 'Wat is schoon en wat is lelijk?', zou later de serveuse in *Life on the Edge* met totaal dichtgetapete snoet de zaal inwerpen. Tekenend vond ik dat. Met elke nieuwe productie gingen jullie het meer over het theatermedium zelf hebben. Eerst over zijn inhoud ('de artiest moet de hele wereld observeren en terugspelen aan de mensen', luidt het nog in *Life on the Edge*), maar daarna steeds meer over zijn eigenlijke wezen: performers verbeelden live een bepaalde betekenis voor een publiek. Hoe daag je dát uit?

Jullie antwoord kwam met *Moe maar op en dolend* (2005) en vooral *Testament* (2006), twee voorstellingen die parallel uitkwamen met de Chaostrilogie. Elk situationeel kader (een hotel, een hoerenkot, een appartementenblok) werd opgeblazen, de meeste tekst ging eruit, en de krom gekostumeerde subjecten waar jullie alle vorige producties op bouwden, werden veeleer objecten. Tine wordt na haar auditie met klei herschapen in een heuvellandschap, en dan als een etalagepop met wit stof overblazen en in folie gewikkeld. Haar mummificatie is ook die van elk dynamisch betekenisproces. Ze is wat je ziet: een standbeeld van louter materie, een schilderij waarvan de verf zelf het belangrijkste is.

In *Testament* kreeg je als kijker zelfs die verf nog nauwelijks te zien, omdat jullie tussen de scène en mijn voyeuristische kijkdrang een irritant rouwdoek hadden gehangen. Wat ik van deze performance over de dood nog kon zien, waren schreeuwerige vormcitaten: een dolgedraaide clown die in zijn tirade zo lang doorgaat dat hij puur lawaai wordt, een ziel op een autowrak met de flitsende neonreclame *'another lonely soul'*, her- en herhalende videobeelden van autopsies en crashtesten. Alles is zintuiglijke oppervlakte geworden, is wat het is, net als in Castellucci's *Marseille*. 'We moeten naar de kern

the visual sovereignty I 'm talking about. Bathing in your favourite light of phosphorescent purple, green and deep red, the play suddenly got a cinematic air. I mean: it was aimed at sophisticated visual tableaux, which generate half their suspense by not giving themselves away completely immediately. Take the beginning for example. The way the body of Nick Kaldunski was lowered at the back of the stage with only the amplified sound of the chain rattling. That's horror: suggestion reigns and (daring) to look is a theme in itself. Your penchant for all sorts of sexual and social anomalies found a visual voice here, an aesthetic. 'What is beautiful and what is ugly?', the waitress would later ask in *Life on the Edge* with her face completely taped in. I found this significant. You started to talk about theatre itself more and more in each new production. First about its content ('The artist should observe the whole world and play it back to the people' in *Life on the Edge*), but later on you talked more and more about its core being: performers portray a certain meaning live for an audience. How do you challenge that basic fact? Your answer came with *Tired but Up and Erring* (2005) and in particular with *Testament* (2006), two plays that came out in the same period as the Chaos-trilogy. Every situational frame (a hotel, a brothel, a flat) was blown away, most text was deleted, and the oddly dressed characters you built previous productions on, became objects. After her audition, Tine is transformed into a hilly landscape with clay and afterwards dusted with white powder like a mannequin and wrapped up in plastic foil. Her mummification is what happens to each dynamic process of meaning. She is what you see: a statue of pure matter, a painting in which the paint itself is the most important element.

In *Testament,* the viewer was even barely able to see the paint because you had hung up irritating mourning gauze between the stage and my voyeuristic need to watch. What I did manage to see of this performance about death, were loud stylistic statements: a manic clown who goes on ranting for such a long time that he ends up becoming pure noise, a soul on a car wreck with a flashing neon sign above saying 'another lonely soul', endlessly repeated images of autopsies and crash tests. Everything has become sensory superficiality, is what it is, like in Castellucci's *Marseille*. 'We need to go to the core of language and superficial meaning', as the film director propagates in *Tinseltown*. He sees language as something ritual: a numbing cry, a blinding light. I found this hard in *Testament*, but I only understood why later on. Maybe I had asked the wrong question. It's not about 'what you want to say, and how I

van taal en oppervlakkige betekenis', zoals de filmregisseur in *Tinseltown* propageert. Hij ziet taal als iets ritueels: een verdovende kreet, een verblindend licht. Ik had het daar in *Testament* moeilijk mee, en begreep pas achteraf waarom. Ik stelde misschien wel de foute vraag. Het gaat niet meer om 'wat jullie willen vertellen, en hoe ik dat begrijp', maar om 'hoe jullie het doen, en wat ik daarbij ervaar'. Of niet?

Op 't eind van 't straatje

Ik ben er niet uit. Maar áls dit theorietje klopt, vind ik het al helemaal moeilijk om mij ertoe te verhouden. Formalisering is iets waar theater boven alles voor moet waken, zeker in combinatie met de neiging (van wel meer makers de laatste tijd) om het vooral over theater zelf te hebben. Het gaat algauw naar masturbatie ruiken. Maar aan de andere kant doet jullie beeldextremisme tenminste iets waar ik de rest volledig bij vergeet, en zo zie ik weinig andere voorstellingen. Jullie trips schakelen de tijd uit. Ik voel weer wat theater kan doen met een mens. Wat fascinatie in de diepte is: een lijfelijke ervaring. Dát is het basisdoel van jullie vormontwikkeling, zoals ik die aanvoel: voorstellingen tot iets maken wat zich *tussen* scène en zaal afspeelt, in plaats van op het podium. *And I stick to it*, daar kan geen theorie tegenop. Laat dus allen die jullie maaksels historisch afdoen als jarenzestig-*shockperformances*, het slimme hoofd eraf gehakt worden. Wat mij betreft denken jullie bovenal de toekomst, hoe zwart en zonder suiker die ook wordt opgediend.

Zou het trouwens daarom zijn dat de verzoete culturele centra jullie nog steeds niet van harte durven programmeren? 'Ons publiek', wat een flauw alibi. Er is toch niets zo democratisch als angst voor snerpende kettingzagen of kijklust voor bloot? Maar wanneer omgekeerd goden als Jan Fabre en Jan Lauwers sinds *Moe maar op* van hun Olympus nederdalen om als de kippen bij jullie premières te zijn, zou ik pas écht ongerust worden. Dan dreigt binnenkort het grote onthaal in het institutionele walhalla van de Vlaamse Kunsten. Ziedaar de dubbele uitdaging waar jullie nu voor lijken te staan: wat met de steeds hogere verwachtingen van jullie fans tegenover de veronderstelde weerzin van het grote publiek?

Lala-landerig

Dan kan ik het rationeel wel snappen dat *Lala-land* een eenvoudige monoloog werd: in zijn publieksvriendelijkere vorm verwart hij de fans. Je zou hem zelfs de grootste stap ooit in jullie oeuvre kunnen noemen. Tine staat alleen op scène, in een

understand it' anymore but about 'how you do it, and what I experience'. Or not?

At the End of the Road

I'm not sure yet. But if this theory is right, it is particularly very difficult to determine my position against it. Formalisation is something that theatre should always watch out for, particularly when it is combined with the urge, which many artists these days possess, to talk primarily about theatre itself. It quickly looks like masturbation. But on the other hand, your extreme visual style achieves something that makes me forget everything else, and I don't see many other performances that manage to do this. Your trips eliminate time. I feel again what theatre can do to someone and what fascination really is: a physical experience. To me, that is the basic goal of your style development: turning performances into something that happens *between* the stage and the audience, instead of on stage. And I stick to it, no theory can beat that. So let the smart heads be cut off of everyone who concludes that your productions are nothing more than 1960's-type shock performances. I believe you are imagining the future, no matter how black and unsweetened it is served.

Could this be the reason by the way that all those mellow community arts centres still don't dare to program you wholeheartedly? 'Our audience', what a lame alibi. Surely there's nothing as democratic as fear for roaring chainsaws or eagerness to see nudity? But on the other hand, I would only really be worried when gods like Jan Fabre and Jan Lauwers descend from their Olympus since *Tired but Up and Erring* to attend your premieres. Then the big reception into the institutional Walhalla of Flemish Art is looming on the horizon. This is the double challenge you appear to be facing now: what to do with the ever growing expectation of your fans against the supposed aversion of the mainstream audience?

Lala-ladida

In this sense I can understand why *Lala-land* has turned out to be a simple monologue: its audience-friendly form confuses fans. Maybe this is even the biggest step in your body of work. Tine is alone on stage, in a simple light that hides nothing and will not change much. Behind her is a wrecked bus stop, uncharacteristically naturalistic for Abattoir. It is not an image in itself, but it's one big metaphor for the cold and dehumanized suburban America which is the basis for your Chaos-trilogy. 'Lala' equals L.A., city of fallen angels. Tine tells us about it, rather

ordinair toneellicht dat niets bedekt en nagenoeg niet zal veranderen. Achter haar staat een kapotgetrapt bushokje, van een voor Abattoir ongezien naturalisme. Het vormt geen visueel plaatje op zich, maar één grote metafoor voor het kille en ontmenselijkte suburb-Amerika waar jullie Chaostrilogie in de grond over gaat. 'Lala' staat voor L.A., stad der gevallen engelen. Tine vertelt *erover*, in plaats van van binnenuit. Behalve in de meesterlijke tekstlezing *Prothese* (2006, met de Unie der Zorgelozen) hebben jullie nooit eerder zo'n objectief-beschouwend standpunt ingenomen tegenover de surreële werkelijkheid. De vertelling (dat we dat woord nog voor Abattoir nodig zouden hebben!) zoomt na een helikopterbeeld van een smeulende kaalstad in op twee hoofdpersonages: Joan en Jack. *Lala-land is a love story*, godbetert, tussen een gevallen succeslady en een suffe loser, op elkaar gestoten in de toiletten van een groezelige cinema. Daar, in de virtuele cloaca van de moderne urbanisatie, is natuurlijk al jullie werk ontstaan, als een straf inwerkend purgeermiddel. Maar hier is het een vrouw die ontstopt! Was deze Joan in *Indie* en *Tinseltown* het zoveelste *tais-toi-et-sois-belle*-danseresje voor de geneugtes van de mannelijke kick-kunstenaar, hier krijgt ze ineens een stem als *subject*. Nooit eerder vertoond, komt dat zien! Tine glijdt door de monoloog heen langzaam in Joans ik-perspectief, en vertelt haar historie: van getrouwd en slim tot gehavend en lam in de porno-industrie. Een kleine stap voor de vrouw in jullie werk, maar een grote voor Abattoir zelf.
En toch vond ik *Lala-land* maar een mager doorslagje. Hoe uniek jullie apocalyptische beeld op de hologige metropool ook blijft, hoezeer jullie filmische teksten gegroeid zijn in suggestieve details, en hoe ongecompliceerd Tine die razende lappen met haar stand-upspel toch (lang) weet te verkopen, uiteindelijk neigt deze voorstelling naar ordinair en landerig teksttheater. In plaats van de zaal op de buik te spelen, proberen jullie ineens haar hart te beroeren. Maar veel ontroering werd ik niet gewaar, verloren gestuurd door zoveel nieuwe luikjes die in de tekst telkens weer openklappen. Dit was ineens weer het Abattoir Fermé van vier jaar geleden: te zeer verknocht aan zijn nachtelijke pen op drift, heen en weer kriebelend tussen videotoestel, internetcomputer en CNN op tv. Terwijl die ene korte *reality soundbite* met razende sirenes aan het slot van de voorstelling veel meer teweegbracht dan al jullie vertellingen van 1001 desillusies daarvoor: een flits van zintuiglijk contact. Die moeten jullie bespelen, meen ik voorzichtig. En het gaat me niet om mijn vormtheorietje, dat *Lala-land* met zoveel tekst en inhoudelijke betekenis een dikke neus zette. Het gaat me om het grote gat in Vlaanderen: waar theater weer een straffe ervaring wordt zonder intellectueel te

than talking from inside it. With the exception of the masterful lecture *Prothese* (2006, with Unie der Zorgelozen), you have never before chosen such an objective-contemplative point of view against the surreal reality. After a helicopter point of view of a smouldering wrecked city, the story (as if we still need that word for Abattoir!) zooms in on the two main characters: Joan and Jack. *Lala-land* is a love story of all things, between a fallen successful girl and a dumb loser who meet in the lavatory of a grubby cinema. Of course this is where all your work originates, in the virtual cloaca of modern urbanisation, like a strong laxative. But now it's a woman unblocking! This Joan was in *Indie* and *Tinseltown* just another *tais-toi-et-sois-belle* dancer who was there to pleasure the male artist who's looking for kicks. Here she suddenly gets a voice as a *subject*. Never seen before, come and see! Throughout the monologue, Tine slowly slips into Joan's I-perspective and tells her history: from married and clever to battered and numb in the porn-industry. A small step for the woman in your work, but a major step for Abattoir.

And yet I thought *Lala-land* was a weak facsimile. No matter how unique your apocalyptic image of the hollow-eyed metropolis continues to be, how much your cinematic texts have grown in their suggestive detail, or how uncomplicated Tine manages to play these roaring slabs of text successfully (for a considerable time at least) with her stand-up acting, in the end this play edges towards ordinary, down in the dumps, text theatre. Instead of aiming towards the belly of the audience, you're suddenly trying to move their hearts. But I didn't experience that much emotion, it was lost in all the sidelines the text keeps opening up. All of a sudden, this was the Abattoir from four years ago: too much attached to its furiously scribbling pen in the night-time, going back and forth to the video, the Internet and CNN. Whilst that one short real soundbite with the screaming sirens at the end of the performance touched deeper than all your tales of a 1001 disillusions before: a flash of sensory contact. This is what you should aim at, in my humble opinion. And I'm not saying this because of my little stylistic theory that *Lala-land* undercut by using this amount of text and content. I'm talking about the big void in Flanders: where theatre becomes a powerful experience again without having to make concessions at an intellectual level. *Tinseltown* and *Galapagos* showed with plenty of verve that it is possible and that the way you achieve this seems to be through the use of images. Don't close the abattoir, the fan in me is crying out to you.
The critic in me understands of course: it's impossible

moeten inboeten. *Tinseltown* en *Galapagos* toonden met brio dat het kan, en dat het daarvoor – bij jullie – vooral op beelden lijkt aan te komen. Sluit het slachthuis niet, roept de fan in mij jullie aan.

Mijn stukske criticus snapt het wel: je kan niet steeds extremer gaan, en Abattoir moet ook evolueren in zijn spreiding. Maar het mooie beeld waarmee *Lala-land* eindigt (Joan die in een bus langs een instortend L.A. rijdt en vanuit die totale uitroeiing de hoop ontwikkelt op een nieuwe toekomst *from scratch*), zou je kunnen doortrekken naar het oeuvre van Abattoir zelf: met het beëindigen van de Chaostrilogie een streep zetten onder al jullie werk tot hiertoe, en daarop iets nieuws beginnen dat even direct spreekt. Ik heb uit *Testament* en *Lala-land* begrepen dat dit niet alleen mijn nood is. Waar zien jullie het zelf heen gaan? Waar draait het Abattoir Fermé echt om? Wat beogen jullie bij een publiek bovenal? Het is 7.37 uur, mijn techno is op, de ochtend gloort. Het antwoord blijft een vraagteken, en misschien maar goed ook.

In blijde verwachting van een wederwoord,

Wouter Hillaert

Deze tekst werd oorspronkelijk gepubliceerd in *rekto:verso*, nr. 22, maart-april 2007.

Wouter Hillaert is theaterrecensent. In het verleden schreef hij voor de krant De Morgen *en nu voor* De Standaard. *Daarnaast schrijft hij voor het tijdschrift* rekto:verso.

to become more extreme every time and that Abattoir should grow. But the beautiful image at the end of *Lala-land* (Joan who rides a bus past a collapsing L.A. and who develops hope of a new future from scratch out of this total annihilation), can be extended to the body of work of Abattoir. By ending the Chaos-trilogy, you close the books on your work until present so you can start something new which communicates in the same direct way. From *Testament* and *Lala-land* I have understood that this is not only my own personal need. Where do you see it go from here? What is Abattoir Fermé really about? What do you want to achieve with your audience first and foremost? It's 7.37 a.m., I've run out of techno, dawn is creeping in. The answer remains a question mark, which is probably a good thing.

I happily await your reply,

Wouter Hillaert.

This text was first published in *rekto:verso*, n° 22, March-April 2007.

Wouter Hillaert is a theatre critic and writer. In the past, he was a critic for the newspaper De Morgen *and he currently reviews for* De Standaard. *He is also a regular contributor of the art magazine,* rekto:verso.

Sunday, April 1st 2007,

Jerusalem

To Rectum Versum;
'the shit-sucking arse'
MWOEHAHAHA!

My dear, dear little Wouter,

What a well-intended yet nonsensical letter have you written to that little club from Mechelen. Maybe you should cut your big head of curls, Friar Tuck, because your locks seem to cloud your head. What do you want to know about this gang? After carefully reading your measly letter, I have filtered out a few questions and I have taken the liberty of answering them, even though I am very busy right now with my new project: 'The crucifixion of XXX-st', in which I play Mary and immaculately squeeze out a turd from my arse and then crucify it. At the same time, the public at large is standing in a corner of the stage and quietly mumbling 'now this man is really pushing it too far'. That's what I call a passion play. **Mwoehahaha!** But I digress.

What does Abattoir do?

It seems to me that in the first place they are communicating a relevant content by the quest for a democracy of theatrical means. Treating image, sound, acting, light and scenography as equals. Working stylistically with contemporary and futuristic themes without making a difference between genres, or high or low culture. Trying to break open again the dinosaur-like medium of theatre and investigating how to stage stratification in different ways. Examining how to transpose and abuse a centuries-old vocabulary of art history, visual culture and film history to theatre.
Bringing back the ritual element into theatre by using primal elements of theatre like masks, repetition, metamorphosis, enigma and trance through physical suffering – which often results in brutality and something that resembles a plot. Of course the plays are autobiographic, but deconstructed and reconstructed. Who cares whether I am in love or not? Nobody! But working with (what used to be 'the clichés of' and has now become 'the rituals of') love, romance and sex breaks open the autobiographical element and gives it a universal dimension. The boys from the slaughterhouse are never looking for abstraction, but they are searching for a style

abstractie, wél met een zoeken naar vorm – waarbij inhoud noodzakelijk is, want in een tekstloos stuk dat bestaat uit deconstructie en ritualiteit wordt de vorm natuurlijk de inhoud. Verder denk ik na korte analyse van hun oeuvre – waarbij ze ook enkele van mijn visionaire stukken hebben heropgevoerd – dat er geen sprake is van individuele *plays,* maar dat alles met elkaar te maken heeft. Ze kunnen apart gelezen worden, maar zijn ook een incestueus familieportret. Er wordt gerecupereerd en er is een inhoudelijk overkoepelend verhaal. Een fractie.

'Pieters, knokig mormel, refereert aan het begin van *Tinseltown* aan hoe mijn moesje in Tinseltown terechtkomt met de bus. Van den Wyngaert, kutwijf, speelt mijn moeder in *Lala-land,* die van de bus stapt. In *Tinseltown* weet je niet dat het over mijn moesje gaat tot in *Lala-land.* Waar ik, zo blijkt, god ben en haar heb bevrucht, want ik ben de god in *Life on the Edge,* vertolkt door Vandecasteele, harige neanderthaler. De kale Kaldunski in *Life on the Edge* speelt ook kale ikke, de serveuse die Van den Wyngaert neerzet in *Tinseltown* is de serveuse in m'n kelder uit *Life,* is het danseresje uit *Indie,* mijn vrouw 'opgesloten in een hok' in de kelder. Etc, etc ...'

Hoe geperverteerd gaat het er aan toe? En wat met het landschap?

Idioot! Niet meer of minder geperverteerd dan onder de meesten die in dit wereldlandschap rondzwalpen. Het mes van Abattoir is er één dat scherp is als het op vloerwerk aankomt, maar wanneer we het spelen verlaten, is er warmte en zorg. De enige reden waarom die vraag weleens wordt gesteld, is vanwege het extreem brave en gezinsvriendelijke karakter van zoveel andere gezelschappen. Zoveel jonge collega-makers die nog nooit wat van ons gezien hebben, horen we zeggen 'Abattoir is niks voor mij, te veel bloot'. Theater heeft duizenden jaren de tijd gehad om zich te ontwikkelen en hier zijn we dan. Op twee benen leren lopen, met voor- en achternaam, aangekleed. Foei én dubbel foei voor dit citaat uit je open brief naar Abattoir: *'Maar wanneer omgekeerd goden als Jan Fabre en Jan Lauwers sinds* Moe maar op *van hun Olympus nederdalen om als de kippen bij jullie premières te zijn, zou ik pas écht ongerust worden.'*
Jan en Jan maken op zijn minst auteursttheater dat genreoverschrijdend is en blijven zich door zelfvooropgestelde obstakels heen werken, in de betrachting zichzelf te vernieuwen. Dit al twintig jaar lang als autonoom kunstenaarswezen.
Net als je Romeo Castellucci en je Pippo Delbono en je Erik Devolder.

– content is necessary for this search, because in a wordless play that consists of deconstruction and ritual the style, of course, becomes the content. After a short analysis of their body of work, in which they have also re-staged a few of my visionary plays, I feel that there are no individual plays, but that everything is interconnected. The plays can be read separately, but are also an incestuous family portrait. Elements are recuperated and there is an intrinsic story which binds everything together. An example:

'Pieters, that bony freak, refers at the beginning of *Tinseltown* to the way my mum arrived in Tinseltown on a bus. Van den Wyngaert, that fucking bitch, plays my mum in *Lala-land,* who gets off the bus. In *Tinseltown,* you don't realise this is about my mother until *Lala-land.* Here it turns out that I am God and have impregnated her, because I am the god in *Life on the Edge,* played by Vandecasteele, the hairy Neanderthal man. The bald Kaldunski in *Life on the Edge* also plays the bald me, the waitress portrayed by Van den Wyngaert in *Tinseltown* is the waitress in the basement in *Life,* is the dancer from *Indie,* my wife 'locked up in a shed' in the basement. Etc., etc.'

How perverted is it really? What about the theatre sector?

Idiot! They are no more or less perverted than most others who wander about in this world. The knife of Abattoir cuts sharp when they are working on stage, but once they have finished performing there's a lot of warmth and care. The only reason this question gets asked is because so many other companies are extremely well-behaved and family-oriented. So many young theatre colleagues who have never seen a play by Abattoir say that 'Abattoir is not my cup of tea, there's too much nudity'. Theatre has had thousands of years to develop itself and this is where we have come to. Learning to walk on two legs, with a first and a last name, dressed. Shame on you and shame on you again for saying this in your open letter to Abattoir: *'But on the other hand, I would really start worrying when gods like Jan Fabre and Jan Lauwers descend from their Olympus since* Tired but Up and Erring *to attend your premieres.'*
At the very least Jan and Jan make auteur-theatre which exceeds all bounds and they keep struggling through obstacles which they impose upon themselves, to try and renew themselves. They have been doing this for the past twenty years as autonomous artists.
Just like your Romeo Castellucci and your Pippo Delbono and your Erik Devolder.

Dus minder cynisme en ietwat meer respect zou je sieren, Wollige Zwikzwak, anders steek ik je speciale scoutseenheid in de fik. Je bent trouwens drie keer naar Lauwers' *Lobstershop* gaan kijken, dat heb je Lernous, dat dikke zwijn, zelf verteld.

Wat is het geheim van het Abattoir?

Ze werken zich de naad uit het lijf, sukkel! Dat is het geheim! Kundige mensen lijken het, die zich gedurende de helft van het maakproces waanzinnig veel vragen stellen en in de andere helft, wanneer de vloer bestegen wordt, met hoofdpijn naar huis gaan van al het denkwerk. Waarom ensceneren die jongens niet gewoon een bestaand stuk? Keer op keer blijven ze obstakels waaruit ze vertrekken creëren, voor zichzelf en het publiek. Eigenlijk maakt die bende beenhouwers 'docu-meta-thrillers', ze vertrekken vanuit de biografie en gebruiken fictieve filters en documentaire samples om er een nieuwe waarheid mee te vertellen. Een thriller in zijn meest pure vorm is een vertelling waarbij je niet weet wat er vervolgens gaat gebeuren. Dat is hun eerste obstakel, hun intern meest gestelde vraag. Wat nu? En daarna? En wat daarna? Na elke mogelijke bevraging is er praktijk. En die is confronterend. Metier kan je leren, maar hoe straf de ambachtelijkheid ook is, ze vervalt in het niets wanneer er geen instinct aanwezig is. Het zijn de instincten die drijven tot het maken van een goede voorstelling. Het uitleggen van een voorstelling gaat nooit (dat kan niemand); je kan er alleen wat omheen praten. De mannekes van het vleesfabriek weten wat ze willen maken, maar vaak niet hoe, en gaan met een instinct aan het werk op de vloer. Meestal staan ze als compleet vreemden aan te kijken tegen wat ze die week weer gemaakt hebben. Vervolgens is er de herinnering aan wat de betrachting was en kneden ze alles naar die essentie toe. Je kan alleen het mysterie van de realiteit vatten, me dunkt, door zo weinig mogelijk te weten en je eerder te laten drijven door passie.

Wat met die recuperatie van eigen materiaal?

Een artiest zal steeds weer proberen dat ene werk te maken dat al het vorige ongedaan kan maken. Eén werk dat al het vorige samenvat. Maar tussen wat hart en realiteit dicteert, is er een verschil. Soms is het interessanter om het ene naast het andere werk te zien, omdat ze samen meer vertellen over wat het dan is dat de auteur probeert te vatten. Met die wetenschap bouwt het Abattoir bewuster aan een oeuvre dan aan één voorstelling. Van het verhaal lijken ze liever weg te blijven. Zodra verhaal zijn

A little less cynicism and a bit more respect would become you, Woolly Beanpole. Or I will burn your special Boy Scout unit to the ground. Incidentally, you told that fat pig Lernous yourself that you went to see *Lobstershop* by Lauwers three times.

What's the secret of Abattoir?

They work their arses off, you twerp! That's the secret! They appear to be able people, who ask themselves an insane amount of questions during the first half of the creative process, and who go home with a headache from all the thinking they have done during the second half of the process, when they have started to work on stage. Why don't these people just stage an existing play? Time after time they keep creating obstacles for themselves and their audience, from which they start creating. As a matter of fact, this crew of butchers make 'docu-meta-thrillers': they start from the biographical and then use fictional filters and documentary samples to relate a new truth. A thriller in its purest form is a story that doesn't give any clues about what's going to happen next. This is their first obstacle, the biggest question internally. Now what? What's next after that? And after that? After each possible question round, practice comes into play, which is a very hard confrontation. One can learn craftsmanship, but no matter how good that technique is, it is futile if there is no instinct to pair it with. Instincts drive you to create a good play. You can never explain a performance (no-one can). You can only talk about it. The lads from the meat factory know what they want to make, but often don't know how. So they start working on the floor with their instincts. Usually, when they look back at what they have created in a particular week, it seems quite unfamiliar to them. Then they remember what they were trying to do, so they start reworking what they have in their hands back towards the essence. You can only grasp the mystery of reality, it seems to me, by knowing as few things as possible and letting yourself be driven by passion.

What about recuperating your own material?

An artist will always try to make the one creation that can undo all the previous work. One work that summarizes all previous work. But there is a difference between what the heart and reality dictate. Sometimes it's more interesting to put one piece of work next to another, because together they say more about what exactly the author is trying to capture. Bearing this in mind, Abattoir is more consciously constructing a body of work rather than creating

II. TALKIES

a single play. They appear to prefer to steer away from stories. The minute a story enters the work, it becomes dull. The avant-garde theatre maker Richard Foreman only likes the first five minutes of a film; after those, the rest is predictable. *Galapagos* has four set-ups, *Testament* has three, *Moe maar op en dolend* around ten. *Indie* is set-up after set-up, which creates the illusion of a driving plot. From a theatrical point of view, ideas are more interesting than the story. The ideas are translated into images as accurately as possible, and each image creates a mood, an atmosphere. You can't create an image without atmosphere, which is sometimes forgotten by young image creators. So the pieces of Abattoir rely for a large part on an atmosphere that creates an image and translates an idea. Cinematic and theatrical techniques are applied to the combination of images. Mechanisms like sacrifice, justice, fate, the fool, metamorphosis, trance and scenery are the mental space of the characters and push the dramatics of this collection of scenes further on.

Horror?

We are all flesh. When I visit a slaughterhouse, I'm always surprised that there are no humans hanging on meat hooks. It's fascinating how we have started to look at meat. There are generations who no longer know what meat is. They only recognize it as slices in a package. The confrontation with a pig's head has become very exotic. We can see flesh and bone-structures at the same time on X-rays. In the National Gallery in London, there's a beautiful work in pastel by Degas of a woman drying her back. At the bottom of the nape of her neck, her backbone seems to almost protrude out of her flesh. This gives the body a lot more fragility. This generates. I don't think Degas tried to make a horror-pastel, just as Abattoir doesn't aim to make horror-plays. The horror originates in the dialectics between fragility and (for example) the brutality of mechanics. Of course they make a lot of plays about fragile people, about people who are not at ease. Sometimes they are even hysterical. And the actors are generous when they are playing, which can make a performance very direct. And when you become extremely direct, you get to people: they are insulted, they start crying, shaking or become scared. Abattoir's core group believes in expressing one emotion, which is very nuanced and thought through. You need a big sense of order when creating a good performance. Even when you're waiting for a coincidence and you let your instincts loose on stage, it's because you're forcibly trying to organize things. Why would you, after all emotions have already been

Omdat tijdsgeest een verandering van instincten bepaalt. Wat de zin bepaalt de dingen over te doen, maar dan scherper gesteld, duidelijker, brutaler. De tijdsgeest beleven en dat via spelers aan een publiek rapporteren. Dat wil het slachthuis. Daarom maken ze geen abstract werk. Dat gaat alleen over de esthetica van de maker, over wat hij mooi vindt. Daar zit geen spanning in. Dat gaat alleen over 'Mooi, hein? Mooi. Interessant.' Dát is horror.

Vinden jullie mij leuk? Ondergetekend, W. Hillaert

Laat mij, Wilfried, hier los van Abattoir een zeer persoonlijke mening ventileren.
Ik kots van de kneuterigheid die de huiskamer heeft verlaten en de werkkamer van de criticus is ingeslopen. Vergeet dan nog een uitspraak als 'toch veel spelplezier gezien vanavond' en 'ik heb er niets van begrepen, ik vond het een slechte voorstelling'.
Ik heb het vooral over de recensent die plotseling heel bezorgd is geworden over de toegankelijkheid van een voorstelling, over de criticus met zijn 'oei oei oei, vinden de mensen dat wel leuk en begrijpelijk?'. Het mag toch allemaal een pak slimmer of flink wat naïever – extremer dus, dat bulder ik nu al jaren. Veel extreme ideeën missen we. Maar dit zijn primitieve tijden waarin het verhaal belangrijker is dan het idee.
Dus moeten we het idee binnensmokkelen in het verhaal. Wat een gedoe. Dan maak je niet meer.
Deel in plaats van sterren nu eens zweepslagen uit aan die behoorlijke regietjes die keurig repertoire ensceneren. Dat ze mij, Wilfried Pateet-Borremans, maar eens een krantencolumn geven waarin ik de recensent recenseer. Mwoehahaha!

Wat willen die gasten met hun publiek?

Die willen helemaal niets met of van hun publiek! Het werk tonen, ja dat wel. Dat ze er zelf maar wat van maken, de mensen. Dat kunnen ze best. Soms lachen ze heel hard. En soms vinden ze het heel vervelend, dan gaan ze weg. Soms zijn ze heel gefascineerd, dat vinden de kinderen van het vleeshuis misschien wel het fijnst, als ze gebiologeerd aandachtig zijn. Wat heerlijk dat een voorstelling als *Lala-land* jouw premature theorietje over de Chaostrilogie naar de kloten hielp. Het Mechels vleesbedrijf catert niet aan de verwachtingen, zeker niet aan die van de recensent.
Voor zichzelf herhalend entertainment, daar zijn televisie, weekbladen en veel andere gezelschappen voor.
Ik zeg het nog één keer. Ik haat theatermakers die stukken van vijfhonderd jaar geleden relevant vinden.

shown on stage, want to do it again? Because the spirit of the times dictates a change of instincts. The mood dictates to do things over, only sharper, more clearly, more brutal. Live the spirit of the times and then report it back to an audience through actors. That's what the slaughterhouse wants to do. That's why they don't make abstract work. Abstraction is only about the aesthetics of the artist, about what he thinks is beautiful. There's no tension in that. That's only about 'Pretty, huh? Nice. Interesting.' Now that's horror.

'Do you think I'm nice?' signed, W. Hillaert

Allow me, Wilfried, to ventilate my very own personal opinion, which is not necessarily Abattoir's opinion. I get so sick of the cosiness that has left the living room and crawled into the critic's study. I'm not even talking about quotes like 'still, I've seen a lot of enthusiastic acting tonight' and 'I didn't understand a thing, I think it was a bad play'. I mean the critic who is suddenly very concerned about the accessibility of a performance, the critic who thinks 'oh dear, oh dear, do people think this is fun and comprehensible'. I have been yelling for years that theatre should become a lot smarter or a great deal more naïve – more extreme in other words. We miss a lot of extreme ideas. But in these primitive times the story has become more important than the idea, so we have to smuggle the idea into the story. What a bother. It stops the artist from creating.
Instead of handing out stars to the multitude of solidly directed clean little repertoire plays, would someone please start giving them lashings? Give me, Wilfried Pateet-Borremans, a column in the papers to start reviewing critics. Mwoehahaha!

What do they want from their audience?

They don't want to do anything with or want anything from their audience! Show their work, sure. Let the people make up their own minds. They are more than able to. Sometimes they laugh very loudly. And sometimes they find it very tedious, so then they leave. Sometimes they're just fascinated, and that's probably what the children of the slaughterhouse like most of all: a spellbound and attentive audience. How lovely that a play like *Lala-land* has fucked up your little premature theory about the Chaos-trilogy. The meat factory from Mechelen does not cater to expectations, least of all to those of a critic. If you are looking for self-repetitive entertainment, turn on the television, read magazines or go to see one of the many other theatre companies.
I will say it again, just once. I hate directors who

Ik haat acteurs, die werkschuwe flikkers. Ik haat actrices, domme ganzen die zich een weg naar boven pijpen. Maar ik hou van het publiek. Zowel de *poshy* kunstkakkers als de *gothic chicks* als de internetnerds.
Omdat die hummeltjes massaal komen. Ze zijn eerlijk, slim en heel mooi. Ze vinden theater vaak saai. Ze zijn kritisch en houden de druk op de vleesketel hoog. Ze zijn niet bang om achteraf te vragen waar *Testament* nu eigenlijk over ging of om te zeggen dat het hun lievelings-Abattoirvoorstelling is. Ze quoten mijn uitspraken op MySpace en stelen affiches uit het straatbeeld. Velen zijn ouder dan ik. Bij die voorstelling die jou niks deed, zaten sommigen van hen stilletjes in de zaal te blèten. Soms lopen ze kotsend weg uit een voorstelling, maar dat doe ik ook. Steeds meer en meer, trouwens. Onze deuren staan open. En laat dat nu net zijn wat het Abattoir ook beoogt.

Nu ga ik werken en mijn vrouw slaan. Hard.

Hoogachtend,

Wilfried Pateet-Borremans

Deze tekst werd oorspronkelijk gepubliceerd in *rekto:verso*, nr. 23, mei-juni 2007.

think plays of five hundred years ago are relevant. I hate actors, they're workshy faggots. I hate actresses, they're all dyke whores who cock-suck their way up to the top.
But I love the audience. The posh, arty-farty crowds, as well as the gothic chicks and the Internet nerds, because these tiny tots come to see Abattoir in droves. They are honest, clever and very beautiful. They often think theatre is boring. They are critical and keep the pressure on. They're not scared to ask afterwards what *Testament* was really about or to say that it's their favourite play by Abattoir. They quote me on MySpace and steal posters on the streets. A lot of them are older than me. Some of them were quietly crying in the audience during the play that didn't do anything for you. Sometimes they feel sick and walk out of a performance, but I do that as well. More and more these days, by the way. Our doors are wide open. And that's exactly what Abattoir is aiming for.

Now I'm going to start working and hit my wife. Hard.

Yours sincerely,

Wilfried Pateet Borremans

This text was first published in *rekto:verso*, n° 23, May-June 2007.

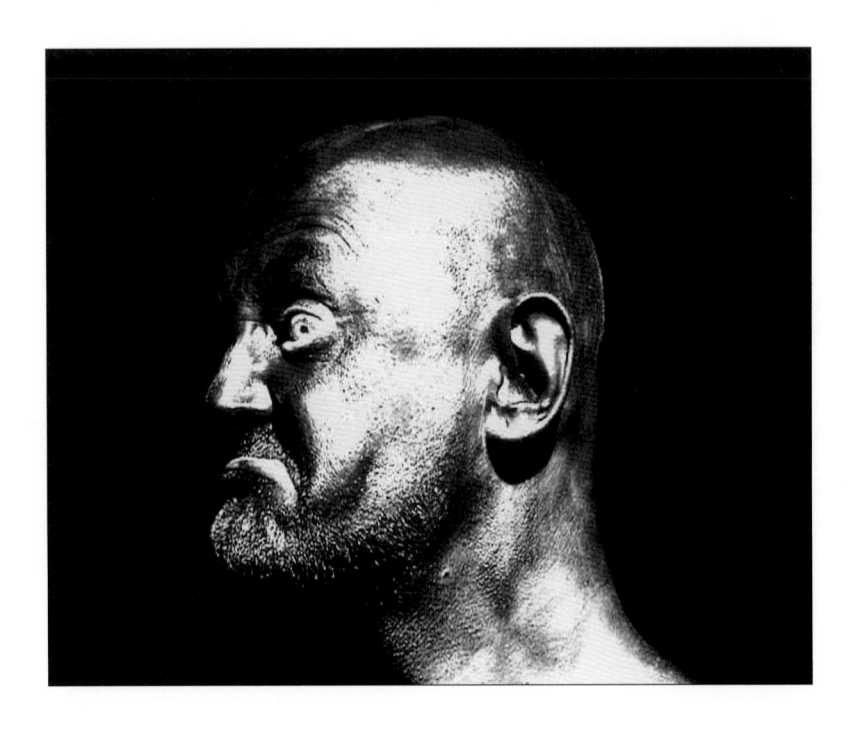

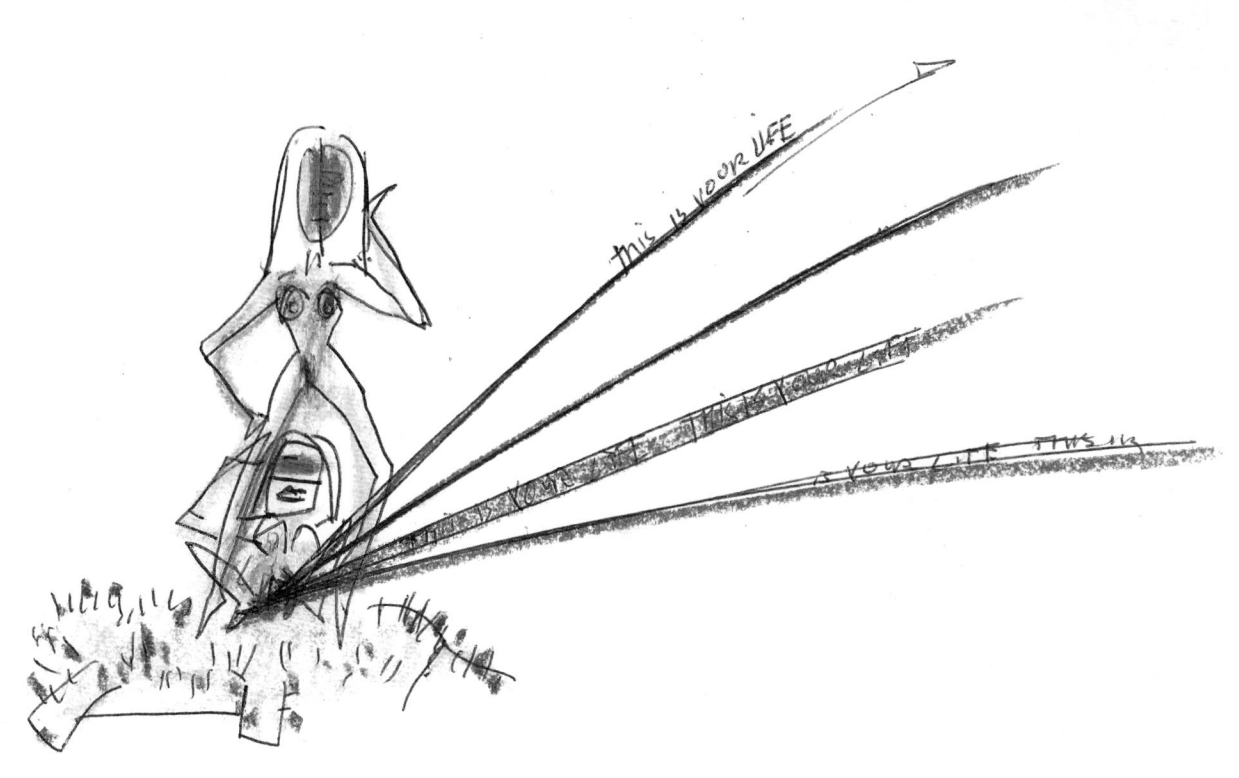

Tinseltown (2006) - schets Stef Lernous

Tinseltown (2006) - schets Stef Lernous

II. TALKIES

laying there, dreaming
of great apes and monoliths
the soft places
beating
against the very fabric of existence

from the outside
the beating are words that can be felt
tunnelling through matter
wormholes, star gates, soft places

can you feel it
the casting of the runes
feel it

a sound not be heard
but to be felt

the heart of the pupa
evolving, mutating
beating in sync

when culture is at its pinnacle
it has to start a new
true pandaemonium
the four horsemen
always at the beginning and the end

the Urobouros
the cyclic nature of society

you are not alone
you are a vessel
soaring through collective history
by using soft places

you are many, you are legion
the dark one and the light one
Pazuzu and Shamash

visualizing evolution and cosmos
simple yet elegant
as a sheet of paper

a map
folding into itself
wrapping up language

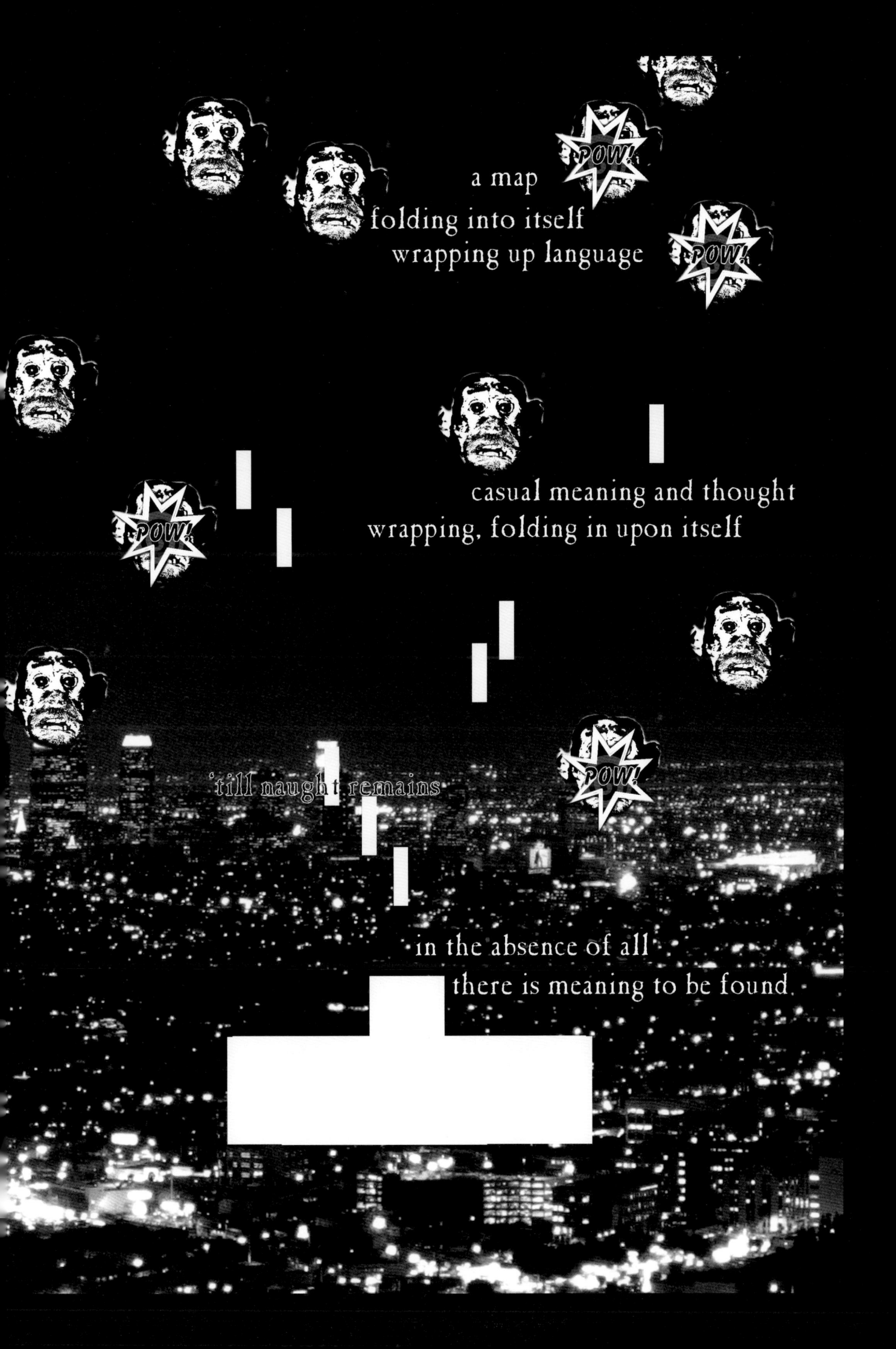

casual meaning and thought
wrapping, folding in upon itself

'till naught remains

in the absence of all
there is meaning to be found.

Abattoir Fermé and the Uncanny History of Violence

Christian Biet

Do we stand before or after the catastrophe, or merely to one side? Are we standing before or after the apocalypse of our contemporary times, of theatre, of performance, and of all claims to seriousness? We are trapped in the depths of chaos, trying to peer around the lighted crack of the half-open 'Abattoir', reeling from shock, immersed in a sort of conspicuous ritual, and always distant, never able to forget that drama is first and foremost a *game*.
It is a game with a whisper of realism, designed to subject the audience to a series of shocks, of repeated aesthetic blows, a sequence of striking images that all call into question the concepts of performance and representation. Raw reality then becomes material for drama. When a raw material, an ingredient, is tossed into a stage production but fails to stiffen the mix and does not blend properly, it becomes problematic, implacable, impervious. So, because we are at the theatre, instead of bonding or merging, reality and performance overlap, and do so violently.

The result is playing with play, based on savage and satirical humour. This humour presents the violence of the scenes as a means for accessing an unusual form of aesthetics, and, *via* the radiant emotions and distance of laughter, it forms part of a special relationship between reality and image. All this combines to portray something strange, weird or uncanny: in other words, something that is inevitably *off beat* without ever being totally *alien*. Abattoir Fermé therefore plays with conventions whilst never having, or giving, the illusion that it is seeking to break with these conventions. That is the beauty of an approach which, rather than distancing the audience through the game of laughter, actually brings them together, under the effect of satire, of their shared complicity. In fact, the aim of satire is to reach out to the audience on the common ground they share with the actors, using this complicity to forge a closer relationship between the various parties involved (author, actor, audience), as part of a ritual that is resolutely uncompromising. So, at the core of the drama, behind the audience's laughs and smiles, the shared history of violence emerges, for everyone, through the show's stacking of reference images and succession of vaguely linearised acts and scenes. This

Abattoir Fermé et l'étrange histoire de la violence

Christian Biet

Sommes-nous avant ou après la catastrophe, ou à côté d'elle ? Avant ou après l'apocalypse des temps présents, du théâtre, de la performance, et de toute prétention au sérieux ?
Nous sommes, là saisis, au creux du chaos, cherchant à regarder à travers la fente lumineuse de l'Abattoir entrouvert, sidérés par le dispositif traumatique, insérés dans une sorte de rituel ostensible, et toujours en distance, ne pouvant oublier que le théâtre est d'abord un *jeu*.
Jeu avec le frôlement du réel, tout d'abord, pour provoquer, chez les spectateurs, une suite de chocs, de traumas esthétiques réitérés, une série d'images frappantes qui sont autant de questions posées aux phénomènes de représentation et de figuration. Le réel brut devient alors un matériau pour le théâtre. Un matériau brut, jeté comme un ingrédient dans la production scénique, mais qui ne prend pas, ne s'intègre pas, reste problématique, irréductible, résiste. Réel et performance, ainsi, se chevauchent sans jamais s'accoupler ou se fondre l'un dans l'autre, puisque nous sommes au théâtre, mais ils se chevauchent violemment.

Jeu avec le jeu, ensuite, à partir d'un humour féroce et parodique. Capable de faire passer la violence des figurations pour un moyen d'entrée dans une esthétique particulière, cet humour s'inscrit dans une relation spécifique entre le réel et les images via les émotions lumineuses et la distance du rire : tout cela concourt à figurer l'étrange, le *weird,* ou l'*uncanny*, autrement dit ce qui est nécessairement *à côté* sans jamais pouvoir être absolument *autre*. Abattoir Fermé joue donc avec les codes sans jamais avoir l'illusion, sans jamais donner l'illusion, de vouloir rompre avec eux, et c'est là que se situe l'intérêt d'une démarche qui, au lieu d'éloigner les spectateurs du spectacle par le jeu du rire, les réunit, justement, par l'effet parodique, par le partage complice. Il s'agit en effet, par la parodie, d'aller chercher les spectateurs sur le terrain qu'ils ont en commun avec la troupe pour, à partir de cette complicité, assurer un rapprochement des instances (fonction auteur, fonction acteur, fonction spectateur) dans le cadre d'un rituel avant tout formel. Dès lors, au creux de l'événement théâtral, derrière le rire ou le sourire des spectateurs, face à la production, par le spectacle, d'un empilement d'images référentielles et d'une suite de numéros et

history is created by both the impact of the images on the beholder and the beholder's impact on the images, in a necessary and complicit back-and-forth motion. All the parties join in with the violence, each using their own particular weapon. For the actors, this is the pleasure of the violent game, both performed on the stage *and* seen through the eyes of the audience, while for the audience it is the pleasure of watching this violent game, of sustaining it to the end with their gaze.

Ultimately, it is a game played with moral and social representations. Abattoir Fermé takes images, postures and symbols from a wide variety of sources, blending the gore film genre with comic strips, B or Z movies and post-modern art, to lead the audience in search of a representation of evil, much as one might go zombie hunting. By borrowing from a huge variety of subcultures (freak shows, seventies' porno, cheap witchcraft, archetypal gothic, exhibiting real and fake deformities, contemporary kitsch and camp), as well as by recycling interwar Berlin painting, particularly that of Otto Dix, this form of theatre cultivates stereotypes, embellishes and mass-produces them, then animates them *via* the actors' bodies. Once again, the aim is to establish a complicity of shared references that pokes fun at the grotesque fiendishness but remains fascinated by the crude and cruel side of humans as depicted in the superb dynamic scenes, all of which portray the game with evil. Gripped by the show's utter transparency, the audience is led into drama by means of an easy sub-ritualisation that they share with the actors. Let us make no mistake, though, Abattoir Fermé is not so simple, nor so clear, nor so open. Behind the game of shared references, behind the 'schoolboy', *Mad* or *National Lampoon* side, all are taking risks. Beneath the kitsch exterior of feigned horrible or sexy scenes, the actors become immersed in their own performance, employing a body language that can, at any time, propel them into a spiral so dangerous that they sometimes get injured. And the audience, caught up in this spiral, suddenly realise that they are no longer witnessing the camp representation of a grotesque ritual, but are becoming excited by the raw outpouring of a traumatic force.

Evidently Stef Lernous' cast is playing an increasingly dangerous game: not only is it playing with conventional references and moral and social representations that flirt with the idea of evil, it is also playing at weaving realism into the show. Ultimately, this leads the actors to play (and get the audience to play) with the risk of getting dragged into a ritualised

de tableaux vaguement linéarisés, apparaît, pour tous, l'histoire partagée de la violence. Cette histoire, à proprement parler, se constitue donc dans l'impact des images sur les regards et, en retour, des regards sur les images, dans un aller-et-retour nécessaire et complice. L'exercice de la violence est ainsi partagé, chacun s'y adonnant avec ses armes propres : la jouissance du jeu violent pour les acteurs en tant qu'il est performé sur scène *et* en tant qu'il est observé par les spectateurs, et la jouissance de voir le jeu violent, de le soutenir jusqu'au bout par le regard, pour les spectateurs.

Jeu avec les représentations sociales et morales, enfin. Abattoir Fermé prend un peu partout des images, des postures, des emblèmes, mélangeant le film *gore*, la bande dessinée, la série B ou Z et l'art post-moderne pour entraîner les spectateurs à la recherche d'une figuration du Mal, comme on part à la chasse au zombie. À partir des emprunts revendiqués à une subculture parfaitement canonique – freak shows, porno des seventies, sorcellerie de bazar, gothique topique, exposition de difformités plus ou moins réelles, *kitsch* et *camp* contemporains –, mais aussi à partir du recyclage de la peinture berlinoise de l'entre-deux-guerres, d'Otto Dix en particulier, ce théâtre cultive les stéréotypes, les ornemente, les réplique en série, et les anime via les corps des comédiens. À nouveau, il s'agit d'installer une complicité référentielle qui se moque du démoniaque frelaté mais reste fascinée par la version crue et cruelle de l'homme telle qu'elle est représentée dans les superbes tableaux dynamiques qui, tous, figurent le jeu avec le Mal. Saisis par le spectacle ultra-lisible, les spectateurs, alors, entrent dans le théâtre par la porte d'une subritualisation aisée qu'ils partagent avec les acteurs. Mais qu'on ne s'y trompe pas, Abattoir Fermé n'est pas si simple, ni si transparent, ni si ouvert. Derrière le jeu référentiel partagé, derrière le côté « potache » ou *Mad*, ou *National Lampoon*, chacun prend des risques. Sous l'apparence kitsch des scènes faussement horribles, ou sexy, les acteurs s'immergent dans leur action, à partir d'une gestuelle qui, à tout moment, peut les entraîner dans une spirale si dangereuse que parfois ils se blessent. Et les spectateurs, saisis par cette spirale, se rendent soudain compte qu'ils participent non plus à la figuration *camp* d'un rituel frelaté, mais qu'ils s'excitent devant l'exercice brut d'une force traumatique.

De toute évidence, l'équipe de Stef Lernous joue un jeu de plus en plus dangereux : elle joue d'abord avec les références topiques et avec les représentations morales et sociales qui côtoient l'idée du Mal, puis joue sur l'intrication du réel dans le spectacle, au point enfin de jouer (et de faire jouer les spectateurs) avec les risques qu'il y a à être entraîné dans une spirale violente

-87-

II. TALKIES

violent spiral. That's what makes it so interesting.

However, among all the references, or all the models customarily cited, or those claimed by Lernous to summarise his body of work, there is one that seems to be missing but which I believe to be relevant. It is in fact a film director of the 1970s whose cinematic art seems to equate to that of Lernous in theatre. With their taste for fiendish subjects, for analysing social phobia, constant play with kitsch, cheap eroticism, obscenity and baseness, Marco Ferreri and Abattoir Fermé share the same subjects and follow, with humour, similar uncompromising paths. From *The Ape Woman* (*La donna scimmia*), where Annie Girardot plays a freak show attraction with a mass of body hair, to *Liza* (*La Cagna*) where Catherine Deneuve turns into a dog-woman, to *Seeking Asylum* (*Chiedo asilo*) and, of course, *La Grande Bouffe* (*La Granda Abbuffata*, 1973), Ferreri, a film director of bad taste, makes it his life's work to disturb audiences.

In *La Grande Bouffe*, like Lernous, he constantly introduces all sorts of ingredients into his art and into the representations that he uses to concoct his repulsive, fascinating and risky recipe. The film, which tells the story of four friends who gather for an orgy of eating, sex, pornography, pleasure and finally death, therefore has everything to do with the kind of drama performed by Abattoir Fermé.

Even though 35 years divide them, Lernous' drama and Ferreri's films are each designed to perturb both audience and actor. The two take turns in representing the grand history of violence and in stating that, if its intention is to express it, art can and should freely borrow the ingredients for its recipe from all cultures and subcultures, provided that they seem strange, uncanny, that they are common, shared, and that they pose a risk of being re-produced, played and seen.

With Abattoir Fermé, we are well and truly *inside* the catastrophe that we produce and watch together, gripped by the images. Like an endlessly revolving turnstile, drama unfolds in the midst of chaos, where bodies jostle together, genitals open, and human fluids flow, for pretend, for real, for good.

Christian Biet is Professor of theatre studies and theatre history at Paris X University-Nanterre in France and a member of the University Institute of France (IUF). He is also a Permanent Visiting Professor at New York University (NYU) (United States).

ritualisée. C'est là son intérêt.

Or, parmi toutes les références, ou parmi tous les modèles qu'on cite généralement, ou que Lernous revendique pour résumer l'ensemble de son travail, il en est un qui semble manquer et dont je voudrais, un instant, montrer la pertinence. Il est en effet un cinéaste qui, dans les années 1970, semble être à son art, le cinéma, l'équivalent de ce que Lernous est maintenant au théâtre. Goût pour les sujets sulfureux, analyse des névroses sociales, jeu constant avec le kitsch, l'érotisme bas de gamme, l'obscénité, l'abjection, Marco Ferreri et Abattoir Fermé partagent en effet les mêmes sujets et empruntent, avec humour, des chemins formels similaires. Du *Mari de la femme à barbe* (*La donna scimmia*), où Annie Girardot est un animal de cirque doté d'un impressionnant système pileux, à *Liza* (*La Cagna*) où Catherine Deneuve devient une femme-chienne, en passant par *Pipicacadodo* (*Chiedo asilo*) et, évidemment, par *La Grande Bouffe* (*La Granda Abbuffata*, 1973), Ferreri, cinéaste du mauvais goût, fait profession de déranger les spectateurs. Dans *La Grande Bouffe*, il ne cesse d'introduire, lui aussi, toutes sortes d'ingrédients dans son art et dans les figurations qu'il emploie pour que s'élabore une recette repoussante, fascinante, et risquée. Ce film, qui rend absolument obscène une réunion amicale et dévoile les liens qu'entretiennent nourriture, sexe, pornographie, jouissance et mort enfin, a donc tout à voir avec le théâtre que joue Abattoir Fermé.

Si bien qu'à environ trente-cinq ans de distance, le théâtre et le cinéma s'accordent pour inquiéter les spectateurs comme les acteurs. L'un et l'autre se relaient pour figurer la grande histoire de la violence et pour dire que l'art, s'il entend l'exprimer, ne peut ni ne doit renoncer à emprunter les ingrédients de sa recette à toutes les cultures et toutes les subcultures, pourvu qu'elles semblent étranges, *uncanny*, qu'elles soient communes, partagées, et qu'elles supposent un risque à être re-produites, jouées et vues.

Avec Abattoir Fermé, nous sommes donc bien *dans* la catastrophe que nous produisons et que nous voyons ensemble, dans le saisissement des images. Comme un tourniquet sans fin, le théâtre se représente au centre du chaos, là où les corps s'entrechoquent, les sexes s'ouvrent, les fluides humains coulent, pour de faux, pour de vrai, pour de bon.

Christian Biet est professeur de théâtre à l'Université Paris X-Nanterre et membre de l'Institut Universitaire de France (IUF).
Il est aussi Permanent Visiting Professor à NYU (États-Unis).

II. TALKIES

SCENE1.
KLEIN MEISKE
Ik ben een vies beest. Geboren uit broer en zus. Vrucht van verboden liefde.
Opgesloten op nen donkere zolder. Zonder licht. Zonder eten.
Met alleen heruitzendingen van 'De Collega's' om naar te kijken.
Ik heb eens gedroomd dat ik pippi moest doen. En dan zat ik op het wc en ik wordt
wakker en eikes ik had écht pippi gedaan.
Dus. Ik ben vier jaar en van het meisje-geslacht en ik heb een splitje.
Jongens hebben ne penus. Daar begint de merde. Ik ben eens voor 76 percent
verliefd geweest op ne jongen die aan een hing van de snottebellen. Daar heb ik
voor den eerste keer met geëxperimenteerd. Met mijn tong en zijn tong. Zo. Als ik
terug naar achter ging hing er nen draad van snot tussen ons.
Ik weet nog goed dat ik daar in 't eerste speelkwartier op de koer mee zijn
getrouwd. Met ne ring gemaakt van zilverpapier. Ik was zo content.
Tegen 't tweede speelkwartier was hem al met een ander getrouwd.
Gasten zijn smeerlappen.
Ik heb er lang ni tegen gesproken. Maar elken dag. Als ik hem zag. Begon ik hem
meer en meer te haten en graag te zien voor wie dat hij is. Steekt eender wie, lang
genoeg in dezelfde kamer met iemand anders.
En uiteindelijk hebt ge daar seks mee. Laat mij hier uit !
Ik kan Jomme Dockx zijne kop ni meer zien zonder aan seks te denken !
Laat mij hier uit !

SCENE2.
DOKTER
we weten ni waar ze zijn
we vinden ze ni
sorry
er gaat een dag komen
dat er een vloeistof
-gene pipi-
uit uw penus gaat komen
's nachts

SCENE3.
PAPA
Krapuul. Krapuul, krapuul. Ge hebt een grote fout begaan meisje
Hoe gaan wij dit oplossen? Als moeke dat weet, hein als die dat weet, dan gaat die
heel héél boos zijn. Dat weet ge toch ?
Waarom leest ge geen boek in plaats van-
Van boeken lezen wordt ge slim. Ja ja dat is zo, ik zien u wel zien zo met uwe
ogen. Ziet mij maar eens af. Ik heb ook héél veel boeken gelezen en ik leef ook al
langer dan u, dus ik heb ook véél meer ervaring. Luister liever ne keer als ik iets
zeg.
Pas op, ik las ook ni gaarne toen ik klein was maar ik heb dat gedaan en nu ben ik
heel héél slim. Nu weet ik wat goed is en wat fout is en mag ik daar over oordelen.
Verstaat ge dat ?
Awel. Bon. Dus.
Wilt gij dan niet slim worden meisje ? Mmm ?
Kijkt, ik zal vanavond eens met de moeke praten als volwassen mensen onder mekaar
en dan gaan wij alles vergeten en terug opnieuw beginnen. Dat is dus een kado dat
ik u schenk, een kado dat ge van mij krijgt en waar ik niets voor terug verwacht
omdat ik weet dat ge dan tenminste ni meer -
Maar- pas op! Vergeven maar niet vergeten. Begrijpt gij dat al ?
Zegt het eens na, zodat ik weet dat ge het begrijpt.

MEISKE
Vergeven maar ni vergeten

PAPA
-tsk tsk tsk- Niet 'ni', maar 'niet'.

MEISKE
Vergeven maar niet vergeten.

Eerste versies van scènes, uit Bloetverlies *(2004)*

PAPA
Goed, meiske. Dat is zéér juist. Nu hebt ge bijgeleerd. En weet ge, als gij vanaf
nu zou blijven lezen en studeren gaat ge misschien -misschien- even slim worden als
de papa. Slim in plaast van dat ge daar euh -
En als ge heel slim zijt gaat ge beter worden, dan gaat ge kunnen lopen gelijk als
al de anderen en ne slimme jongen zal u dan schoon vinden
Ja. Eens van uw gebrekkigheid af gaat ge al het geluk kennen waar ge ooit van hebt
kunnen dromen.

SCENE 4.
De gast streelt het meiske. Hij kan het niet laten van zijn vingers in haar keel te
duwen. Ze moet kokhalzen. En hij blijft er mee doorgaan.

MEISKE
Gij gaat altijd voor mij iemand speciaal blijven. Een heel speciaal plekske in mijn
hart. Vrijheid en ruimte om te ademen, dat is zo belangrijk.

GAST
Hebt ge met de magere vent gesproken ?

MEISKE
Ja en ik heb zijn hand gekust.
Maar het doet er ni toe.
Maar we kunnen altijd vrienden blijven.

GAST
Sorry maar euh-
Ben ik nu juist gedumpt ofzo
Allez sorry dat ik het vraag
Maar hebt ge mij gedumpt ofzo ?

MEISKE
Nogal

SCENE 5.
OUDE VROUW
Derrick. Shwarzwald. Der alte. En Rudi Carrell.
Vroeger keken wij samen. Maar nu ni meer. Want hij is dood.
Ik ben er uiteindelijk maar mee getrouwd. Ik weet ni waarom. Den ultiemen ijsbreker
zeker. Ik heb hem overleefd. Hij is vorig jaar gestorven.
Hij heeft mij laten zitten.
Ik heb geprobeerd aan te houden met Pierre van op de gang.
Maar dat is toch maar niks. Vrijen op onze leeftijd. 't Is moeilijk van op één te
liggen met stoma's. Borsten gelijk als appelsienen in sportsokken.
Mijn billen zijn panty's vol yoghurt. Overal spataders. Overal. Met nieuwjaar komen
er al mensen in plaats van naar 't vuurwerk naar mijn spataders zien. Levervlekken.
Haaruitval. Ik geef soms aan Pierre mijn tanden mee, kan hij zichzelf pijpen.
Teevee zien en naar 't wc gaan is dat oud worden ?
Vroeger had ik schoon benen. Dat waren cabaretbenen. Daar waren er veel jaloers op.
Ik wou dat de Duitsers terugkwamen. Dan was hier tenminste nog iet te doen. Nu heb
ik eindelijk tijd genoeg om al die boeken te lezen.
Ik zie niks ni meer. Geld genoeg gespaard om op reis te kunnen gaan.
Ik kan ni meer uit de voeten.
Ze hebben mijn borsten afgezet. Dat is ni grappig. Maar ik heb ze bijgehouden.
Anders maken ze daar lipstick van. Hier zijn ze. Moet ik ze nog eens voorhouden ?
Mijn man vond ook dat ik schoon borsten had.
Ik moet pippi doen ! Hela ! Hela ! Ik moet pippi doen.
Soms laten die mij uren zitten. Ik val ook veel uit bed. Ze moeten mij vastbinden.
Meestal zit ik alleen en dan moet ik wenen.
Boehoehoe ! Niemand ziet naar mij om. Maar ik heb dan ook niemand ni meer.
Behalve den teevee. Maar ik krijg die er ni in.
Ik probeer maar dat gaat ni !
Laat mij hier uit ! Alstublieft ! Laat mij hier uit !

II. TALKIES

INDIE

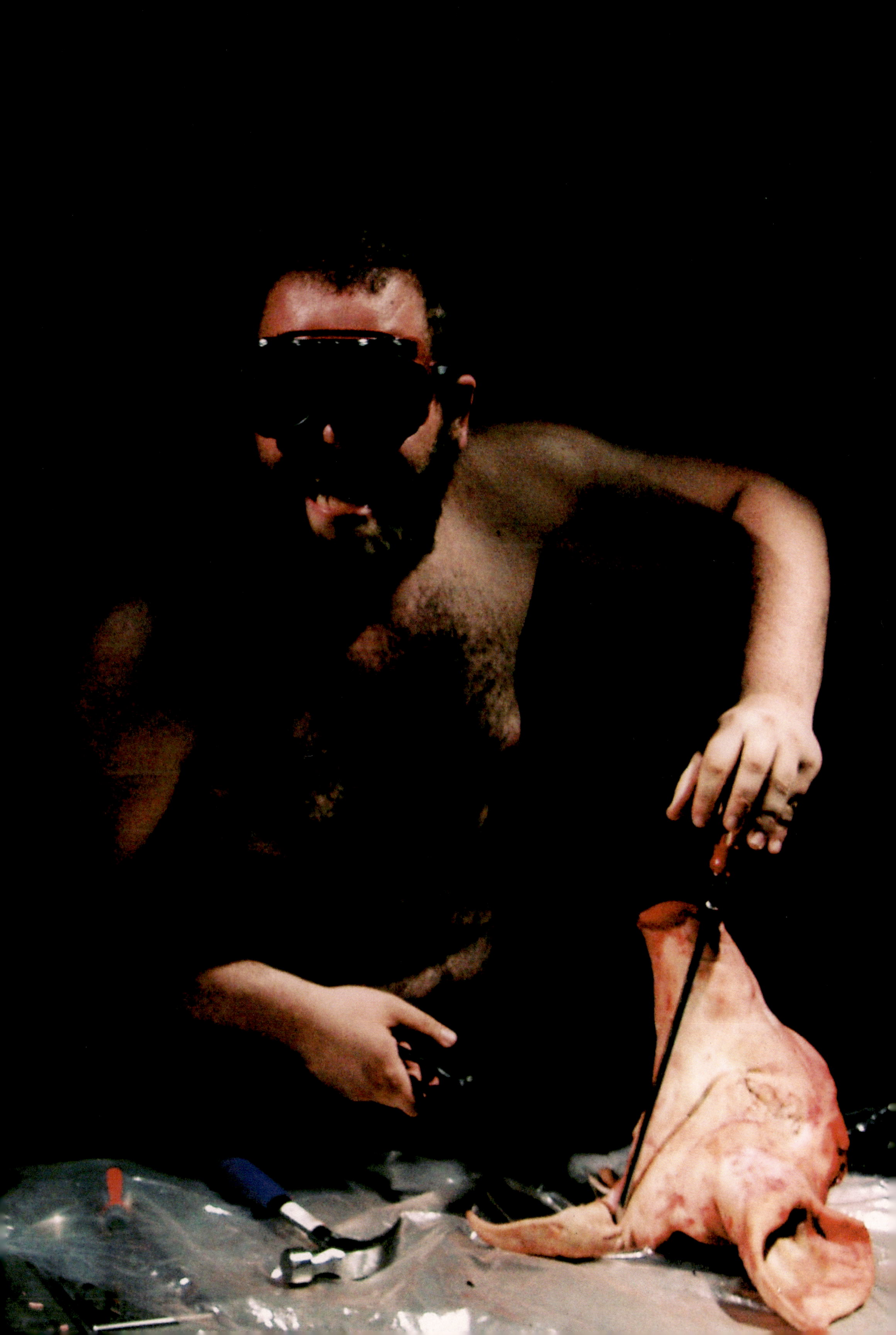

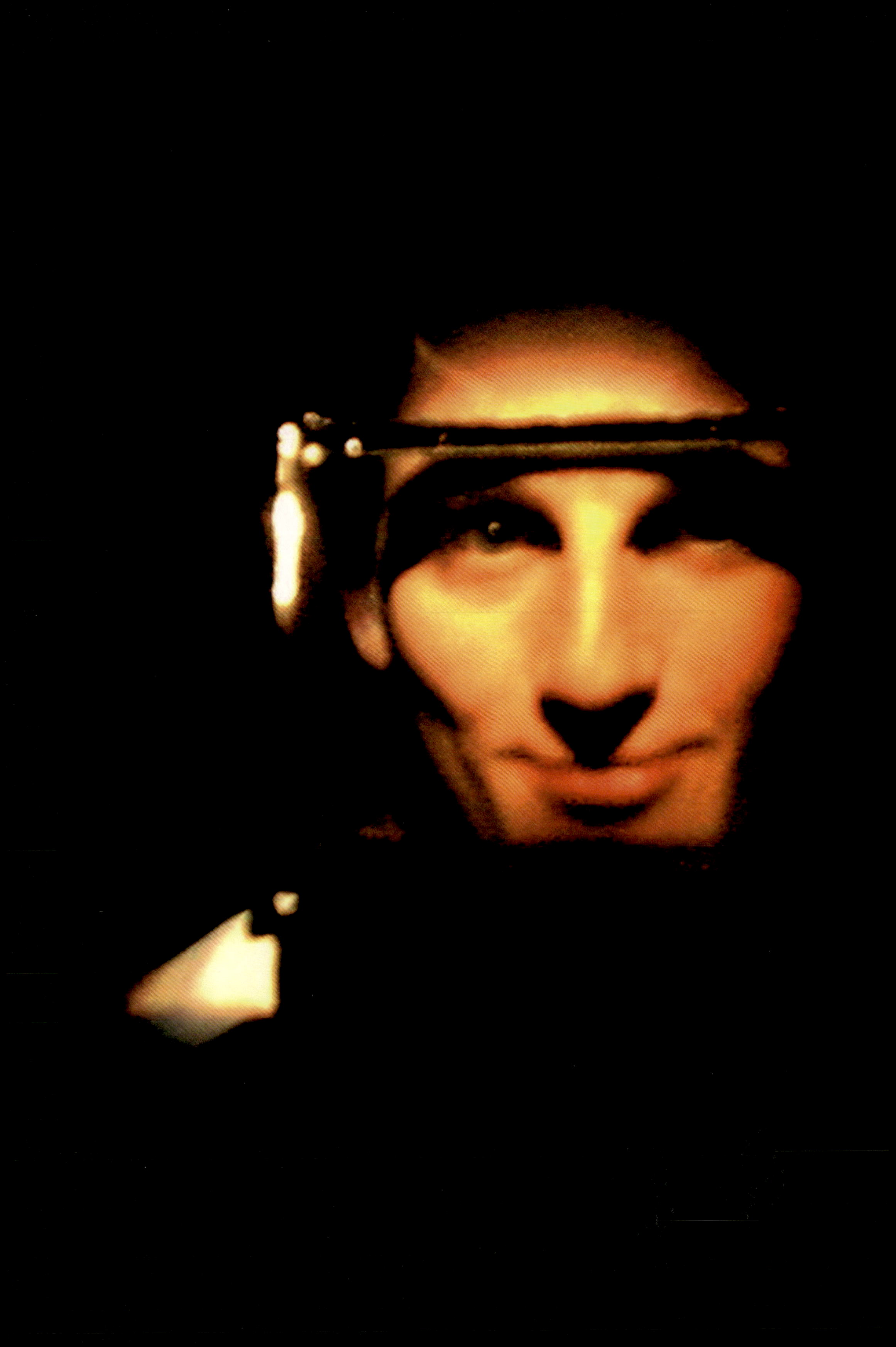

Dees hotel is raar.
Er zijn hier te veel donker gangen en te weinig lampen die ni marcheren.
En hier en daar stinkt het.
Ik denk dat ik de enige ben die hier logeert. Op hem na natuurlijk.
Hij op 't eerste en ik op 't derde.
In elke kamer ligt nen bijbel.
En als ik 's nachts door de gangen loop, hoor ik bidden.
Dees hotel is gigantisch
en ik ben maar zo klein

This hotel is weird.
There are far too many corridors and too few lamps that don't work.
Here and there it stinks.
I think I'm the only one staying here. Apart from him, of course.
Him on the first, me on the third.
In every room you can find a Bible
And when I walk through the hallways at night, I hear prayer.
This hotel is gigantic
while I am so very small

Galapagos (2004)

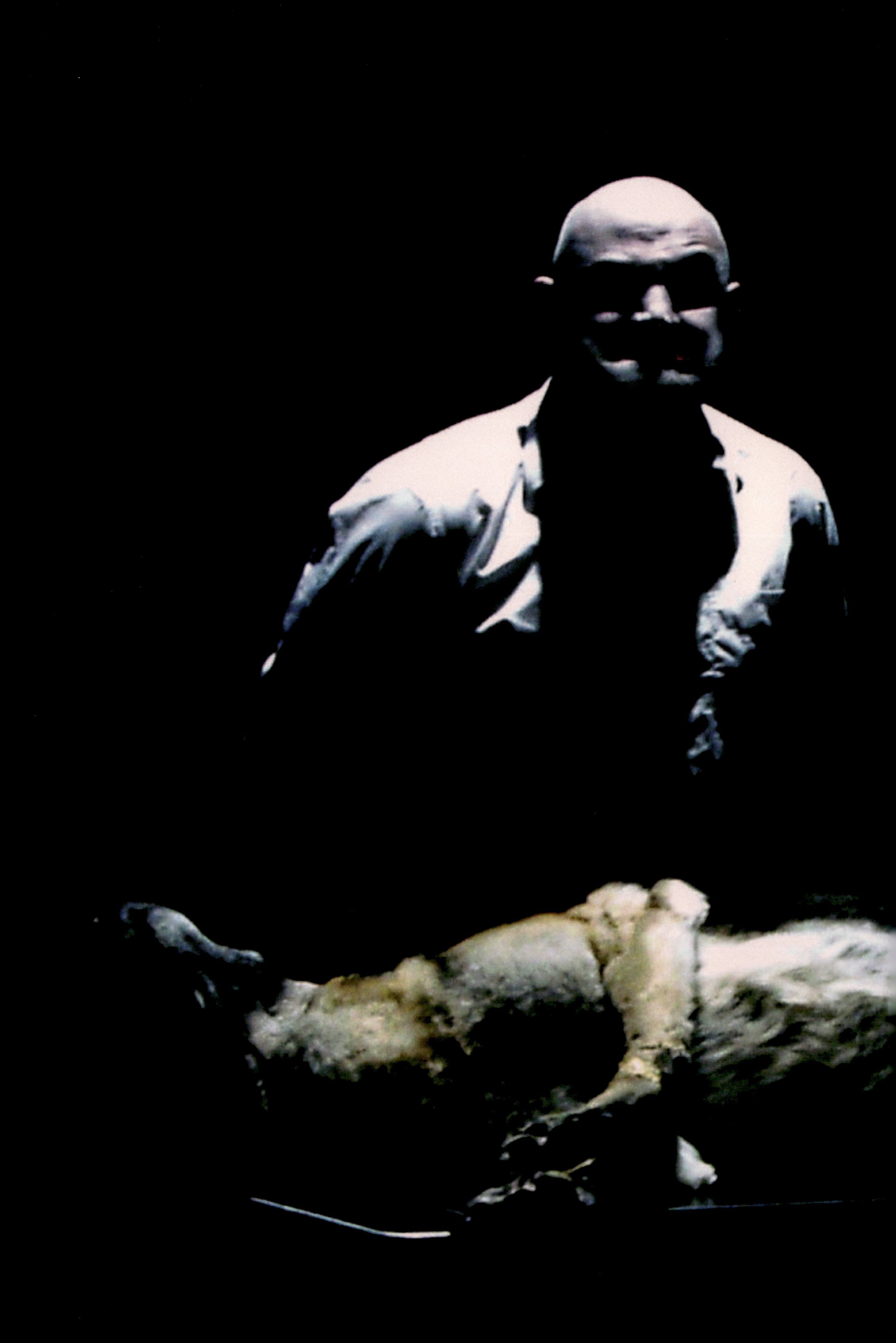

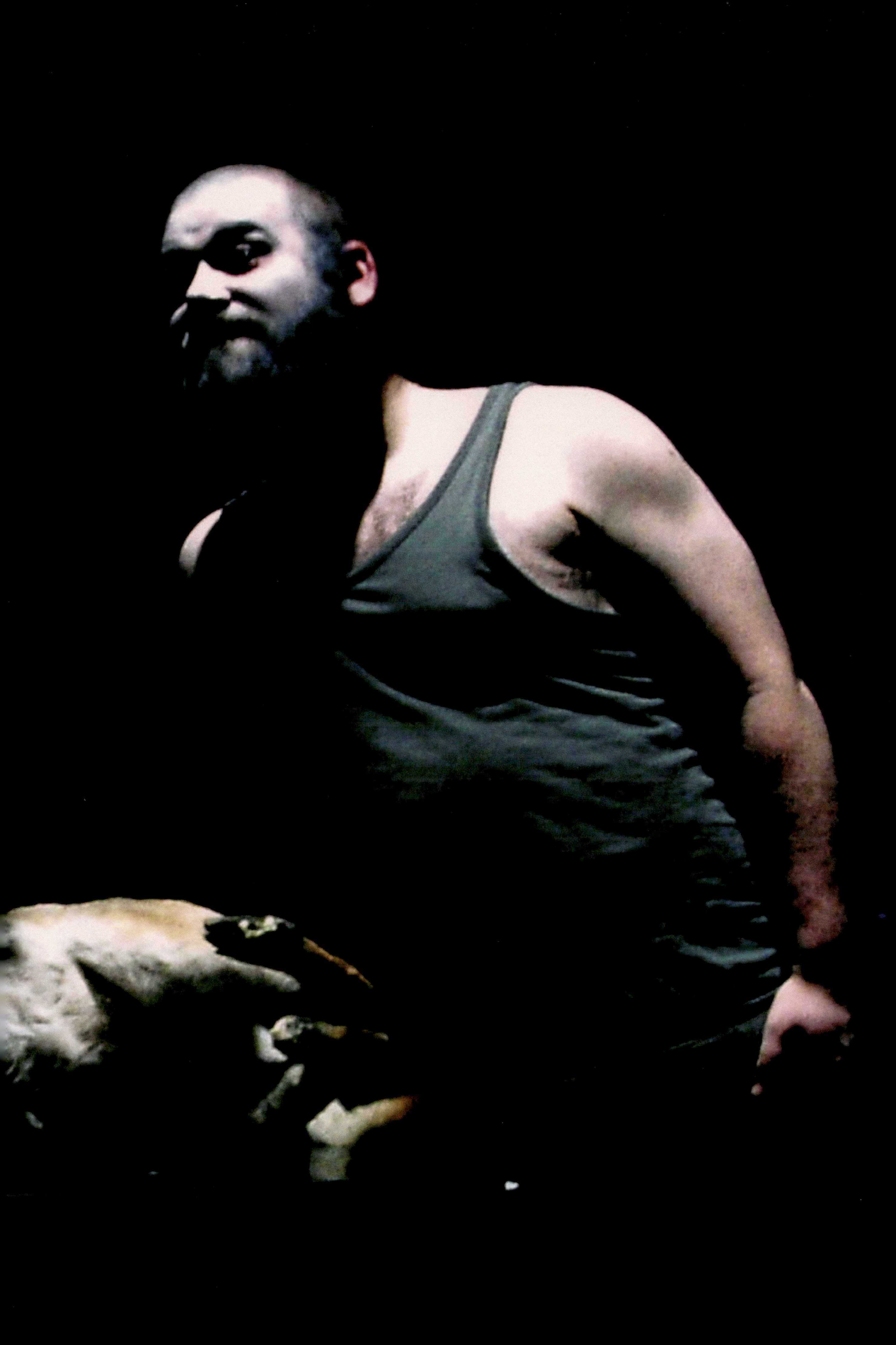

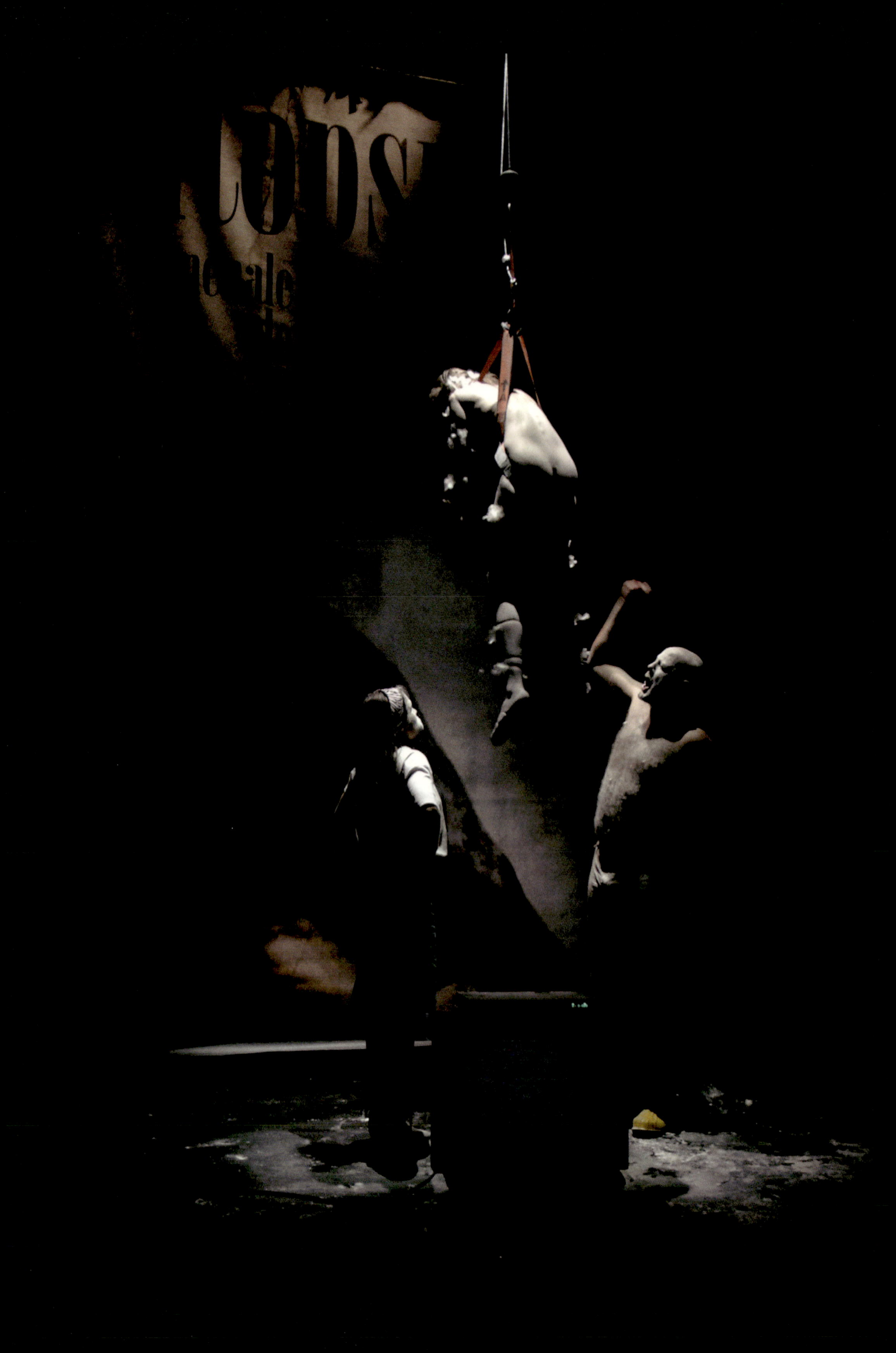

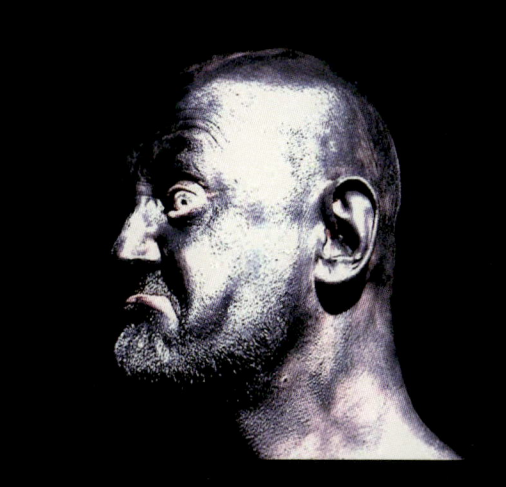

*Vroeger bleven mensen hun hele leven bij mekaar
maar ze werden gemiddeld vijftig
bij mekaar blijven tot op uw tachtig
vind ik persoonlijk wat bij de haren getrokken*

*People used to stick together their whole lives
but on average they would grow up to be fifty
staying together 'til you're eighty
is just pushing your luck*

Tinseltown *(2006)*

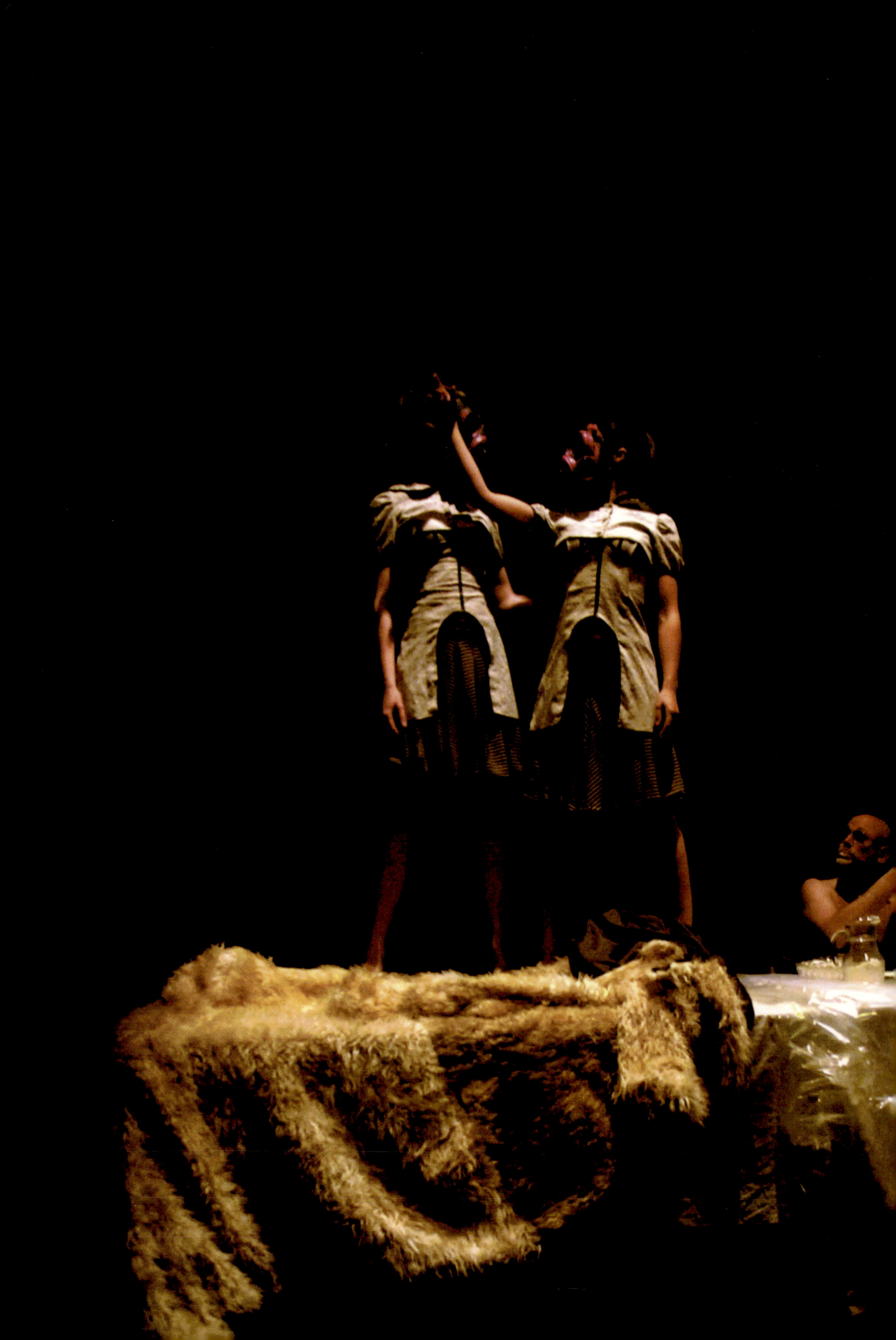

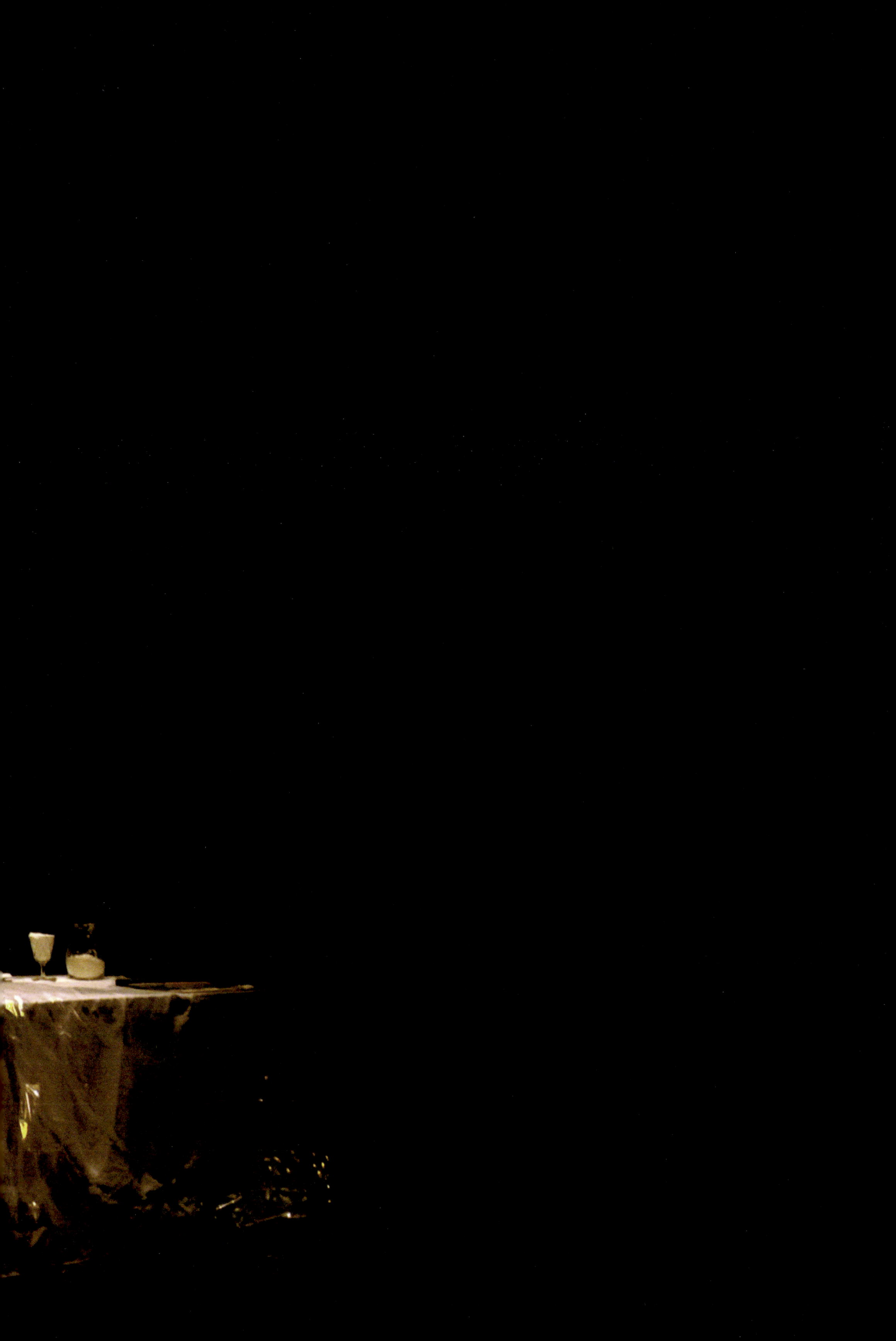

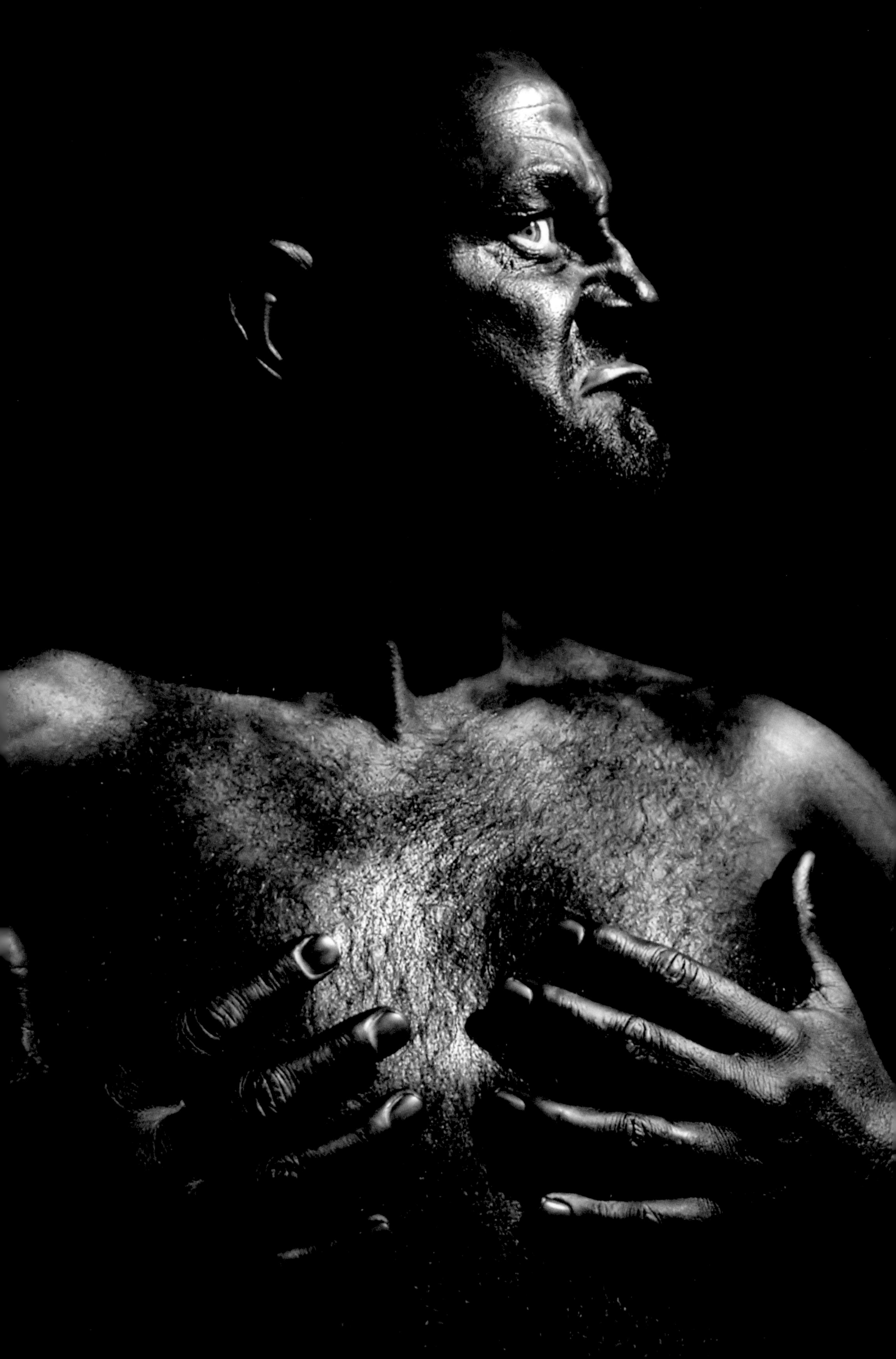

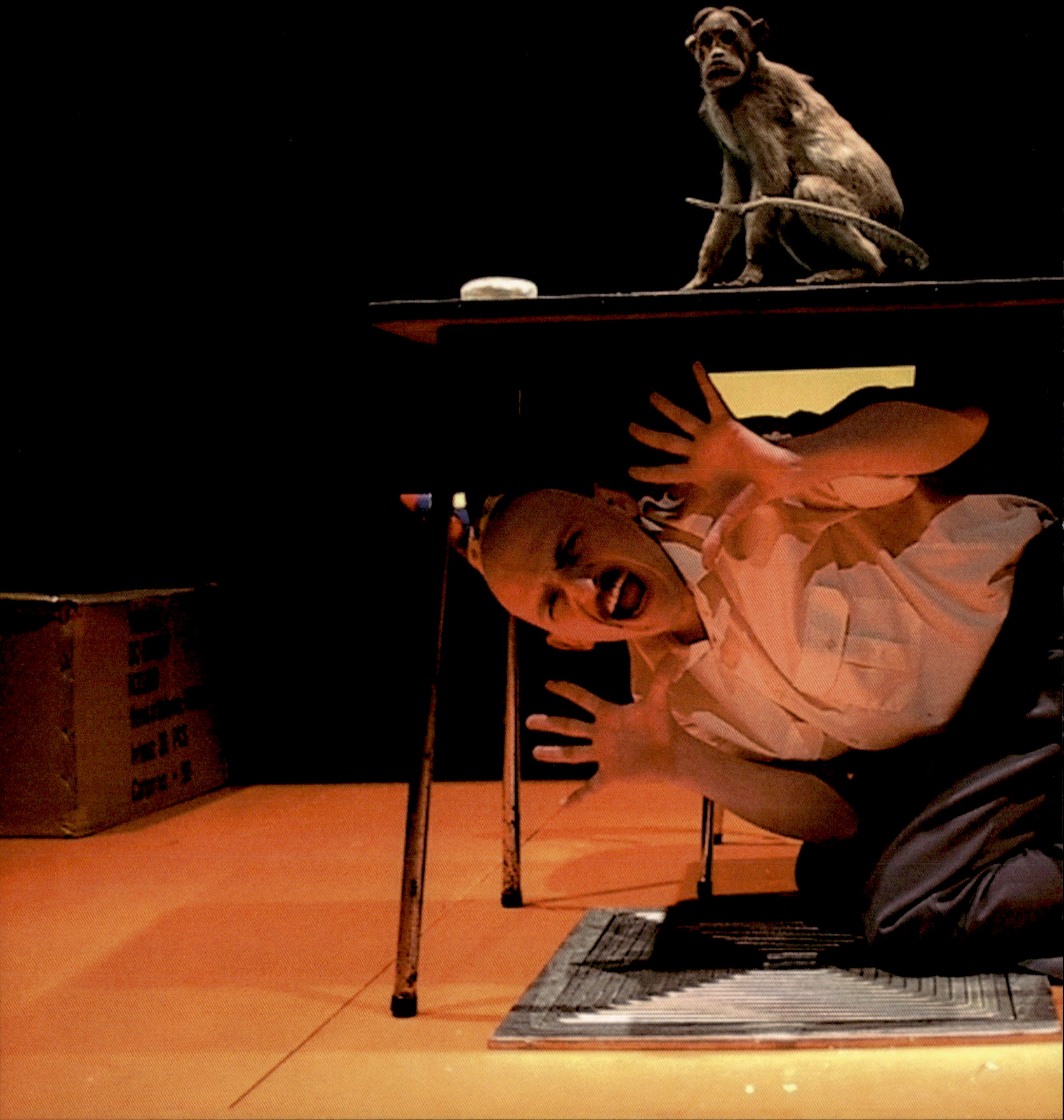

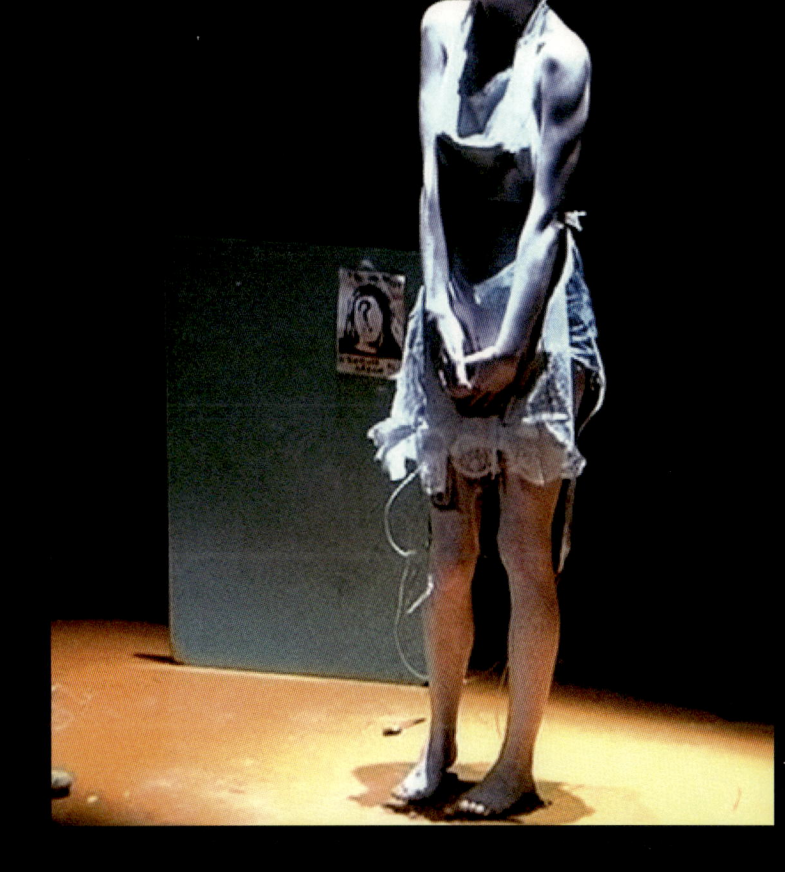

Op het einde van de Bloedbeestbaan staat een huis
op vijf jaar tijd is daar de klare en zacht ziedende zee
beginnen zakken
er is een onmeetbare diepte ontstaan
die donker en leeg is
met op de rand dat huis balancerend
het is donker buiten
zo donker heb ik het nog nooit gezien

At the end of Bloodbeast Drive there stands a house
and in five years time the clear and softly seething sea
has descended
a dark and empty abyss
has come into existence
with on its edge that house in balance
it is dark outside
I have never seen it this dark

Life on the Edge (2004)

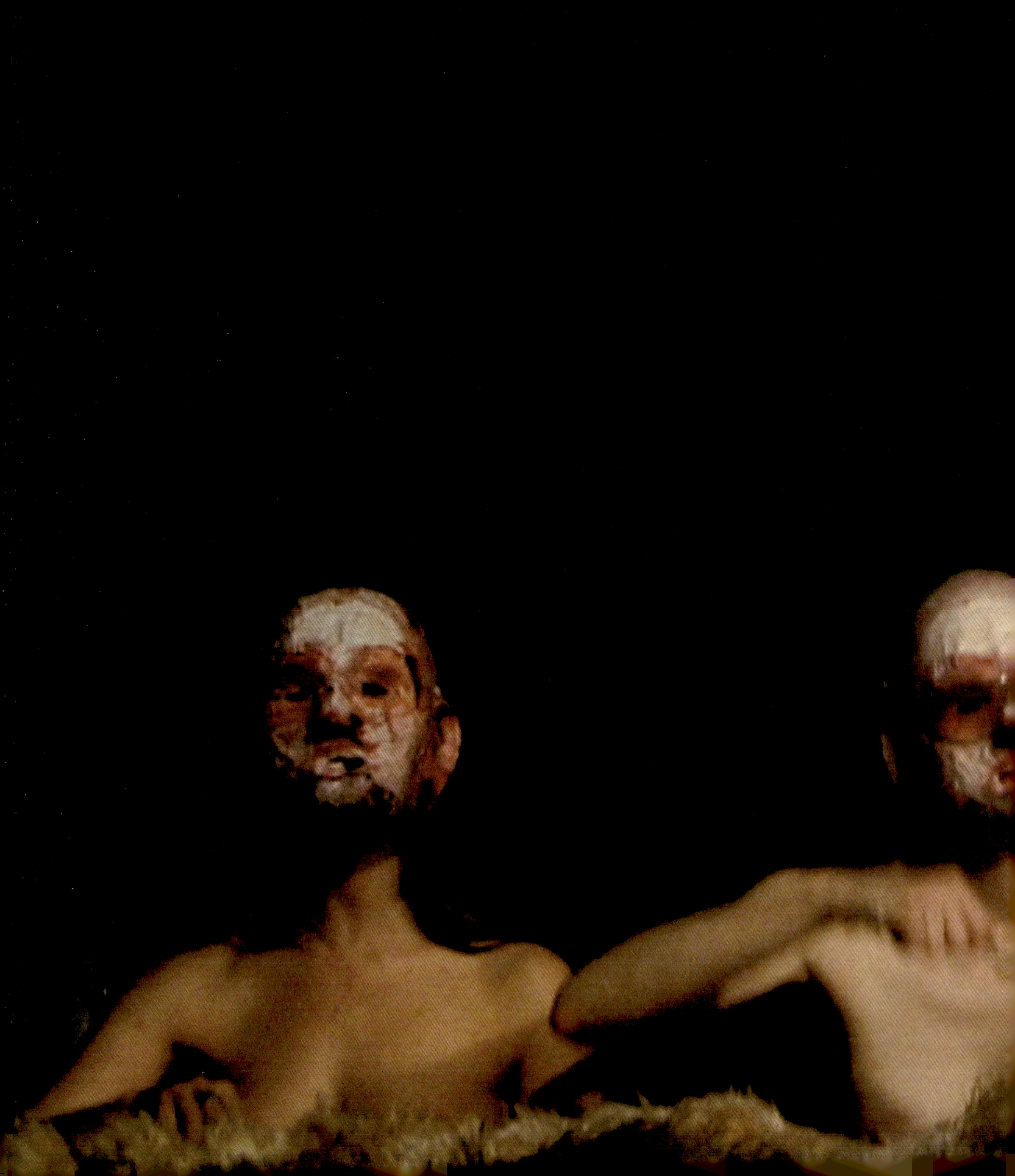

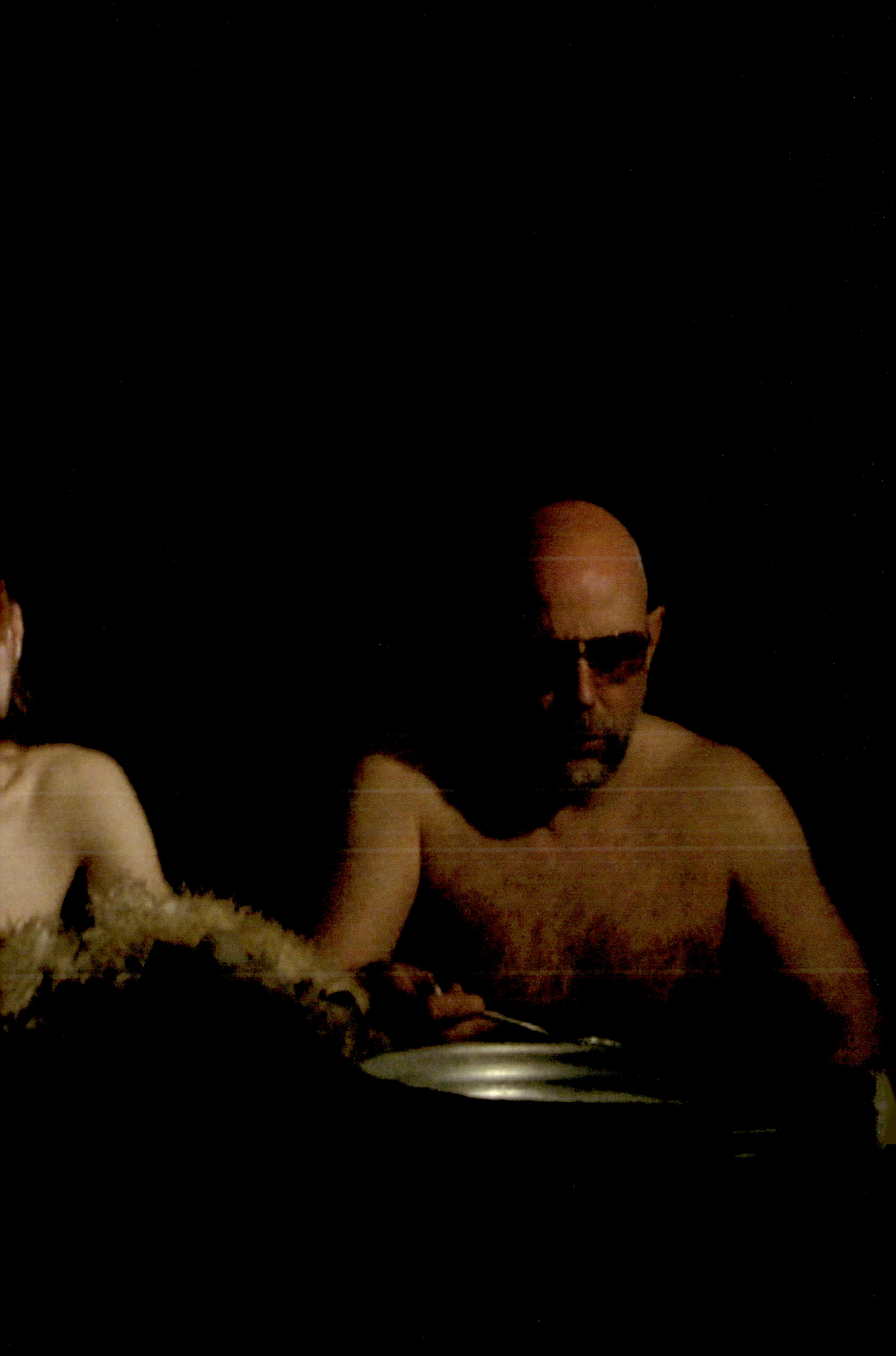

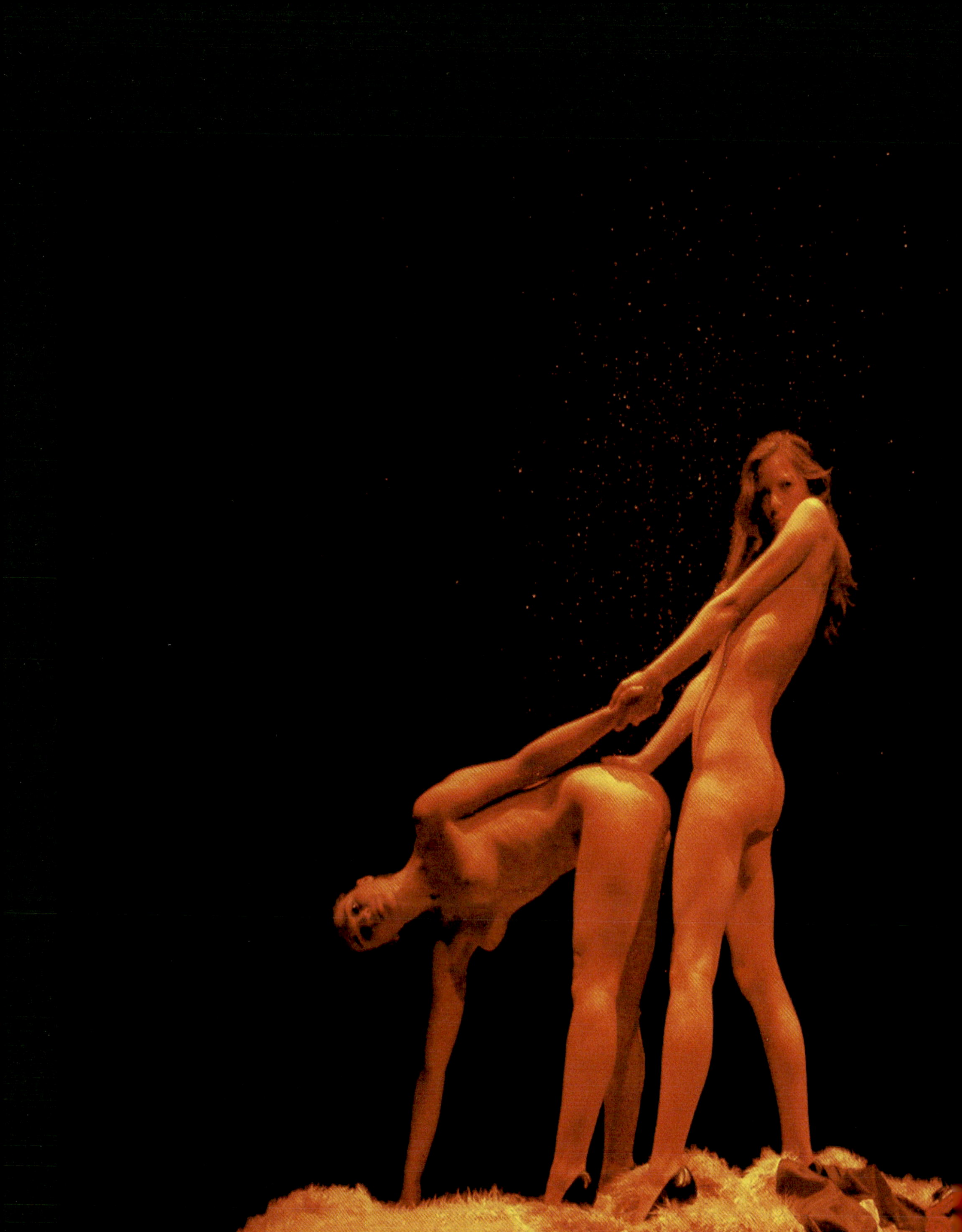

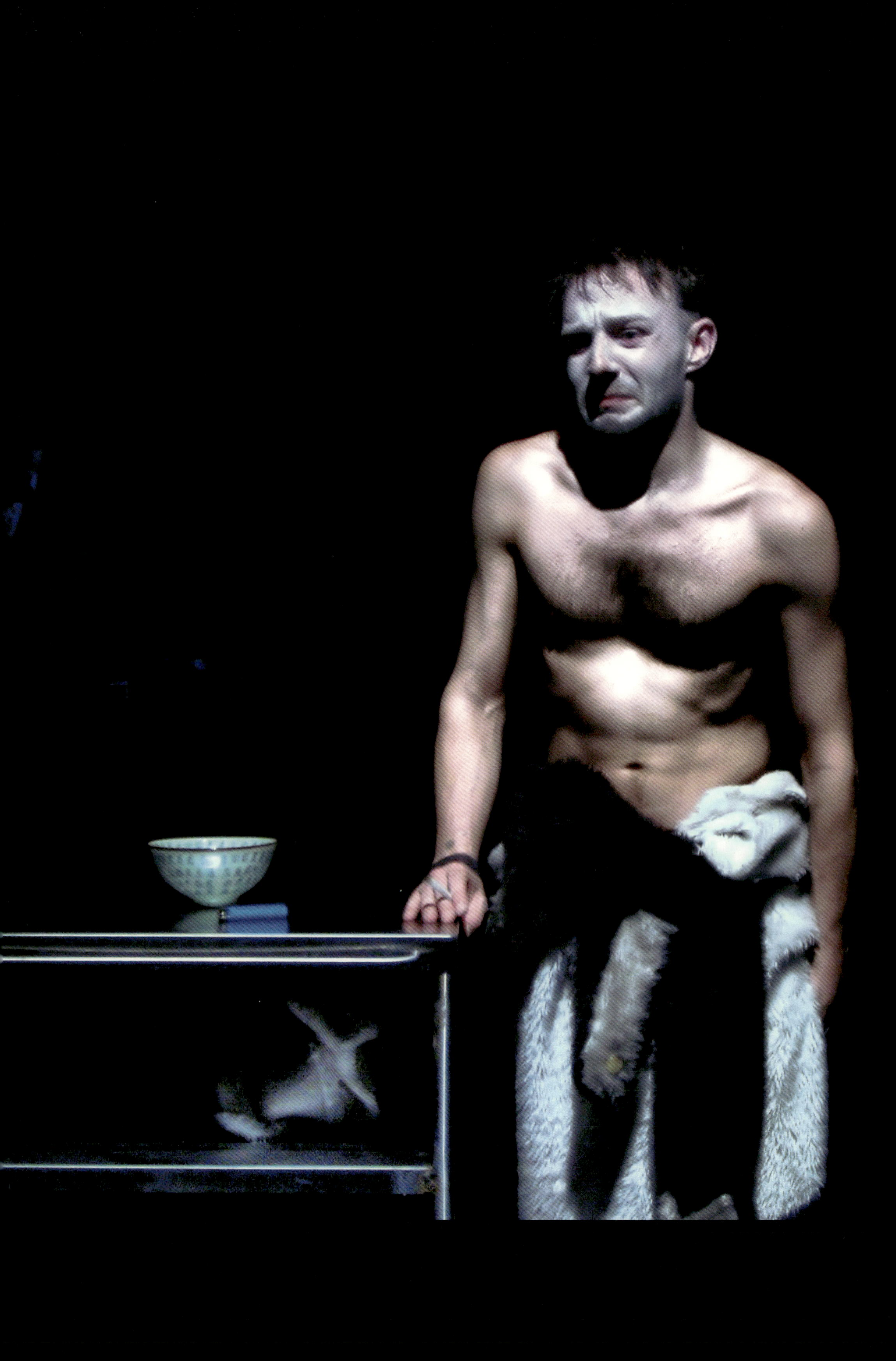

-111-

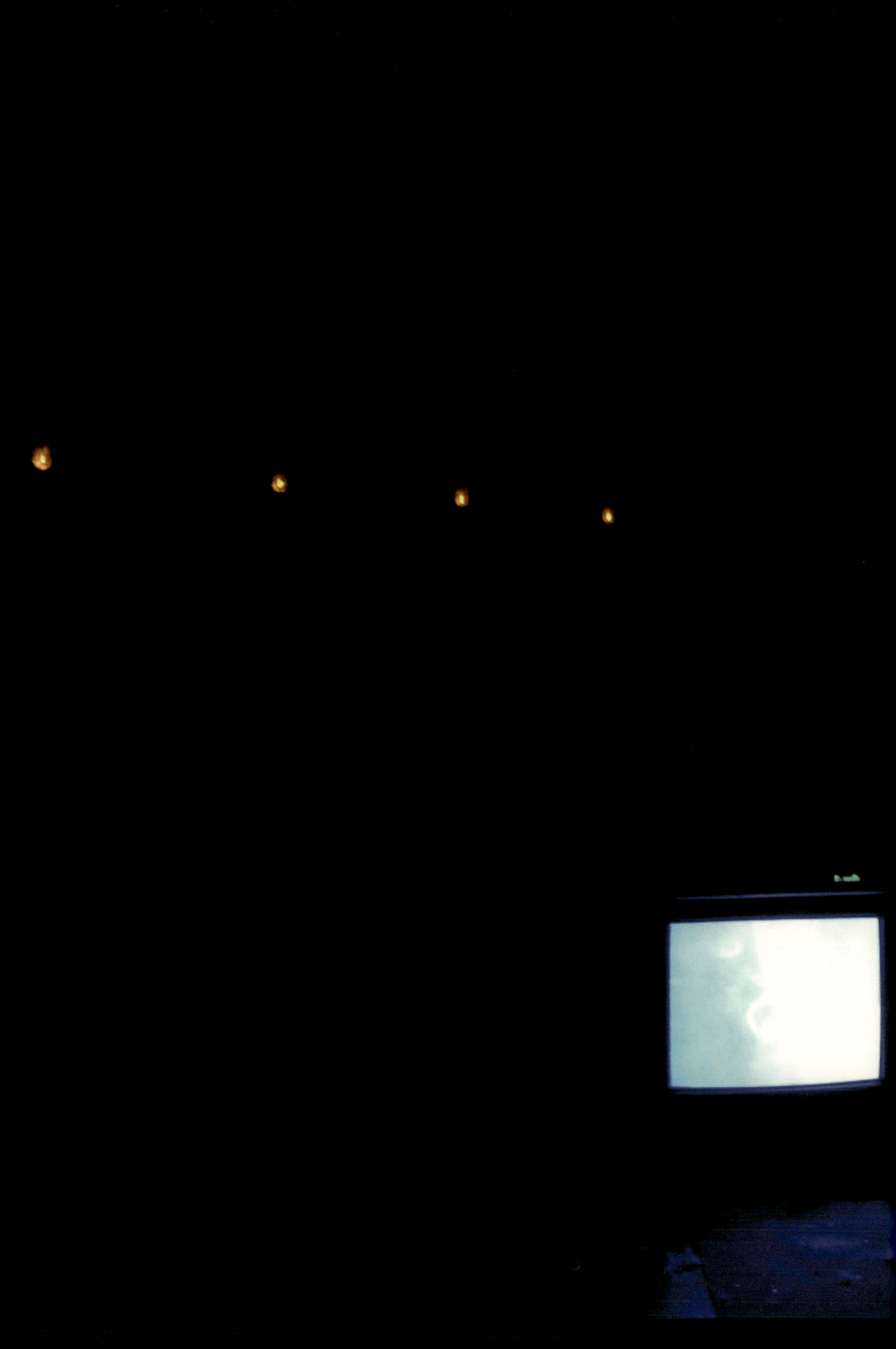

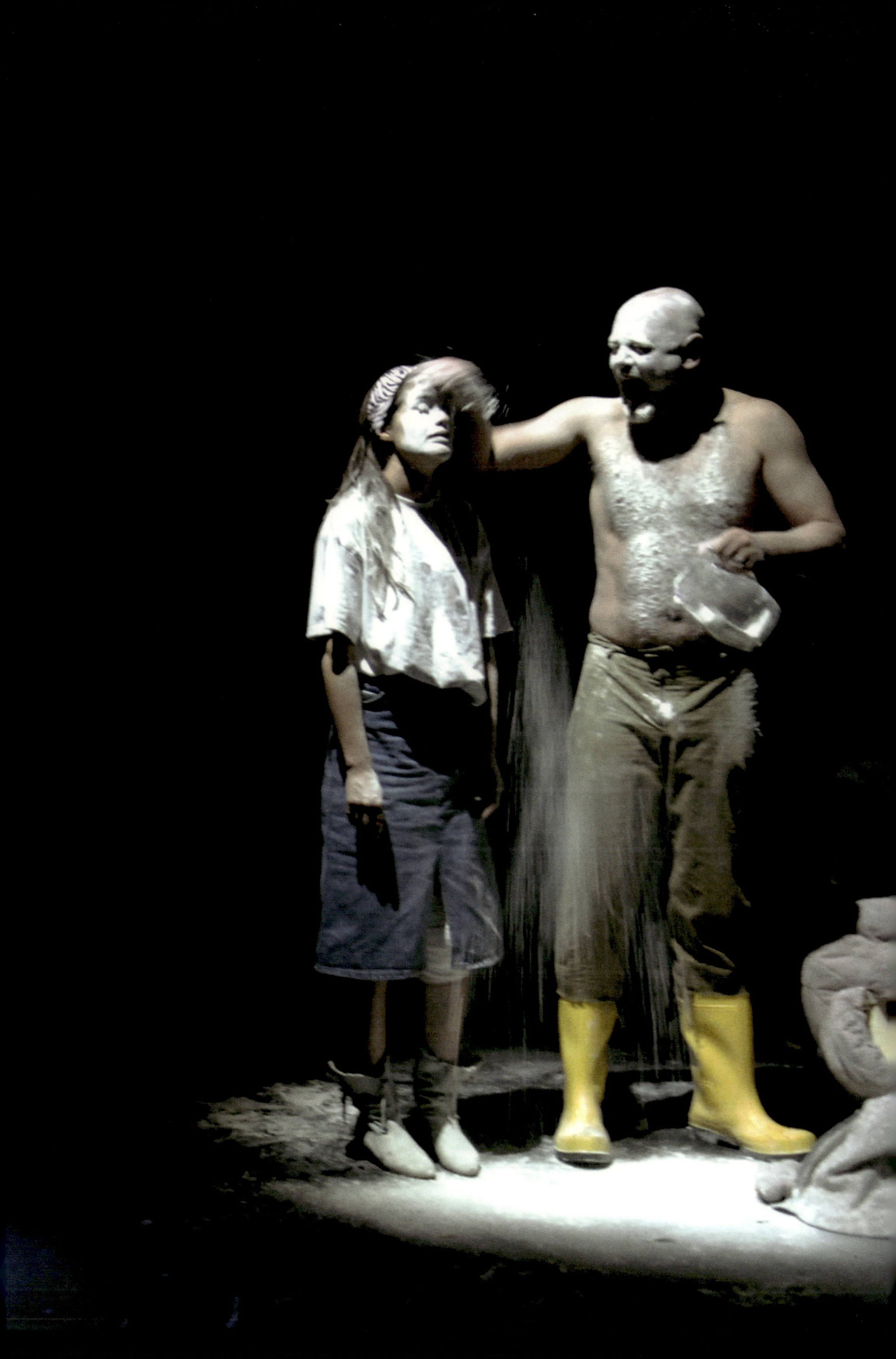

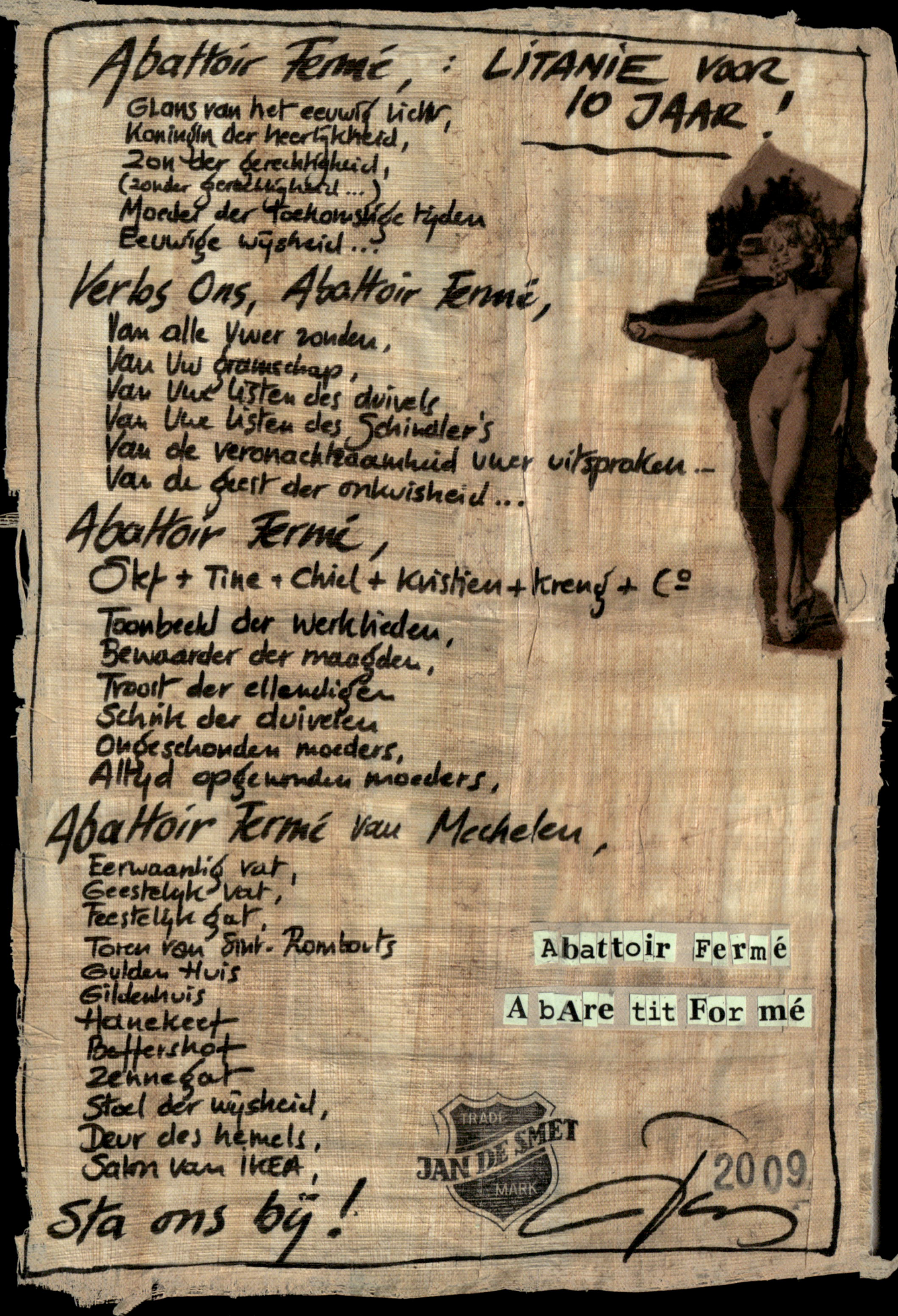

Abattoir Fermé : LITANIE voor 10 JAAR!

Glans van het eeuwig licht,
Koningin der heerlijkheid,
Zon der gerechtigheid,
(zonder gerechtigheid...)
Moeder der toekomstige tijden
Eeuwige wijsheid ...

Verlos Ons, Abattoir Fermé,

Van alle Uwer zonden,
Van Uw gramschap,
Van Uwe listen des duivels
Van Uwe listen des Schindler's
Van de veronachtzaamheid Uwer uitspraken...
Van de Geest der onkuisheid ...

Abattoir Fermé,

Okf + Tine + Chiel + Kristien + Kreng + C°

Toonbeeld der werklieden,
Bewaarder der maagden,
Troost der ellendigen
Schrik der duivelen
Ongeschonden moeder,
Altijd opgewonden moeders,

Abattoir Fermé van Mechelen,

Eerwaardig vat,
Geestelijk vat,
Feestelijk gat,
Toren van Sint-Rombouts
Gulden Huis
Gildenhuis
Hanekeef
Bottershof
Zennegat
Stoel der wijsheid,
Deur des hemels,
Salon van IKEA,

Sta ons bij!

Abattoir Fermé
A bAre tit For mé

JAN DE SMET — TRADE MARK
2009

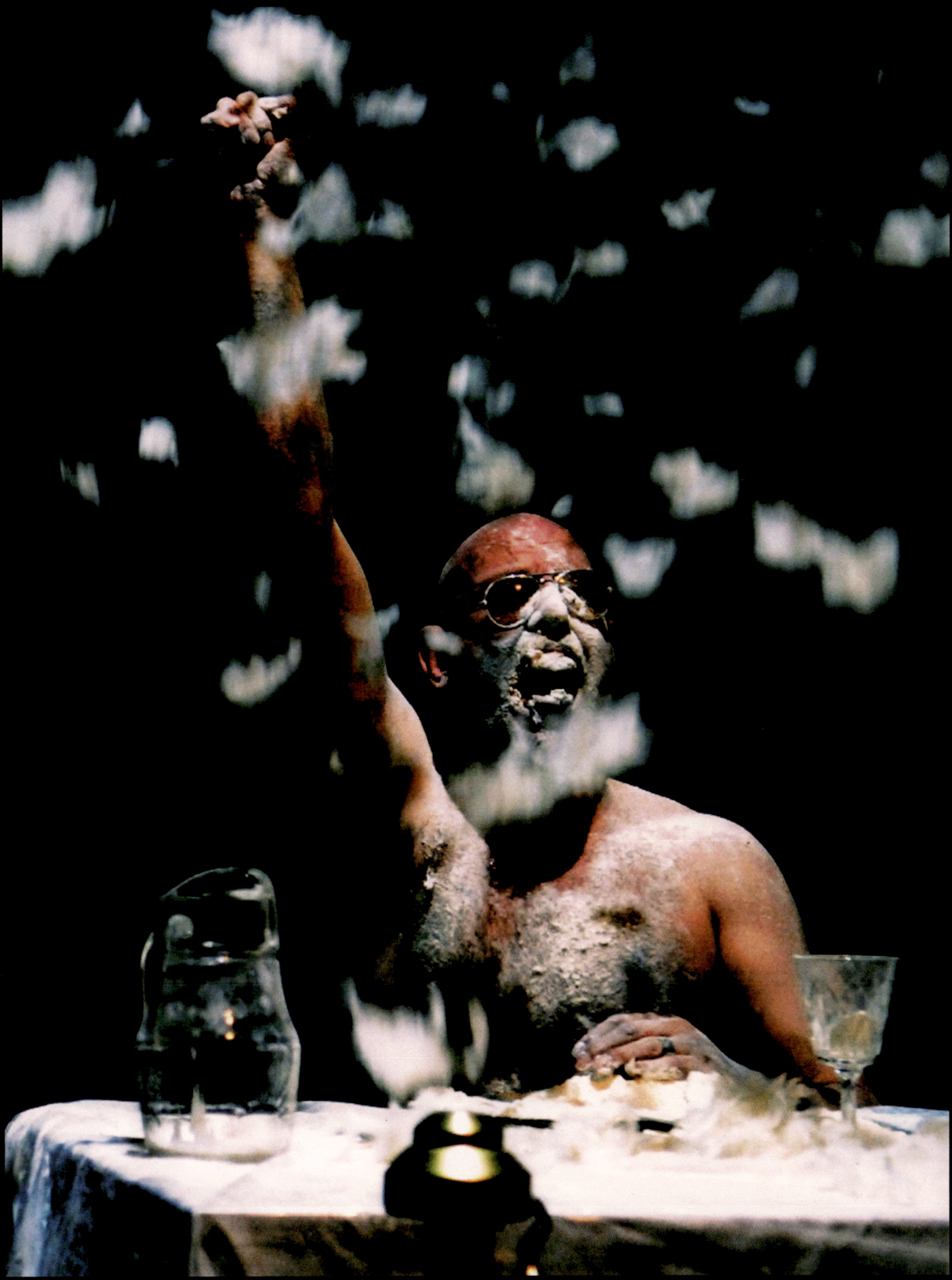

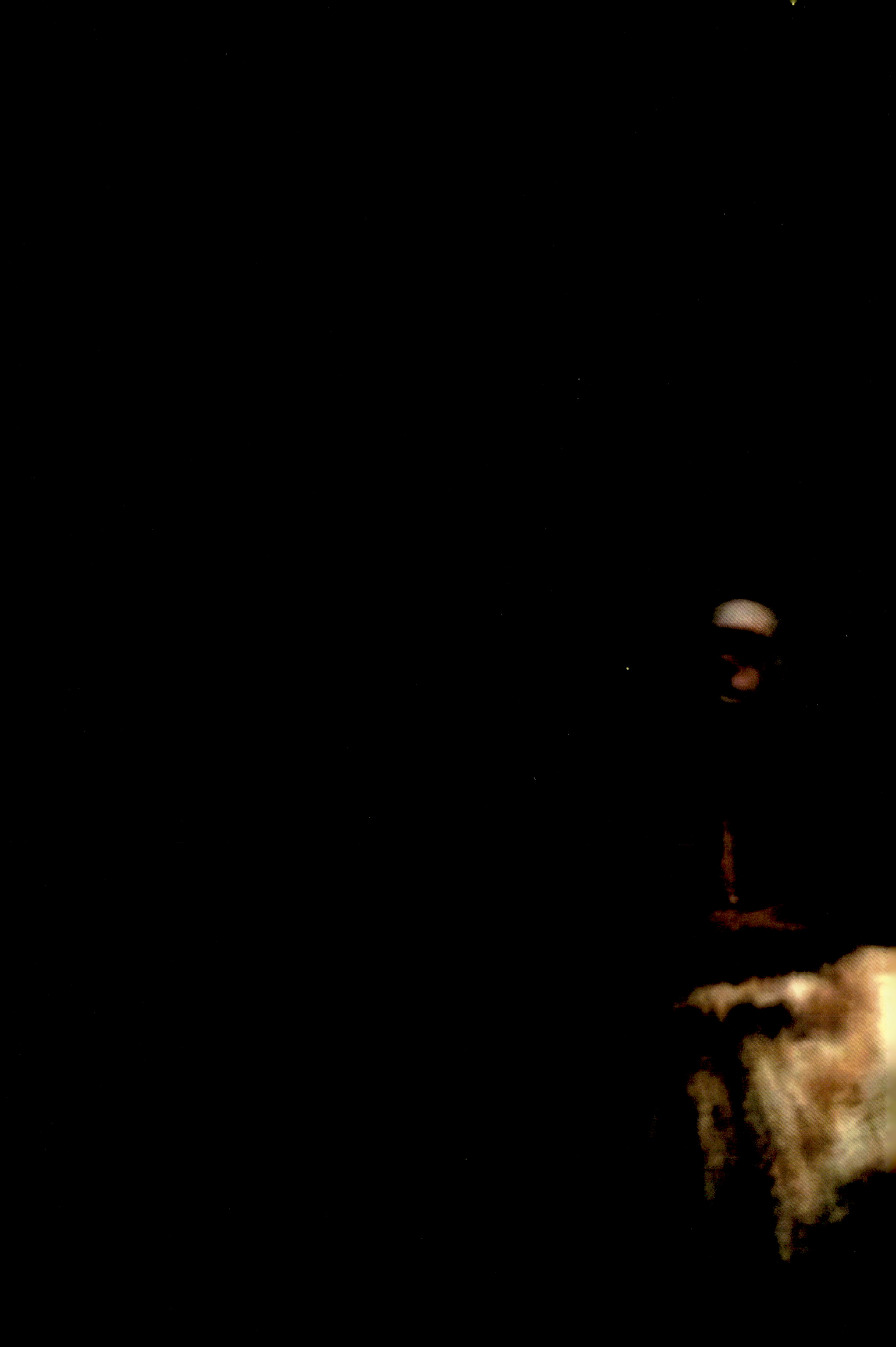

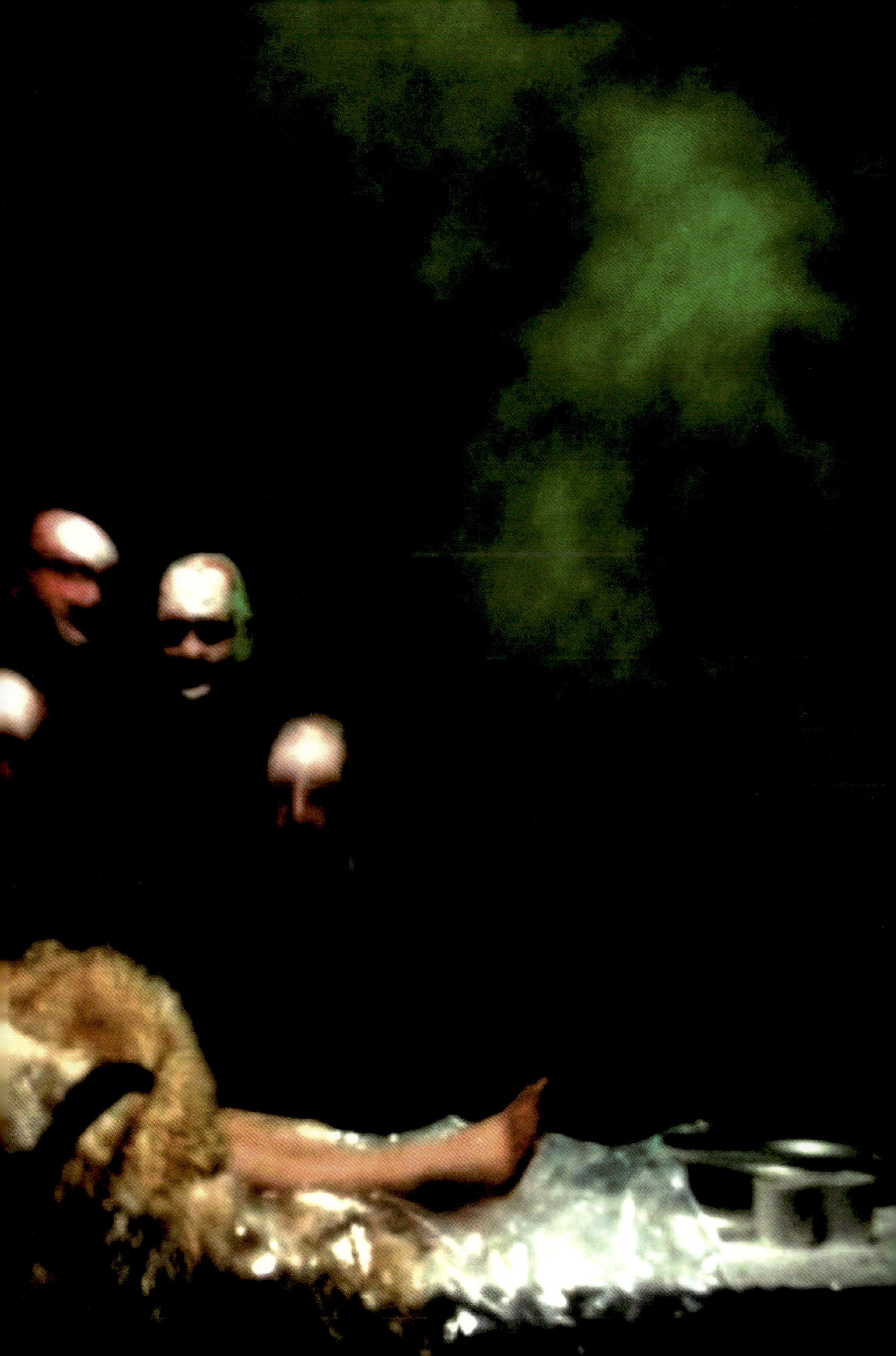

Acteurs zijn allemaal werkschuwe flikkers.
Actrices zijn allemaal sletten, pothoeren die zich een carrière omhoog pijpen.
Ik haat de theaterregisseurs die stukken van 500 jaar geleden relevant vinden.
Wie zit daar nu op te wachten? Geen hond. Niemand wil theater.

Actors are all work-shy faggots.
Actresses are all sluts, dykes who cock-suck their way up to the top.
I hate theatre directors who think 500-year-old plays are relevant
Who wants any of that? Not even dogs. Nobody wants theatre.

Indie (2005)

-119-

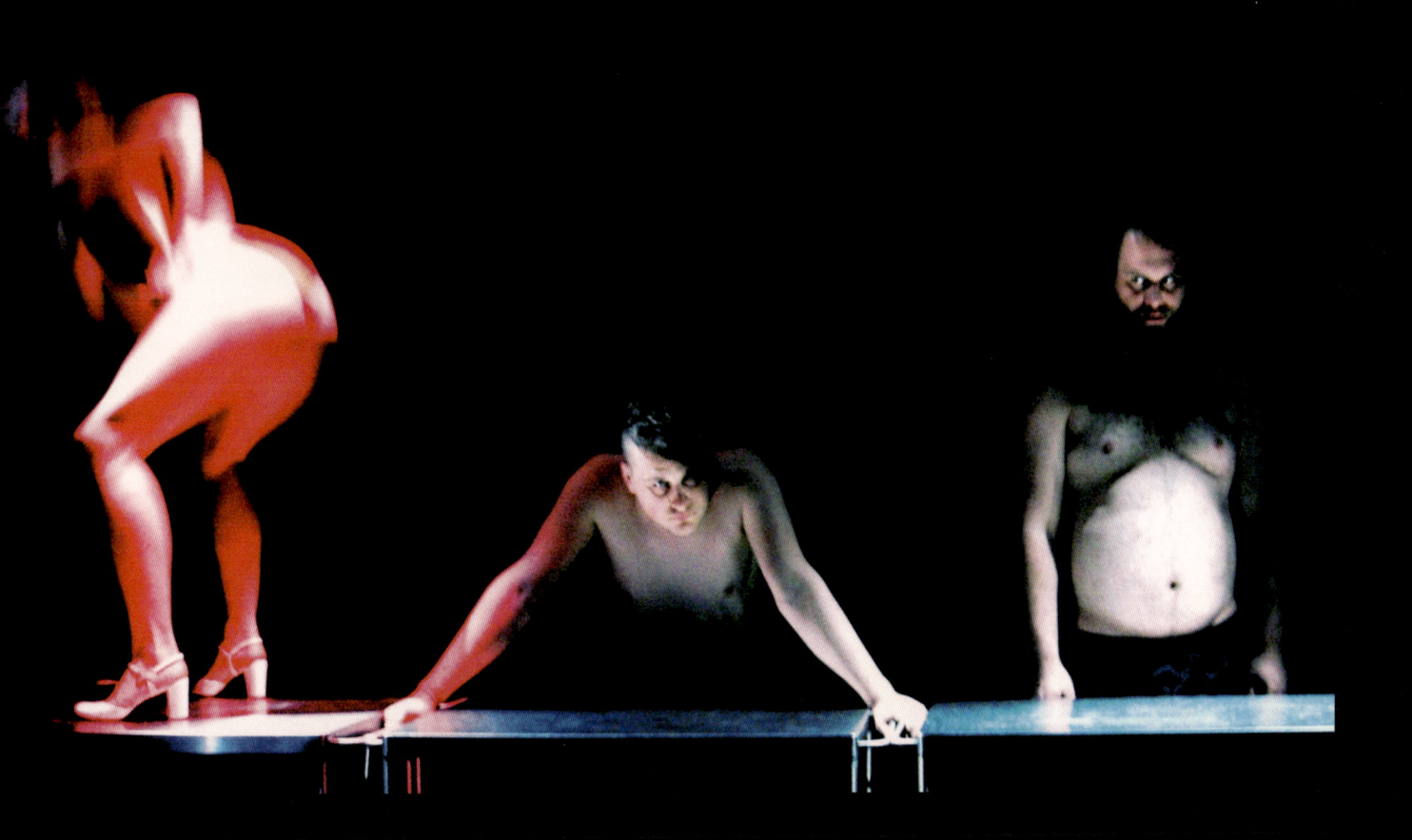

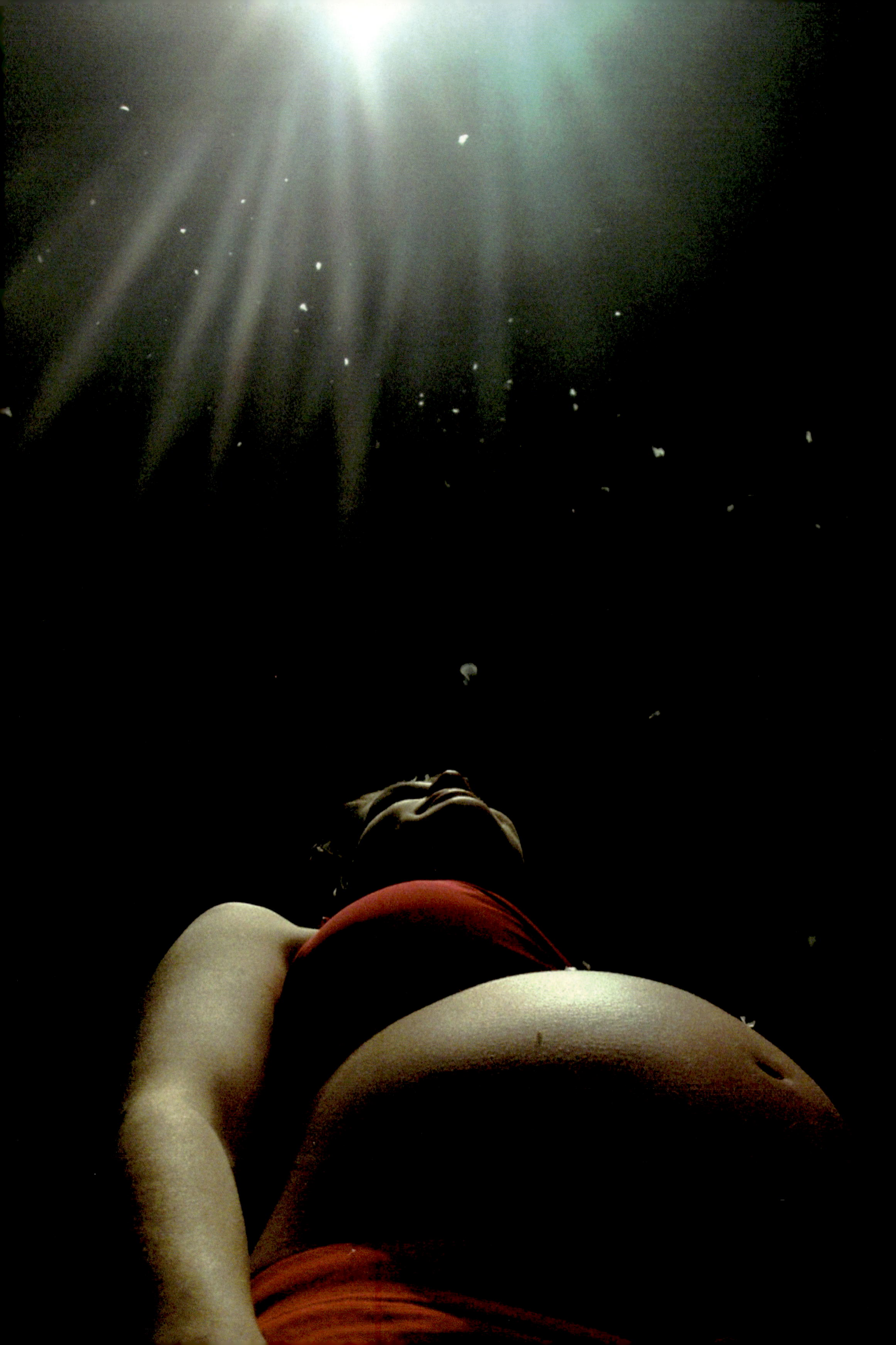

Bloedend groggy bijna out-cold fucked
nee, opnieuw en nee, opnieuw
het leven in loop, huilend hopend
dat God, beste meneer Wilfried
het deksel van de doos optilt
maar de doos blijft gesloten

Bleeding dazed nearly out-cold fucked
no, again and no, again
life in a loop, crying hoping
that God, dear mister Wilfried
lifts the lid of the box
but the box remains closed

Lala-land (2007)

Dat is de hal. Die emmerkes op de grond zijn voor klanten die te veel hebben gezopen. Die in plaats van zich te leggen, toch naar huis willen. Als die vol zijn, kappen we die uit op 't koereke. Voor de beesten. Voor de honden en de katten en de vogeltjes.

This is the hall. The buckets on the floor are for customers who have drunk too much. Who, in stead of lying down, want to get home. When the buckets are full, we empty them on the patio. For the animals. For the dogs and the cats and the little birds.

Het Hof van Leyden en Afzien (2001)

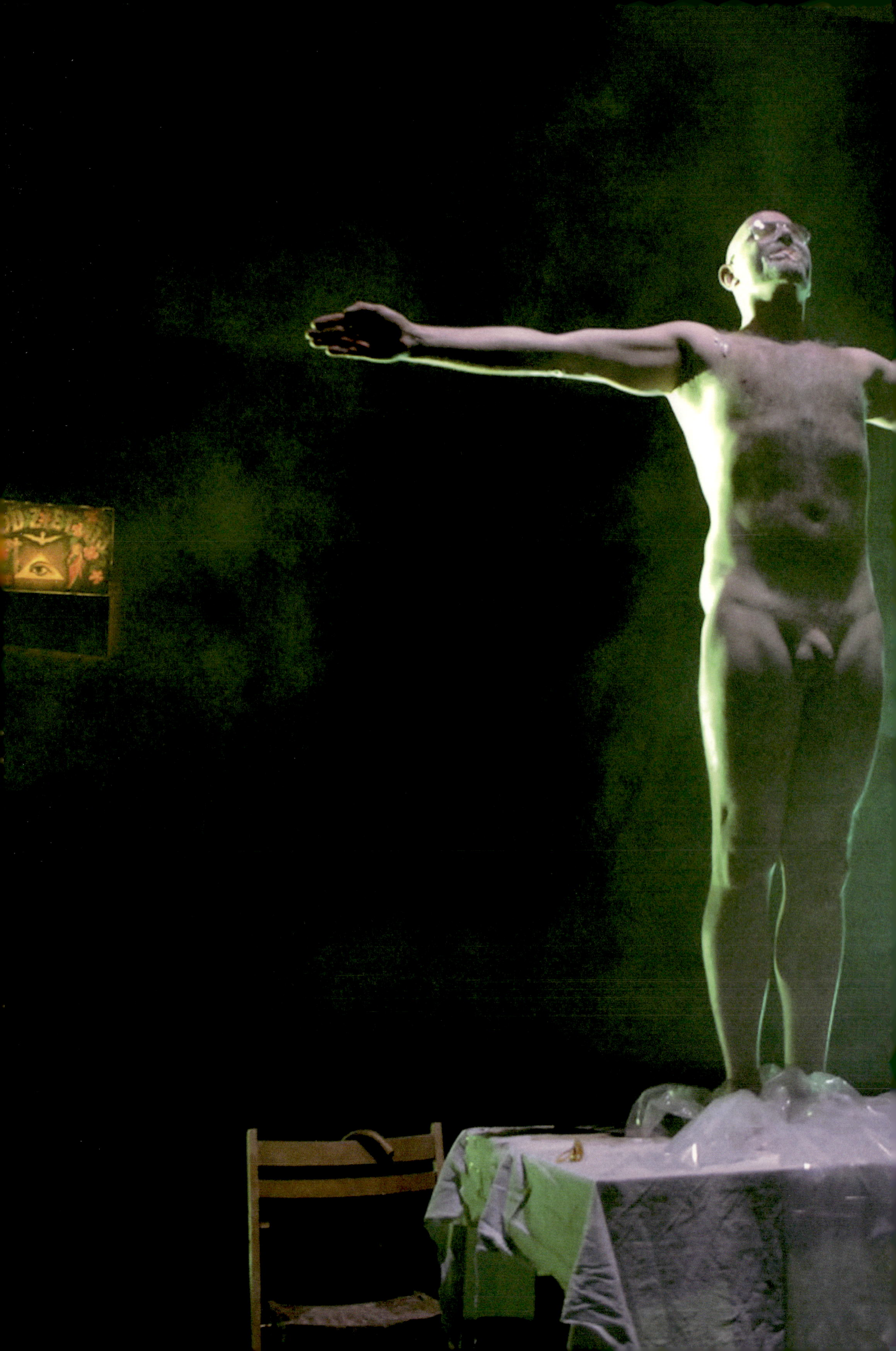

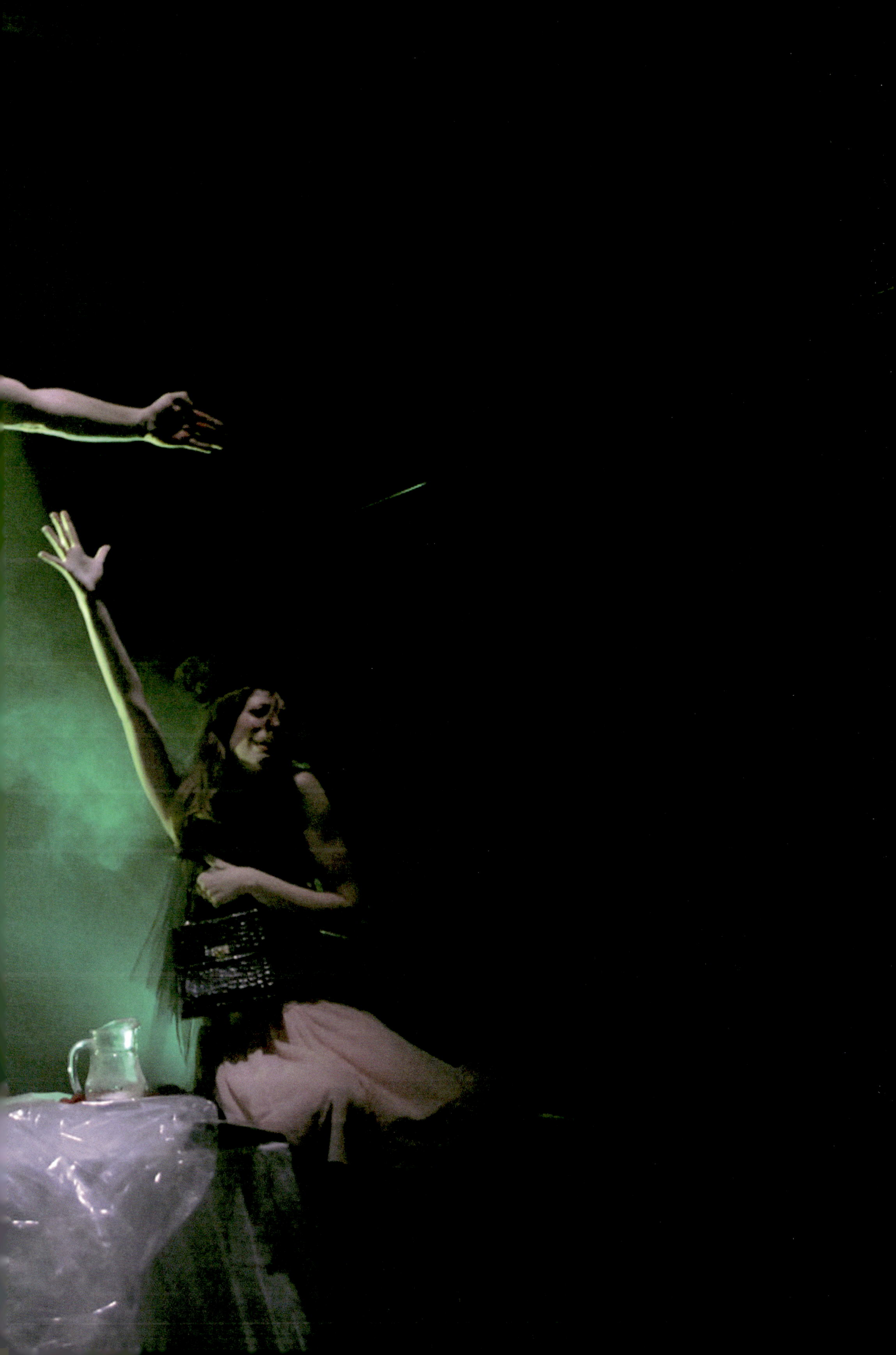

FROM OUT OF SPACE....
A WARNING AND AN ULTIMATUM!

THE DAY THE PANDA STOOD STILL

WITH
MISTER PANDA · VERONICA LAKE · PETER LORRE
FRANCES DRAKE · FAY WRAY · VINCENT PRICE · LON CHANEY jr

PRODUCED · SCREEN PLAY · DIRECTED BY
W. P. BORREMANS

III. SILENTS

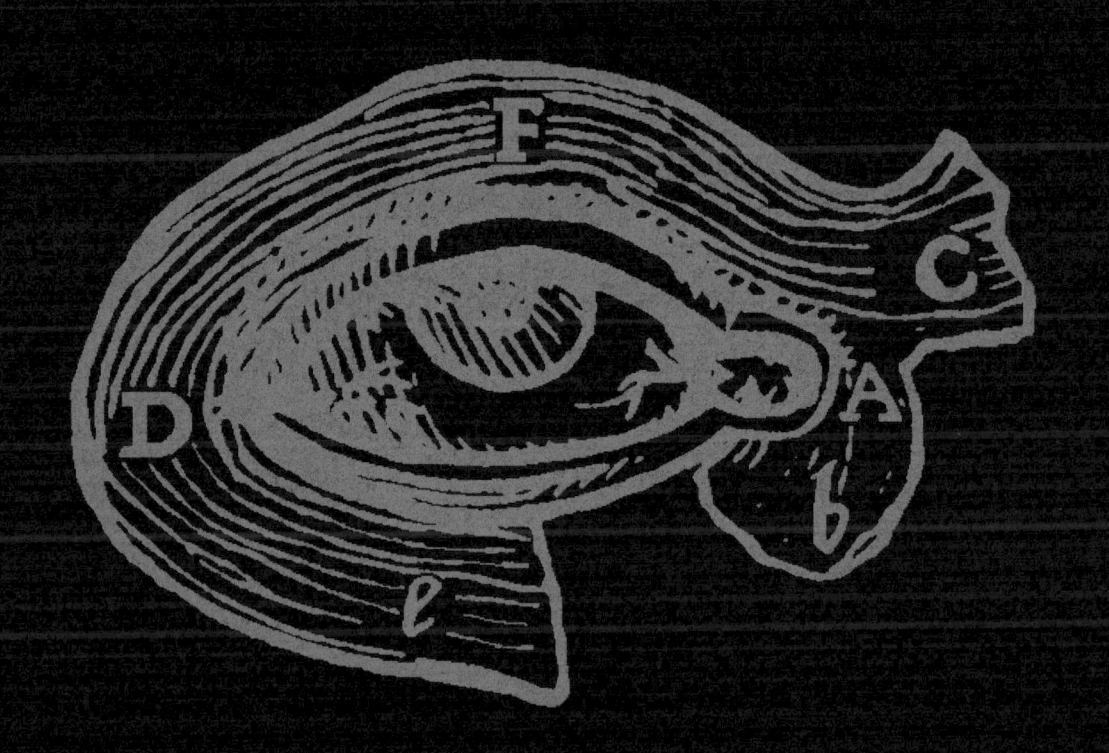

C.R.'s Blurbs

About me:
Who I'd like to meet:
My Heroes, the actors of Abattoir Fermé

www.myspace.com/chaperon_rouge (2006)

Tourniquet (2007), blz. 159, 204-205, 210, 211, 214, 215
Mythobarbital (2008), blz. 160, 161, 164, 165, 166-167, 201, 202-203, 206 t.e.m. 209
Hard-boiled (2007) i.s.m. Capsule, blz. 162-163, 194-195, 196, 198-199
Moe maar op en dolend (2005), blz. 168 t.e.m. 175, 182-183, 197
Snuff (2009), blz. 176 t.e.m. 181, 184 t.e.m. 189
Testament (2006), blz. 190 t.e.m. 193, 200, 212, 213, 216 t.e.m. 221
Affiche *Moe maar op en dolend* (2005), blz. 222

Foto's © Stef Lernous, behalve:

Blz. 170-171, 218-219 en 220-221 © Ronny Wertelaers
Blz. 222, foto affiche *Moe maar op en dolend* (2005), © Lore Troch

Emballer la mort

Patrick Bonté

(À propos de *Moe maar op en dolend*, *Tourniquet*, *Mythobarbital*)

Du théâtre hypnotique d'Abattoir Fermé, rien ne peut se résumer ou se réduire dans des formules simples. Pourtant les enjeux des créateurs sont clairs, leur univers s'impose d'emblée avec cohérence et constance ; mais lorsqu'on se laisse traverser comme ils le font (et comme le font les artistes qui nous touchent) par ce qui est plus grand que soi, on s'expose à ce que le sujet de l'œuvre ne se laisse pas aisément commenter… Néanmoins, on pourrait dégager des pistes de discussion ou d'analyse à partir de quelques thèmes ou principes : l'attente, l'énigme, la stupeur, l'accumulation, le rituel, le sexuel.

Tout d'abord dire que l'abattoir est un lieu fermé et que nous sommes toujours à l'intérieur comme en visite d'une délirante maison close dans laquelle les corps eux-mêmes sont souvent pris à l'intérieur de plus petits réceptacles : vitrines, blocs de glaise, baignoires…
Les cauchemars seront domestiques, imprégnés de l'insistante présence des objets et des matières. Les rapports entre les personnes : toujours ambigus. Surtout lorsqu'on se laisse enfermer dans la situation où l'autre voudrait qu'on soit, et puis qu'ensuite on explore cette situation, on en énumère les possibilités, les impasses, les sorties imprévues.

C'est que les figures de ce théâtre[1], coincées dans ce monde d'enfermement, n'en espèrent aucune délivrance. Elles sont plutôt saisies de stupeur, tétanisées devant la disparition de l'avenir. Ce que nous sommes est obscur, et elles le savent. Elles en acceptent le mauvais augure tout en en refusant la déploration. Pas de désespoir ici, le drame a déjà eu lieu ; il n'y a plus qu'à attendre comme si l'on savait qu'aucun événement n'était désormais possible, mais qu'on en prenait son parti et qu'en attendant, on ne pouvait que boire : vin, lait, bière, café. C'est en assumant ce besoin de liquide que la couleur apparaît et contamine la scène entière. Et le monde se met à dérailler : le détail devient monstrueux, les objets s'accumulent sur le plateau, les divans livrent leur cadavre, les hommes perdent leurs cheveux et se transforment en femmes, les femmes se transforment en idoles dérisoires… Tous *accompagnent* la catastrophe (c'est en cela que l'on pourrait parler ici de rituel).

Pourtant la stagnation donne la sensation que l'on avance, que l'on circule dans un cauchemar à forte teneur sexuelle dont les associations n'élucident jamais l'énigme. La chair *se libère*, lumineuse et stérile, délibérément face à sa fin. Elle est un des éléments cardinaux de ce théâtre de la cruauté sans violence explicite, en retenue constante, comme si l'horreur du monde que l'on remet indéfiniment en scène n'autorisait pas de véritable lâcher-prise. Le moins que l'on puisse dire, c'est que le désir n'y fonctionne pas.

Le moins que l'on puisse dire, c'est qu'on n'a pas le désir de quitter ce monde.
Au loin, très loin en nous, nous savons que s'y enfoncer sauve.

Patrick Bonté est dramaturge et metteur en scène.
Il est codirecteur artistique du Festival international des Brigittines à Bruxelles.

---

1 Au nombre de trois dans chacun des spectacles envisagés ici.

The Greedy Gaze.
On Abattoir Fermé's Neo-Baroque Theatre

Karel Vanhaesebrouck

Nothing comes from nothing: every artistic practice has its own unique genealogy, even when this only becomes apparent *post factum*. A common line runs between Abattoir's work and early modern baroque theatricality, with its fascination for the abject and the sensational; in it, the visual serves as guide, not the verbal, and the performative and the ritual go hand in hand.

In the 1980s, Jan Fabre, Jan Lauwers and other theatre makers let off a bomb under Flemish theatre. They stripped theatre of its very essence: drama. That which makes theatre theatre was ruthlessly amputated as if it were a malignant tumour. Gone is the logical flow of action, gone the identifiable personages, gone their psychologically motivated deeds. Instead of representation, we got presentation, pure physical presence. The story was no longer the focal point; the makers aimed for sensual impact, sensorial submersion, and confusion. Nearly a decade later, the German theatre scholar Hans-Thies Lehmann described these new practices that have since settled into a cosy and comfortable place in the centre of the cultural system as post-dramatic theatre. As the one-time avant-garde became an institution, it obtained academic legitimacy (or was it the reverse)?
The prefix 'post' is never innocent. It implies that something is over and that we are starting on the next, new phase: it also wants to convince us that we have once again taken a step in our own evolution. Postmodernism: beyond modernism, but also beyond naive faith in solutions and programmes. Post-postmodernism: beyond postmodernism, but also beyond its ironic anything goes. Post-dramatic theatre not only ushers in the next phase after dramatic theatre, it also puts paid to faith in individual power of decision, in the force of the individual as actor. Abattoir Fermé's theatre should also definitely be situated on the post-dramatic line, certainly judging from *Tired but Up and Erring*, *Tourniquet* and the first two parts of its Chaos-trilogy, *Indie* and *Tinseltown*. Rather than being stories, these are experiences in which observers are submerged into a vague universe, somewhere between death and life, between fiction and reality, between camp and ambitious theatre. Clearly identifiable characters are seldom if ever portrayed; identities change continuously, are

Tinseltown. Eerder dan vertellingen zijn het ervaringen waarbij toeschouwers ondergedompeld worden in een onbestemd universum, ergens tussen dood en leven, tussen fictie en realiteit, tussen camp en ambitieuze totaalkunst. Duidelijke identificeerbare personages zijn er zelden of nooit, identiteiten wisselen voortdurend en zijn fundamenteel ongrijpbaar.

Toch is de term 'postdramatisch', ook in het geval van Abattoir Fermé, ietwat problematisch vanuit historisch oogpunt (Lehmann is zich in zijn boek *Postdramatisches Theater* (1999) overigens bewust van die problematiek, maar kiest ervoor om die niet uit te werken). Wie het postdramatische theater als een nieuwe fase in de theatergeschiedenis beschouwt, komt al gauw in de problemen met die geschiedenis zelf. Wie echter begint te graven in diezelfde geschiedenis, en dus in de officiële versie waarin het postdramatische theater steevast voorafgegaan wordt door een uitgebreide 'dramatische' periode die zich uitstrekt van de renaissance tot diep in de twintigste eeuw, zal op allerhande theaterpraktijken botsen die heel wat verwantschappen vertonen met het postdramatisch theater. Vooral het baroktheater, dat in Europa welig tiert eind zestiende en begin zeventiende eeuw, blijkt heel wat overeenkomsten te vertonen met de performatieve praktijken die we vandaag kennen (de Franse theaterhistoricus Romain Jobez spreekt in dat verband ietwat plagerig over 'prepostdramatisch' theater). Achter de lijn van de graduele classicistische, aristotelische disciplinering – waarbij de toeschouwer zo eenduidig als mogelijk naar de gewenste interpretatie geleid dient te worden – verschuilt zich een uitgesproken performatieve én visuele praktijk.

Van de vroegmoderne barokke theatraliteit tot het werk van Abattoir Fermé loopt dus een alternatieve historische lijn, waarin de praktijk niet noodzakelijk de theorie volgt (de classicistische en neoklassieke regelpoëtica waren tot diep in de achttiende eeuw niet meer dan een theoretische fictie). Soms lijkt die lijn zich schuil te houden achter de brede schouders van de officiële geschiedenis, soms laat zij zich in vol ornaat bekijken, zoals in de romantiek, het surrealisme, het variététheater uit het interbellum of in het werk van Abattoir Fermé.

Barok is een moeilijk te definiëren term die afhankelijk van de geografische context telkens met een andere historische periode overeen lijkt te komen. Barok valt evenmin samen met een eenvormig te omschrijven stijl: precies de verscheidenheid is haar wezenskenmerk. Traditioneel kent de term een hele rist negatieve associaties: barok is bizar, extravagant, grillig, volgens sommigen kitscherig en wordt beschouwd als een degeneratie van de renaissance of, zoals in Frankrijk – waar de barok in sommige contexten bedacht werd

fundamentally intangible.

Yet even in the case of Abattoir Fermé, the term post-dramatic is somewhat of a problem when seen from a historical perspective (Lehmann is aware of this problem, but chooses not to address it in his *Postdramatisches Theater* (1999)). Anyone regarding post-dramatic theatre as a new phase in the history of theatre quickly encounters problems with history. But anyone who starts digging in the same history – thus in the official version in which an extensive dramatic period, extending from the Renaissance to deep into the twentieth century, invariably precedes post-dramatic theatre – will encounter numerous theatre practices with many similarities to post-dramatic theatre. Baroque theatre, which flourished in Europe at the end of the sixteenth and at the start of the seventeenth centuries, has much in common with the performative practices we know today (French theatre historian Romain Jobez speaks teasingly of pre-post-dramatic theatre.). Behind the line of balanced, classical, Aristotelian discipline – in which the viewer must be lead as unambiguously as possible to the desired interpretation – hides a pronounced performative and visual practice. An alternative historical line runs from early modern baroque spectacle to the work of Abattoir Fermé. Its practice does not necessarily correspond to theory (classical and neo-classical normative poetry were no more than a theoretical fiction until deep in the eighteenth century). Sometimes this line seems to shelter behind the broad shoulders of official history, sometimes it steps forward in panoply, as in romanticism, surrealism, post-WW I variety theatre or in the work of Abattoir Fermé.

Baroque is a term that is difficult to define; it seems to coincide with a different historical period depending on the geographical context. Likewise, baroque does not seem to coincide with a uniform style. Diversity is its essential characteristic. Traditionally, the term has a whole string of negative associations: baroque is bizarre, extravagant, erratic. Some find it kitschy and consider it a degenerate version of renaissance or – as in France where baroque in some contexts is demeaningly called pre-classical – as a barbarian, imperfect prefiguration of the classical pantheon that would succeed it. Baroque pursues an experience rather than a set of formal characteristics. In other words, baroque is in the eye of the beholder. That is why it is a pronounced visual *and* performative artistic practice. On the face of it, baroque is a gaze, a manner of greedy, gorging viewing, floating on *'la folie du voir'* (Christine Buci-Glucksmann). Baroque pursues more than a direct visual impression in

met de erg denigrerende term 'preclassicistisch' – als een barbaarse onvolmaakte prefiguratie van het classicistische pantheon dat erop zou volgen. Veel meer dan een set formele kenmerken streeft barok een bepaalde ervaring na: barok is met andere woorden *in the eye of the beholder*. Precies daarom is het een uitgesproken visuele én performatieve artistieke praktijk: barok is in eerste instantie een blik, een vorm van gretig en zwelgend kijken, drijft op *'la folie du voir'* (Christine Buci-Glucksmann). Niet alleen streeft barok een directe visuele indruk na waarin het spectaculaire (kijken) primeert op het narratieve (vertellen), er wordt daarenboven bewust gemikt op een grenservaring waarbij de comfortabele scheiding tussen realiteit en fictie, tussen deze wereld en een andere, even uit haar hengsel gelicht wordt. Barok is dus in wezen performatief: ze probeert iets te laten ontstaan in de tussenruimte tussen performer en kijker, ze streeft ernaar die kijker tijdelijk onder te dompelen in een andersoortige tijdruimtelijke ervaring.

Al die aspecten vinden we onder meer terug in de Franse vroegmoderne theaterpraktijk. Lange tijd werd er aan dit corpus van uiterst gewelddadige partituren geen aandacht besteed (men maakt in dat verband gebruik van de term *tragédie sanglante*: met lotsbestemming heeft het tragische in dat geval niets te maken, met gewelddadigheid des te meer). De Franse theatergeschiedenis had de zeventiende eeuw gereduceerd tot het heilige pantheon Molière-Corneille-Racine: die misvatting, die een aanvang nam in de achttiende eeuw met onder meer de geschriften van Voltaire waarin het classicisme verwerd tot een veruitwendiging van het Franse nationale vernuft, lag mee aan de basis van een traditie van plechtstatige, eerbiedwaardige opvoeringen, waarbij theatermakers zo getrouw als mogelijk probeerden dé veronderstelde essentie van de heilige stukken (die in de zeventiende eeuw maar evengoed in de eigen periode gezocht kon worden) uit te *spreken*. De *Poëtica* van Aristoteles, die in de zeventiende eeuw in eerste instantie onder theoretici voer voor discussie was, hield daarbij de Franse theatertraditie eeuwenlang in een ijzeren houdgreep (zie onder meer *Aristote ou le vampire du théâtre occidental* (2007) van Florence Dupont). De baroktragedies die eind zestiende begin zeventiende eeuw opduiken, hebben lak aan Aristoteles: van eenduidige handelingen en aristotelische overzichtelijkheid is er geen sprake, een daadwerkelijk verhaal ontbreekt in vele gevallen, eenduidigheid moet plaats ruimen voor irregulariteit. Stukken als *Tragédie française d'un More cruel envers son seigneur nommé Riviery, gentilhomme espagnol, sa damoiselle*

which spectacle (viewing) prevails over narrative (story line); it also consciously aims at a borderline experience in which the comfortable divide between reality and fiction, this world and another is temporarily unhinged. Baroque is thus essentially performative. It endeavours to bring about something in the interstice between performer and viewer; it tries to submerge the viewer in a different time-space experience.

We recognise all these aspects in early modern French theatre practice. This corpus of extremely violent scoring had long been ignored (it was filed away under the heading *tragédie sanglante*: here tragedy has nothing to do with fate and everything to do with violence). The history of French theatre reduced the seventeenth century to the sacred pantheon of Molière-Corneille-Racine. The misapprehension – launched in the eighteenth century by Voltaire and others, in which classicism degenerated to an expression of French national genius – lay at the basis of a tradition of solemn, venerable performances in which theatre makers tried to enunciate as faithfully as they could the assumed essence of the sacred script (which could be sought as well in the seventeenth century as in their own period). Aristotle's *Poetics*, which sparked ardent discussion among theoreticians in the seventeenth century, kept an iron grasp on French theatre tradition for centuries (see Florence Dupont's *Aristote ou le vampire du théâtre occidental* (2007)). The baroque tragedies that appeared in the late sixteenth and early seventeenth centuries could not have cared less about Aristotle. There is no sign of a single and easy identifiable action; in many cases there is no story line; simplicity is abandoned for irregularity. *Tragédie française d'un More cruel envers son seigneur nommé Riviery, gentilhomme espagnol, sa damoiselle et ses enfants* (anonymous, ca. 1610) or *Les portugais infortunés* (Nicolas Chrétien des Croix, 1608) and other plays consist of a sequence of performative 'tableaux', a succession of violent but occasionally humorous moments standing in disconnected juxtaposition. *La maccabée. Tragédie du martyre des sept frères et de Solomone leur mère* (Jean de Virey, 1596) consists literally of a non-narrative sequence of seven torture scenes. When they used striking effects, a pronouncedly visual theatre language with exaggerated gestures borrowed from preachers and pleaders, the actors of that day appealed directly to their viewers' sensationalism, to what the seventeenth century libertarian described in his remarkable text *De l'usage de l'histoire* as *'le plaisir du mal'*, the pleasure experienced when standing eye to eye with vice. The viewer had to be overwhelmed, submerged.

et ses enfants (anoniem, ca. 1610) of *Les portugais infortunés* (Nicolas Chrétien des Croix, 1608) bestaan uit een aaneenschakeling van performatieve *'tableaux'*, uit een opeenvolging van gewelddadige maar bij wijlen ook grappige momenten die vaak zonder onderling verband *naast* elkaar geplaatst worden. *La maccabée. Tragédie du martyre des sept frères et de Solomone leur mère* (Jean de Virey, 1596) bestaat zelfs letterlijk uit een non-narratieve opeenvolging van zeven folterscènes. Met *striking effects*, een uitgesproken visuele theatertaal en een al te nadrukkelijke gestiek waarvoor men te rade ging bij pastoors en advocaten, deden de acteurs van toen een rechtstreeks appel aan de kijkzucht van de toenmalige kijker, aan wat de zeventiende-eeuwse libertijn in zijn merkwaardige tekst *De l'usage de l'histoire* omschreef als *'le plaisir du mal'*, het plezier dat je beleeft wanneer je de ondeugd recht in de ogen kijkt. De kijker diende overdonderd, ondergedompeld te worden.

Twee factoren zijn van belang om dit corpus te begrijpen. Ten eerste functioneerde deze theaterpraktijk binnen de specifieke historische omstandigheden van de godsdienstoorlogen, een reeks van acht uiterst gewelddadige conflicten tussen katholieken en protestanten die het Frankrijk van de tweede helft van de zestiende eeuw tot een waar slagveld omtoverden. Die gewelddadigheid sijpelde ook de visuele cultuur van toen binnen: gravures met folteringen en aberraties allerhande (zie bijvoorbeeld het fameuze *Theatrum Crudelitatum haereticorum nostri temporis* (1587) van Richard Verstegan, of *Traité des instruments de martyre et des divers modes de supplice employés par les païens contre les chrétiens* (1591) van Antonio Gallonio) gingen gretig van hand tot hand en werden als propaganda-instrument gebruikt, folterscènes doken te pas en te onpas op in de theaterteksten enz. Wanneer Hendrik IV in 1598 het Edict van Nantes afvaardigt, waarin niet alleen de religieuze tolerantie maar ook *'le devoir d'oubli'*, de verplichte amnesie, wordt afgekondigd, gaat men voor de verwerking van dat recente geweld meer nog dan vroeger een uitweg zoeken in culturele representatie. Theaterauteurs zoeken het Romeinse tijdperk op, of situeren hun verhalen in de Oriënt, en creëren zo een omweg die ze toelaat het ontoelaatbare, het ontoonbare te tonen. De baroktragedie speelde toen een gelijksoortige rol als de horrorfilm vandaag: men probeert er het juridisch en moreel ontoelaatbare uit te beelden, het onrepresenteerbare te representeren, om er datgene te tonen wat men zich amper durft in te beelden. *Gore* is met andere woorden van alle tijden. Een tweede factor die mee aan de basis ligt van deze theaterpraktijk zijn opvoeringsomstandigheden. De

Two factors are important for understanding this corpus. First, this theatre practice operated within the specific historical circumstances of the religious wars, a series of eight extremely violent conflicts between Catholics and Protestants that turned France into a battlefield in the second half of the sixteenth century. This violence also seeped into the visual culture of the time. Engravings of torture scenes and a variety of other aberrations (e.g. Richard Verstegan's well-known *Theatrum Crudelitatum haereticorum nostri temporis* (1587), or Antonio Gallonio's *Traité des instruments de martyre et des divers modes de supplice employés par les païens contre les chrétiens* (1591)) were passed eagerly from hand to hand and were used as propaganda instruments; torture scenes were incorporated into theatre texts whether pertinent or not, etc. When, in 1598, Henry IV issued the Edict of Nantes, which alongside religious tolerance also incorporated *'le devoir d'oubli'*, mandatory amnesia, cultural representation became, more than ever, the avenue of choice for coming to terms with the recent violence. Stage actors harked back to the Roman period, or situated their stories in the Far East, drawing a detour that allowed them to show the impermissible, the unpresentable. Baroque tragedy played then the role the horror film plays today. They tried to portray what was legally and morally impermissible, to represent the unrepresentable, so that they could show what they hardly dared to imagine. In other words, gore is of all times.
A second factor that gave rise to this theatre practice is the circumstance surrounding the performance. Early modern French tragedy was performed in open air, for a public that by definition was distracted, and so whose attention had to be drawn with all kinds of hyperbolic language and striking effects. People used a scaffold or *échafaud*, that could serve as well for theatre productions, executions and masses (a dictionary from 1690 describes an *échafaud* tellingly as *'le petit théâtre que l'on dresse en une place publique, sur lequel on roue les criminels, on coupe la tête à un gentilhomme'*). Actors intentionally capitalised on the site's triple function; the confusion between fake and real blood was eagerly manipulated; theatre was supposed to be a borderline experience, a deliberately confusing viewing experience in which spurious violence could hardly be distinguished from real. Rather than being declamatory, this was an action-oriented theatre practice that tried to draw directly the viewers' rapt gaze.

Taking a mental short cut, one could, with a bit of good will, say that all the fundamental elements of post-dramatic theatre (sensory awareness, direct

vroegmoderne Franse tragedie werd opgevoerd in de openlucht, voor een publiek dat per definitie verstrooid was, en wiens aandacht dus getrokken diende te worden met een hyperbolische taal en *striking effects* allerhande. Men maakte daarbij gebruik van een schavot of *échafaud*, waarop zowel theatervoorstellingen, terechtstellingen als misvieringen plaatsvonden (een woordenboek uit 1690 omschrijft een *échafaud* dan ook veelbetekenend als *'le petit théâtre que l'on dresse en une place publique, sur lequel on roue les criminels, on coupe la tête à un gentilhomme'*). De acteurs speelden heel bewust in op de drieledige functie van die plek, de verwarring tussen fictief en reëel bloed werd gretig bespeeld en theater diende een grenservaring te zijn, een moedwillig verwarrende kijkervaring waarin het verzonnen geweld amper van het reële geweld te onderscheiden viel. Eerder dan declamatie betrof het een actiegerichte theaterpraktijk die zo rechtstreeks als mogelijk die gretige blik van de kijker probeerde te vangen.

Een beetje kort door de bocht is het wel, maar met enige goede wil kan je best stellen dat alle basiselementen van het postdramatische theater (de zintuiglijkheid, de directe beeldtaal, de performativiteit, de nevenschikking als structurerend principe enz.) reeds aanwezig zijn in die vroegmoderne theaterpraktijk. Ook de gelijkenis met het werk van Abattoir Fermé is opvallend: de uitgesproken visuele theatergrammatica (met *Tourniquet* als voorlopig hoogtepunt), het gebruik van *striking effects* (denk aan de carnavaleske scènes van ingebeelde en gekopieerde filmscènes in *Tinseltown*, waarbij stukken lesbo-erotica, horror, scifi, *slasher movie* enz. elkaar in een razendsnel tempo opvolgen), de non-logische opeenvolging van performatieve momenten of *tableaux (Moe maar op en dolend)* en het gretig etaleren van een stevige portie *gore* (de varkenskoppen in *Indie*). Het theater van Abattoir Fermé is een appel aan de kijker. En die kijkt gretig. In de Chaostrilogie wordt dat gegeven zelfs letterlijk gethematiseerd. In een postapocalyptisch universum laten Lernous en Vandecasteele een carnavaleske stoet van freaks en andere bonte personages opdraven en schetsen ze een portret van de achterkant van onze kijkindustrie. Ze maken ons bewust van de gretige blik waarmee we de werkelijkheid – of die nu reëel of fictief is – om ons heen tot ons nemen. De voorstellingen van Abattoir Fermé bespelen niet alleen de blik van de kijker (die soms moedwillig verblind wordt, zoals in de magistrale slotscène van *Mythobarbital*), maar hebben het op zijn volledige zintuiglijke apparaat gemunt. De muziek van Kreng, het alter ego van Pepijn Caudron, speelt in dat verband een steeds nadrukkelijker rol. De toeschouwer moet ondergedompeld worden in

imagery, performativity, juxtaposition as structuring principle, etc) were already present in this early modern theatre practice. Even the similarity with work by Abattoir Fermé is noteworthy: the pronounced visual theatre grammar (*Tourniquet* being the tentative apex), the use of striking effects (think of carnival scenes of imagined and copied film scenes in *Tinseltown*, where elements of lesbo-erotica, horror, sci-fi, slasher movie, etc. come in rapid succession), the illogical sequence of performative moments or *tableaux (Moe maar op en dolend)* and the eager display of a large helping of gore (the pigs heads in *Indie*). Abattoir Fermé's theatre is a summons to the viewer. And the viewer responds eagerly. This fact becomes a theme in its own right in the Chaos trilogy. In a post-apocalyptic universe, Lernous and Vandecasteele trot out a carnival parade of freaks, and other colourful personages, drawing them a picture of the other side of our visual industry. They make us aware of the eager gaze with which we are drawn in the real and fictional reality that surrounds us. Abattoir Fermé's presentations do more than manipulate viewers' gaze (sometimes intentionally blinding it, as in the masterful closing scene of *Mythobarbital*), they target their entire sensory mechanism. Music by Kreng, Pepijn Caudron's alter ego, plays an increasingly emphatic role. The viewer must be submerged in sensory experience, must be made to want to surrender. That is the heart of Abattoir Fermé: exuberant figurative language forces viewers to rely on their own resources, on their own senses. Profusion and chaos end in calm and contemplation. Those refusing the confrontation, will have no interest in this type of theatre.

You can easily consider Abattoir Fermé's theatre work to be a kind of neo-baroque theatre, an updated version of baroque spectacle as found in early modern *tragédie sanglante*, but equally in the genre of the Restoration Spectacular and its predilection for effects and machines (the hoisting scene in *Tinseltown*). They are all cultural practices that eagerly court the viewer's gaze. Neo-baroque is no newcomer. It is not restricted to postmodernism. Rather, it is part of an historical continuum linking cultural practices put down throughout history as exuberant, erratic, exceptional or eccentric. Other examples are E.A. Poe's uncanny imaginary world, Frank Baum's *Marvellous Land of Oz*, the hallucinating journey of *Alice in Wonderland*, early Hollywood's exuberant spectacle films, neo-Victorian whimsy in *Steam Punk*, Antoine Wiertz's paintings, Frank Gehry's convoluted architecture, Lucian Freud's Rubens-like paintings, etc. However different, they all take change and transformation as their

een zintuiglijke ervaring, moet zich willen overgeven. Precies daar bevindt zich de kern van Abattoir Fermé: via de exuberante vormtaal wordt de toeschouwer teruggeworpen op zichzelf, op zijn eigen zintuigen. Uit de overdaad, de chaos volgt de verstilling, de introspectie. Wie die confrontatie weigert, zal niks hebben met dit soort theater.

Het theaterwerk van Abattoir Fermé kan je dan ook perfect beschouwen als een vorm van neobarok theater, als een actualisering van de barokke theatraliteit, zoals we die bijvoorbeeld in de vroegmoderne *tragédie sanglante* terugvinden, maar evengoed in de *restoration spectacular* met zijn voorliefde voor effecten en machines (de takelscène in *Tinseltown*). Alle zijn het culturele praktijken die gretig inspelen op de blik van de kijker. Neobarok is geen nieuw gegeven en beperkt zich dus geenszins tot het postmodernisme maar bevindt zich in een historisch continuüm, verbindt die culturele praktijken die door de geschiedenis als exuberant, grillig, buitensporig of onregelmatig worden afgedaan: de *uncanny* verbeeldingswereld van E.A. Poe, *The Marvellous Land of Oz* van Frank Baum, de hallucinerende trip van *Alice in Wonderland*, de exuberante spektakelfilms van het vroege Hollywood, de neovictoriaanse grilligheid van de *Steam punk*, de schilderijen van Antoine Wiertz, de kronkelende architectuur van Frank Gehry, de rubensiaanse schilderijen van Lucian Freud enz. Hoe verschillend ook, alle proberen ze te ontsnappen aan de geüniformiseerde regelpoëtica van hun tijd en nemen ze veranderlijkheid en transformatie als uitgangspunt. Neobarok is, zo stelt Omar Calabrese in zijn belangrijke *L'età neobarroca* (1987), *'a search for, and valorization of, forms that display a loss of entirety and totality, and system in favor of instability, polydimensionality, and change'*. Neobarok is echter allesbehalve een *'retour au baroque'*. Het gaat niet om een doublure van de vroegmoderne barok, met musealisering heeft het dan ook niks te maken. Barok is een transhistorische lijn die steeds latent aanwezig is in de cultuurgeschiedenis en op gezette tijden door technologische en contextuele stimuli aan de oppervlakte gebracht wordt. Het is met andere woorden een eigentijds fenomeen dat steeds functioneert binnen een specifieke context en steevast samengaat met specifieke technologische ontwikkelingen (games zijn bijvoorbeeld de neobarokke kunstvorm par excellence).
Het neobarokke is nauw verweven met het postmodernisme, maar valt er niet mee samen, zoals ook Kelly A. Wacker stelt in haar tekst 'Baroque Tendencies in Contemporary Art': *'[w]hile the Neo-Baroque is certainly a postmodern manifestation, not all postmodern trends are Neo-Baroque.'* Maar, aldus

starting point in their attempt to escape the uniform normative poetry of their day. In *L'età neobarroca* (1987), Omar Calabrese argues that neo-baroque is 'a search for, and valorisation of, forms that display a loss of entirety, totality, and system in favour of instability, polydimensionality, and change'. Neo-baroque, however, is anything but a *'retour au baroque'*. It is not a copy of early modern baroque; it is not a museum piece. Baroque is a transhistorical line that is always latently present in the history of culture and that, at set times, responds to technological and contextual stimuli by rising to the surface. In other words, it is a contemporary phenomenon that always operates within a specific context and invariably coincides with specific technological developments (games are an eminent example of a neo-baroque art form).
Neo-baroque is closely interwoven with postmodernism, but does not coincide with it. As Kelly A. Wacker says in her article on 'Baroque Tendencies in Contemporary Art' in the book of the same name, '[w]hile the Neo-Baroque is certainly a postmodern manifestation, not all postmodern trends are Neo-Baroque.' But, according to Angela Ndalianis in *Neo-Baroque Aesthetics and Contemporary Entertainment* (2004), at the start of the twenty-first century, neo-baroque lies in the centre of our cultural system, it is the essence of the visual culture in which we live and so is no longer restricted to the eccentric taste of a few individuals. The popular culture that we consume daily is serial, cyclical and spectacular. Each cultural practice is an accumulation of fragments of which the total has been lost. Taking a short-cut we can say that we live in a fundamentally tentative state of affairs, in a reality that escapes definition and it is to this that neo-baroque is an attempted answer. And all of that is the subject of Abattoir Fermé's work. *Indie* or *Mythobarbital* are a collection of neo-baroque curiosities, a *Wunderkammer*, made up of an accumulation of fragments. Repetition becomes a creative strategy aimed at variation rather than stability. The more you search, the further you get from the overarching perspective.
Everything revolves around immersion and submersion, as if you were to dive into a swimming pool and suddenly become cut off from the world around you. Abattoir Fermé withdraws the viewer from everyday reality, offering a baroque borderline experience, a space-time experience in which the parameters of daily life are temporarily suspended. We viewers have no other option than to disconnect the control mechanism that stops us from losing ourselves in a ritual spectacle.

III. SILENTS

Angela Ndalianis in haar boek *Neo-Baroque Aesthetics and Contemporary Entertainment* (2004), neobarok bevindt zich aan het begin van de 21ste eeuw in het centrum van ons cultureel systeem, ze maakt de essentie uit van de beeldcultuur waarin wij leven, en is dus niet langer beperkt tot de excentrieke smaak van een paar enkelingen. De populaire cultuur die wij dagelijks consumeren, is serieel, cyclisch en spectaculair. Elke culturele praktijk is een accumulatie van fragmenten waarvan het geheel zoek is. We leven – om het erg kort door de bocht te stellen – in een fundamenteel voorlopige stand van zaken, in een werkelijkheid die aan elke definitie ontsnapt, en precies op die vaststelling is de neobarok een poging tot antwoord. En precies daarover gaat het werk van Abattoir Fermé. Voorstellingen als *Indie* of *Mythobarbital* zijn neobarokke rariteitenkabinetten (*Wunderkammern*) die bestaan uit een opeenstapeling van fragmenten. Herhaling wordt er een creatieve strategie, gericht op variatie, niet op stabiliteit. En hoe meer je gaat zoeken, hoe verder af het overkoepelende perspectief.

Alles draait rond immersie, onderdompeling, alsof je een zwembad induikt en plots afgesloten wordt van de wereld om je heen. Abattoir Fermé onttrekt de kijker aan de alledaagse realiteit, biedt hem een barokke grenservaring, een tijdruimtelijke ervaring waarin de parameters van het dagelijkse leven even opgeschort worden. Als toeschouwer kunnen we niet anders dan de controlemechanismen uit te schakelen die ons *niet* toelaten ons te verliezen in een ritueel spektakel. In plaats van ironische afstand krijgen we een onderdompeling in een labyrintische structuur waarin de kijker zelf een uitweg dient te zoeken. In dat universum gaat de lelijkheid van camp hand in hand met het verhevene en het sublieme, die een steeds belangrijkere rol in het werk van het gezelschap beginnen te spelen. Schoonheid en oneindige lelijkheid liggen hier slechts een centimeter van elkaar verwijderd, net zoals in het erg mooie *Songs from the Second Floor* (2000), een bizarre prent van de Zweed Roy Andersson waarin abjectie en verhevenheid samenkomen in een verbluffend audiovisueel ritueel. Een gelijksoortige neobarokke totaalervaring, waarin tekst een van de minst interessante hulpmiddelen is, is *Mythobarbital*, waarin de kijker meegenomen wordt in een slapeloos en bevreemdend universum. De voorstelling bestaat uit een opeenvolging van *tableaux*, balancerend op de grens van verstilling, plechtstatigheid en campy ironie (geen acteur bespeelt die grens magistraler dan Chiel van Berkel). Wezenloze rituele handelingen volgen elkaar op, tot en met een dionysisch druivenritueel en een

Rather than ironic distance, we get submersion in a labyrinthine structure from which viewers must find their own exit. In that universe, camp's ugliness goes hand in hand with the exalted and the sublime that are starting to play an increasingly important role in the company's work. Beauty and infinite ugliness are just a fraction of an inch apart, as in the very beautiful *Songs from the Second Floor* (2000), a strange film by the Swede Roy Andersson in which abjection and loftiness conjoin in a staggering audio-visual ritual in which text is one of the least interesting aids. *Mythobarbital* is a similar neo-baroque total experience. It takes the viewer into a sleepless and alienating universe. The performance consists of a sequence of 'tableaux' balancing on the border between rest, solemnity and camp irony (no actor does a more masterful job of manipulating this borderline than Chiel van Berkel). Vacant ritual actions follow one upon the other right up to a Dionysian grape ritual and a cleansing, but ice-cold shower. The viewer is put in an associative current of thought comparable to that in David Lynch's *Inland Empire*. You can only get a grasp on the individual fragments; you cannot decipher the overarching line however much you try. After the phenomenal apotheosis to the thumping sound of Kreng, there is a moment of silence in the room, as if the public needs to become reacclimatised to its reality, as if each viewer first needs to pinch his body to be sure it is still there. This has nothing to do with escapism. *Mythobarbital* lets reality return hard. That fact in itself, i.e. that you can deal with reality by setting its limits, is the essence of the neo-baroque experience.

Karel Vanhaesebrouck is a lecturer on cultural studies and cultural history at the University of Maastricht and teaches theatre history and performance studies at RITS, the Brussels-based film and theatre department of the Erasmushogeschool. He is editor of rekto:verso, *a periodical on art and culture.*

reinigende, maar ijskoude douche. De kijker bevindt zich in een associatieve gedachtestroom, vergelijkbaar met *Inland Empire* van David Lynch: je krijgt enkel vat op de individuele fragmenten, de overkoepelende lijn ontwaar je niet, hoe je ook je best doet. Na de fenomenale apotheose op de bonkende tonen van Kreng, blijft het even stil in de zaal, alsof het publiek opnieuw even moet wennen aan de realiteit waarin het zich bevindt, alsof elke kijker eerst heel even zijn eigen lijf moet betasten, om zeker te zijn dat het er nog steeds is. Met escapisme heeft dat niks te maken: een voorstelling als *Mythobarbital* laat de realiteit nog zo hard terugkomen. En precies in dat paradoxale gegeven, namelijk dat je met de werkelijkheid kan omgaan door haar grenzen te bespelen, ligt de essentie van de neobarokke ervaring.

Karel Vanhaesebrouck is docent cultuurwetenschap aan de Universiteit Maastricht en theoriedocent aan het departement RITS van de Erasmushogeschool Brussel. Hij is redacteur van het kunstkritisch tijdschrift rekto:verso.

Kreng: Moe maar op en dolend

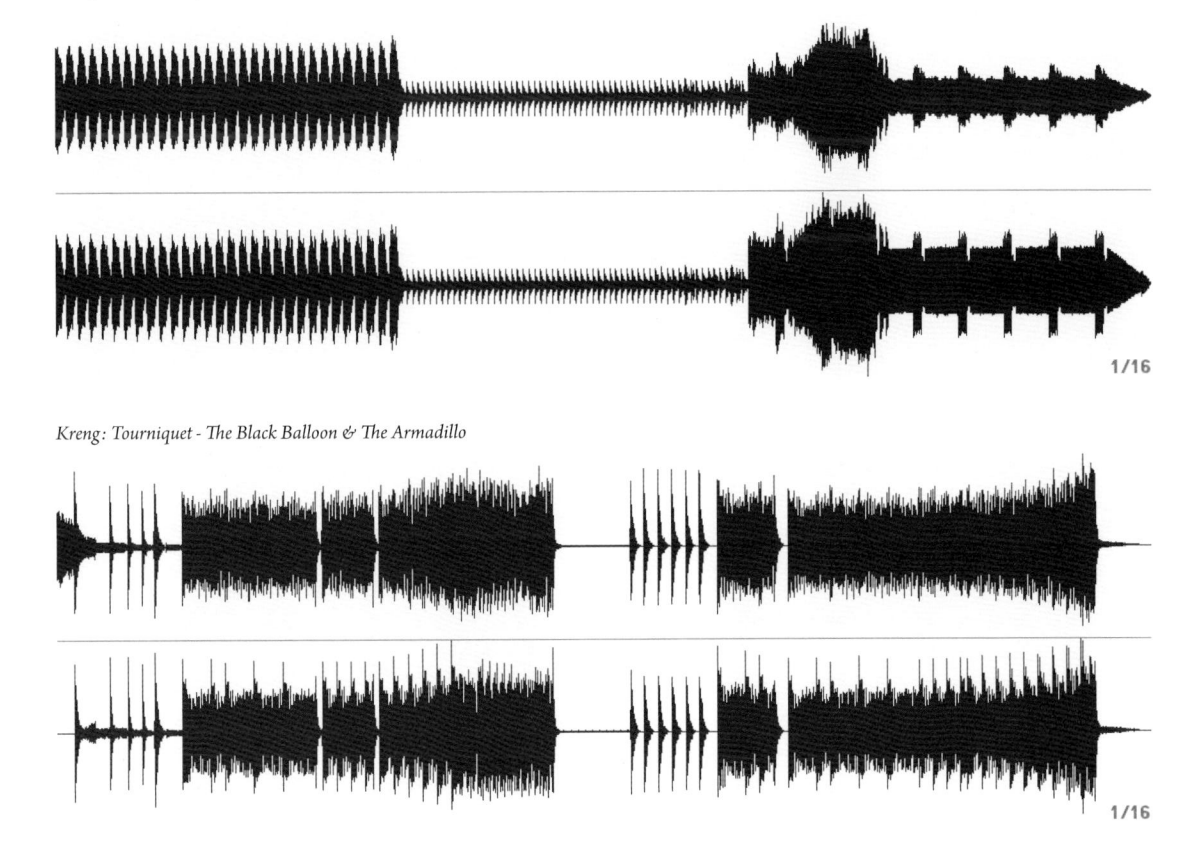

1/16

Kreng: Tourniquet - The Black Balloon & The Armadillo

1/16

III. SILENTS

The Urge to Bewilder: Ten Questions for Stef Lernous

Cis Bierinckx

Cis Bierinckx: Abattoir Fermé's theatre spews an atmosphere of horror in which the individual has mutilated thoughts and is subjected to abuse of power. How would you describe Abattoir Fermé's worldview?

Stef Lernous: As a utopian realistic film. Realistic, because the work tries to fathom the world's ugliness/beauty as a fantastic and obscene universe, with a heart filled with fear and love. Utopian, because it always contains hope, warmth and humour. No moral, that's for the public. In reality, there is no difference between good and evil: on the set there is. We try to deconstruct and reconstruct this in as many ways as possible. Good and evil become the hook on which to hang communication. The individual is certainly a mechanism. No more, no less. Everyone is a character in the film called reality. We are all case studies ripe for psychoanalysis, flesh and blood characters with a transparent dramaturgy.

Cis: *Film Is Evil: Radio Is Good* is the title of a play that Richard Foreman performed years ago. Film, especially horror and porno, is a basic source for Abattoir Fermé's theatre. How 'evil' is film for you?

Stef: Film is not 'evil'. Film is fake, there is nothing devilish about it. Ever since Dziga Vertov's *Chelovek s Kino-Apparatom* (1929), not much has changed except for the addition of colour. Only the tools have been refined and more thought has gone to the film's language. Ditto for theatre, although its history is slower and duller. There have also been some poor attempts to mingle film and theatre, to put TV and film formats on the set, or to project something on a screen or object at the back. We tried to make some kind of film-theatre with *Tired but Up and Erring* and especially with *Testament*. It wasn't easy, because there's no dramaturgy for this. Some people think this is evil. I think it's highly interesting.

Cis: How would you describe your artistic track and Abattoir Fermé's creative evolution from its break-through production *Galapagos* up to *Snuff*?

Cis: Hoe omschrijf je zelf jouw artistiek traject en Abattoir Fermés creatieve evolutie van de doorbraakproductie *Galapagos* tot bij *Snuff*?

Stef: Vanaf *Galapagos* zijn we vertrokken vanuit vooral mensen die zelf artistiek werk produceren vanuit een particuliere niche. William Castle, John Waters, Philip K. Dick, Todd Browning, E.A. Poe, Henry Darger, etc. Die 'niche' laat zich definiëren als artiesten die worstelen met fundamentele angsten, verlangens en obsessies, omdat die extremen deel uitmaken van het leven. Na verloop van tijd hadden we geen zin meer in tekst en *in a way* ook geen zin meer in 'theater'. We zijn op zoek gegaan naar een universum dat niet aan de wetmatigheden van theater moet beantwoorden maar nog wel kan communiceren. De podiumkunsten zijn *after all* een sociaal gegeven. We zijn de soms nogal cinematografische beelden gaan extrapoleren en op zoek gegaan naar een 'verstilling'. Dit resulteerde in onze 'stomme' voorstellingen, die ergens het midden houden tussen theater, film en beeldende kunst. Concreet betekende dat ook dat personages eerder echo's werden, spoken noemen wij ze soms, zonder dat het werk en de diepgravendheid van de speler daarbij moeten inboeten. Waar we bij *Galapagos* ervoor kozen om personages een stem te geven via een 'spreektaal' waarbij de referenties tussen de lijnen te lezen waren, hanteren we nu een minder voor de hand liggende taal (soms verstild, soms grotesk) die zich beroept op iconografie, symboliek en beelden uit het collectieve bewustzijn.

Cis: In hoeverre zijn waarde en moraal voor jou nog gangbare termen?

Stef: Ik leef bij het woord waarde. Ik kijk zó op naar mijn ouders en de 'oude waarden' die ik van hen geleerd heb. Ik ben een heel klassieke jongeman die eigenlijk het leven ambieert dat mijn ouders hebben, maar ik merk dat ik dat niet aankan, hoe hard ik het ook wil. Alles moet lastig, moeilijk en een uitdaging zijn en het is daar dat de 'waarden' de kop opsteken. Het woord 'moraal' vervang ik liever door 'repercussies'. Het plot van veel van onze stukken is geijkt op het nemen van een waardevolle beslissing en het dealen met de gevolgen ervan. Herodes laat terecht het hoofd van Johannes afhakken om Salome geil te zien dansen. Faust tekent terecht voor alle kennis en verliest daarmee zijn ziel. Terecht. Op theater althans.

Cis: Zou je er problemen mee hebben indien men het werk van Abattoir Fermé eclectisch en formalistisch zou noemen?

Stef: After *Galapagos,* we moved on with people who produced their own artistic work in a particular niche. William Castle, John Waters, Philip K Dick, Todd Browning, E.A. Poe, Henry Darger, etc. This niche is one of artists wrestling with fundamental fears, desires and obsessions because these extremes are part of life. After a while, we lost interest in text and, in a way, even in theatre. We went in search of a universe that could still communicate without having to answer to the rules of theatre. After all, performing arts are a social event. Occasionally we extrapolated cinematographic images and went out to look for calm. This resulted in our silent presentations that lay somewhere between theatre, film and visual arts. In practice, this means that characters became more like echoes – we sometimes call them ghosts – without sacrificing the work and the actors' profundity. While in *Galapagos* we choose to give characters a voice in colloquial speech where references could be read between the lines, we now use a less obvious language (sometimes calm, sometimes grotesque) that relies on iconography, symbolism and images from our collective consciousness.

Cis: To what extent do the terms value and morality still have meaning for you?

Stef: I live by the word value. I truly admire my parents and the old values they taught me. I am a very classical young man who really aspires to the kind of life my parents have, but I see that I can't get that, however much I may want to. Everything has to be hard, difficult and a challenge; and that is where the values surface. I prefer to replace the word morality with repercussions. The plot of many of our plays is geared to taking value-related decisions and dealing with their consequences. Herod was right to have John beheaded to see Salome's salacious dance. Faust correctly opted for all knowledge and lost his soul. He was right – at least in the theatre.

Cis: Would it bother you to have people call Abattoir Fermé's work eclectic and formalistic?

Stef: We don't make collage performances and we don't work from play to play. We're building a language and an oeuvre. During the making, we fine-tune occasionally disarrayed substance and dramaturgy and keep it consistent from the first performance. We have a great love for theatre tradition, but we never start from a trend. In our case, Brecht-like rhetoric, Grotowski-style presence or a ritual reference to Hermann Nitsch are more the result of rehearsal than the starting point for a

Stef: We maken geen collagevoorstellingen noch werken we van stuk tot stuk. We werken aan een taal en een oeuvre. Inhoud en dramaturgie, bij wijlen warrig, wordt tijdens het maakproces gefinetuned en is vanaf de eerste voorstelling consistent. Onze liefde voor de theatertraditie is groot maar we vertrekken nooit vanuit 'een strekking'. Een brechtiaans declameren, een fysiek *à la* Grotowski of een verwijzing van rituele aard naar Hermann Nitsch zijn in ons geval eerder de uitkomst van een repetitieproces, dan het uitgangspunt van een maken.

Bij de stille voorstellingen is de vorm de betekenisdrager. Dat is een complexe uitdaging zowel voor de makers als voor het publiek. Maarrrrrr: een gebaar zegt meer dan duizend woorden. Abattoir probeert de essentie of sfeer van de *personae* te pakken, hun/onze geschiedenis. Niet hun persoonlijke biografie. Dat gebeurt vooral via de objecten verspreid op en rond de bühne: alles op de scène heeft zijn nut en geschiedenis. Geen enkel object of decorstuk is louter 'ter etalering'. Door alles in functie van de reconstructie van een geschiedenis te stellen, speelt een voorstelling zich af als een theatrale *horror vacui*: niets blijft onbeladen.

Én wat kan het mij schelen wat 'men' het werk zou noemen? We zijn de hemel in geprezen en monumentaal afgekraakt. Naar de hel en terug. *Bring it on.*

Cis: In hoeverre infiltreert kunsthistorische iconografie binnen in het artistieke weefsel van Abattoir Fermé en hoe ga je hiermee te werk?

Stef: Kunst maakt kunst. Zo simpel is dat. Ik heb tonnen *guilty pleasures*: *comic books*, B-films, noveltysongs, *fumetti, suicide girls, action figures,* strippers en *plenty more*. Maar niets inspireert meer dan literatuur en kunst. En natuurlijk heb ik binnen de kunst mijn 'favorieten'. Bacon, Fuseli, Caravaggio, Delacroix, Goya, Dix, Rops, Waterhouse, Ensor, Blake, ... Het gaat niet om het 'uitbeelden' van deze werken maar om sfeer, stijlfiguur, emotionele geladenheid, materiaal, licht, zintuiglijkheid; om de taal. Gekoppeld aan een inhoud. De kunsthistorische iconografie is soms de verf, soms de taal, soms de kapstok. Veel referenties naar deze meesters zijn terug te vinden in ons werk. Een kunstwerk representeert de tijdgeest waarin het werd gemaakt, kunstgeschiedenis is even belangrijk als geschiedenis. En heerlijk om je in te verliezen. Overigens vrees ik dat ik aan een milde vorm van het stendhalsyndroom lijd; een hypergevoeligheid voor kunst. Als tiener ben ik op schoolbezoek aan een tentoonstelling van oude meesters flauwgevallen en vrienden weten dat er een Delacroix in het Louvre

production.

The configuration conveys the meaning in silent productions. That is a complex challenge for makers and for the public. But ... one gesture says more than a thousand words.

Abattoir tries to grasp the characters' essence or aura, their/our history, not their personal biography. To do this, we use objects spread on and around the stage: everything on stage has its purpose and history. No object or element of decor is purely for show. By seeing everything in terms of the reconstruction of a history, the performance comes across as a spectacular *horror vacui*: everything has a meaning. And besides, what do I care what others call the work? We've been praised to the heavens and thoroughly demolished. To hell and back. Bring it on.

Cis: To what extent has the iconography of art history penetrated Abattoir Fermé's artistic fabric and how do you work with this?

Stef: Art creates art. It's as simple as that. I have tons of guilty pleasures: comic books, B-films, novelty songs, *fumetti*, suicide girls, action figures, strippers and plenty more. But nothing inspires more than literature and art. And of course, within art I have my own favourites. Bacon, Fuseli, Caravaggio, Delacroix, Goya, Dix, Rops, Waterhouse, Ensor, Blake, ... It is not a matter of portraying these works, it's the atmosphere, style, emotion, material, light, sensory character, the language. All that in combination with content. Sometimes the iconography of art history is the paint, sometimes it's the language and sometimes the hook. You'll find many references to these masters in our work. A work of art represents the times in which it is created, art history is as important as general history. It's lordly to become submerged in it. I fear I have a mild case of the Stendhal syndrome, hypersensitivity for art. When I was a teenager, I fainted during a school trip to an exhibition of old masters and friends know that there's a Delacroix in the Louvre that I cannot look at without hyperventilating.

Cis: In several of your plays, live music and sound collages were an integral part of the whole. In films, scores stress emotions and/or actions. How important are live music or soundscapes in your work and how would you describe their function within the context of Abattoir Fermé's productions?

Stef: A score by Kreng is as important for me as an actor is; I require as much from the one as from the other.

hangt die ik niet kan zien zonder te hyperventileren.

Cis: In jullie producties zijn livemuziek en soundcollages meermaals een onafscheidelijk onderdeel van het geheel. Scores benadrukken in films emoties en/of acties. Hoe belangrijk zijn deze livemuziek of soundscapes in jouw werk en hoe omschrijf je hun functie binnen de context van de Abattoir Fermé-producties?

Stef: Een score van Kreng is even belangrijk voor me als een speler en ik eis er minstens evenveel van. De muziek onderschrijft, schuurt tegen, legt accenten en bepaalt mee het eigen tijdsverloop van een voorstelling. Geluid wordt soms heel fysiek en als ik soms zeg dat men spelers de belangrijkste rekwisieten zijn, dan is het geluid het decor. Het idee ontwikkelen van een score gebeurt meticuleus. Kreng maakt schetsen aan waaruit ik soms vier seconden kies en waar hij dan, al zijn moed bij elkaar schrapend, mee aan de slag gaat en terugkomt met een half uur muziek. Onze spelers volgen de honderd-*something* cues verscholen in de compositie. Scoregewijs werken we soms meer met klankkleur dan met compositie. Verbazingwekkend bij een voorstelling is dat ergens in het hoofd van de toeschouwer, het auditieve een optisch gegeven kan worden. De klankkleur kan soms een *'grain'* op de voorstelling zetten waardoor optisch het scenebeeld *'gritty'* lijkt te worden. De keuze om met 'oud' materiaal te werken, met soms nogal *smutty* samples is om een gevoel van authenticiteit te behouden maar ook om te delen; door het archief op een kier te zetten.

Cis: Abattoir Fermé wordt eveneens gekenmerkt door een groepje core-acteurs. In hoeverre participeren zij aan het creatief proces? Of, met andere woorden, voel je jezelf aan als een dictatoriaal of een democratisch regisseur?

Stef: Democratisch.
Omdat er ontzettend veel parameters zijn verbonden aan het maakproces van een Abattoir Fermé-productie: de intrede van chaos, momenten van meditatie, twijfel, een veelheid aan keuzes, inhoudelijke voeding en met regelmaat confrontaties met publiek. Maar *au fond* is het de berusting in het collectief, in gezamenlijke fascinatie, in een goede communicatie, in de (al) chemie en een wederzijds vertrouwen dat het werk nodig heeft. Een voorstelling is niet louter een dramaturgische uitkomst. Het is veeleer de optelsom van een bestendigde en gecultiveerde anarchie. Dictatoriaal bereik je volgens mij nooit dát wat je niet kunt bedenken.

Music endorses, scours, places accents and helps set the rhythm of a performance. Sound is sometimes very physical; if occasionally I say that actors are the most important props, then sound is the decor. The development of a score is a meticulous event. Kreng makes sketches from which I sometimes select four seconds; he then takes that, rolls up his sleeves and sets to work and returns with a half hour of music. Our actors follow the hundred and some-odd cues sequestered in the composition. Sometimes we work more with the score's tone than on the composition. It is amazing how during a performance the auditory can somehow turn into an optical element in the observer's head. The timbre can provide the performance with a grain that can seem to make the scene optically gritty. The purpose of working with old material, sometimes with rather smutty samples, is to retain a sense of authenticity, but also to share by keeping the door to the archive on the latch.

Cis: Abattoir Fermé is also noted for a group of core actors. How do they take part in the creative process? Or, to put it differently, do you think of yourself as a dictatorial or democratic director?

Stef: Democratic, because there are unbelievably many parameters in preparing an Abattoir Fermé production. There are the arrival of chaos, meditative moments, doubt, an abundance of options, nourishing the content and regular confrontations with the public. But at the basis there is reliance on the collective, shared fascination, on good communication, on the alchemy, chemistry and reciprocal trust that the work requires. A performance is not merely a dramaturgical outcome. If anything, it is the sum of a constant and cultivated anarchy. I don't think you can really reach the unimaginable with dictatorship.
Well, maybe gently dictatorial.
During rehearsals, I sometimes step on to the stage to bend fingers in the right direction or tip a head a few degrees in a given direction. You can call that neurotic or, no, call it an eye for detail.

Cis: So far Abattoir Fermé's repertoire consisted of original physical and visual work sometimes with the aid of a hefty soundtrack or sound collage. Text is always kept to a minimum. Do you never feel the urge to tackle a play from world theatre literature or do you prefer to keep away from that?

Stef: The decision to restrict text arose primarily from

En mild dictatoriaal.
Ik stap tijdens de repetitie weleens op de scène om vingers in de juiste richting te plooien en om een hoofd een paar graden in een bepaalde richting te kantelen. Misschien heet dat dan eerder neurotisch of, nee, met oog voor detail.

Cis: Tot hiertoe bestaat het Abattoir Fermé-repertoire uit origineel fysiek en beeldend werk al of niet ondersteund met een straffe soundtrack of geluidscollage. Tekst wordt steeds tot een minimum beperkt. Bestaat er bij jou nooit de drang om eens een stuk uit de wereldtheaterliteratuur te tackelen of houd je liever je handen hiervan af?

Stef: De keuze om tekst te beperken is vooral ontstaan uit een productie als *Life on the Edge*, waarin personages spraakwatervallen zijn en het stuk bedolven wordt onder plot en exposé. Wat repertoire betreft heb ik onder andere *Het begeren onder de olmen* van O'Neill en *Salomé* van Wilde geregiseerd. Met Abattoir maakten we met *Ontucht in het Stadje M.* een bewerking van Nabokovs *Lolita* en op school ga ik weleens aan de slag met Schwab, Müller of Williams. De onmogelijkheid om repertoire beter te ensceneren dan veel van m'n voorgangers houdt me tegen. Er zijn zeer zekerst een paar teksten waar ik al jaren op zit te broeden, *Lulu* van Wedekind bijvoorbeeld. Een geweldig stuk, maar naar ik vrees onmogelijk om op te voeren. Dat zit hem dan vooral in het personage van Lulu zelve dat zo gemythologiseerd is, dat het een belediging lijkt Lulu te laten spelen door één vrouw. Mmm. Repertoire lijkt plots niet zo veraf meer.

Cis: Is Abattoir Fermé destijds onstaan uit een ontevredenheid tegenover het gangbare theaterveld of is de bron van alles de eenvoudige zucht naar creatieve originaliteit en de drang om te verwarren?

Stef: Beide. De compagnie is ontstaan als amateurgezelschap omdat het moeilijk was voet aan wal te krijgen met de ideeën die we er wat theater betreft op na houden. Al in ons eerste bestaansjaar kwam Dirk Verstockt onze voorstelling *Het nut van Nele* bezoeken. En dat is hij de drie producties erop ook blijven doen. Dirk was de eerste pro die in ons potentieel geloofde en voorstelde te professionaliseren, waar we de volgende vier jaren samen werk van maakten. Ondertussen zagen we ook wat het professionele landschap ontbreekt. Het stuk *Galapagos* was een reactie op hoe veel voorstellingen

plays like *Life on the Edge*, in which characters spouted words and inundated the play under plot and exposé. As for repertoire, I've directed O'Neill's *Desire Under the Elms* and Wilde's *Salome*. With Abattoir we made *Wanton Behaviour in the Town of M.*, a reworking of Nabokov's *Lolita* and at school I'll be taking a crack at Schwab, Müller or Williams. The impossibility of doing a better job at staging repertoire than many of my predecessors is also a restraint. There are certainly a few texts that I've been brooding about for years - *Lulu* by Wedekind is one. It's a magnificent piece, but I'm afraid it's impossible to perform. The part of Lulu is the main reason; it is so mythologized that it seems almost insulting to have just one woman perform it. Hmm. Repertoire suddenly no longer seems so far away.

Cis: Did Abattoir Fermé arise from dissatisfaction with prevailing theatre or did it all start with a simple desire for creative originality and an urge to bewilder?

Stef: Both. The company started as an amateur group because it was difficult to get established with the ideas that we had about theatre. In our very first year, Dirk Verstockt came to see our presentation of *What's the Use of Nele*. And he came back for the next three productions. Dirk was the first pro to believe in our potential and who suggested that we go professional; we worked on that for the next four years. In the meantime, we saw what the professional landscape lacked. *Galapagos* was a response to the way many plays tried to be relevant but fell short in language or content. *Galapagos* was also the play to which you, Cis, gave a place at the Theatre Festival and that, too, opened doors.
Indie was a response to how theatre is often rendered harmless. *Tourniquet*, *Mythobarbital* and *Snuff* are much more personal, they arose simply from artistic necessity. Sometimes we make productions that respond to what we see, sometimes because we feel like it, sometimes because we like to surprise the audience and not deliver what it expects; but we have never made anything that we were not proud of. One performance confuses, the other amazes.

Cis: Is there a heaven?

Stef: Of course there is. Three, even. My house, my own bubble, where I like to enjoy my gigantic film and paper archive between jobs, and the Abattoir club where we like nothing better than to make life difficult for ourselves by working damn hard and asking ourselves an awful lot of questions. And then

plachten relevant te zijn, maar of in taal, of inhoudelijk tekortschieten. *Galapagos* was ook de voorstelling die jij, Cis, op het Theaterfestival een plaats gaf en waarmee je deuren opende. De voorstelling *Indie* was een reactie op hoe ongevaarlijk theater vaak wordt gemaakt. *Tourniquet*, *Mythobarbital* en *Snuff* zijn een pak persoonlijker en 'ontstaan' simpelweg vanuit artistieke noodzaak. Soms maken we voorstellingen als reactie op wat we zien, soms omdat we er zin in hebben, soms omdat we een publiek nét niet dat willen geven wat ze verwachten; maar nog nooit hebben we iets gemaakt waar we niet trots op zijn. De ene voorstelling verwart, de andere verwondert.

Cis: Bestaat er een paradijs?

Stef: Natuurlijk. Drie zelfs. Mijn huis, mijn eigen bubbel, waar ik tussen het werken in graag geniet van mijn gigantisch archief aan film en papier. De Abattoir-club, waar we niets liever doen dan het onszelf moeilijk te maken door verdomd hard te werken en ons heel veel vragen te stellen. En een plek in Japan die 'Seagaia' heet. Een ingekapseld recreatiepark van duizenden kilometers met een wegschuifbaar dak met aan de ene kant eeuwenoude dennenbomen en aan de andere kant de oceaan. De enorme constructie kan tienduizend mensen herbergen en produceert golven in een artificiële zee. Een technologisch hoogstaand paradijs zonder haaien of kwallen. Een perfecte temperatuur, sushi a volonté, dagelijks een nepvulkaanuitbarsting en een heldere sterrenhemel. Drie gevallen van kunstmatigheid. Het paradijs bestaat, maar is nep.

Cis Bierinckx is producent, programmator, performer, curator en film-, dans-, theater- en kunstkenner. Hij trok in die hoedanigheden de wereld rond en is op dit ogenblik directeur van de Brusselse Beursschouwburg.

Stef Lernous is artistiek leider van Abattoir Fermé.

there's a place in Japan called 'Seagaia': thousands of square kilometres of enclosed recreation park with a retractable roof, on one side centuries-old pine trees, on the other, the ocean. The enormous construction can house ten thousand people and produce waves in an artificial sea. It's a high-class technological paradise minus sharks and jellyfish. It has a perfect temperature, sushi a gogo, a daily fake volcano eruption and a clear starry sky at night. All three are artificial. Heaven exists, but it's fake.

Cis Bierinckx is a producer, programmer, performer, curator and a connoisseur of film, dance, theatre and art. He travelled around the world and is currently working as the director of the Beursschouwburg in Brussels.

Stef Lernous is the artistic director of Abattoir Fermé.

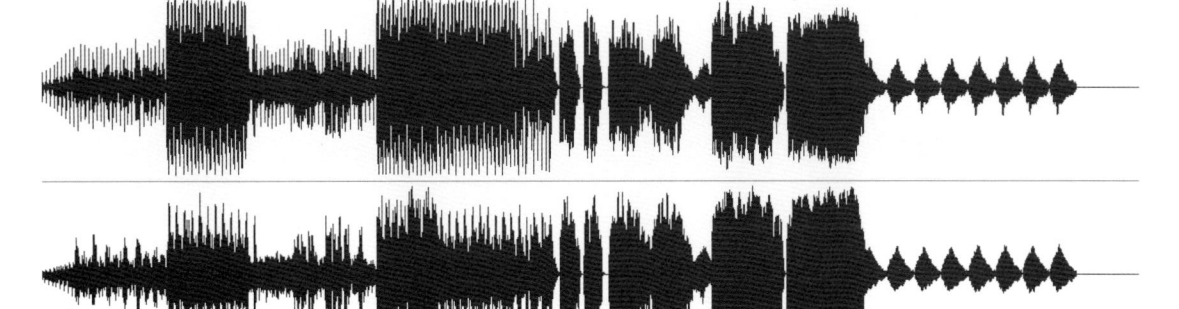

Kreng: Index 1 - Snuff (Bloedhoeren)

1/16

III. SILENTS

HARD-BOILED ANALYSIS OF A PERFORMANCE

Kristien Van Driessche

With *Hard-boiled*, Abattoir Fermé seems to have set off on a new path away from major – and for some, repulsive controversy. We were told to 'expect the unexpected'. What was at first a hopeful yearning for a still more pioneering approach to theatre's form and content was softened with a bitter-sweet performance in which three agitated women are turned loose in an area surrounded by sinister sounds of music hall and misery.

Having caught the slaughter house bug a few years ago from Johan Thielemans, I want to analyse this performance and discretely link it to a few postmodern thinkers: the French philosopher Jean-François Lyotard who coined the term postmodern as a denominator for the aesthetics of fragmentation and the ethics of multiperspectivity in art, searching for an attitude against the trauma of modernity; also psychoanalyst Jacques Lacan's subject formation and finally Jacques Derrida's deconstructivism. In addition, I would like to try to place in a broader context the female subject that *Hard-boiled* affirms and repudiates. I choose the feminist theatre of the 1980s feminist movement and its relation to the position that women fill in classic tragedy as a broader background for the strikingly tragic aspect of this production.

Hard-boiled's visual narrative shows us a young woman floating toward death on the Styx. In Greek mythology, this river marks the borderline between the living and the dead. Just before she floats ashore, she sees her whole life in a flash.

Like a silent film, *Hard-boiled* is a series of fast and rousing images whose tempo slows in the presence of death's expected approach. What is a bruising battle for the actors is apparently quite normal for a twenty-first-century audience familiar with MTV culture and/or experimental cinema.

Given their fascination for this, Abattoir has opted to translate this influence into a theatre language that draws its audience along on the high that is nurtured by the overwhelming speed and sensory stimulation of a roller coaster. This fits in with the story of a woman (Kirsten Pieters) who sees every stage of her life – from innocent and unsullied preschooler to naive and worn-out marginal woman – pass by as a moralising last sigh before reaching the golden gates

getracht om deze esthetiek over te hevelen naar een theatertaal die de toeschouwer meeneemt in een roes: een zinnenstimulerende achtbaan met een overweldigende snelheid. Een vrouw (vertolkt door Kirsten Pieters) ziet elk stadium uit haar leven, van onschuldige en onbezoedelde peuter tot een naïeve en uitgeleefde marginale vrouw, aan haar voorbij denderen als een moraliserende en langgerekte laatste zucht vooraleer ze de gouden poort van het hiernamaals zal bereiken. Dit filmische aspect van de voorstelling kan worden geplaatst tegen de achtergrond van het postmodernistisch denken. Als voorman van het postmodernisme stelt de Franse filosoof Lyotard dat er gestreefd moet worden naar een nieuwe artistieke vormentaal. Hierbij doorbreekt men het klassieke eenheidsidee en wordt een veelheid aan perspectieven ontwikkeld. Het fragment, de montage en de collage zijn hiertoe de meest geschikte middelen. Deze voorliefde voor fragmentering wordt in het postmoderne denken onderbouwd door te stellen dat dit ontegensprekelijk een kenmerk is van het ritme van het alledaagse leven. Dit, aldus Lyotard, leidt voor de toeschouwer tot herkenning die een verhouding smeedt tussen de werkelijkheid en de kunsten.

Van de pure herkenning maakt Abattoir in *Hard-boiled* veelvuldig, zo niet continu, gebruik. Door het verlaten van de tekst en de keuze voor een doorgedreven beeldtaal, kan voor een geslaagde communicatie met de toeschouwer enkel een beroep worden gedaan op het visuele kennissysteem dat de makers en toeschouwers delen. Elk beeld fungeert als een *cultural unit*, een term van semioticus Umberto Eco die duidt op de culturele afhankelijkheid tussen een beeld en dat waar het naar verwijst, het semiotisch object. Frappant is dat het collectief een relatief eenvoudige beeldtaal heeft gekozen, waardoor associaties gemakkelijk gevormd kunnen worden. Het levenstraject van de drenkelinge is eenvoudig te volgen: een grote lolly verwijst naar de peutertijd, een rood lint tussen de benen naar de aangebroken puberteit en ontluikende seksualiteit. Die wordt preventief maar tevergeefs door een hysterische moeder in de kiem gesmoord met een slipje; hetzelfde rode lint komt terug als element in een organendiefstal die uitgevoerd wordt door een onheilspellend persoon in het bezit van een paar rubberen handschoenen en een zaag van buitenproportionele grootte. En ga zo maar door. In overeenstemming met de beeldensequentie worden deze rekwisieten even vluchtig op- en aangebracht door Tine Van den Wyngaert en Laura Aernoudt, de *partners in crime* die het onverbiddelijke lot voltrekken van een aan lager wal geraakte vrouw.

of the afterlife. This cinematic aspect of her life can be juxtaposed to postmodern thinking.

As overseer of postmodernism – a response to modernity that starts with the Enlightenment's theory of progress – the French philosopher Lyotard argued that we need a new artistic figurative language that breaks with the idea of unity to stimulate the multiple perspectives that this can develop. The fragment, the assembly and the collage are the means of choice. Postmodern thinking justifies this applause for fragmentation by stating that it is undeniably a characteristic of the rhythm of everyday life. Lyotard hereby argues for recognition that forges a relationship between reality and art.

In *Hard-boiled*, Abattoir makes frequent if not constant use of this pure recognition. In abandoning text and committing to visual communication, it is thrown back on the viewers' visual knowledge system. Each image operates as a cultural unit, a term introduced by semiotician Umberto Eco to describe the cultural dependency between image and that to which it points, the semiotic object. It is striking that the company has chosen relatively simple imagery which allows for easy associations. The Styx traveller's life is simple to follow. A large lollipop signals the preschooler; a red ribbon between the legs, early puberty and budding sexuality that a hysterical mother tries in vain to smother with an undergarment; that same red ribbon as element in an organ theft carried out by an inauspicious person fit out with rubber gloves and an outsized saw, etc. etc. In keeping with the image sequence, Tine van Wyngaert and Laura Aernoudt, the partners in crime don these accoutrements of the inexorable life of a woman on hard times.

There's no way around it. Abattoir wants to show reality's aberrations regardless of the cost even in *Hard-boiled* that, despite the contradictory title, is undeniably one of the company's lightest performances. We get a package of deviant sexuality, the mystery of death – unmistakably interwoven in each of Abattoir's performances – and the complete relativity of human existence, all tied up in a gigantic bow of humour.

The play's predominantly feminine complement, barring a few musicians in the band, Capsule, is striking. The approach to human rationalisation of fears, desires and obsessions are intentionally translated from a feminine framework. It is beyond dispute that this woman is the axis of a primarily male universe that brands this same woman a weak individual. This is at odds with a feminist perspective that wants to free the woman from a system in which male values define her position. In that

III. SILENTS

Men kan er niet omheen: Abattoir wil koste wat het kost de aberraties uit de werkelijkheid laten zien. Ook in *Hard-boiled*, in tegenstelling tot wat de titel doet vermoeden, een van de lichtste voorstellingen dat het collectief tot dusver maakte. Een pakket van deviante seksualiteit, het mysterie van de dood – dat elke voorstelling van Abattoir doordesemt – en de complete relativiteit van het menselijk bestaan, met daar rond een gigantisch-groteske strik van humor. Opvallend is de overwegend vrouwelijke bezetting, op enkele muzikanten van het combo Capsule na, waardoor de menselijke rationaliseringen van angsten, verlangens en obsessies hoe dan ook bewust worden verteld vanuit een vrouwelijk standpunt. Het hoofdpersonage vormt de spilfiguur in een voornamelijk mannelijk universum dat deze vrouw stigmatiseert als zwak individu. Dit staat haaks op het streven van het feminisme dat de vrouw los wil rukken uit een systeem dat is gegrondvest op mannelijke waarden waarin zij louter een passieve positie toebedeeld krijgt. Het feministische denken legt bloot dat de vrouwelijke identiteit een gegeven is dat niet louter voor handen is, maar wordt gemaakt, en dit op basis van de oordelen en beelden die voor en over haar zijn ontworpen.

De positie van Kirsten Pieters' personage in *Hard-boiled* is ambivalent en affirmeert deze maakbaarheid van de individualiteit. Het fictieve individu is enerzijds krachteloos onderhevig aan de onontkoombare invloed van de mannelijke antagonisten in haar bestaan, maar daarenboven wordt zij ongegeneerd blootgesteld (en dit zowel letterlijk als figuurlijk) aan de blik van de toeschouwer, die hoe dan ook vanuit zijn of haar kennis van de realiteit en eigen socioculturele rol in de maatschappij niet onverschillig kan staan tegenover het geënsceneerde verhaal. De vrouw wordt onophoudelijk gepakt, in elke zin van het woord, maar weet eveneens niet hoe zij zich daartegen kan verweren. Te midden van deze schrijnende omstandigheden waar ze blindelings is ingelopen en waarin ze heen en weer geslingerd wordt – van verkrachting, prostitutie tot hysterie – lijkt ze om mededogen en begrip te bedelen bij het publiek.

Hulpeloos en alleen is zij een pion in het spel van Van den Wyngaert en Aernoudt, die haar als gevleugelde satansvolgelingen leiden op de weg naar het existentiële ravijn. Ze vertoont zichtbaar tekenen van apathie tegenover haar eigen levensweg. Wanneer we dit doortrekken naar de principes van het vrouwentheater in de jaren tachtig, vertoont zich op thematisch vlak een gelijkenis: de vrouwen plaatsen zich in extreme situaties van pijn, lijden en verlangen, om op zoek te gaan naar een ultiem genot

cultural system, feminine identity is not of itself, it is a fabrication of judgments and images designed for and about her.

The position of Kirsten Pieters' personage in *Hard-boiled* is ambivalent; it affirms the manipulabillity of individuality. The fictitious individual is powerless against the insuperable influence of the male antagonists in her life; moreover, she is unabashedly exposed, literally and figuratively, to the viewer that, given his own knowledge of reality and own socio-cultural position in society cannot be indifferent to the story staged. The woman is continually taken, in every sense of the word, but at the same time she has no idea how to defend herself. During these distressing circumstances in which she is blindly trampled and tossed, including rape, prostitution and hysteria, she seems to beg the public for compassion and understanding.

Helpless and alone, she is a pawn in Van der Wyngaert and Aernoudt's game; as winged followers of Satan, they lead her along the path to the existential ravine. She shows visible signs of apathy toward her own life; and every man in the street is convinced that people hold nearly every aspect of their lives in their own hands. When we extend this with the principles of 1980s feminist theatre, we find thematic similarities: women put themselves in situations of extreme pain, suffering, and desire in search of the ultimate pleasure of self-loss. Notably, little seem to have changed over the past two decades. Yet what seemed to be a creed to be pursued in the 1980s appears now to have gained a foothold in the present: repetition has eroded ideal images, a repetition of content that the Mechelen company also wants to pursue, given that its oeuvre is a cluster of elements that are all part of the same whole. The predicted world-shaking corporality in Abattoir Fermé's performances, labelled gratuitous and provoking, also melts as snow in August. Mime player Karina Holla prepared the way in the 1980s. She wanted to undermine the ideal images of the feminine with pure corporality linked to cries. Unlike this, the woman in *Hard-boiled* is not driven by an inner passion; she is manipulated. Her body is an object ordered to pose. Pieters' personage is practically torn to bits by the companions of Evil; she has driven her body hard through years of exuberant behaviour and naiveté.

After a tableau of the overturned sailboat on the Styx, *Hard-boiled* starts with a lifeless body and ends with the last light in a series of chandeliers that have shown on the woman's life – from her success as a showgirl – a light that goes out with a bang. The presentation's circular movement witnesses to the makers' clear

van zelfverlies. De nu vaak als schokkend ervaren lichamelijkheid in de voorstellingen van Abattoir Fermé, vaak afgedaan als gratuit en provocerend, heeft haar precedenten in de jaren tachtig. Ook toen wilde bijvoorbeeld mimespeler Karina Holla de vrouwelijke ideaalbeelden ondergraven door het louter lichamelijke met kreten te begeleiden. In tegenstelling hiermee wordt de vrouw in *Hard-boiled* niet vanuit een innerlijke bewogenheid gedreven, maar wordt ze daarentegen bespeeld. Het lichaam is een object waaraan poses worden opgelegd. Pieters' personage wordt nagenoeg verscheurd door de kompanen van het Kwaad, en de roofbouw op haar lichaam heeft ze gepleegd door jaren van exuberant gedrag en naïviteit.

Hard-boiled begint, na een tableau vivant van het gekapseisde zeilschip op de Styx, met een levenloos lichaam en eindigt met het laatste lichtje van een reeks lichtkronen die – vanaf haar succes als showgirl – het leven van de vrouw beschenen hebben, dat met een knal gedoofd wordt. De cirkelbeweging in de voorstelling is rond gemaakt. De langzame en sinistere inleiding is een aanloop naar een opgewonden staccatoritme dat naarmate de tijd vordert weer uitmondt in een verstilling en vertraging. Deze kringloop van herhalende gebeurtenissen is niet alleen aanwezig in de wijze van vertellen maar ook in het verhaal zelf. In al haar naïviteit valt de vrouw van de ene in de andere nare situatie. Bram De Cock omschrijft deze houding als een psychopathologische verwrongenheid in de personages, die zich uitdrukt in obsessief en normoverschrijdend gedrag, een constante in het werk van Abattoir Fermé. Het zijn obsessies die voortvloeien uit de radeloosheid en armzalige positie van een individu dat zich beweegt in een vijandige samenleving en daarin noodgedwongen een eigen microkosmos opbouwt.

De paria in *Hard-boiled* is er een die als kind werd verkracht, die de ontdekking van haar lichaam viert met een overmatig gebruik van alcohol, na de vrijlating uit de nor de draad weer wil oppakken door naar een ander oord te vluchten en daar van onder aan de sociale ladder een gerespecteerde job in het variété wil bemachtigen: *'I got a brain in my ass'* zingt ze argeloos, begeleid door de liveband Capsule. In de draaimolen van het succes is ze onderhevig aan sehnsucht en keert terug naar haar roots, trouwt ze met een held van een matroos en komt terecht in de sleur van het gezinsleven. Deze verantwoordelijkheid ontloopt ze en komt door de verleiding van het geld terecht in de prostitutie. Ook daar vertoont ze deviant gedrag en ze rolt als alcoholslaaf in de psychiatrie. Het hek is helemaal van de dam wanneer ze verstoten wordt uit de hare krisjna-beweging, en Magere Hein

perspective on the crystallisation of the segmentation and order of events in the protagonist's life and history. The slow, sinister introduction is a run-up to an excited staccato rhythm that, in time, discharges into silence and deceleration.

In addition to being in the narrative, this cycle of repeated events is also present in the story line. This woman is so naive she simply stumbles from woe to woe. Bram De Cock describes this attitude as a psychopathological distortion in the personages that is expressed in obsessive and transgressive moral behaviour, a constant in Abattoir Fermé's work. The obsession results from the desperate and pathetic position of an individual who operates in a hostile society within which she constructs her own microcosm.

The pariah in *Hard-boiled* was raped as a child and celebrated the discovery of her body in an excess of alcohol. After leaving prison, she wants to resume life by fleeing to another place where she will start at the bottom of the social ladder, working at a respectable job in variety. There she naively sings 'I got a brain in my ass' written and supported by the live band, Capsule. On the merry-go-round to success, she is overwhelmed by *Sehnsucht* and returns to her roots, marries a hero-size sailor and ends up in the rut of family life. She escapes this responsibility and follows the enticement of all-mighty money into prostitution. There, too, she displays deviant behaviour and rolls into psychiatric care for alcoholism. The dam really bursts when she is thrown out of her Krishna movement and peeks from under a plastic sheet into the eye of the Grim Reaper. Here the story enters silence. The situation has become so desperate that eternal sleep is the only action that can provide liberation.

There is a striking difference between the two situations in which this body is displayed. The first time is in the naked shape of Pieters before a mirror, displaying vanity and narcissism. The last time is as crowned carcass that Pieters examines. It reflects an accumulation of dusty misery supported by a pair of satisfied fallen angels. Van den Wyngaert and Aernoudt rub their hands in glee. The contemplation of the inanimate skeleton by the same, still living body confronts the personage with the irrelevance of her existence that took effect in an earlier phase. Her self-centred blinkers keep her from seeing this irrelevance coming. The shape that her identity took at an early stage produces only baneful results.

According to the psychoanalyst, Lacan, one starts to build one's own identity in confrontation and identification with others. There are two phases in the subject's psychic development. They are called

in de ogen kijkt vanonder een plastic zeil. En hier vertraagt en verstilt de vertelling. De situatie is zo uitzichtloos geworden dat de enige actie die een bevrijding zou kunnen bieden, die van de eeuwige slaap is.

Frappant is het verschil in de weergave van de twee situaties waarin dit lichaam wordt getoond. De eerste maal in de naakte gedaante van Pieters voor een spiegel, waarin de ijdelheid en het narcisme zich manifesteren: een gekroond karkas, bekeken door Pieters zelf, vormt de wrange weerspiegeling van het hoopje stoffige ellende waartoe ze is verworden, bijgestaan door een duo voldane gevallen engelen, de zich in de handen wrijvende Van den Wyngaert en Aernoudt. De beschouwing van het ontzielde geraamte door datzelfde en nog steeds levende lichaam, confronteert het personage met de irrelevantie van haar bestaan. Een irrelevantie die reeds in een vroegere fase in werking is getreden en die ze door de zelfingenomen oogkleppen niet heeft zien aankomen.

Volgens de psychoanalyticus Lacan ontstaat de opbouw van de eigen identiteit door de confrontatie en identificatie met de ander. Een subject doorloopt in zijn psychische ontwikkeling twee fases. Het traject is opgedeeld in de 'imaginaire orde' en de 'symbolische orde', respectievelijk het stadium waarin de vorming van het zelfbeeld centraal staat – de identificatie staat voornamelijk in relatie met de moederfiguur – en het stadium waarin het subject zich verder cultiveert in de maatschappij, waar de vader optreedt als vertegenwoordiger van de wet. Wanneer men in de symbolische orde narcistische zelfbeelden verwerft, dan is dit, aldus de theorie van Lacan, een gevolg van een imaginaire spiegeling met de ander en de bevestigende blik die oorspronkelijk van de ander afkomstig is, maar later geïnternaliseerd wordt en als een reflectie op zichzelf wordt ingezet.

Deze identificatie met de ideale andere, naar het model van het spiegelstadium in de imaginaire orde, leidt tot een samenvallen met een geïdealiseerde ik, waardoor een narcistisch karakter gevormd wordt.

In *Hard-boiled* wordt het seksuele lichaam geaffirmeerd, zowel direct – door een fanaat van de lichte zeden – als indirect – een redder in het zwembad die onmiddellijk gecharmeerd is door het vrouwelijk schoon. De perversie is een constante in de voorstelling waar onbezorgd keer op keer naar teruggegrepen wordt ter compensatie van het ontbreken van greep op het eigen leven zelf. De connotatie van seksualiteit die het vrouwelijk lichaam omgeeft en in de symbolische orde als een inscriptie op het vrouwelijk lichaam wordt ontwikkeld, wordt

the imaginary order and the symbolic order. The first focuses on the formation of the self-image, mainly in relation to the mother figure. The second focuses on the subject's development in society, where the father acts as a representative of the law. Acquisition of a narcissistic self-image in the symbolic order could be the result of an imaginary reflection in the other and the confirming gaze that originally came from the other, but which later became internalised and used as a reflection of oneself. The narcissistic character is shaped by identification with the ideal others, invoked to coincide with an idealised ego. This identification is modelled on the mirror stage in the imaginary order. *Hard-boiled* affirms the sexual body directly – via an immoral fanatic – and indirectly – in a swimming pool lifeguard drawn to feminine charms. This perversion is a constant in the presentation. It is repeatedly and unconcernedly pulled down from the shelf as compensation for an unattainable hold on ones own life. This repeatedly confirms the sexual connotation attached to the female body as if it were an inscription developed in the symbolic order. In *Hard-boiled*, the protagonist cannot possibly escape this stage to nestle in the secure home, at one with mother in the imaginary order; although for Lacan, this nostalgia for past times is a standard element in a subject's shaping. The woman allows herself to be posed; she sits as graven – almost literally. Kirsten Pieters is allowed a circumscribed and well-delineated area within the cyclic movement of exploitation and destruction.

The downfall of an individual is run-of-the-mill in classical tragedy. In fact, a female personage's action, her independent pursuit of an objective, is impossible in the tragic genre. This appears to coincide to a suspicious degree with *Hard-boiled*. The woman endures and lets the personages representing a preordained fate manipulate her. Yet this woman also seems to make no attempt at change or to introduce any commitment into her own life.

In his *Art of Poetry*, Aristotle notes that the characters of the personages, whose lot has led to actions that brought on misfortune, are no worse than those of the public. Aristotle links this ethically good behaviour to the male's proclivity for the complex and the active. But he inexorably labels the feminine proclivity simple and passive. In doing so, he draws attention to the total irrelevance of the feminine role in tragedy and in daily life, since action in a play must be as real as in reality. This assertion would really give feminists something to tackle. The Greek philosopher said, 'the possible is credible'. Moreover, Aristotle's view that woman's bias, being the embodiment of

hierdoor steeds bevestigd. In *Hard-boiled* is het voor de protagonist a priori onmogelijk om zich aan dit stadium te onttrekken, en zich in de veilige bakermat van de met de moeder verbonden imaginaire orde te wentelen, hoewel voor Lacan dit heimwee naar vroeger een courant element is in de subjectvorming. De vrouw laat zich meeslepen op en zit gebeiteld in de cyclische beweging van exploitatie en ondergang. Dit mag in *Hard-boiled* bijna letterlijk worden genomen: Kirsten Pieters kreeg namelijk maar een beperkte en duidelijk afgebakende ruimte toebedeeld.

De teloorgang van een individu is schering en inslag in de klassieke tragedie. Meer nog: het handelen, het zelfstandig naar een doel streven, van een vrouwelijk personage wordt in het tragische genre onmogelijk gemaakt. De overeenkomsten met *Hard-boiled* zijn opvallend: de vrouw ondergaat en laat zich bespelen door de manipulerende personificaties van een voorbestemd fatum. Deze vrouw lijkt bovendien geen aanstalten te maken om verandering door te voeren en toont geen enkel engagement tegenover haar eigen levenswandel.

Aristoteles schrijft in zijn *Poëtica* dat het karakter van de personages, die door een speling van het lot een foute handeling maken waardoor ze in het ongeluk worden gestort, slechter noch beter is dan zijn publiek. Het vermogen tot actief handelen beschouwt Aristoteles als een typisch kenmerk van de complexe en actieve ingesteldheid van de man. De vrouwelijke ingesteldheid daarentegen bestempelt hij als eenvoudig en passief. Hiermee wijst hij op de volledige irrelevantie van de vrouwelijke rol in de tragedie zowel als in het dagelijks leven, daar het handelen in het spel even werkelijk dient te zijn als in de realiteit. Aan deze stelling zou het feminisme een kluif hebben. 'Het mogelijke is geloofwaardig', aldus de Griekse wijsgeer. Daarenboven kan de patriarchale orde in de tragedie onderbouwd worden met het feit dat volgens Aristoteles de vrouw als incarnatie van de irrationaliteit in haar eenzijdigheid onmogelijk tot inzicht kan komen noch de geschonden orde kan herstellen met haar dood. Dit zijn aspecten die voor de man weggelegd zijn en die hem tot tragische held maken.

Een schijnbare tegenstrijdigheid van jewelste in *Hard-boiled*: hoewel de vrouw passief – of naakt (weerloos) ofwel in een groen (vals, neutraal, passief, egocentrisch, maar ook de kleur van de hoop) niemendalletje – een positie inneemt, lijkt ze net iets te veel af te wijken van de gemiddelde burger. De om begrip schooiende blik die in de publieksruimte wordt geworpen kan hoogstens op een afkeurend erbarmen rekenen. Het realisme, het tonen van de weggemoffelde open wonden uit de maatschappij in het theater van dit

irrationality, cannot be brought to understanding and that her death cannot heal defiled order can underpin the patriarchal order in tragedy. These are aspects reserved for the male and are what make of him a tragic hero.

This leaves *Hard-boiled* with an enormous contradiction. Although the woman passively – either naked (defenceless) or in a green (fake, neutral, passive, egocentric, yet hopeful colour) garment – assumes a position, she does seem to diverge somewhat from the average citizen. The gaze that passes over the public begging for understanding can count on no more than disparaging pity. All this seems to have little to do with the daily lives of your average theatregoer; the grotesque, absurdity and implausibility only broaden the gap. The realism, the display of open wounds hidden from society in this company's production is alienating.

In an open letter to Abattoir Fermé, Wouter Hillaert wrote that their essence tended toward 'a call to challenge the holy trinity of the 'true', the 'good', and the 'beautiful' in their inseparable relation to the 'false', the 'evil' and the 'ugly'', in which the company tended toward the undesirable side of the moral-social question. In doing so, Abattoir is thought to undermine Aristotle's *Art of Poetry*. *Hard-boiled* shows the audience a women who is the focal point of a question that the company wishes to communicate. The stage is populated with anti-heroes, evil or stupid, who play the hero in a deconstruction of fixed and immovable ideas. By tossing surreal reality into the same, albeit smaller and temporary, world of the theatre, they adopt a clear position. The woman on the scene does play a meaningful role. In fact, Stef Lernous thinks it is his job to make recognisable for the public the insanity that arises from the atypical circumstances that give rise to his interest. The particular paradigm that passes through the makers' filter is evolving toward universality. This is Abattoir Fermé's answer to the French postmodern philosopher Derrida. They deconstruct, draw attention to and then neutralise the hierarchy between binary opposites in Western thought.

Recall their cooperation with the octet combo from Antwerp, Capsule. This is completely new in the theatre company's approach to incidental music. In earlier productions, they relied on taped compositions by Pepijn Caudron's alter ego Kreng. Capsule, by contrast, is physically present continuously in the blue purple background from which it emits psychedelic sounds from rear centre stage. It comprises fifty percent of *Hard-boiled*'s silent film and is strikingly synchronous with the

collectief, werkt vervreemdend. Wouter Hillaert stelde in een open brief aan Abattoir Fermé dat hun werk lijkt op 'een oproep tot uitdaging van de heilige drie-eenheid van het 'ware', het 'goede', en het 'schone' in hun onlosmakelijke verhouding tot het 'valse', het 'slechte', en het 'lelijke'', waarbij het collectief in de moreel-maatschappelijke kwestie steeds neigt naar de ongewenste zijde. Dit staat haaks op Aristoteles *Poëtica*. *Hard-boiled* stelt een vrouw als hoofdpersonage centraal. Het speelvlak wordt bevolkt door antihelden, de ene kwaadaardig en de ander onbenullig, die de helden spelen in een deconstructie van vastgespijkerde ideeën. De vrouw op scène speelt hier wel degelijk een relevante rol in. Meer nog: Stef Lernous vindt het zijn taak om de gekte, die voortspruit uit de atypische omstandigheden waarnaar zijn interesse uitgaat, herkenbaar te maken voor het publiek. Het particuliere paradigma dat door de filter van de makers gaat, evolueert naar een universaliteit. Hiermee geeft Abattoir Fermé een antwoord op het streven van de Franse postmoderne filosoof Derrida: deconstrueren, het aanwijzen van de hiërarchie tussen de binaire tegenstellingen in het westerse denken en deze vervolgens neutraliseren.

Niet te vergeten: de samenwerking met het Antwerps achtkoppige combo Capsule. Een volledig nieuwe aanpak qua muzikale omlijsting voor het theatercollectief, dat voorheen een beroep deed op de gemonteerde composities van Pepijn Caudrons alter ego Kreng. Capsule daarentegen is continu lijfelijk aanwezig, in het blauwpaarse duister, psychedelische klanken uitstotend, midden achteraan in de speelruimte. Het maakt voor vijftig procent deel uit van de stomme film *Hard-boiled*, opvallend synchroon aan de geconstrueerde beelden van de losgeslagen vrouwen net voor hen. Waar de acteurs in het tegenwoordige ogenblik van de geschiedenis vertoeven – hoewel Pieters' personage, op het moment dat ze tevergeefs afstand wil doen van haar miserabele bestaan, haar eigen toekomst laat voorspellen in de kranten die ze luidkeels op straat poogt te verkopen – heeft de band een duidelijke kennis van zaken wat betreft de afloop ervan en lijkt in de vertelling, naast hun objectief-beschouwende becommentariëring, profetische uitspraken te doen. *'But tonight I won't cry/I just kiss you goodbye'* of *'Ain't no jesus gonna save your soul/ain't no angel who's gonna carry you home/you're on your own'* zijn ongetwijfeld treffende reflecties op de situaties die zich voordoen op de scène. Frappant ook is dat er zo nu en dan geopteerd werd voor een paradoxale relatie tussen het spel en het scenische geluid: het contrast kan niet groter zijn wanneer een uptempodeuntje

reconstructed images of women adrift right in front of them. While the actors are situated in the present – although Pieters' personage predicts her own future in newspapers that she hawks on the street just when she wishes, in vain, to shed her miserable existence – the band already knows how the story ends. During the story, it seems to issue prophetic statements alongside its objective, ruminative commentary. 'But tonight I won't cry/I just kiss you goodbye' or 'Ain't no Jesus gonna save your soul/ain't no angel who's gonna carry you home/you're on your own' are doubtless pointed reflections on the situations displayed on stage. Also remarkable is the occasional choice for a paradoxical relationship between the play and the scenic sound. There can be no greater contrast or confrontation than when an up-tempo melody is played as background to a body left for dead. The cooperation here is really top-notch. As they say themselves, they were able to neutralize one another's dark sides. Hence Abattoir's deft entry on stage!

Once again Abattoir Fermé has confirmed its artistic stance. The company has succeeded in its objective of shattering tight-rusted certainties in its search for a visual and substantive language. In *Hard-boiled* it did so with the profitable paradox of a carefree downward spiral.
In introducing the issue, the company apparently starts off as deft observer, giving the public the task of pondering what has been served up. Still, by working with fragmentation in combination with repetitive fixation on misery, they shatter the uniform thinking and give impetus to a multiplicity of perspectives. Releasing unpresentable and smothered taboos on to their public offers an opening to the 'discourse of the other', which for Lyotard is the primary function that an artist must meet.
While apparently confirming prejudices and judgments on the surface, the company's performance of *Hard-boiled* digs more deeply; the evolution of the protagonist's identity undermines modern society's established ideals and values as well as those of Aristotle's *Art of Poetry*. Rather outspoken, but extraordinarily outstanding.

Kristien Van Driessche studied academic humanities at the University of Ghent and did in-house training as producer's assistant at Abattoir's performance of Snuff. *This paper was written during her second year in the Bachelor programme for the course on Methodological Exercise: Stage and Media Arts.*

wordt ingezet als muzikale omlijsting van een ten dode opgeschreven lichaam. Het effect is des te confronterend. In de samenwerking hebben theatercollectief en muziekensemble naar hun eigen zeggen elkaars donkere kanten geneutraliseerd. Vandaar de lichtvoetigheid waarmee Abattoir hier het speelvlak betrad.

Abattoir Fermé heeft zijn artistiek standpunt wederom bevestigd. In het zoeken naar een visuele en inhoudelijke taal zijn ze in hun opzet geslaagd om vastgeroeste zekerheden te doorbreken. In *Hard-boiled* gebeurde dit aan de hand van de rendabele paradox van de zorgeloze neerwaartse spiraal. In het aankaarten van de problematiek gaat het collectief schijnbaar beschouwend en lichtvoetig te werk, en heeft het publiek de taak om te reflecteren op hetgeen hun voorgeschoteld wordt. Maar door te werken met fragmentatie in combinatie met een herhaalde fixatie op ellende, breken ze het eenheidsdenken open en geven een aanzet tot een pluriformiteit van perspectieven. Het tonen van het onpresenteerbare en het doodgezwegen taboe aan hun publiek, biedt een opening naar het 'discours van het ander', volgens Lyotard de primaire functie die de kunstenaar moet vervullen.

Hoewel ogenschijnlijk de (voor)oordelen aan de oppervlakte worden bevestigd, graaft het collectief in *Hard-boiled* dieper, en ondermijnt met de identiteitsontwikkeling van hun protagonist de gevestigde idealen en waarden van zowel de hedendaagse maatschappij als Aristoteles' *Poëtica*. Vrijmoedig en voortreffelijk.

Kristien Van Driessche studeert kunstwetenschappen aan de Universiteit Gent en liep stage als productieassistent bij de Abattoir-productie Snuff. Deze paper werd in haar tweede bachelorjaar geschreven voor de cursus Methodologische oefening: Podium- en Mediale Kunsten.

Kreng: Testament (Vomitor)

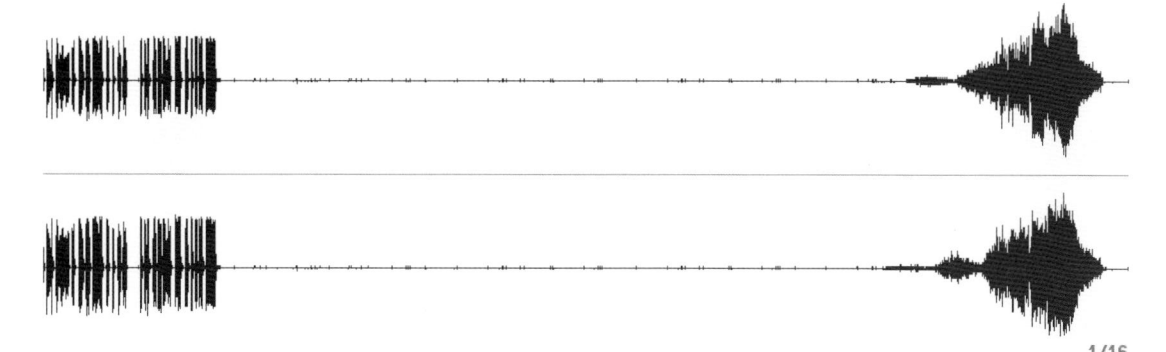

soon the darkness
   slithers soundless
into mind's eye

      the horror
   impregnated
 by imagination

and by the beating
      of many hearts
   across
      many worlds

futile navigation

free falling

into the oblique

relax

inhale

embrace it

the coldness soothing
overwhelming
laying on the floor
without fear
there is void
absence of life

here be monsters
uncharted territory
a deafening silence
the Kraken
Gargantua and Pantagruel
Chronos devouring his son
time eats itself
you are at it's edge
senses reawaken forgotten memories

seeing the first sunrise

the great London fire

the sinking of Atlantis

the destruction of Pompeii

the great plague

21st of December 2012

marks the end of the first Pictun

the dawn of men

the end is nigh

as an interdimensional virus
                          travelling
               across a tidal wave of time
        into the future
      into the now

   resulting in frequent instabilities
                  here be monsters, still

    peyote, mescaline
       as the Tonkawa
         growing, changing

mutation is imminent
>   preparing ourselves
for the next wave

in which we close the cellar door
>   and beat at the pearly gates
>   beating
>   >   'till they come unhinged

and we can see
what has remained
concealed

I had never intended to see the work of Abattoir Fermé.

During January and February of 2008, I was visiting Europe for meetings with performing arts presenters on behalf of my theatre company, Sponsored By Nobody. It was my first time in Belgium and the sheer number of arts centers in such a small country was overwhelming, even for a New Yorker. After two weeks of meetings, I had begun to feel a bit disconnected from myself and from my work.

One such meeting took me to kc nOna in the city of Mechelen. Over several cups of coffee in the cold of a late-afternoon day, I discussed my proposal with kc nOna's Artistic Director, Marleen Decabooter, and Artistic Coordinator, Bart Vanvoorden. It was an engaging meeting, one of the better conversations I experienced on my travels. At the end of the meeting, as I gathered my things, Bart Vanvoorden casually mentioned that there was a new piece premiering at kc nOna that night by a company he thought I might be interested in
- Abattoir Fermé.
I had no idea what he was talking about - but I agreed. [I honestly don't even think I understood or heard the name of the company correctly.] My first exposure to the work of Abattoir Fermé was something of an accident. But unlike most accidents - it was nothing close to being a mistake.
As the first few minutes of *Mythobarbital (Fall of the Titans)* unfolded before me, I knew I was in the presence of something unique. I was stunned - or perhaps the more proper phrase would be 'shocked and awed' - to see a modest group of three actors utterly destroy and explode my suburban, American landscape - without uttering a single word.

I could not believe what I was seeing.

I was utterly stunned at how effective their approach sunk its teeth into me.

The gradual growling of a vacuum cleaner. The stripping down of an Ikea futon. A shopping cart filled with supermarket items. The iconic coffee table and coffee maker. An endless ocean of dry cleaner hangers. And in the midst of it all these three unusually white adults - isolated from themselves and each other in this system of repeated actions - feeding the family's dead cat, thumbing through empty magazine pages, drinking cans of Red Bull. It felt as if they were damned to repeat the entire cruel process upon each other - forever.

I saw my America in *Mythobarbital* - the America I so often satirize in my own work.

As an artist, as a playwright, as a director - I was stunned at what Abattoir Fermé was able to achieve without words and without language.
I beheld the American consumer malaise I so often attempt to investigate via playwriting - brilliantly deconstructed in a new language - a vocabulary of symbols, silences, gestures and visuals.
Perhaps 'deconstruction' is not even an accurate word for what I witnessed.
Perhaps it was the system itself that was established on stage by Abattoir Fermé.
Time unfolded. A system unfolded. It was merely presented. There was no commentary needed, no asterisk. These familiar icons, these familiar moments of my own suburban American reality - were simply presented to me. There was no need for language. To see the horror of this system unfold before me - achieving a level of ritual and repetition - was more effective than any written text I had ever authored.

Because these three unusually white people in *Mythobarbital* were not new to me. I had seen them before. I knew them well in my own play *Not from Canada*. Two women and one man, lost and isolated from themselves and each other in a restaurant - desperate to have some new experience - and ready to devour each other if it proves elusive.

But what I had tried to achieve via the mundane aspects of consumer language in conversation - Abattoir Fermé was realizing without speech, without dialogue, without uttering a single phrase. At certain points - language is exhausted. Once a certain territory is breached, language proves insufficient and it becomes a more fitting terrain for the image itself - the visual - to confront what is unspeakable.

I left *Mythobarbital* with my mind on fire.

I left my first exposure to the work of Abattoir Fermé inspired, reborn and reminded of why I chose this difficult career path of a theatre artist.

I have since returned to Belgium to see more of their work. Most recently their presentations of *Tourniquet*, *Æon* and *Hard-boiled* in 2009. I remain stunned at their work - the embers still smoldering in my brain. Where most American theatre or performance artists who attempt a similar genre fail - Abattoir Fermé succeeds. Where American theatre or performance artists employ similar techniques such as nudity, horror or the grotesque - it all too often errs on the side of an emptied and simplified shock value. Perhaps it's because the Abattoir Fermé people seem committed to allowing time to unfold, to establishing this sense of the system or ritual on stage - that their work succeeds. They seem to be quite comfortable in permitting the mundane to exist alongside the horrific - or perhaps realizing that the true horror, the true tragedy of our contemporary existence resides in exploring the mundane repetitions of the system.

I remain a changed artist because of my exposure to Abattoir Ferme.

And a changed audience member as well.

It is extremely difficult now to sit in the audience back in my home of New York City and watch esteemed practitioners of the downtown avant-garde. I feel adrift in a sea of wasted gestures, wasted language, wasted technology - spent wildly without any sense of this presence, this attention to ritual.
The American theatre has never seen anything like Abattoir Fermé grace its stages.

Ever.

And I fear for an American theatre that exists without any knowledge of Abattoir Fermé.

I suspect there is much in their method that we may learn from. I realize now that there is not that much to say anymore after being exposed to the work of Abattoir Fermé. Our contemporary landscape is so unspeakable that one might need only turn the mirror upon ourselves and show the system at work.

One tedious and grotesque moment after the other.

Unfolding one after the next.

Without uttering a single word …

Kevin Doyle is Artistic Director of the theatre company Sponsored By Nobody (USA).

Proloog.

Miss Lala-Land met haar lange rode regenjas aan. Ze staat bij Kaalmans thuis.

kaalmans
ik doe niet aan emoties

*Kaalmans neemt haar jas af. En dwingt haar iets af terwijl hij op een stoeltje zit.
Miss Lala-land zucht. Ze heeft er geen zin in, ze gaat zelfs bijna huilen.
Ze danst wat. De kale man is meedogenloos.*

Nee. Opnieuw.
Nee. Opnieuw.
Nee. Opnieuw.

*Zij danst, hij onderbreekt haar. Zo gaat dat lang, lang door.
De inspanning van Miss Lala-Land wordt uiteindelijk enorm. Hij steekt een sigaar op.
Intens, geconcentreerd, sterk transpirerend danst ze traag, sensueel maar vooral mooi.*

kaalmans
Kutwijf.

Miss Lala-Land maakt zich uit de voeten.

ik haat actrices
Ik haat acteurs. Acteurs zijn allemaal werkschuwe flikkers.
Ik haat actrices. Actrices zijn allemaal sletten, pothoeren die zich een carriere omhoog pijpen.
Ik haat de theaterregisseurs die stukken van 500 jaar geleden relevant vinden.
Wie zit daar nu op te wachten ? geen hond. Niemand wil theater.
~~Haha !~~
De volkswil heeft nog nooit een kunstenaar gesubsidieerd
~~de meerderheid van de bevolking vind overheidsgeld beter
geïnvesteerd in industrie, wetenschappelijk onderzoek en onder~~wijs
een democratie blijft een democratie ook zonder theater
kunst is niet vrolijk, theater is niet fijn
het kost slapeloze nachten en kopzorgen
elke minuut van je leven geef je aan theater
het is geen beroep maar een staat van zijn
maar ik kan niet zonder
ik bedenk elke dag een stuk
als het slecht weer is, bedenk ik er wel drie
vreselijke stukken, lelijk, raar en ondoorgrondelijk diep
ik ben blij dat ik voor theater heb gekozen
mijn vrouw is zo lelijk
ik heb haar opgesloten in een hok
ik mis haar
Kutwijf

De conciërge komt op met een metalen trolley met daarop een dode hond.

Eerste pagina van Chiels Indie-brochure (2005)

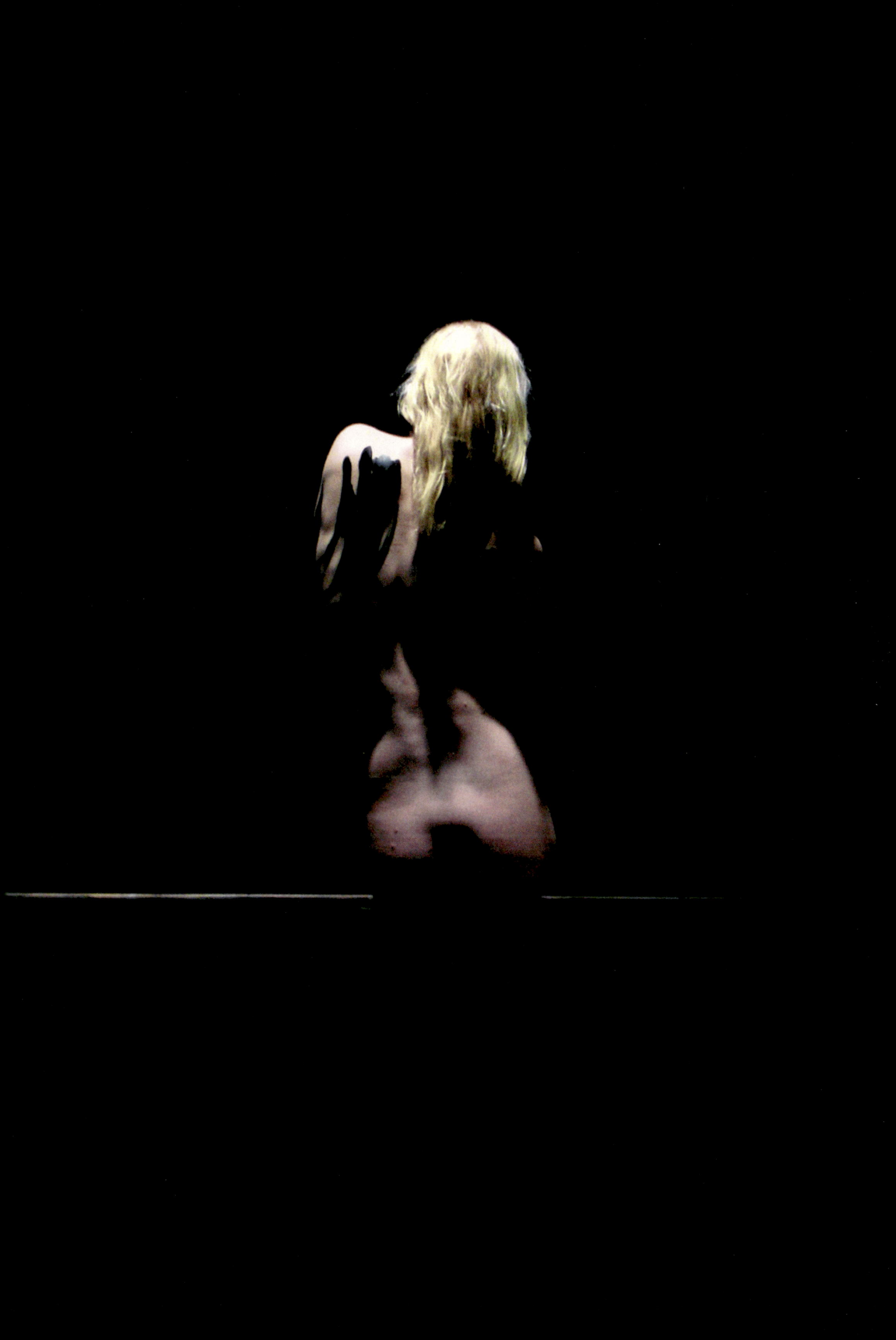

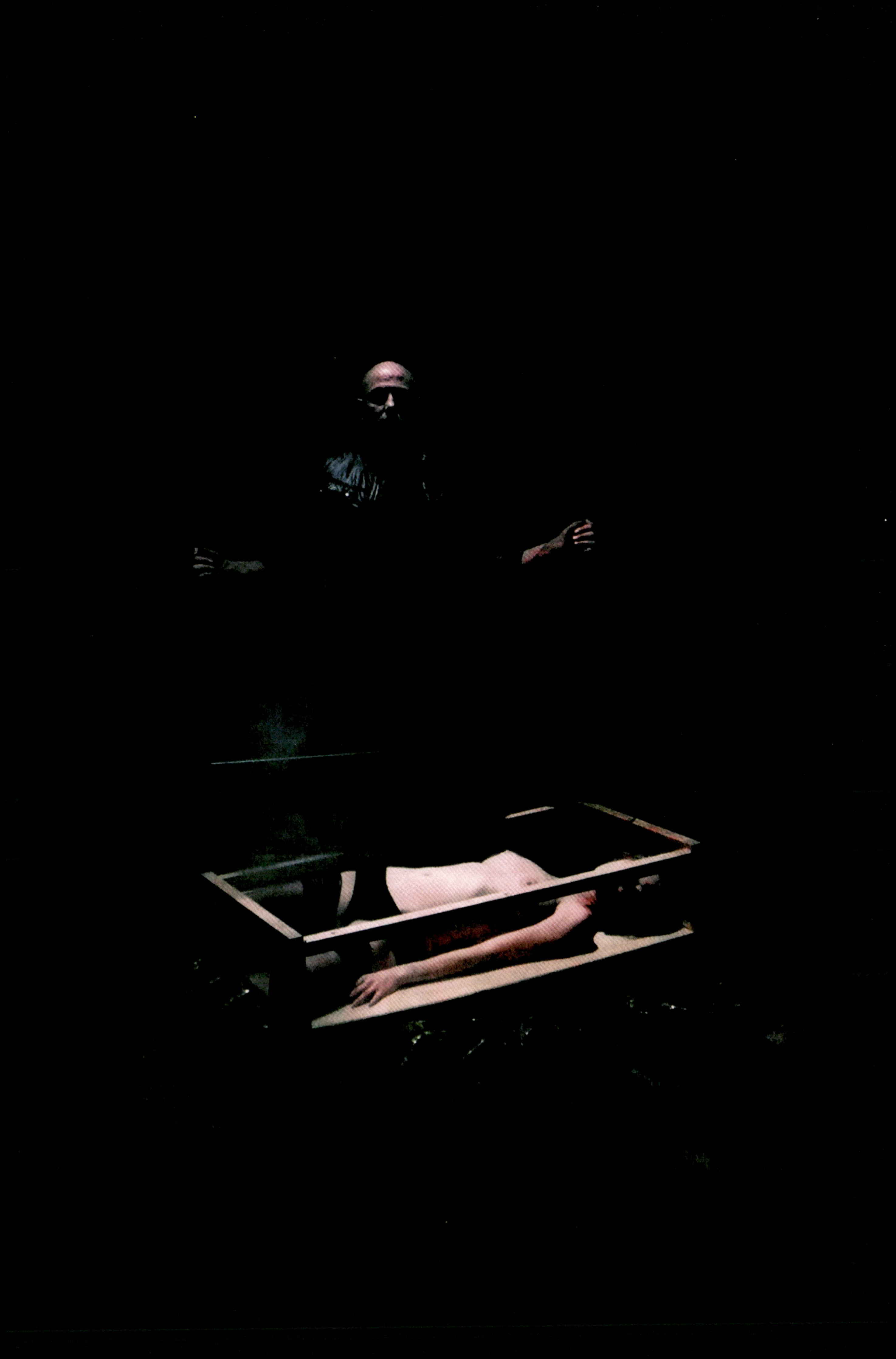

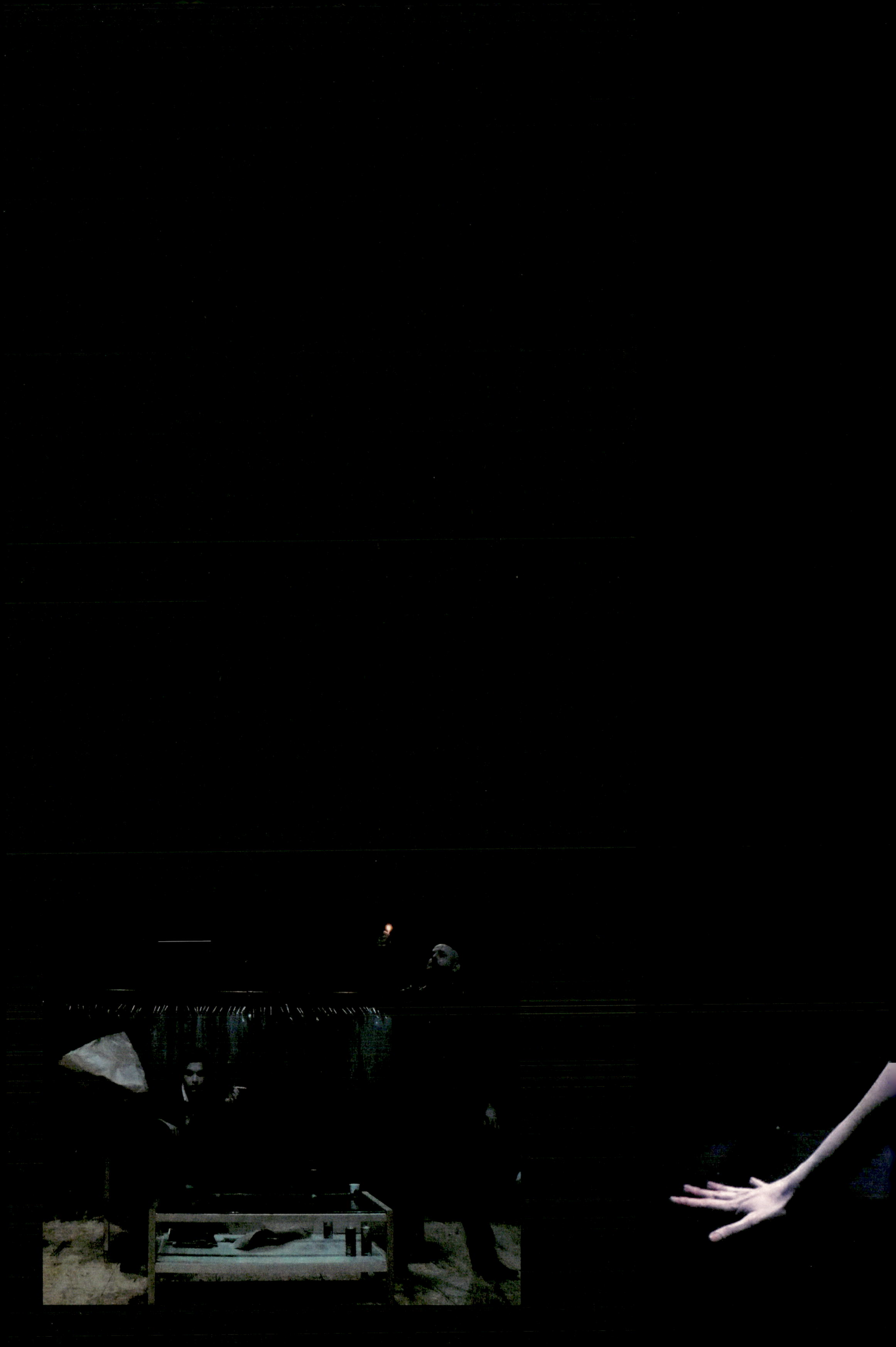

-165-

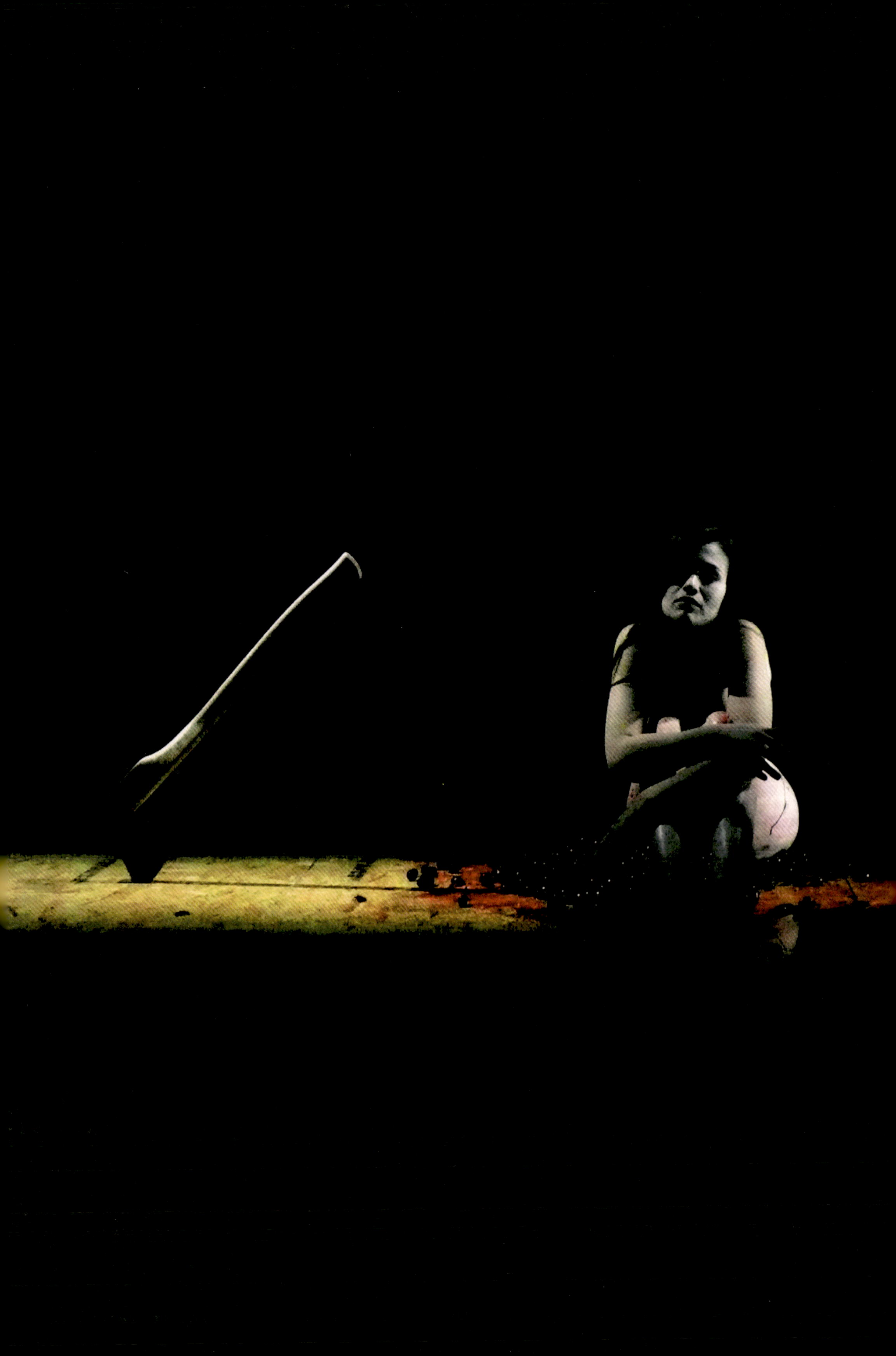

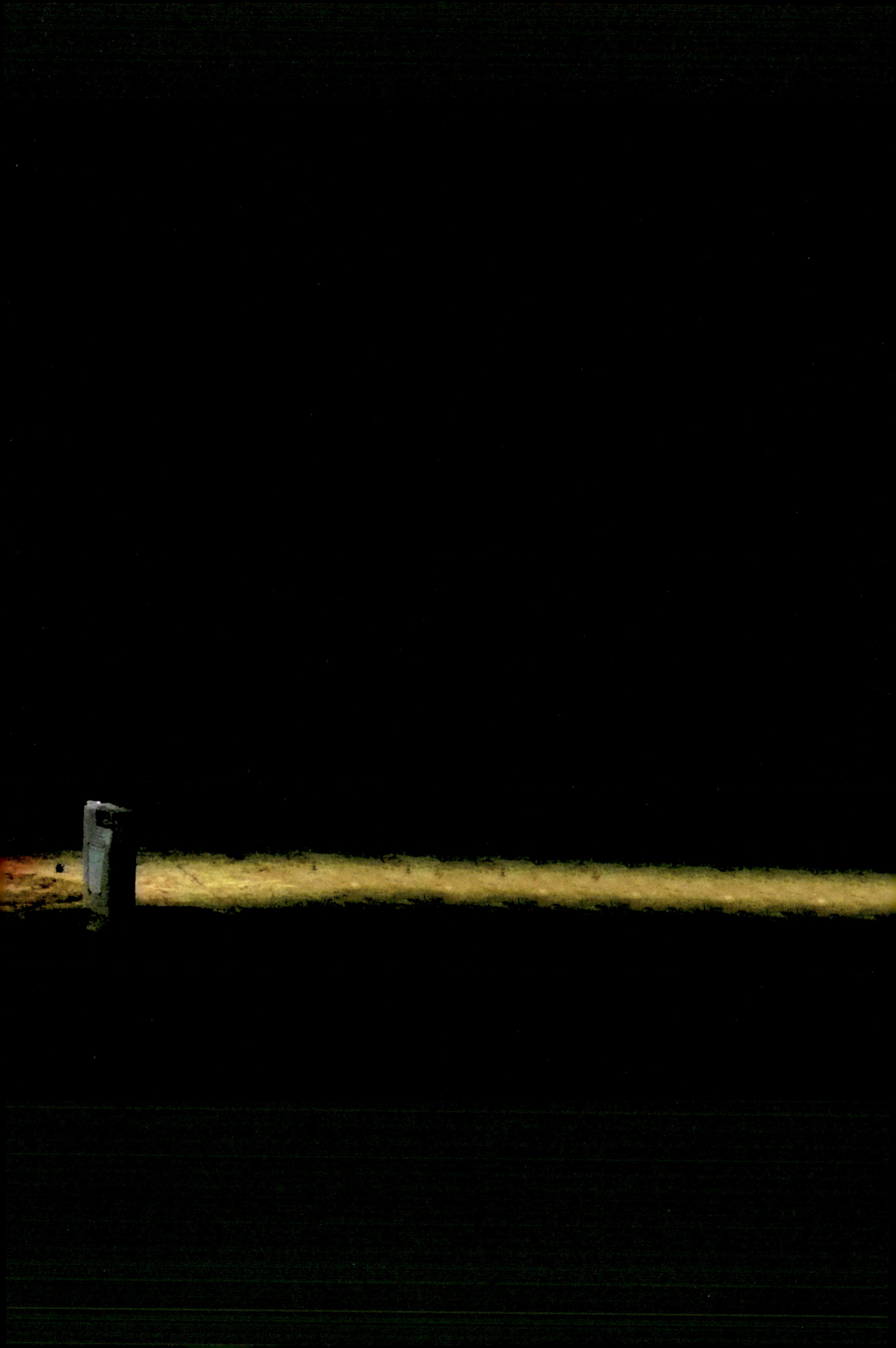

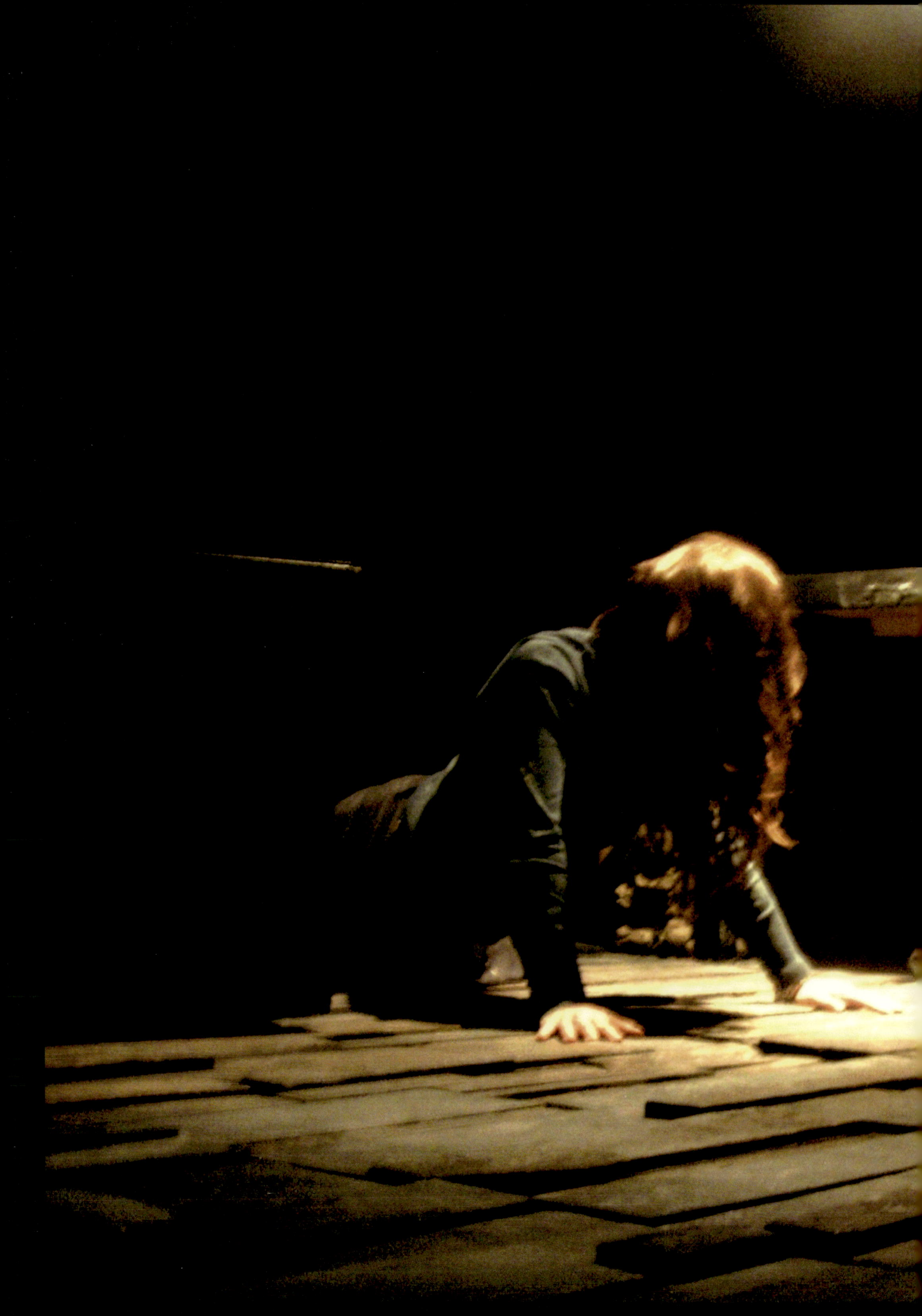

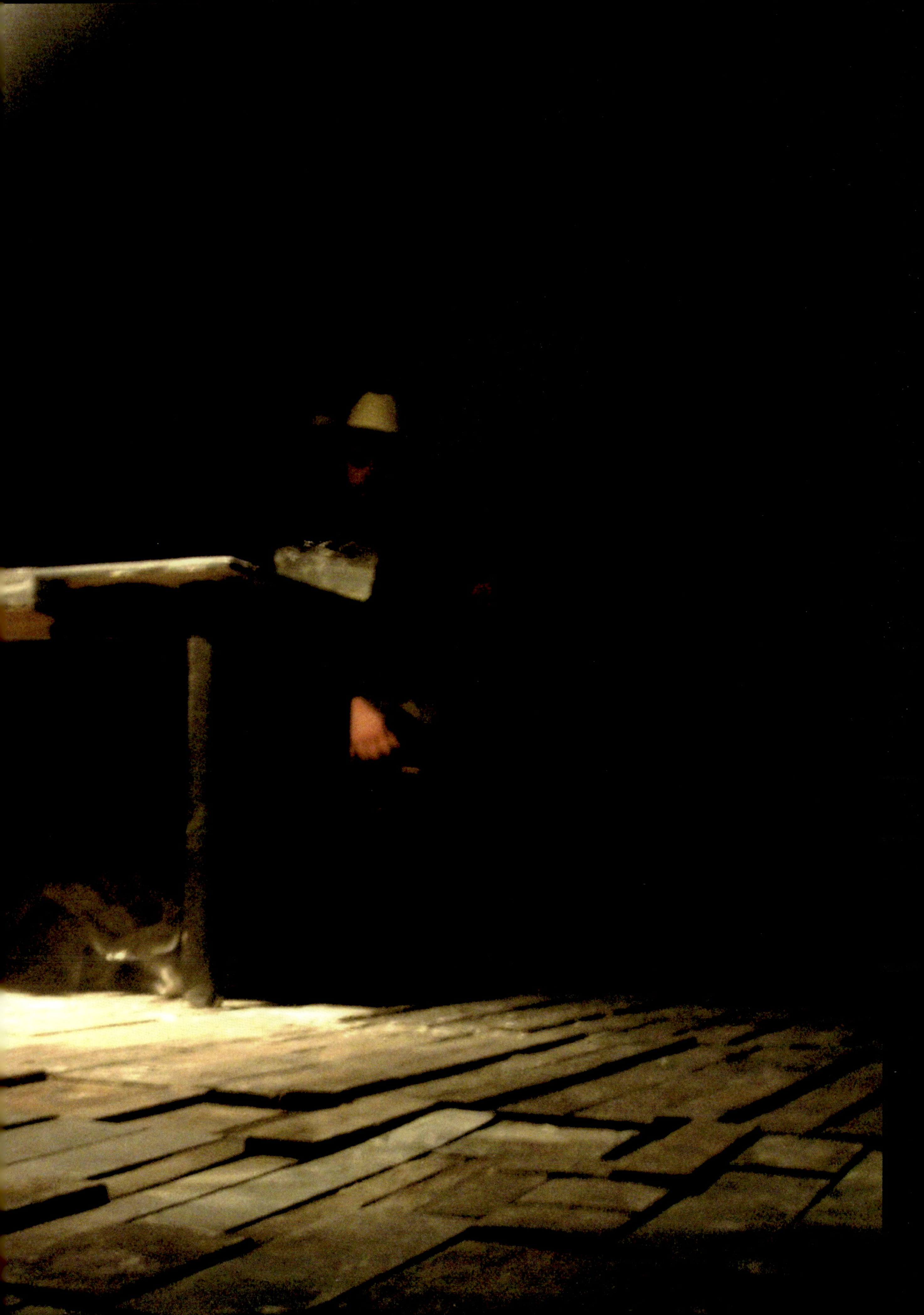

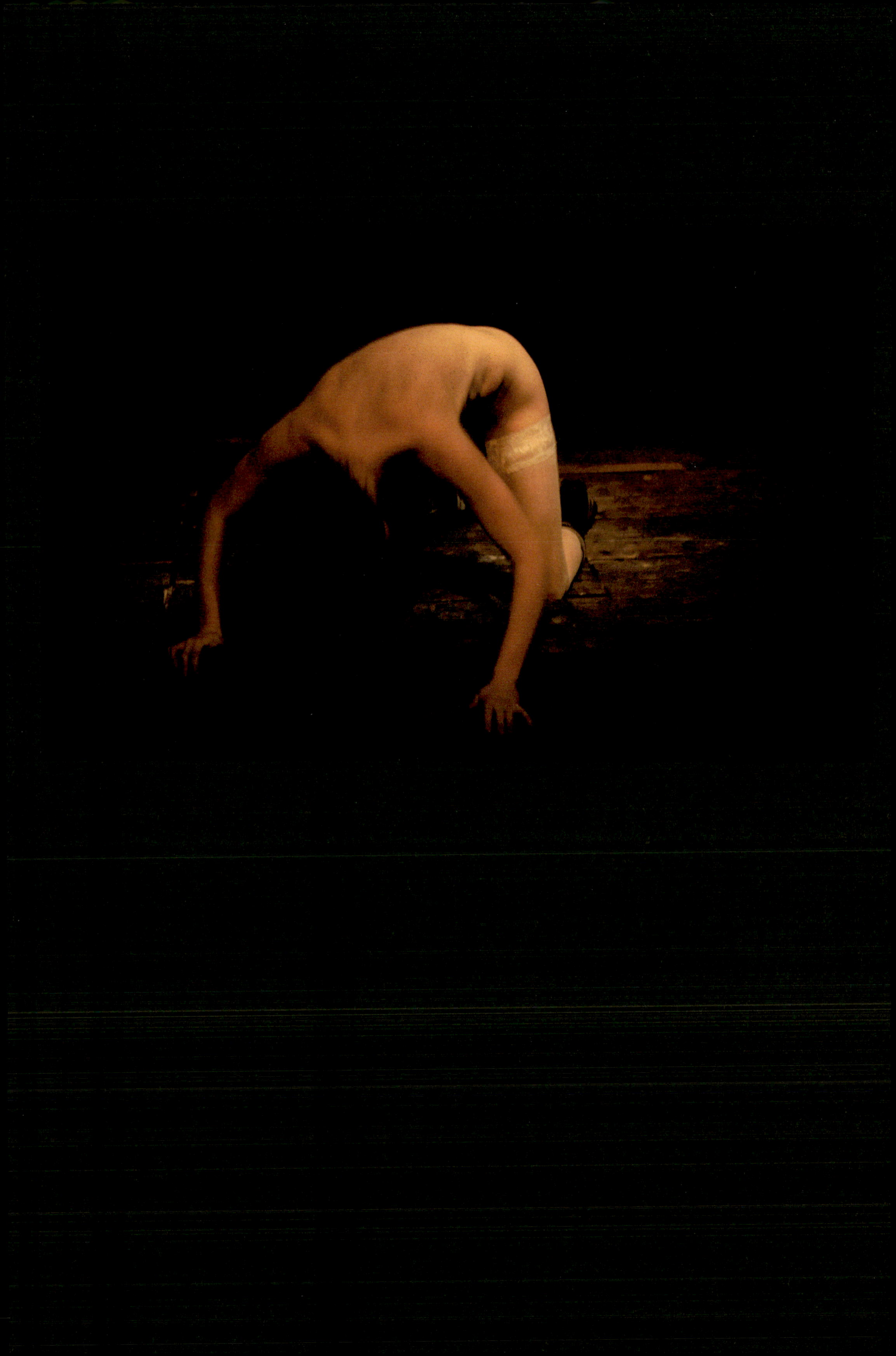

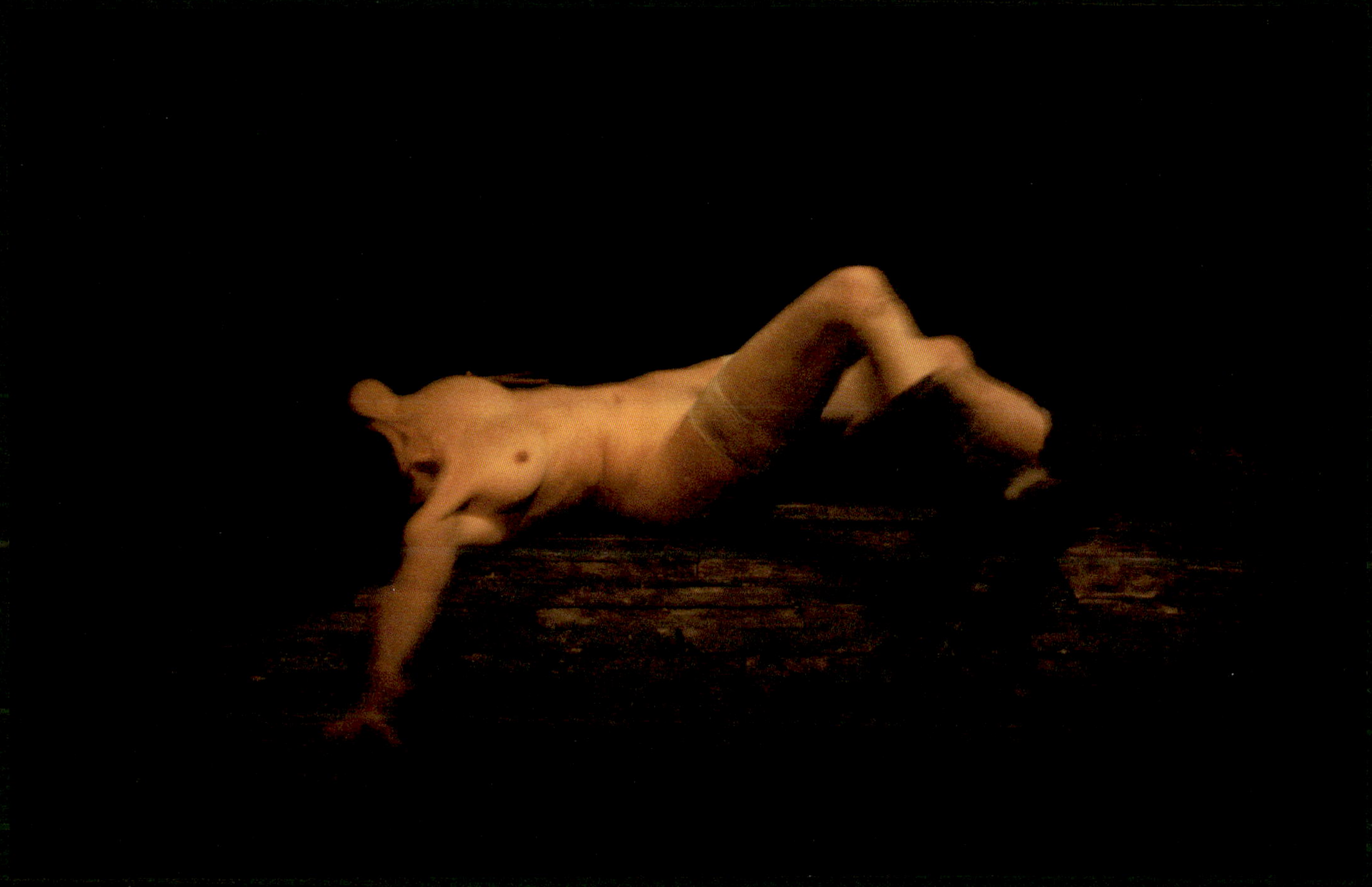

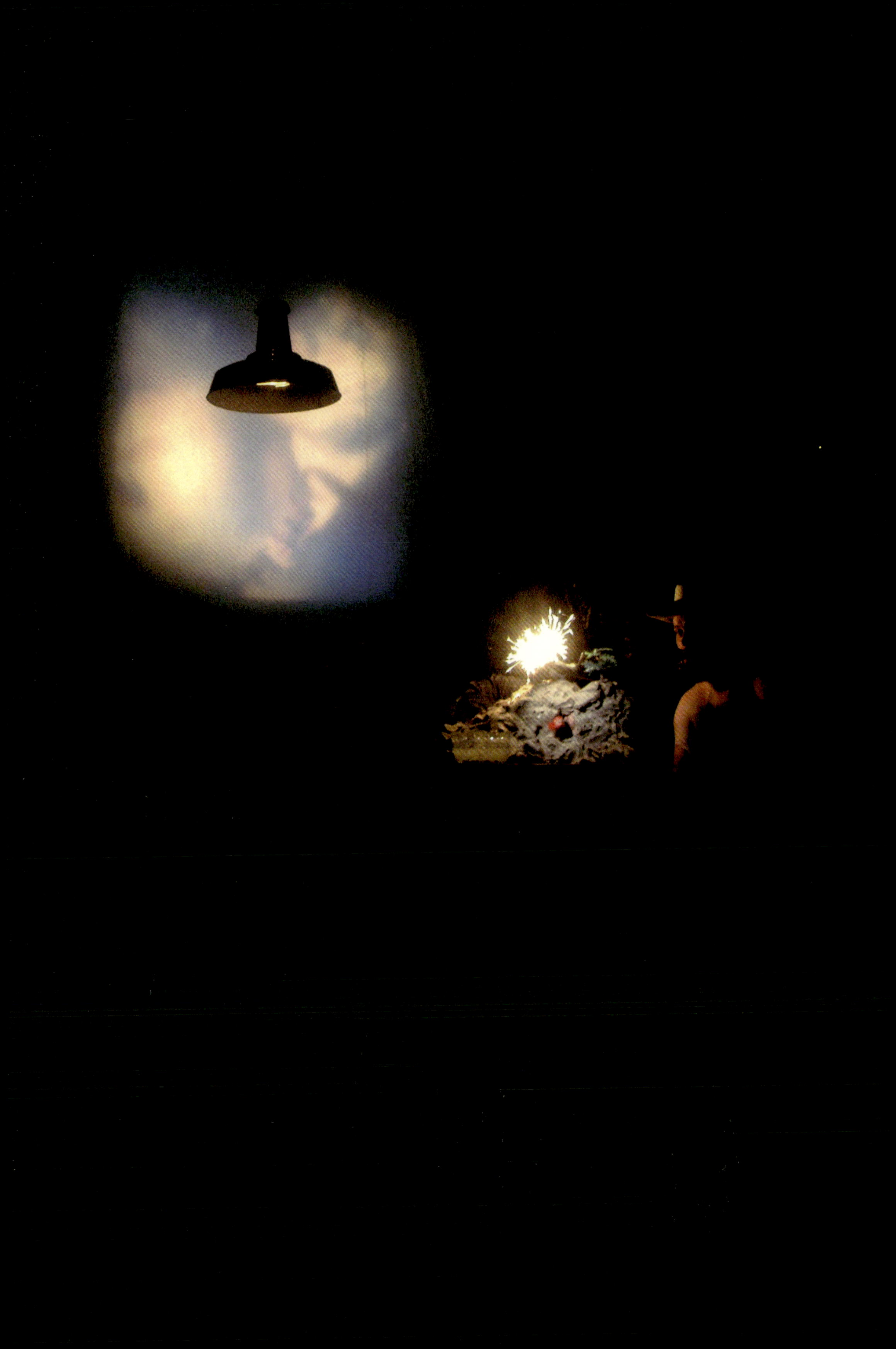

-173-

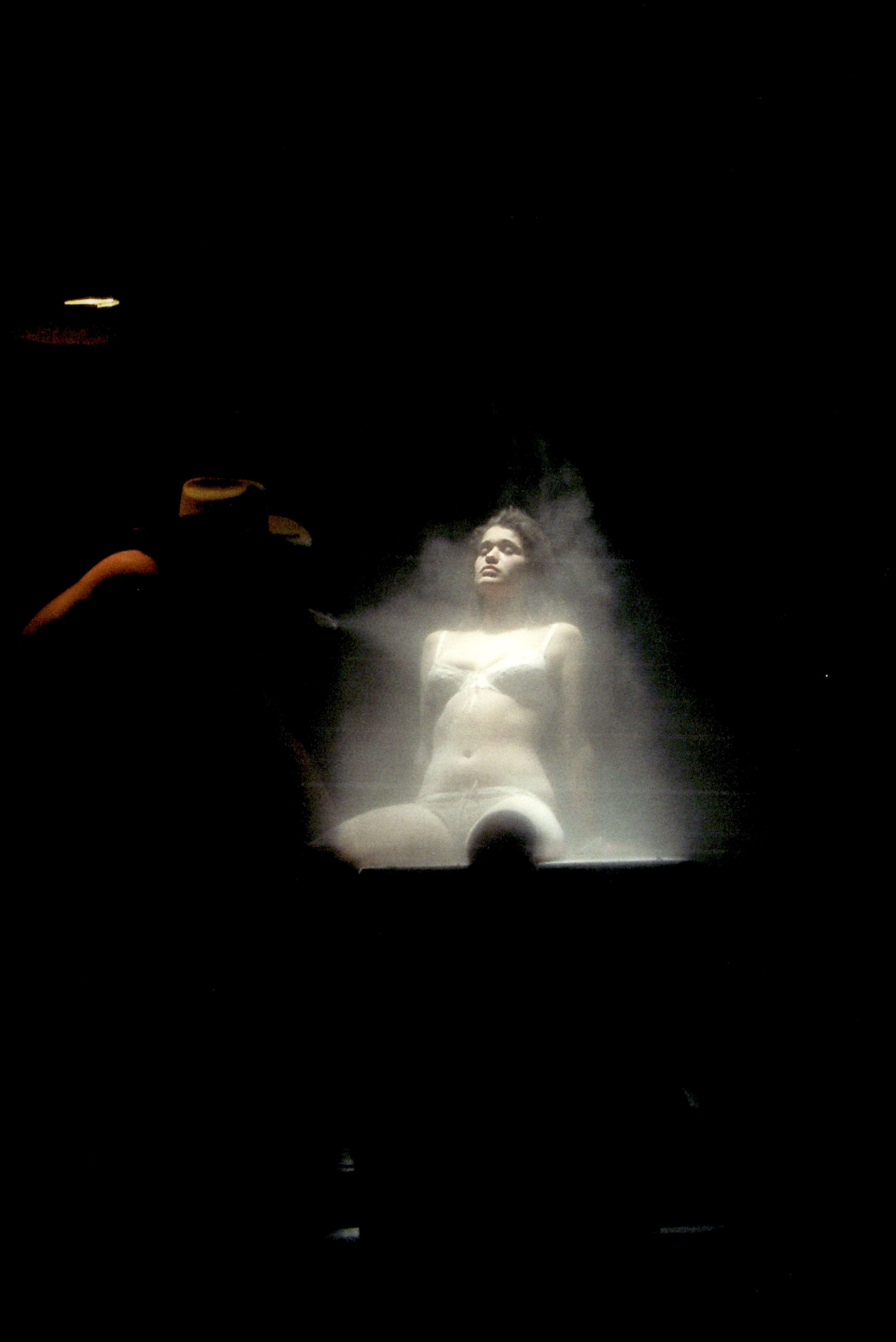

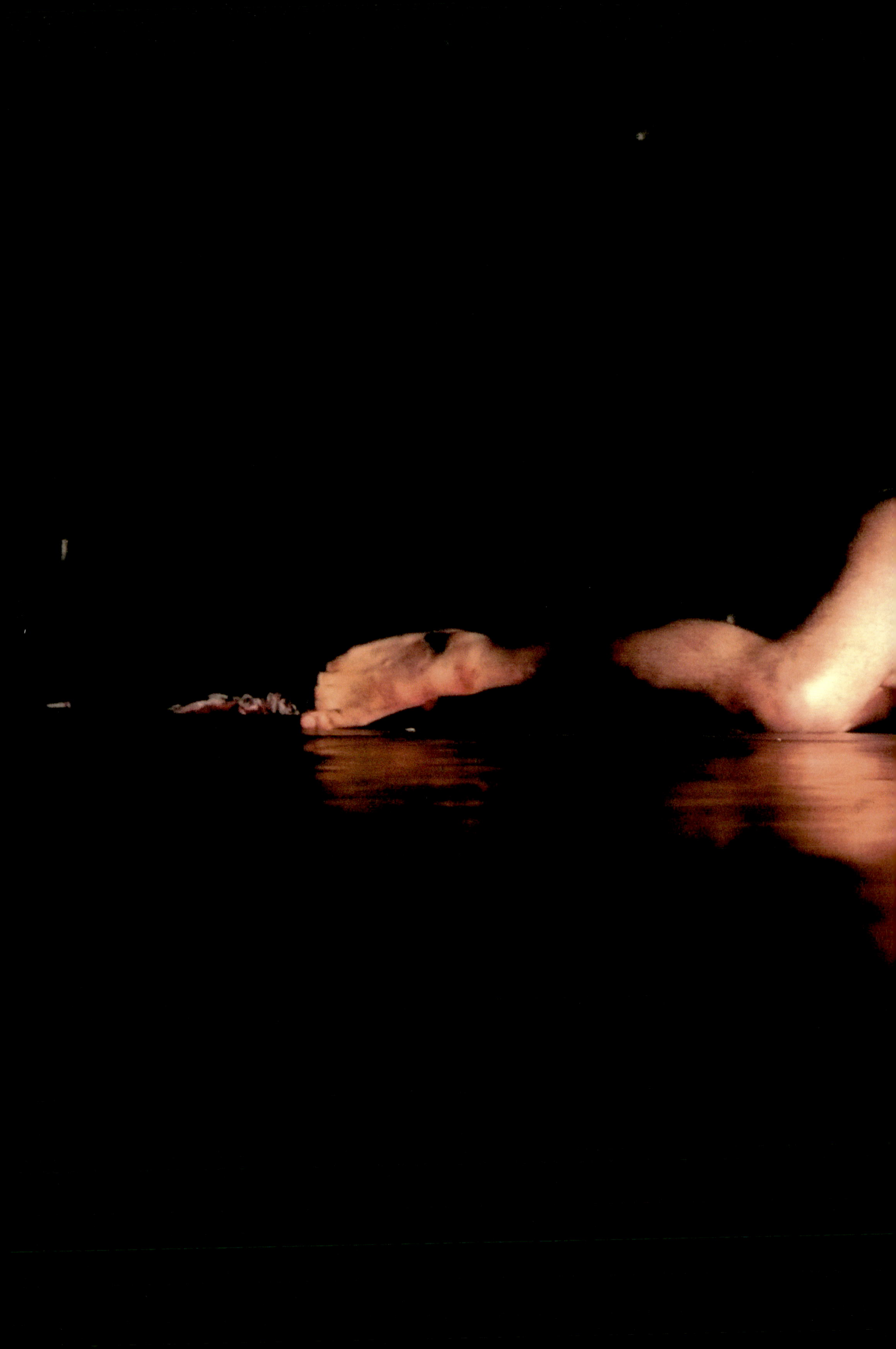

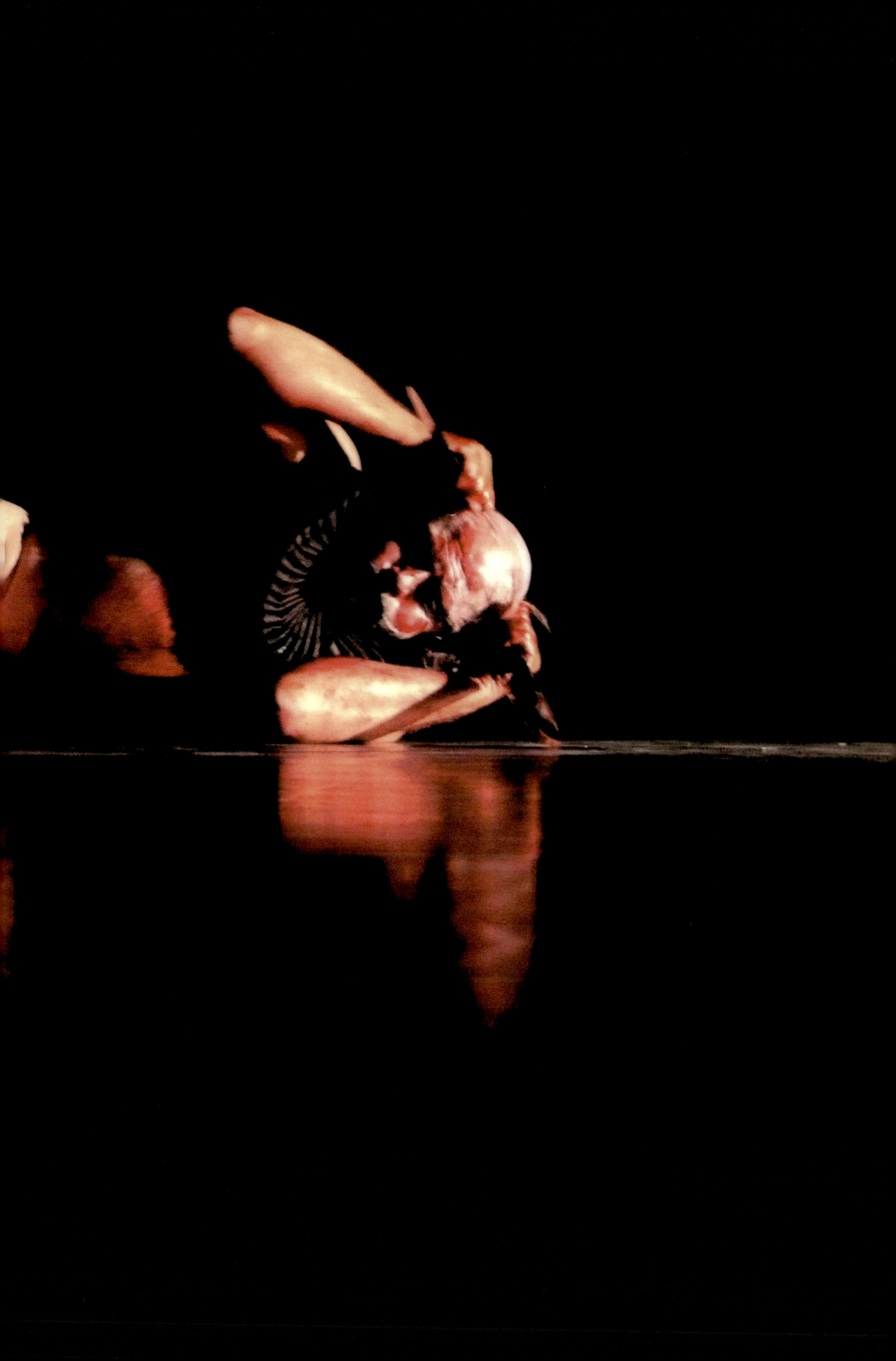

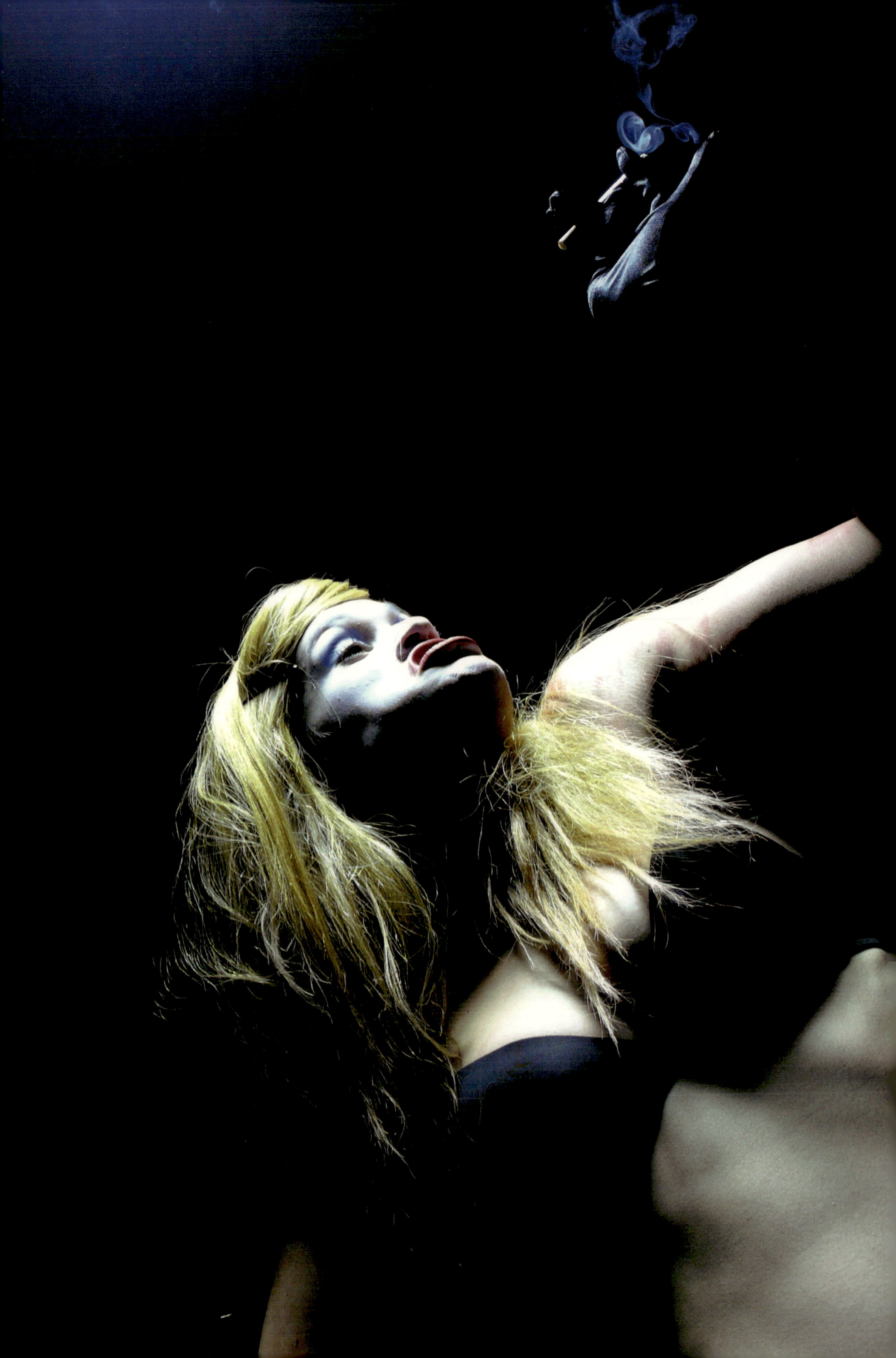

-179-

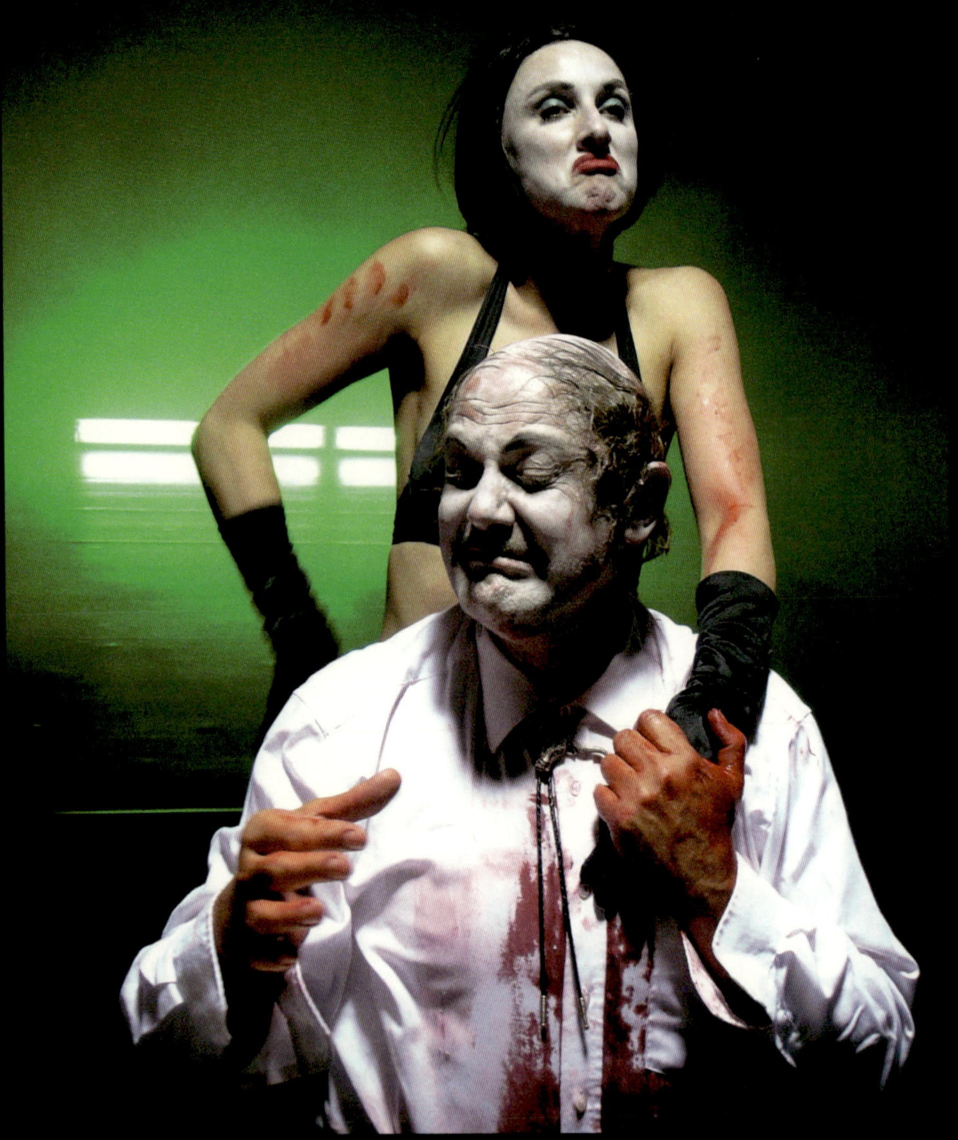
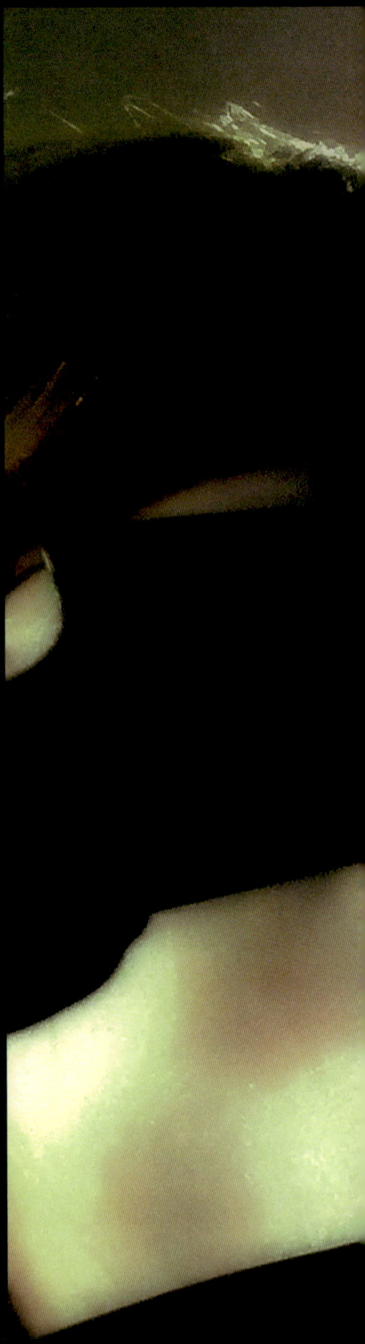
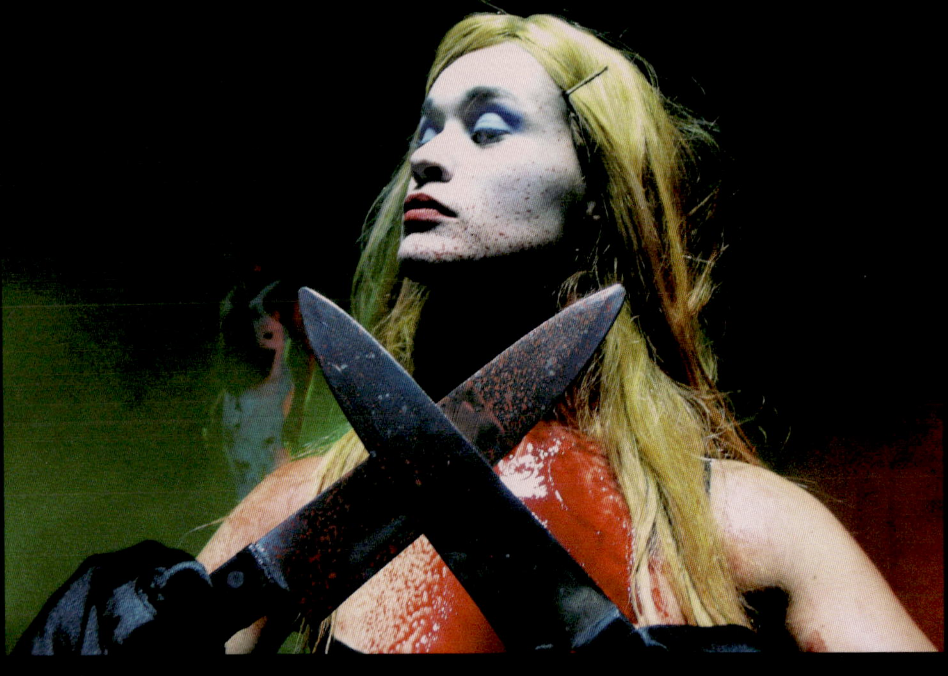

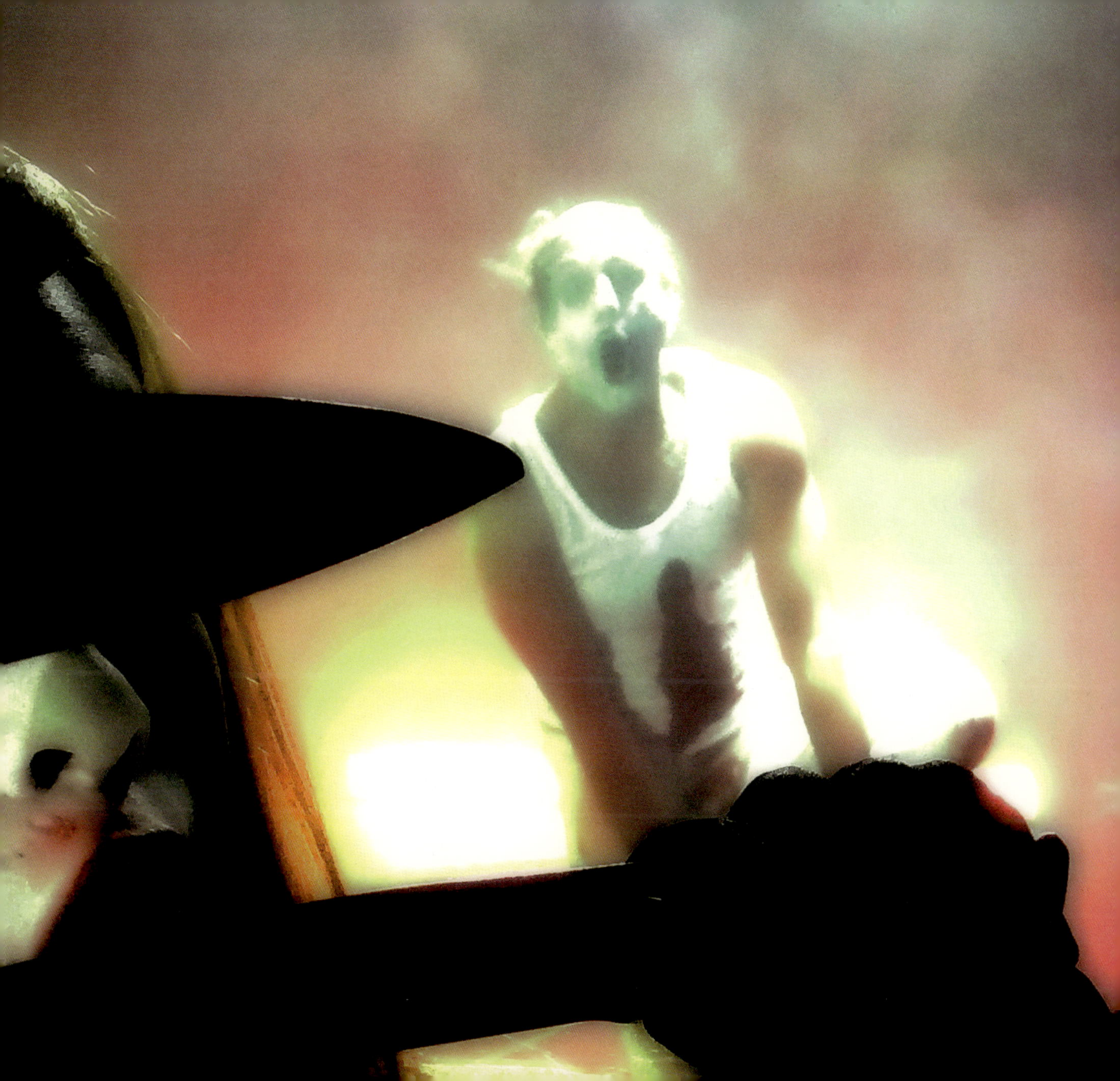

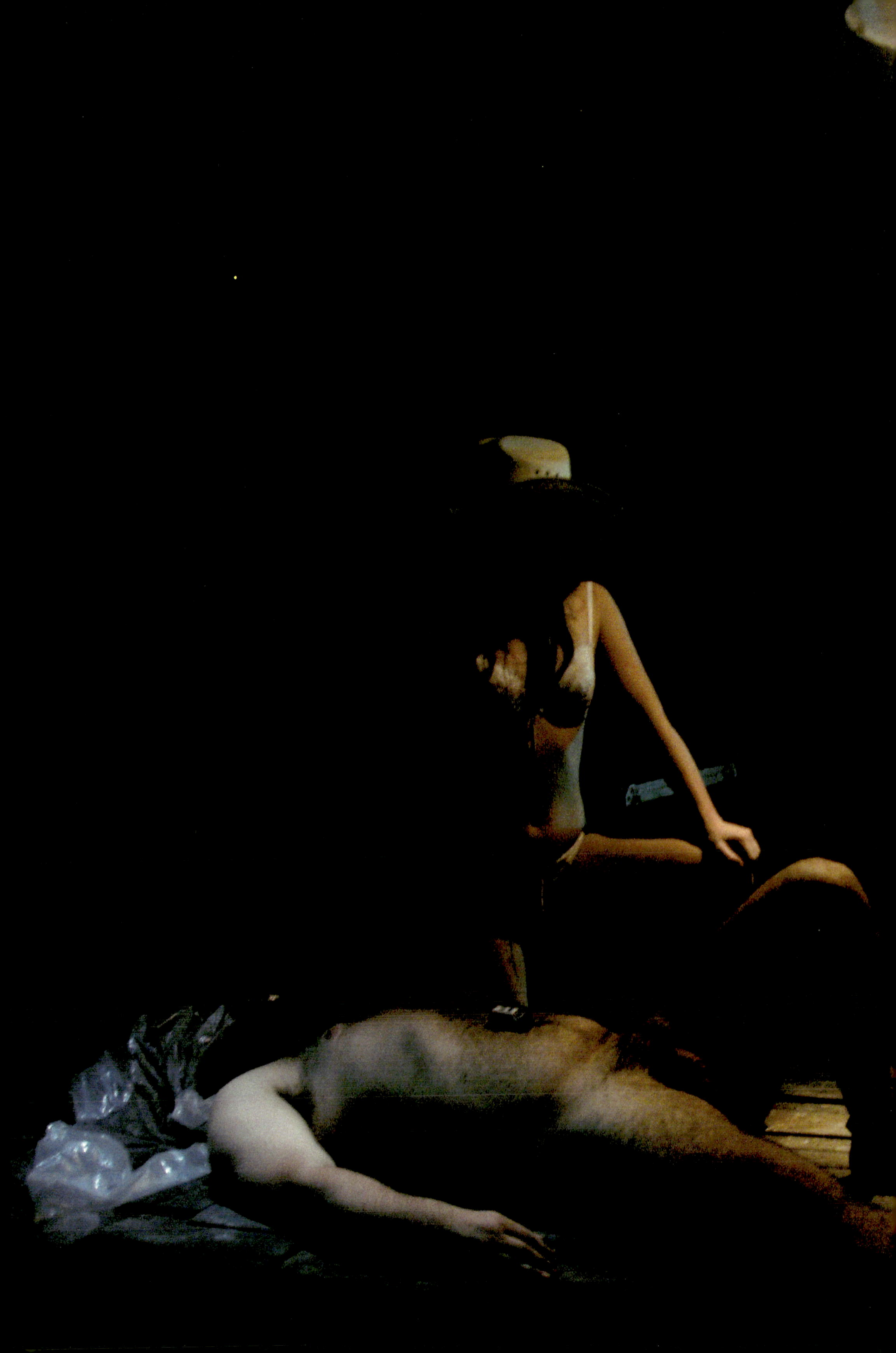

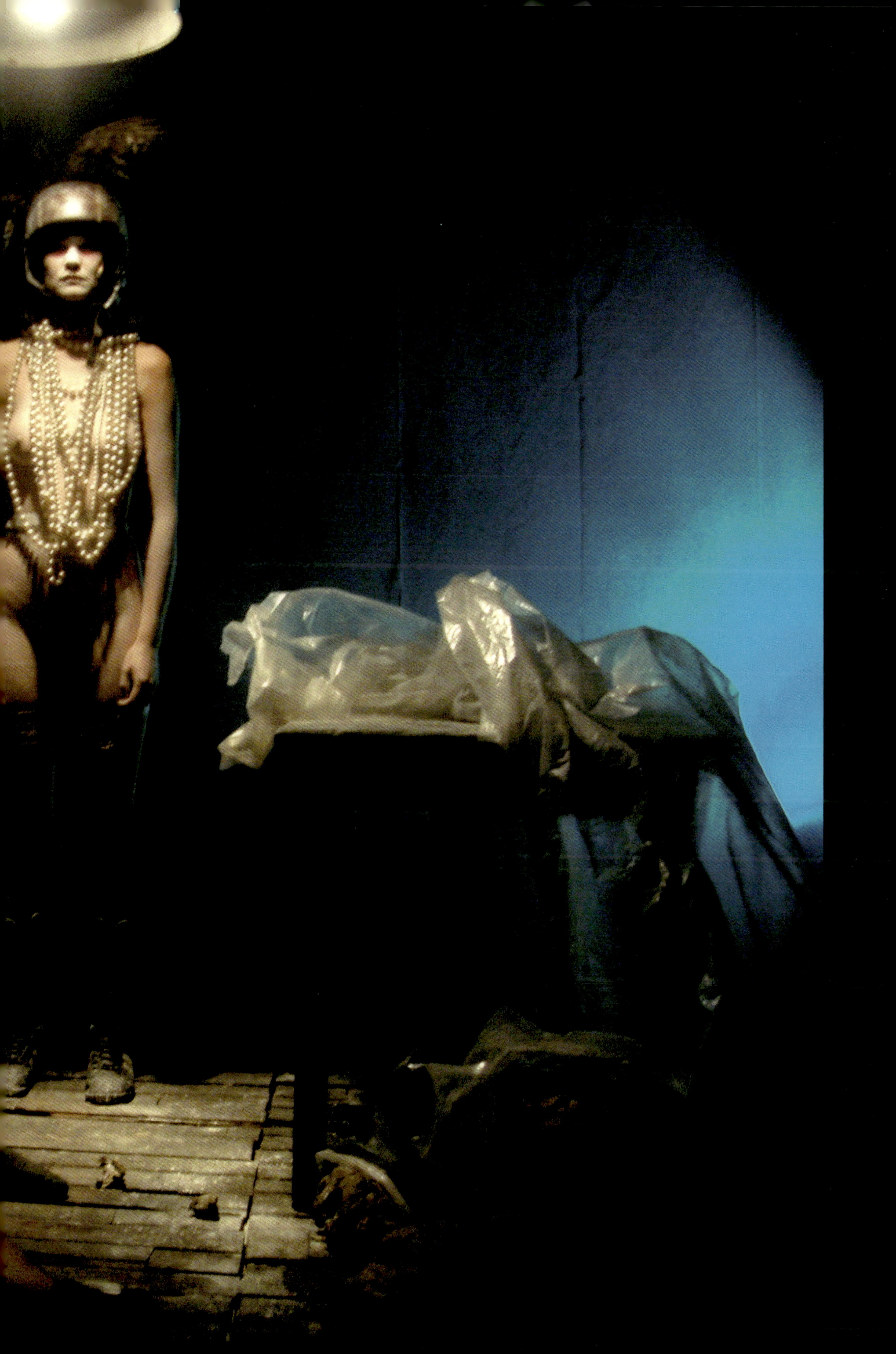

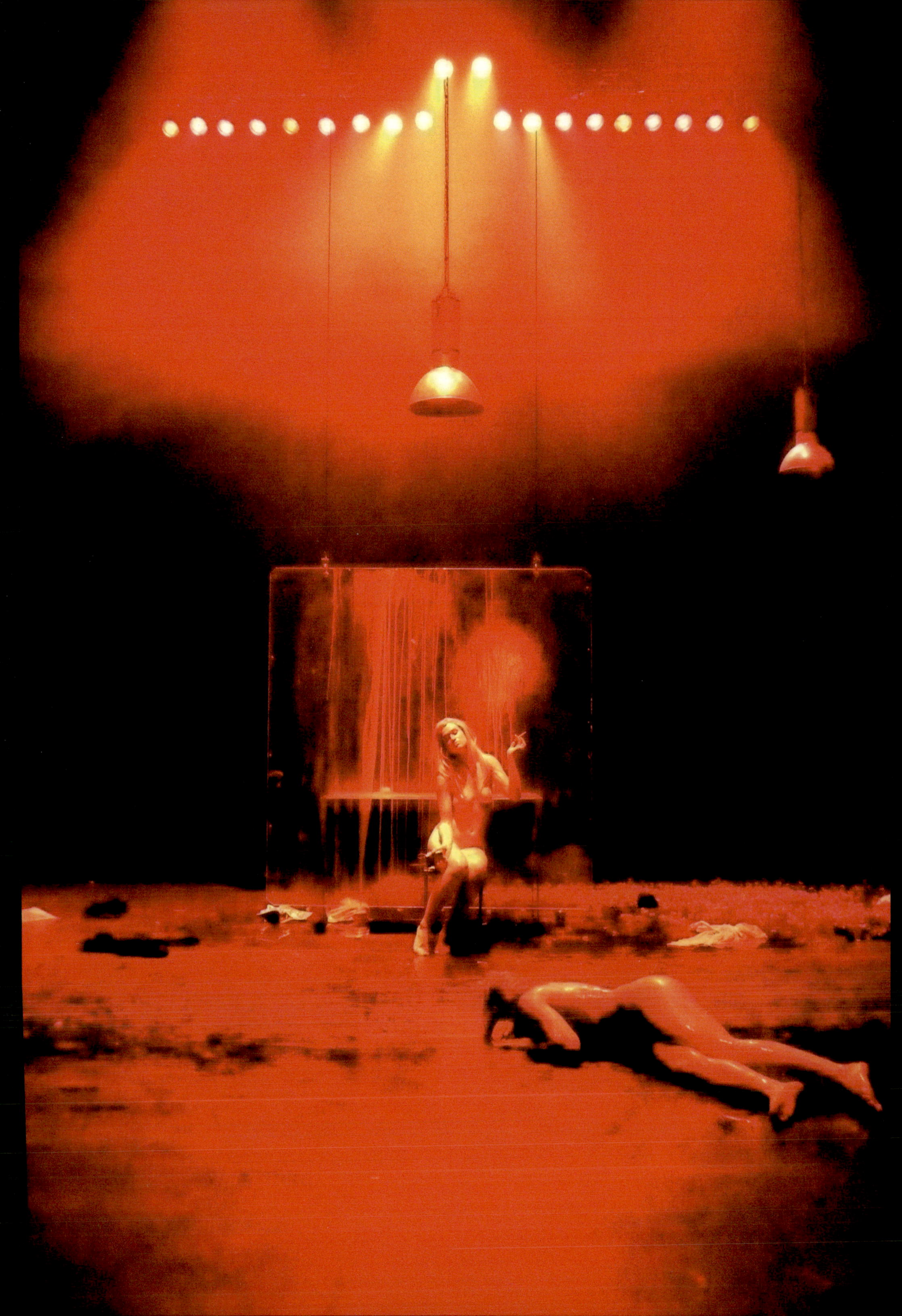

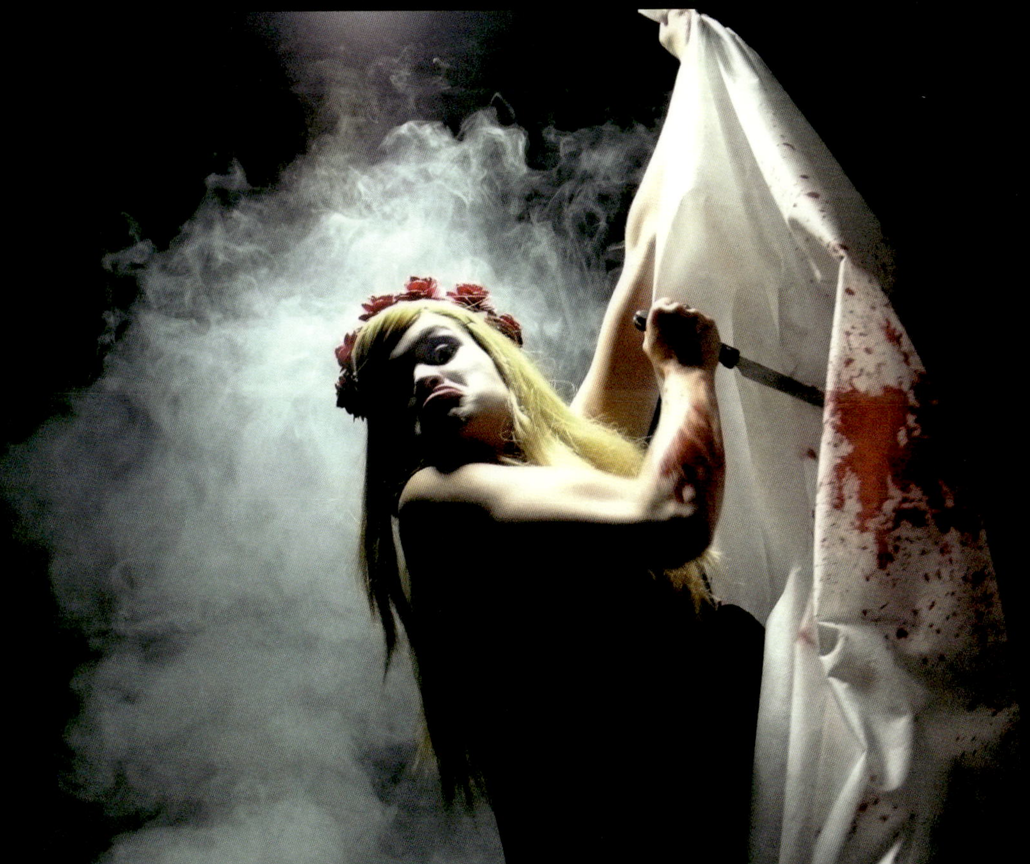

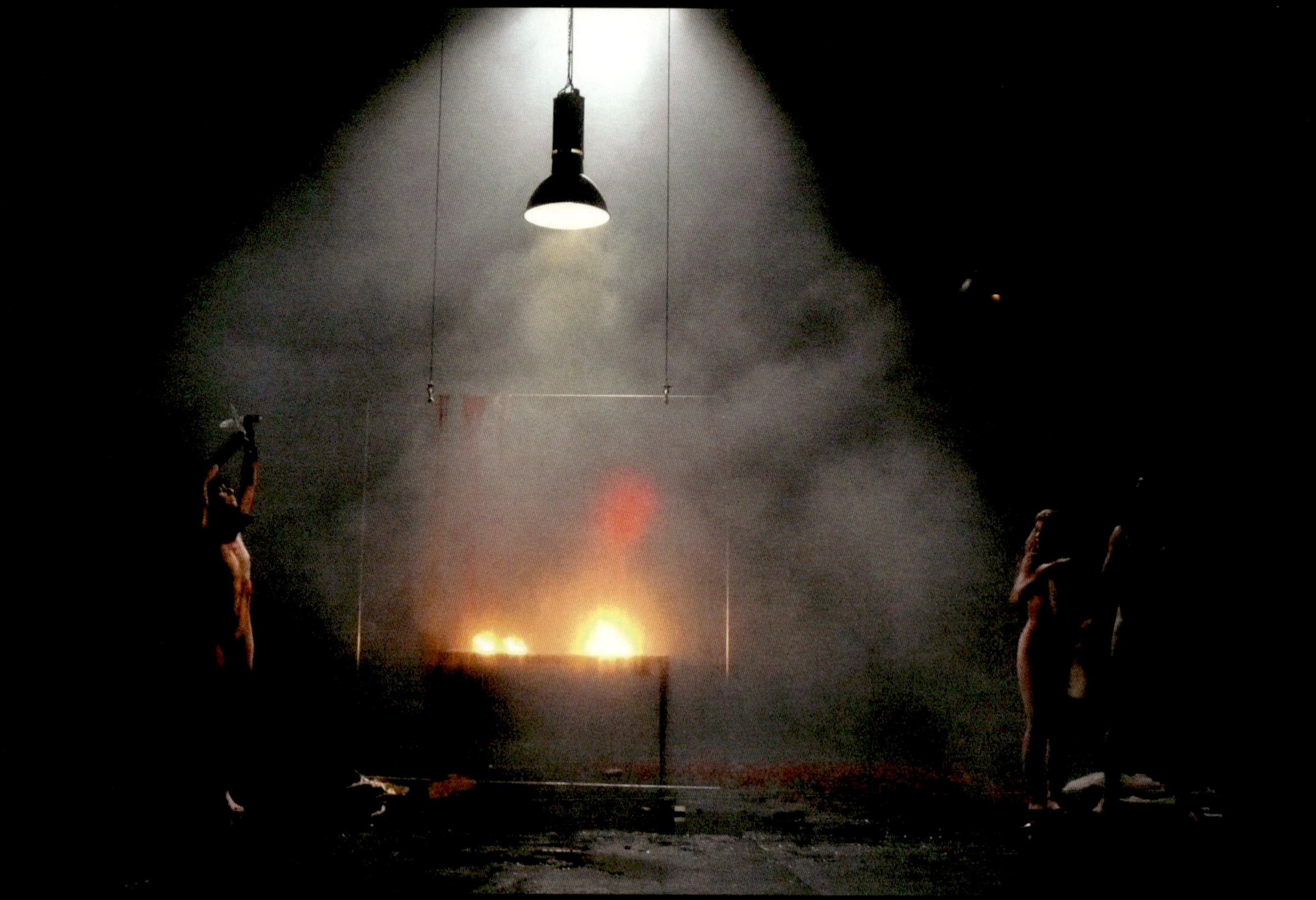

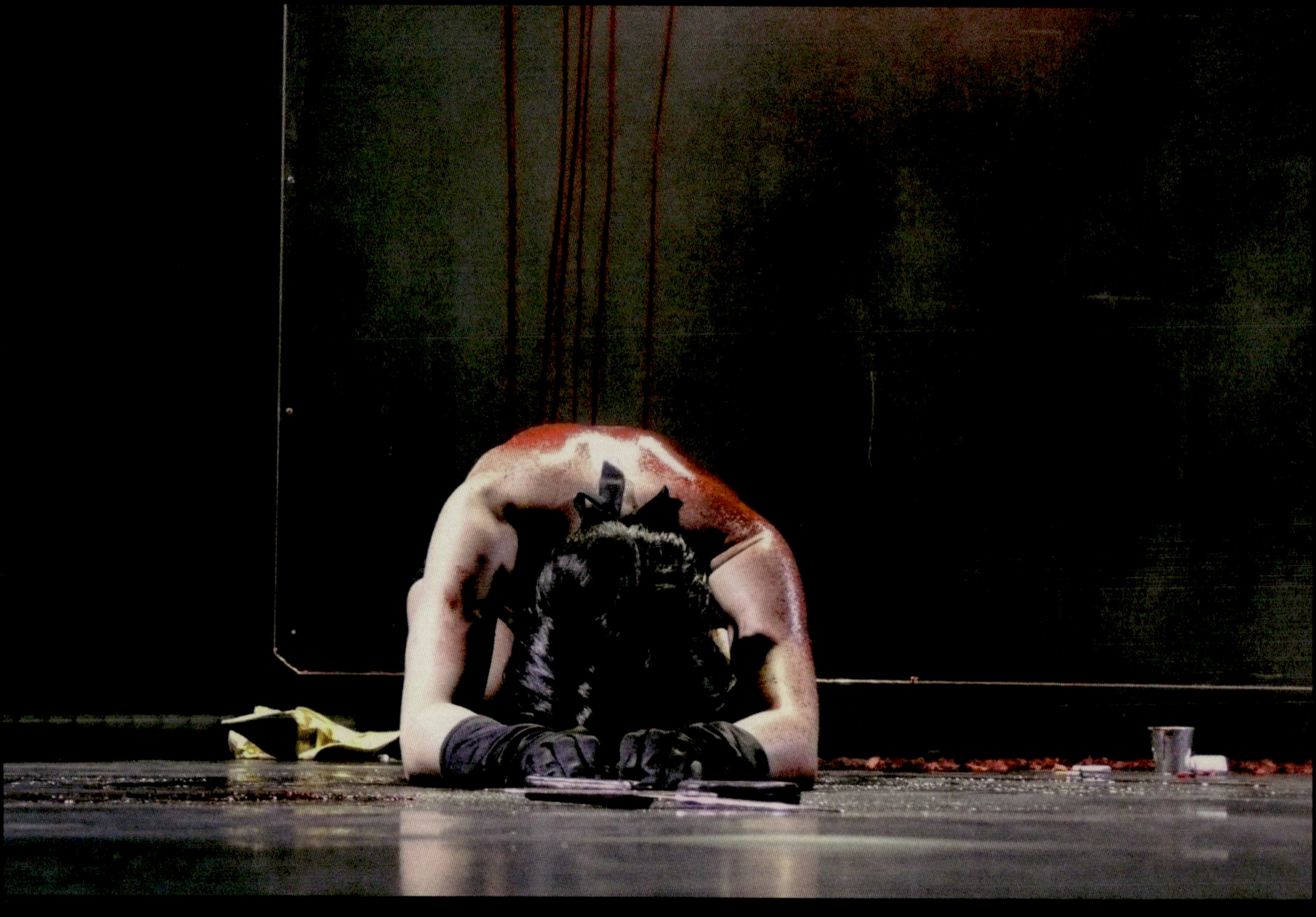

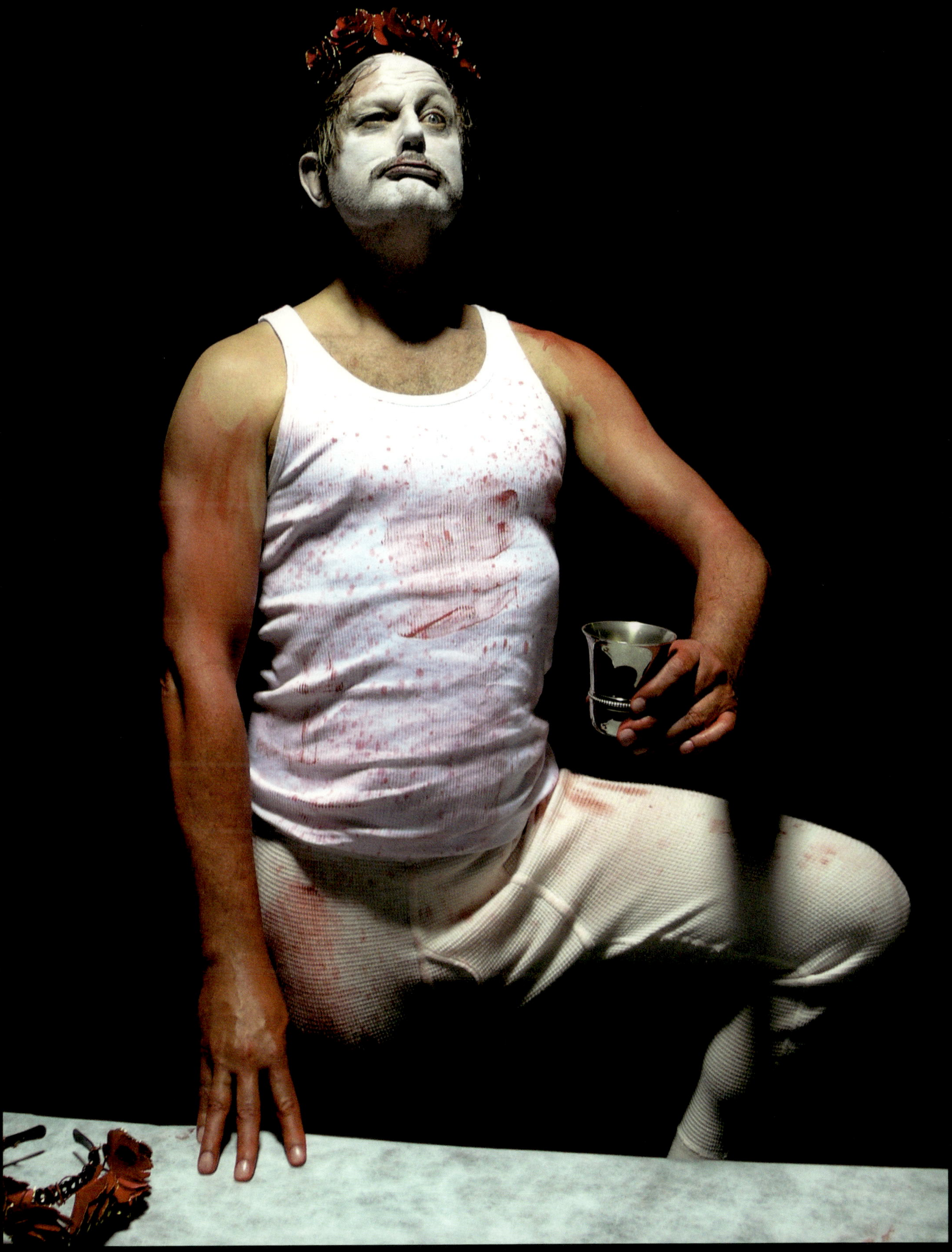

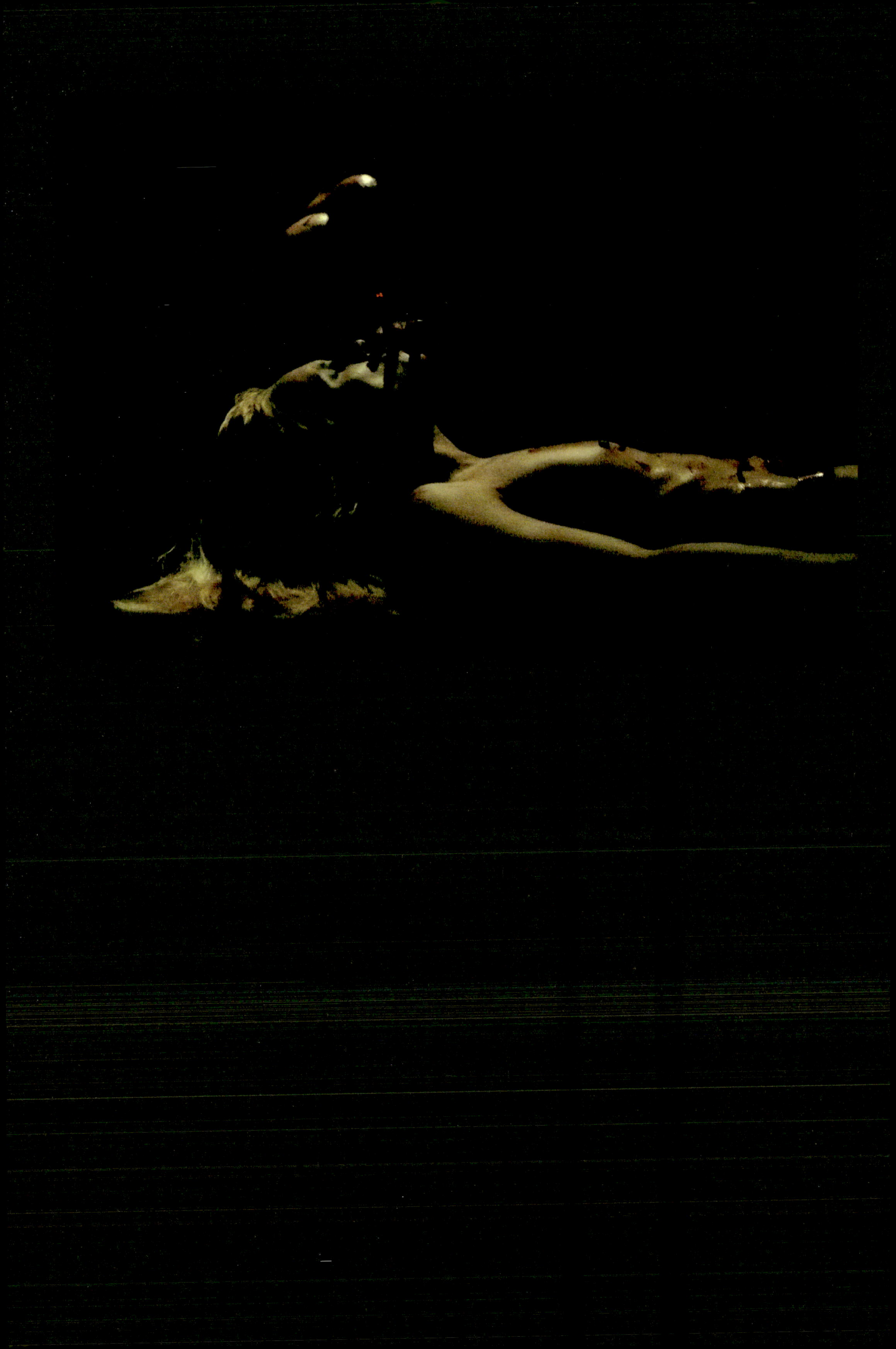

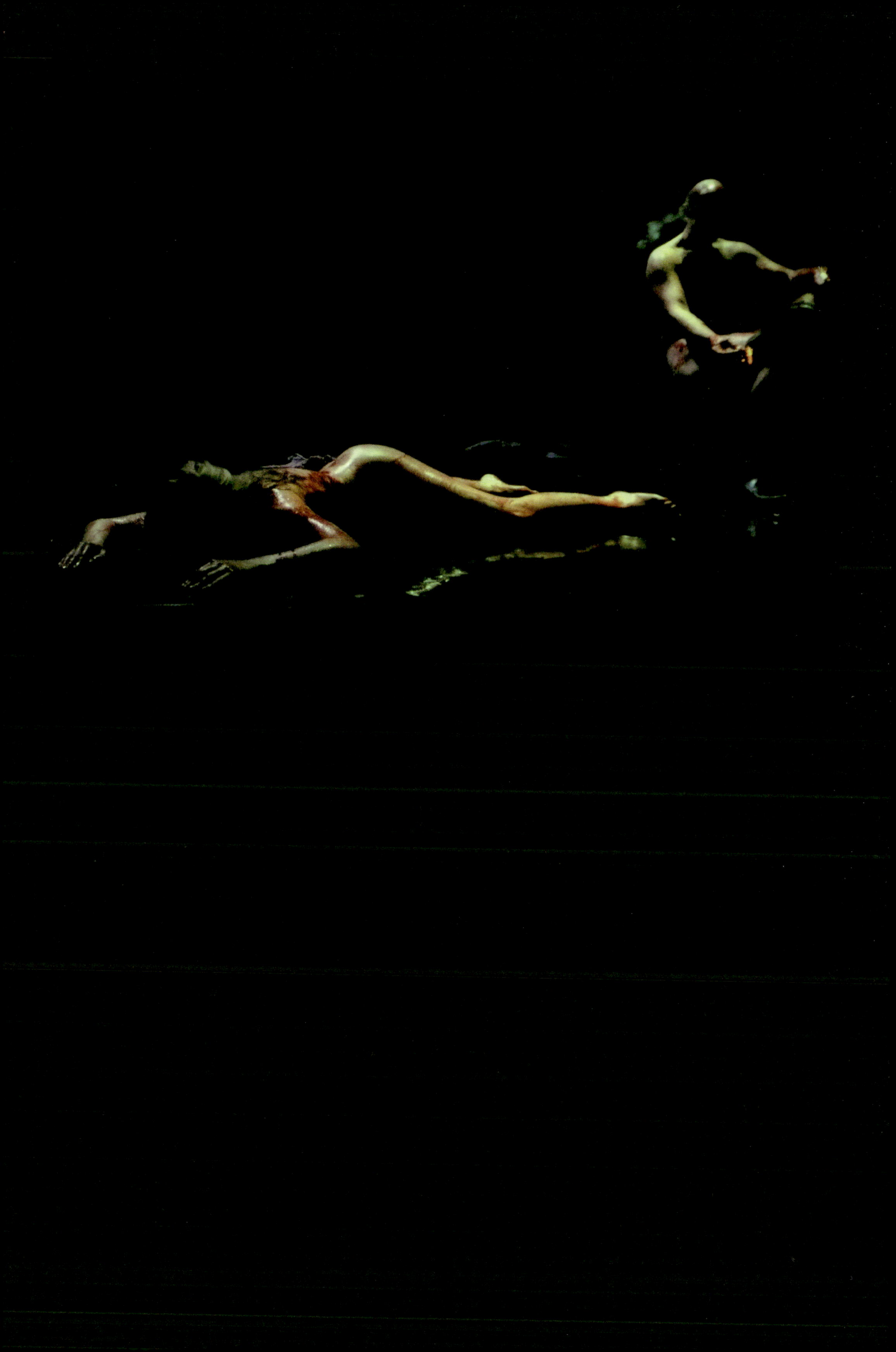

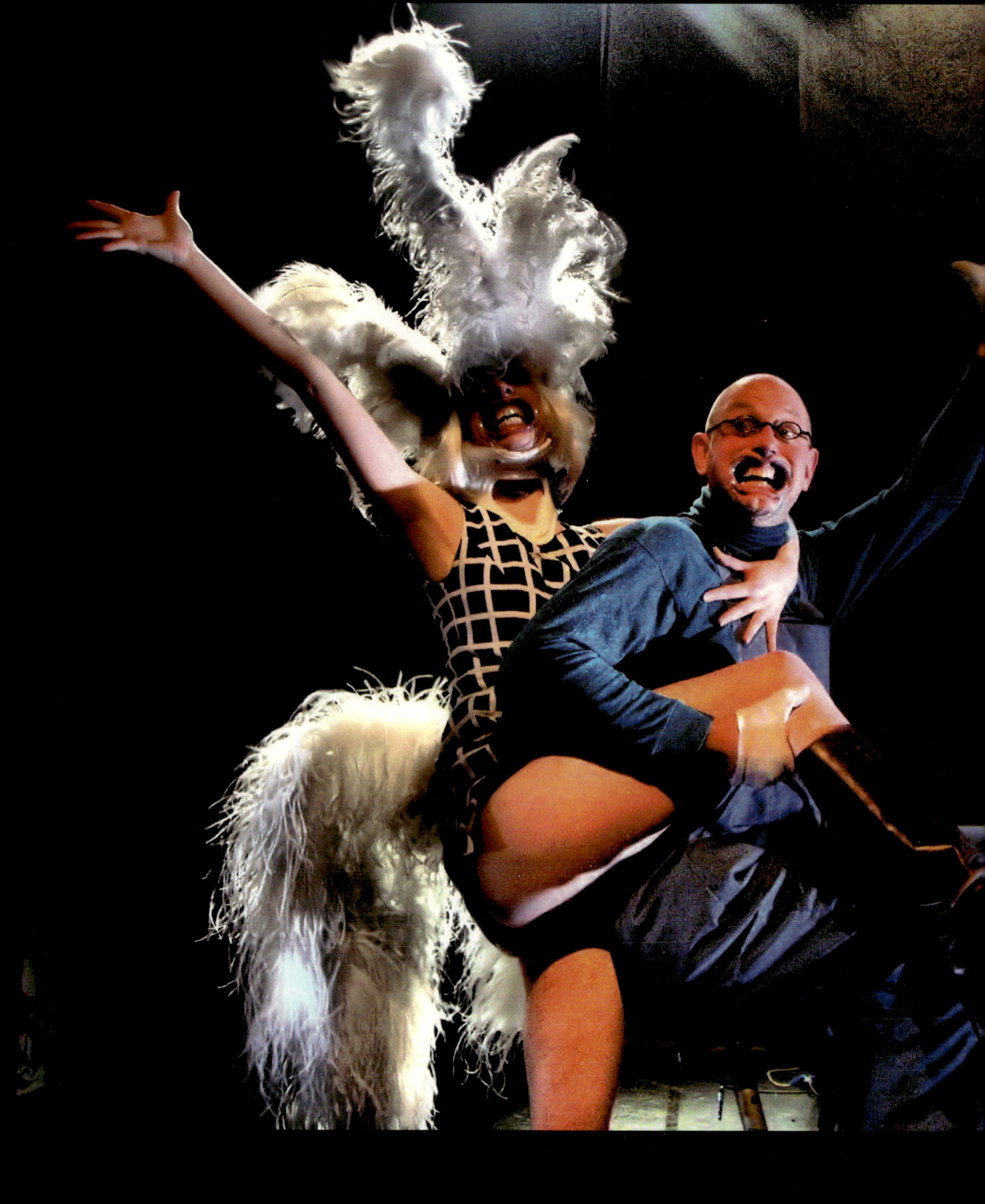

-191-

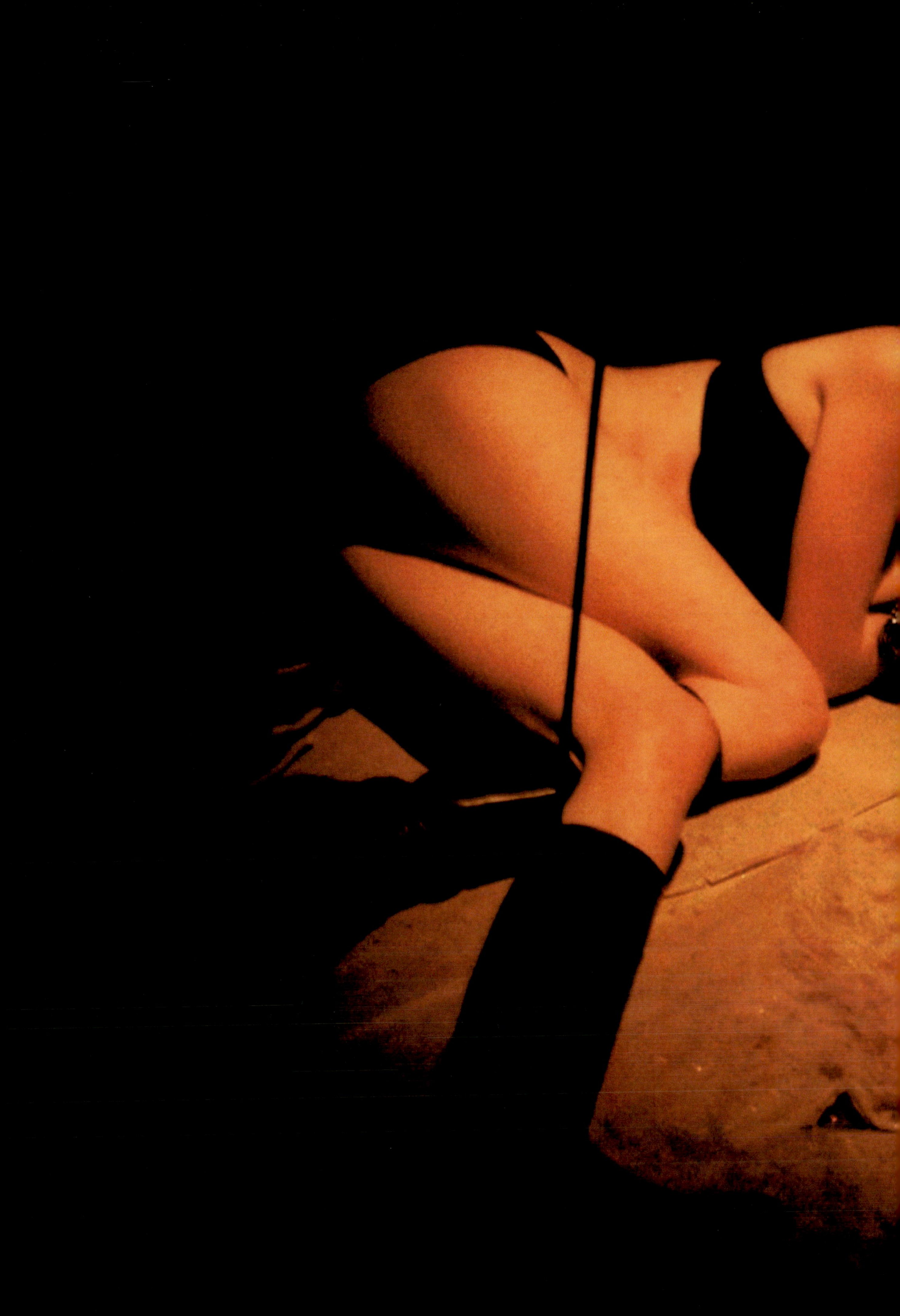

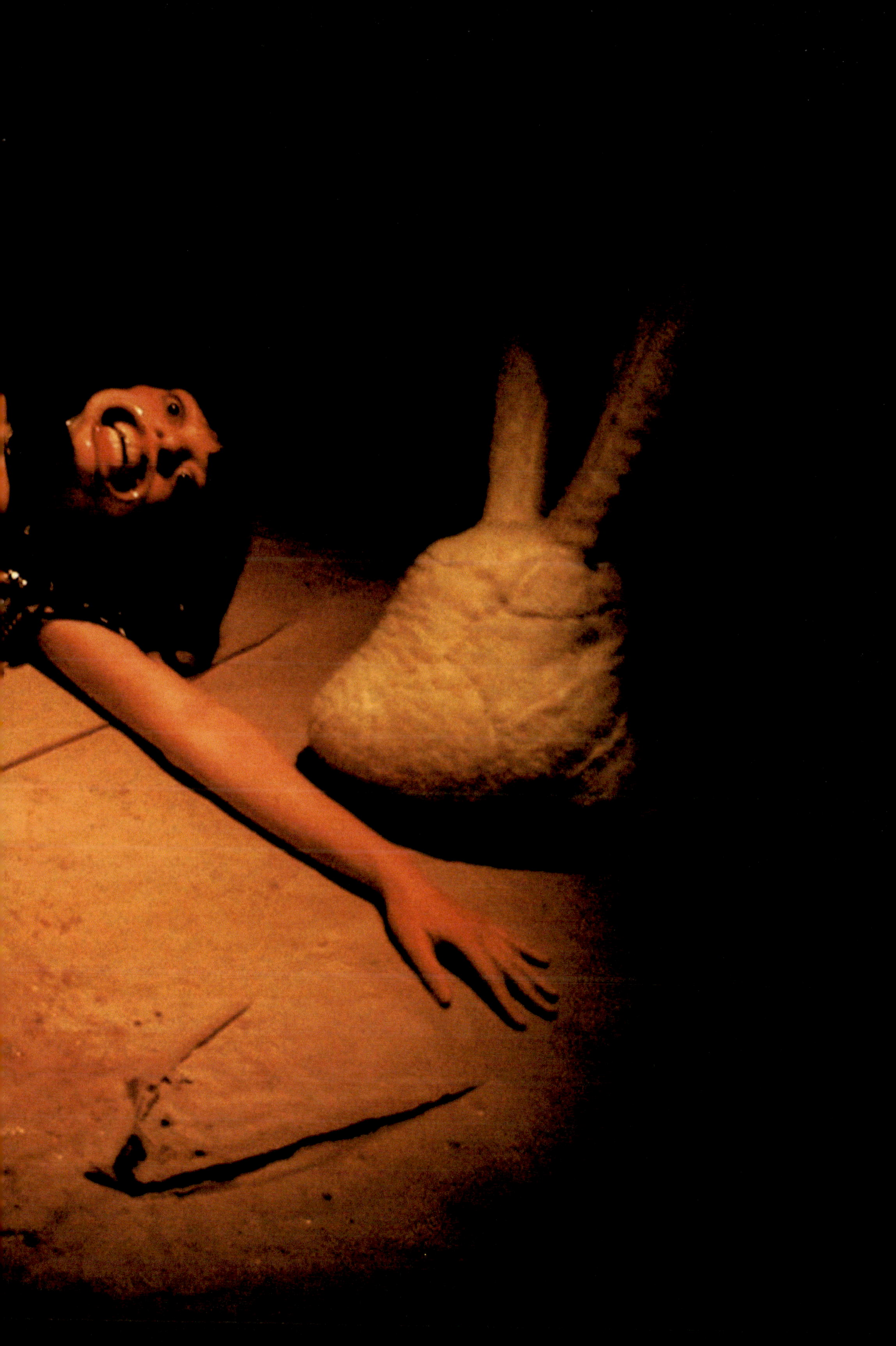

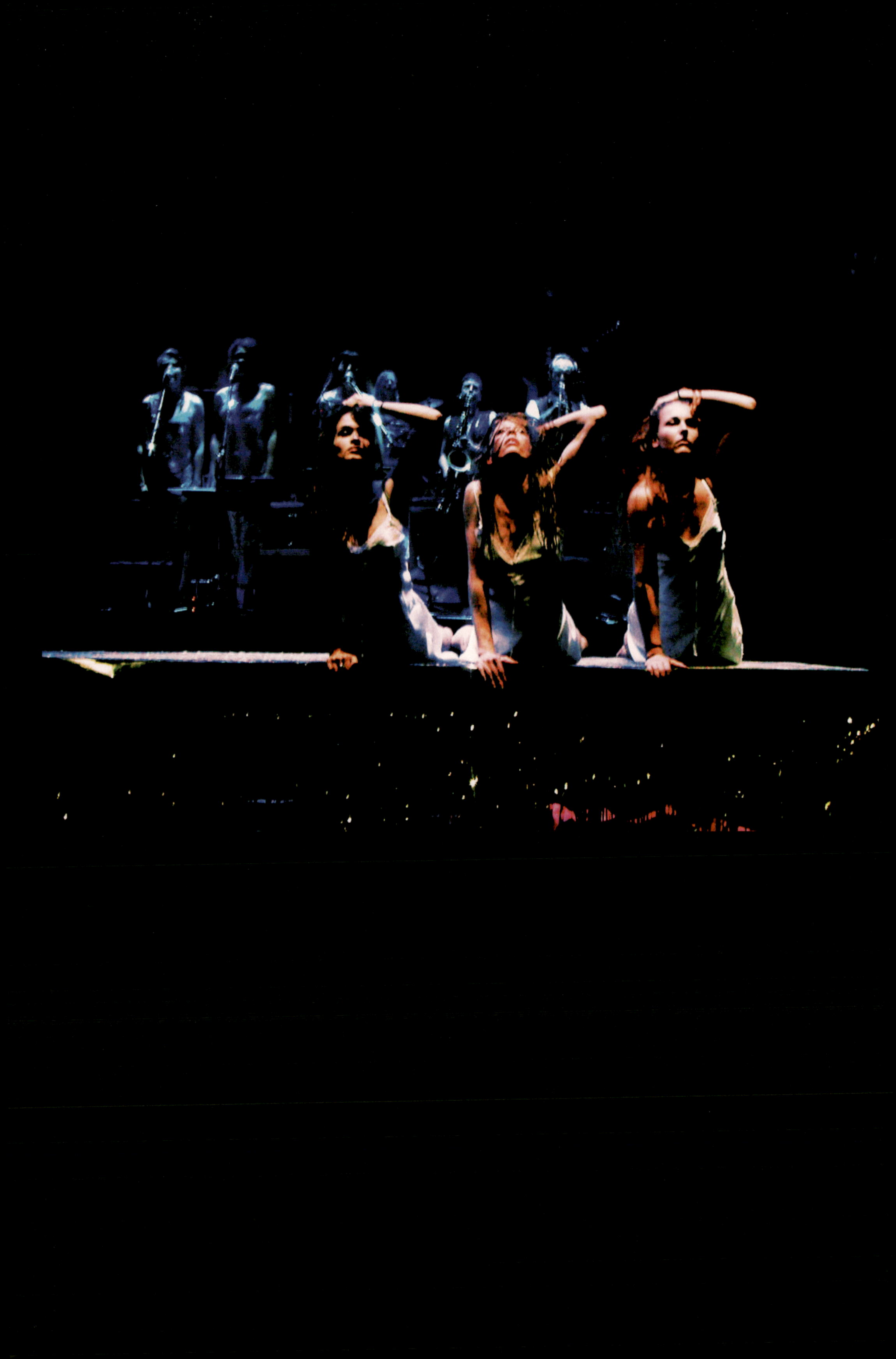

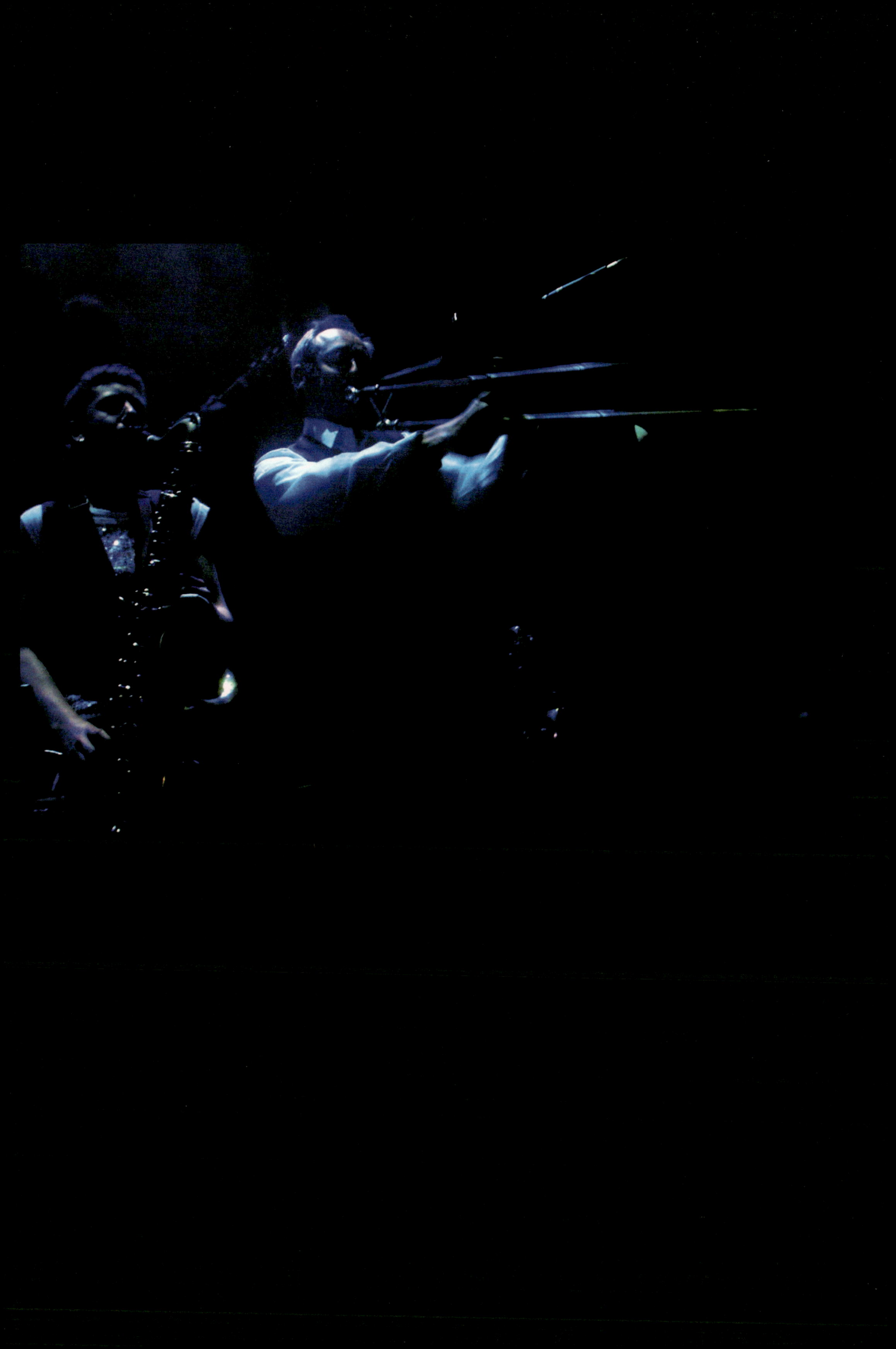

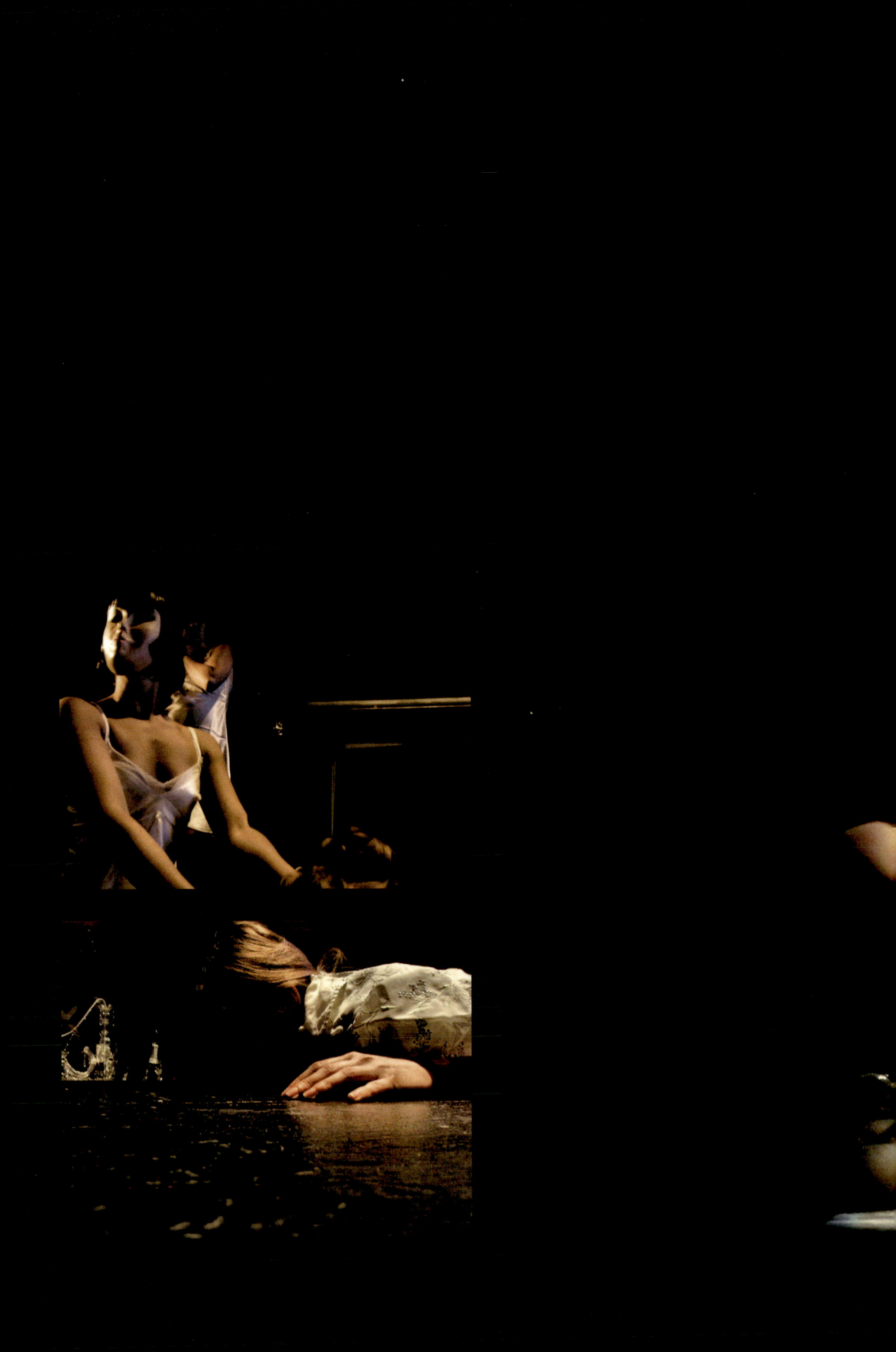

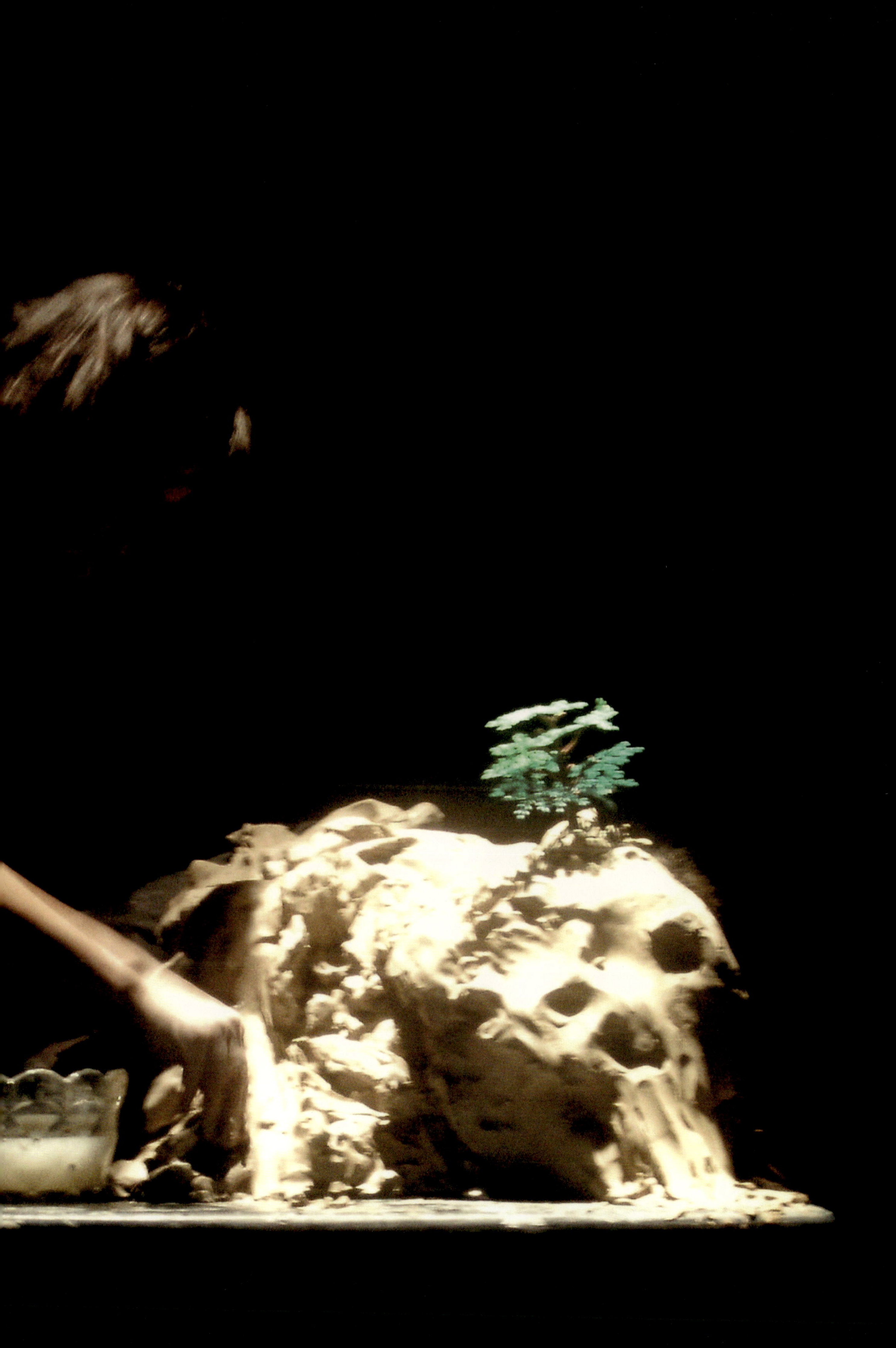

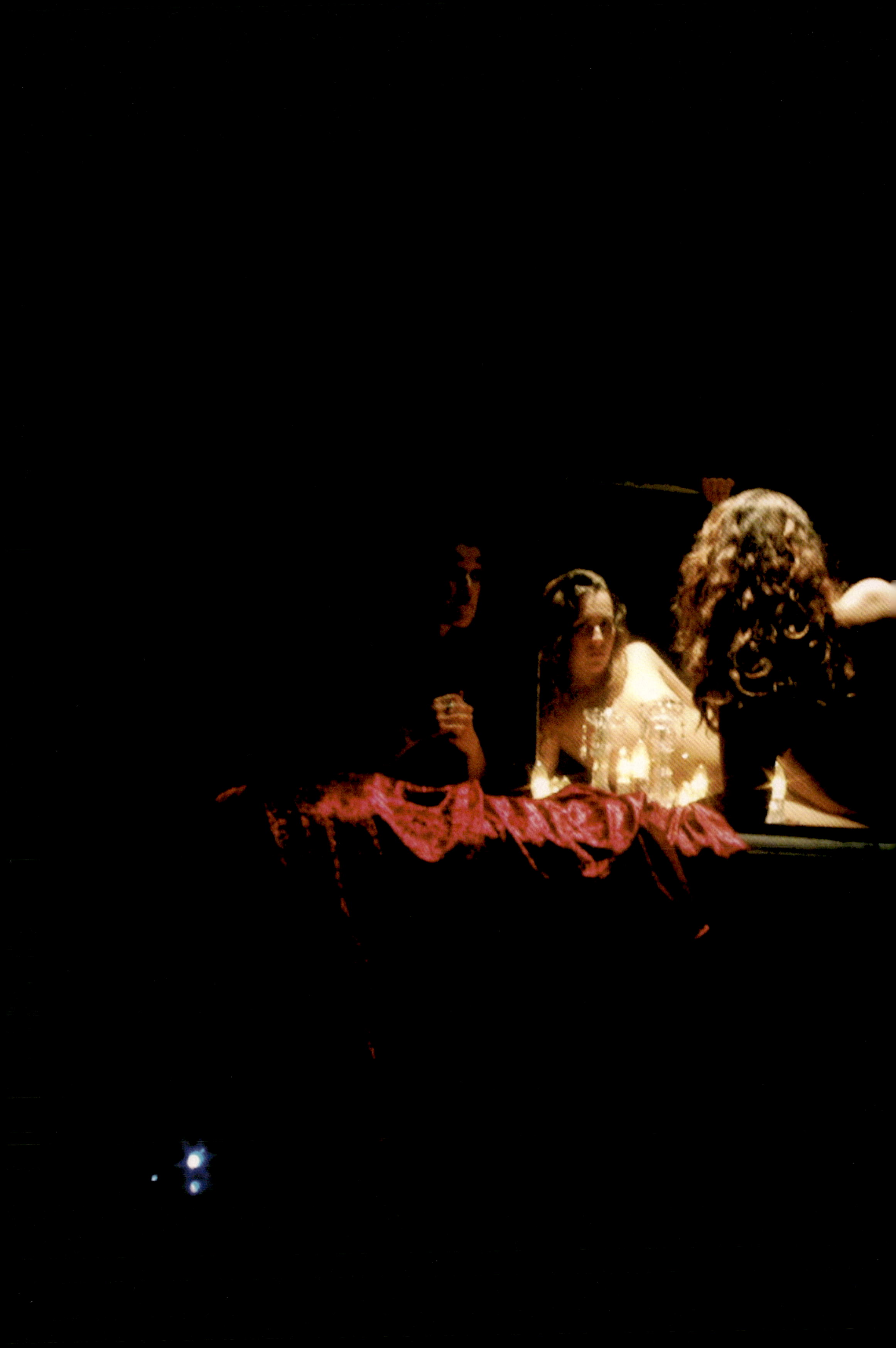

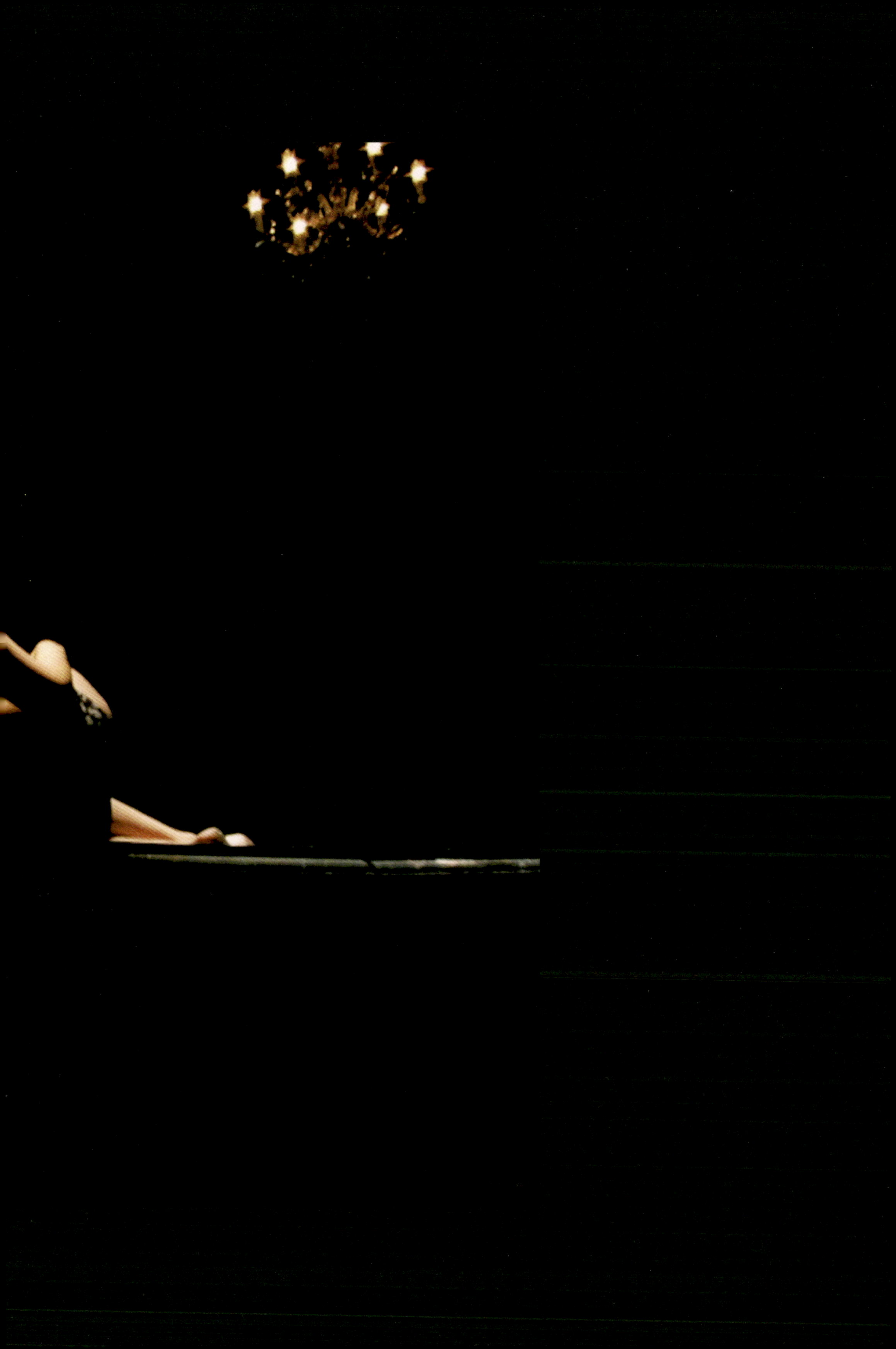

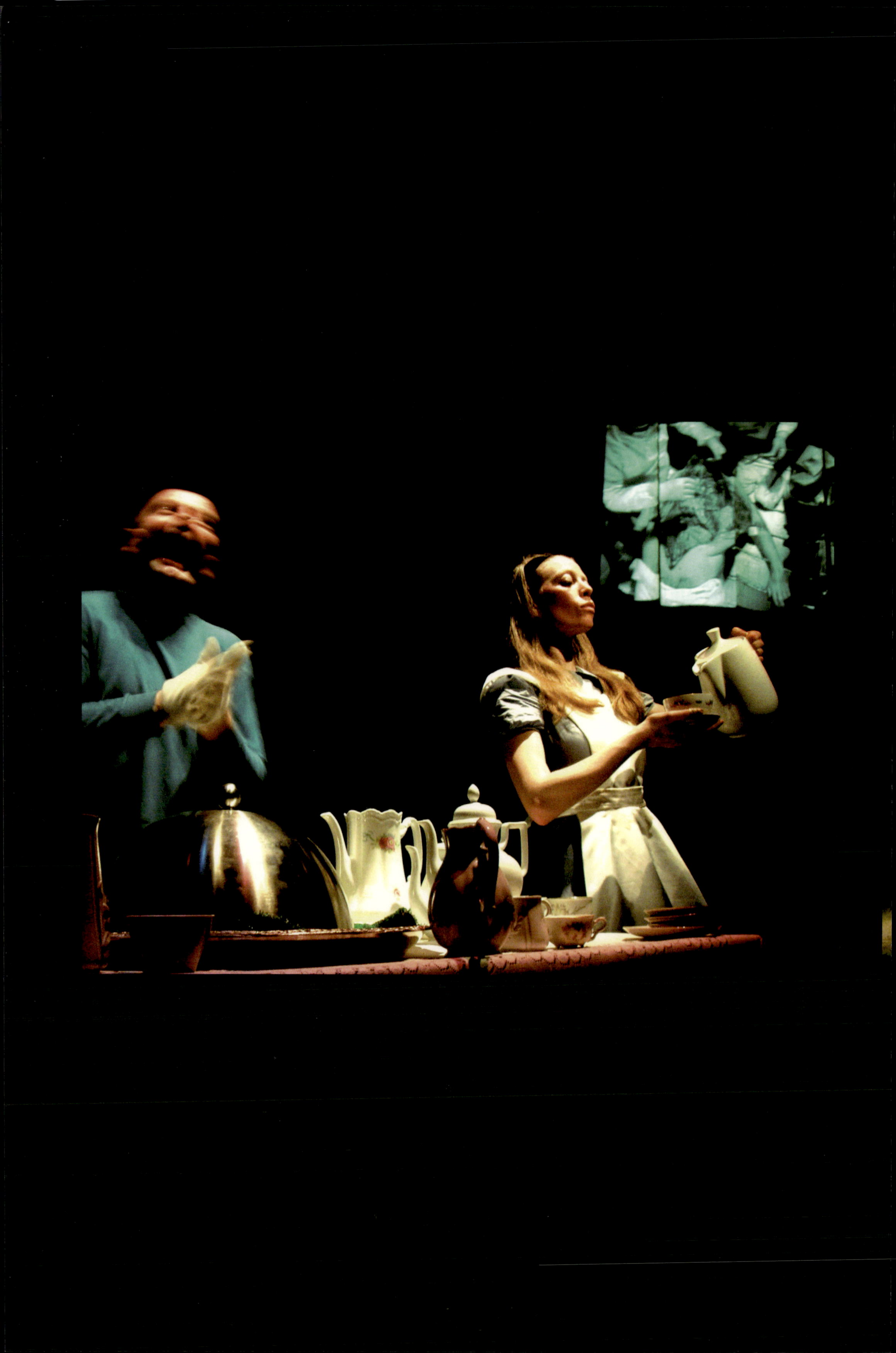

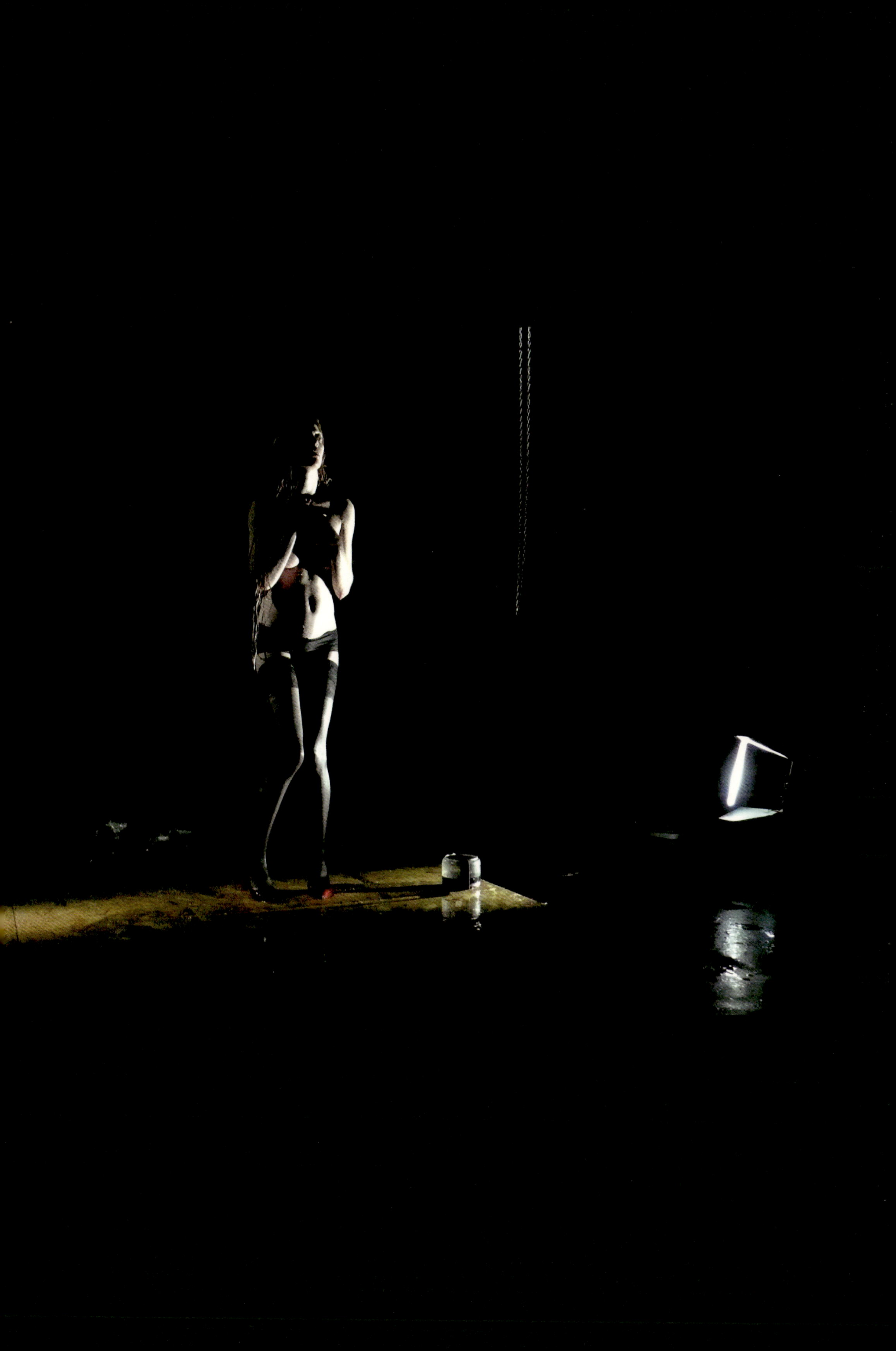

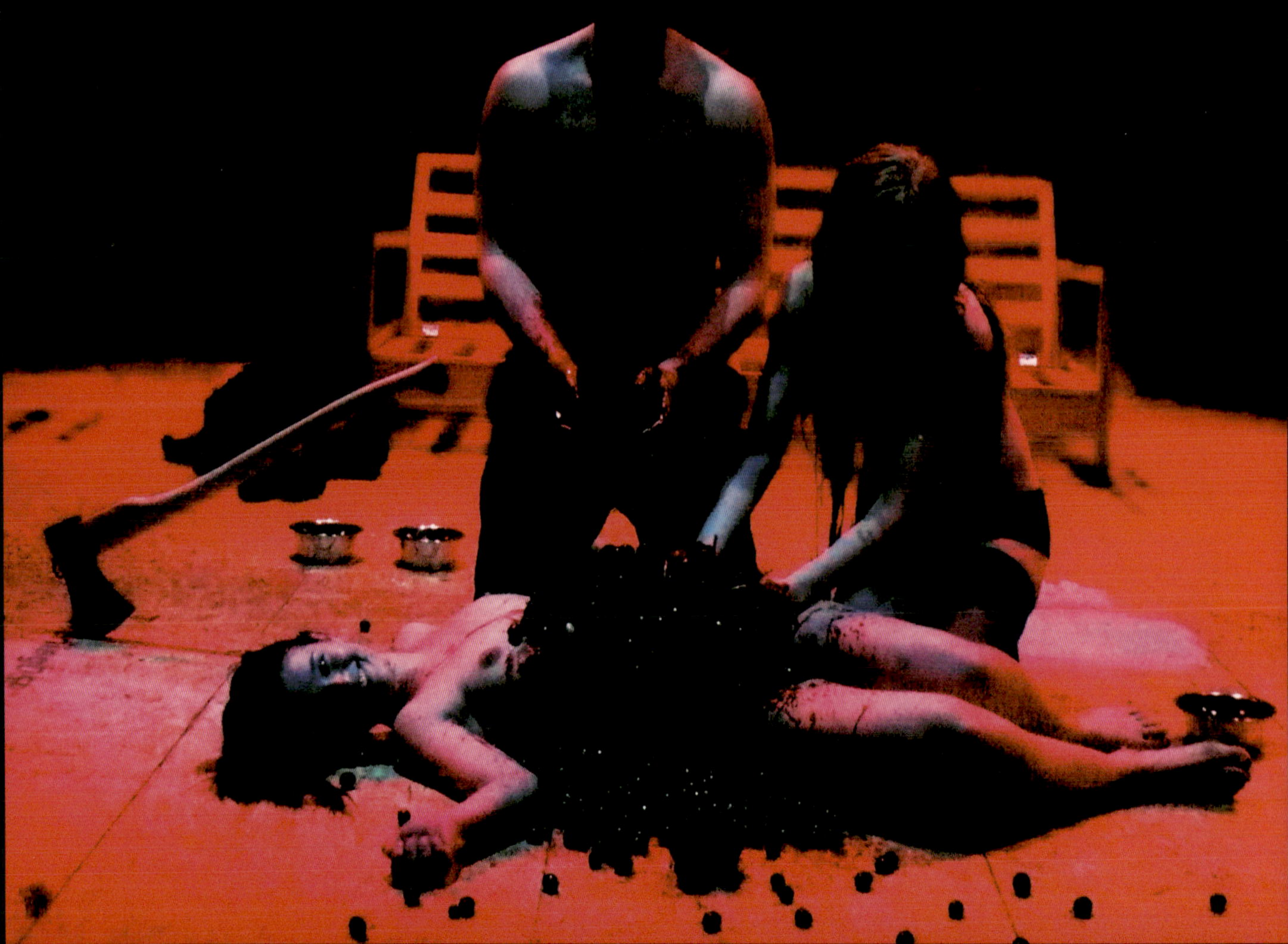

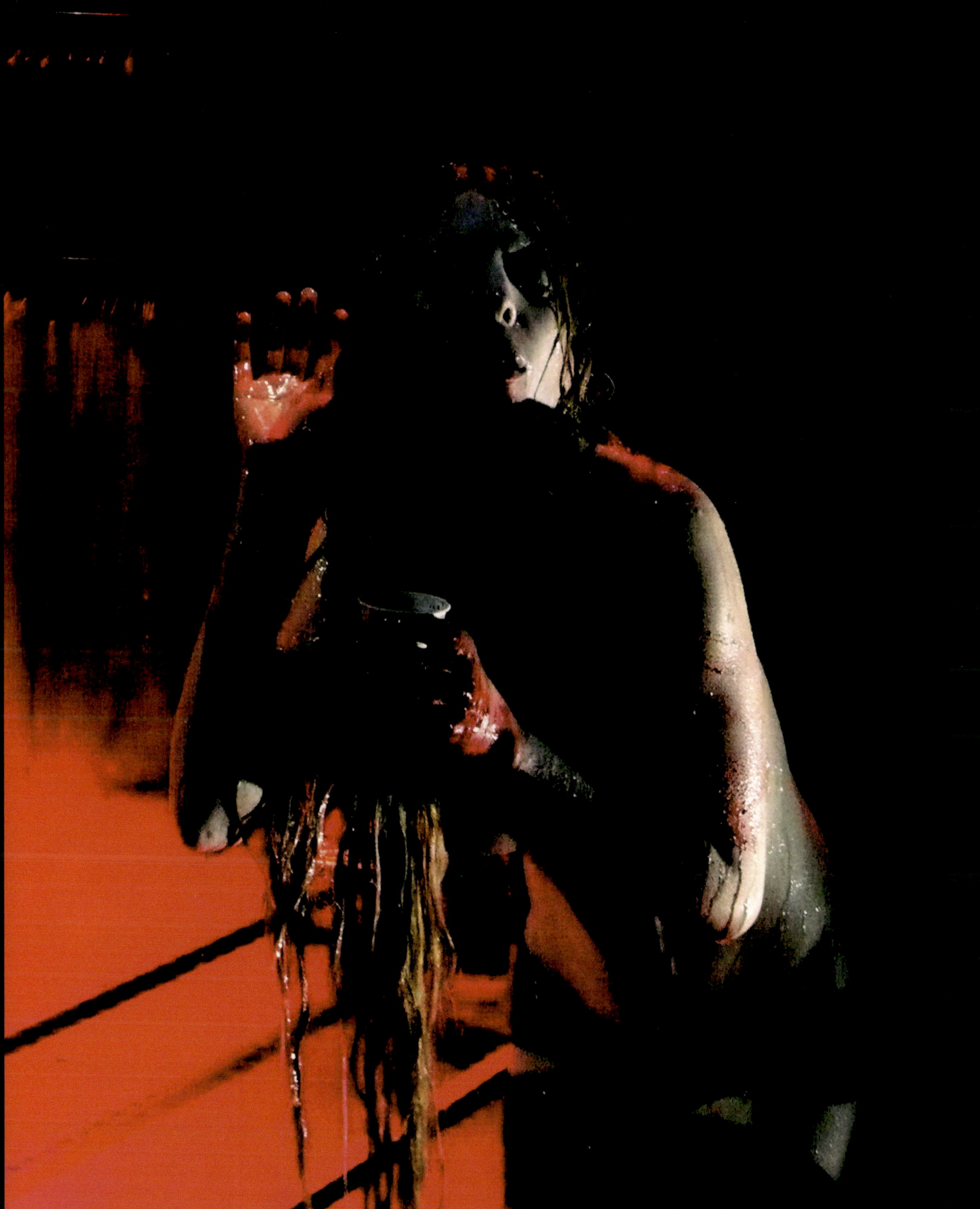

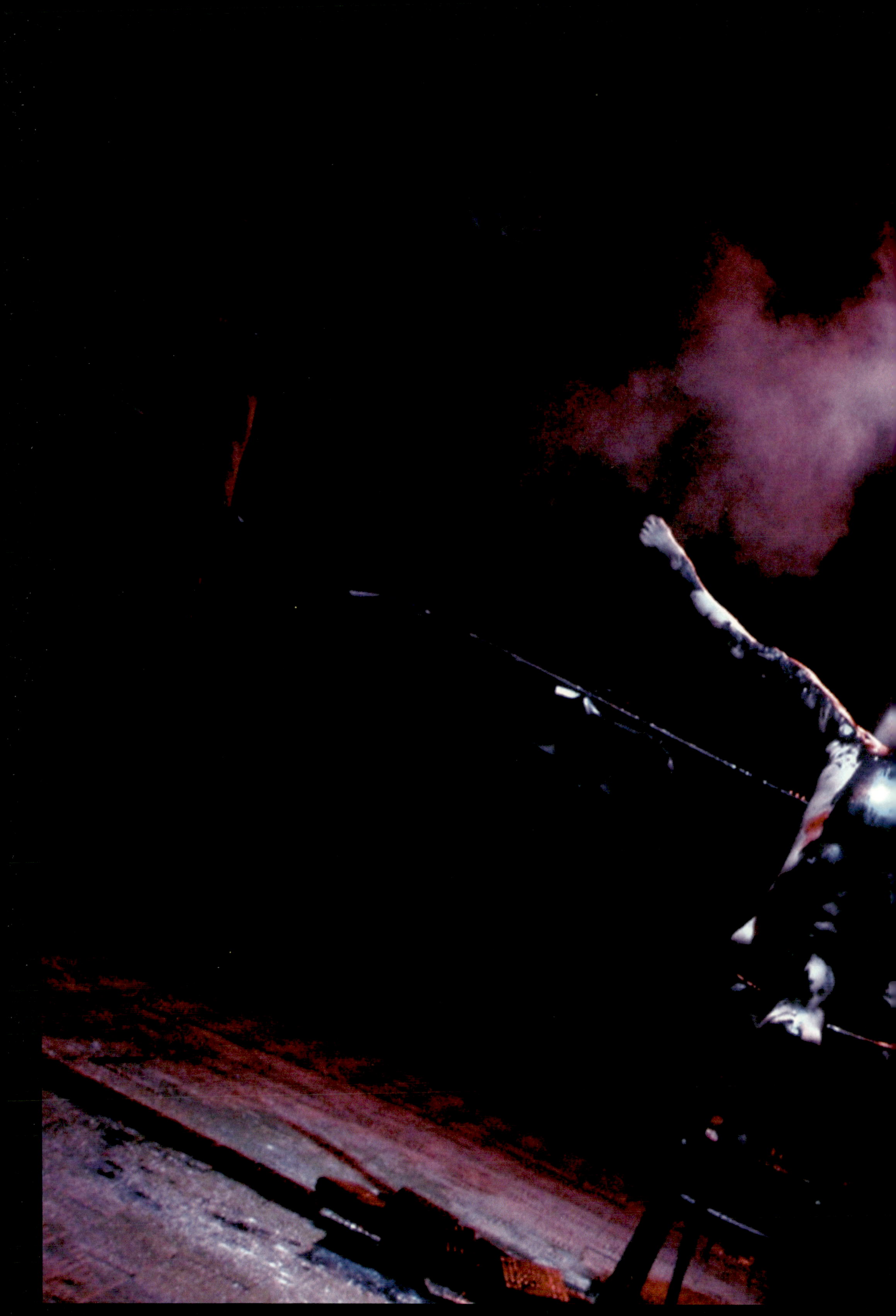

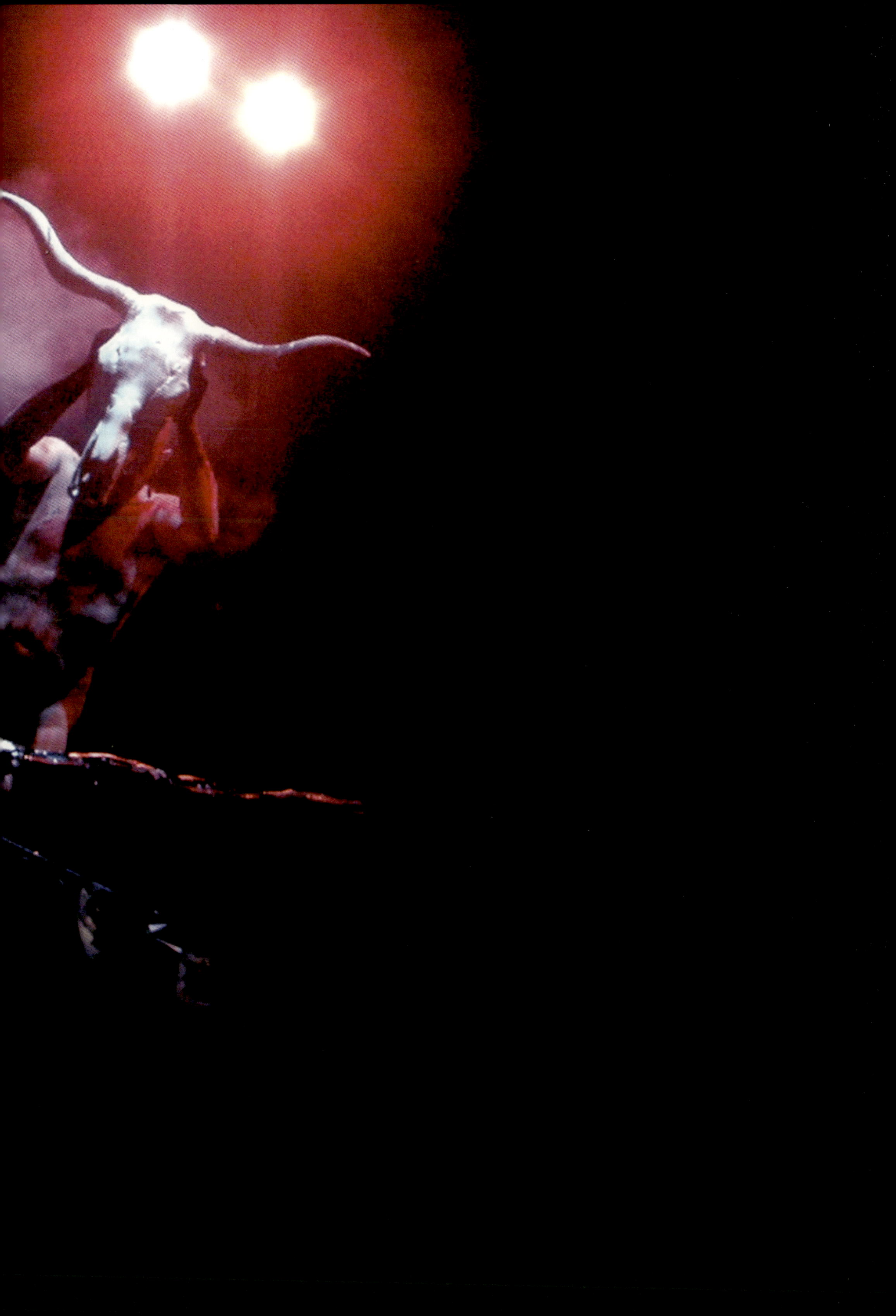

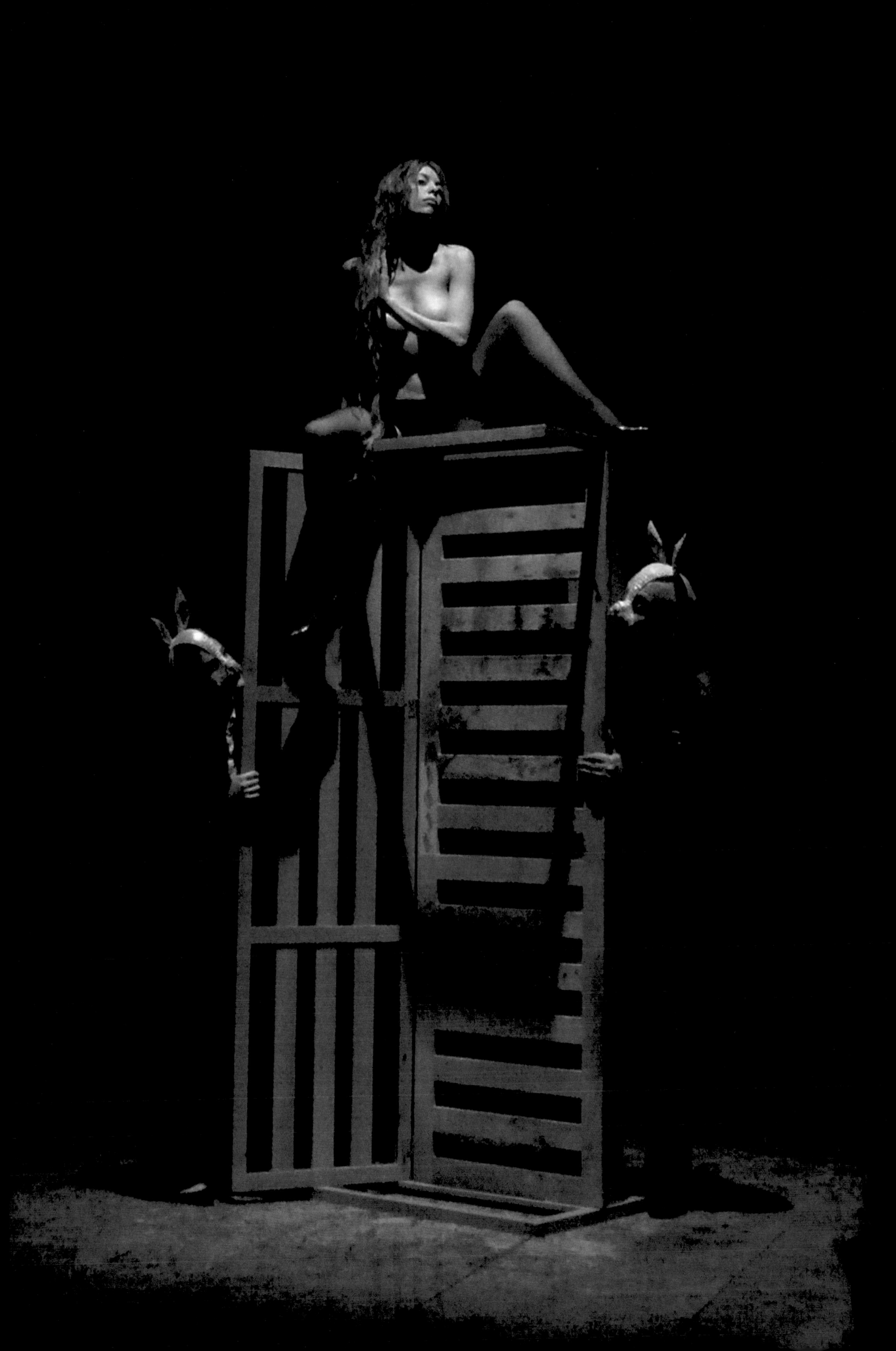

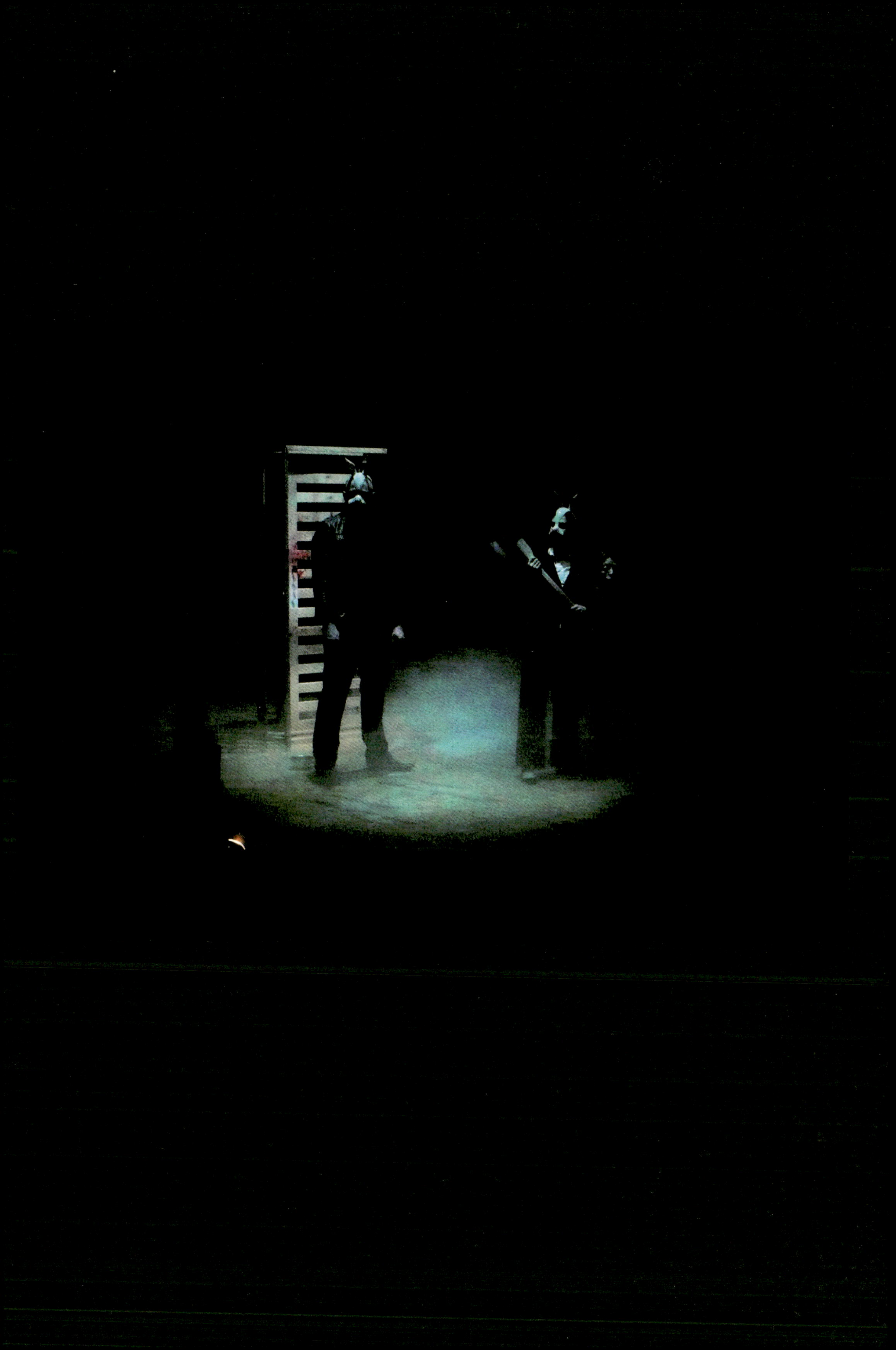

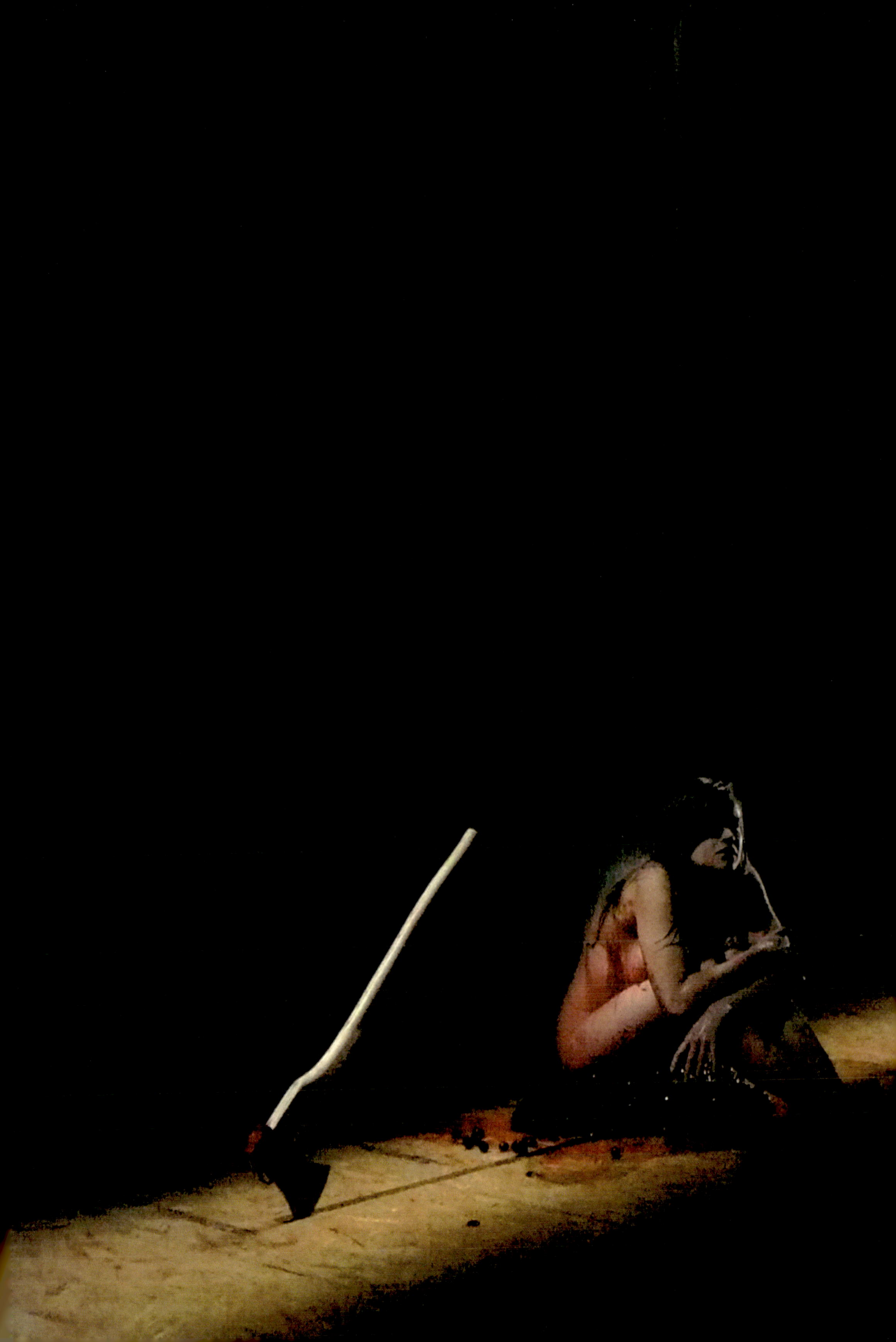

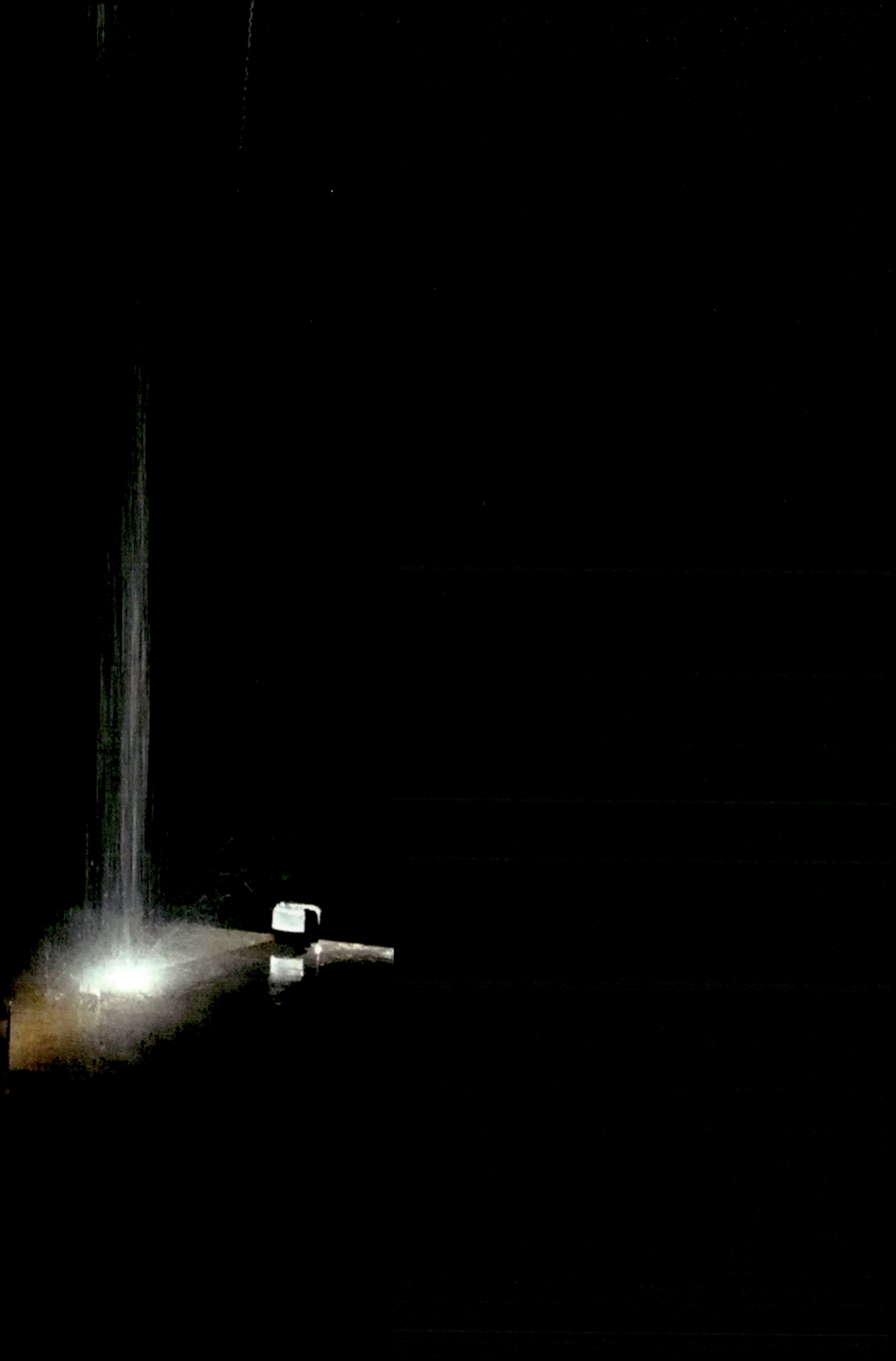

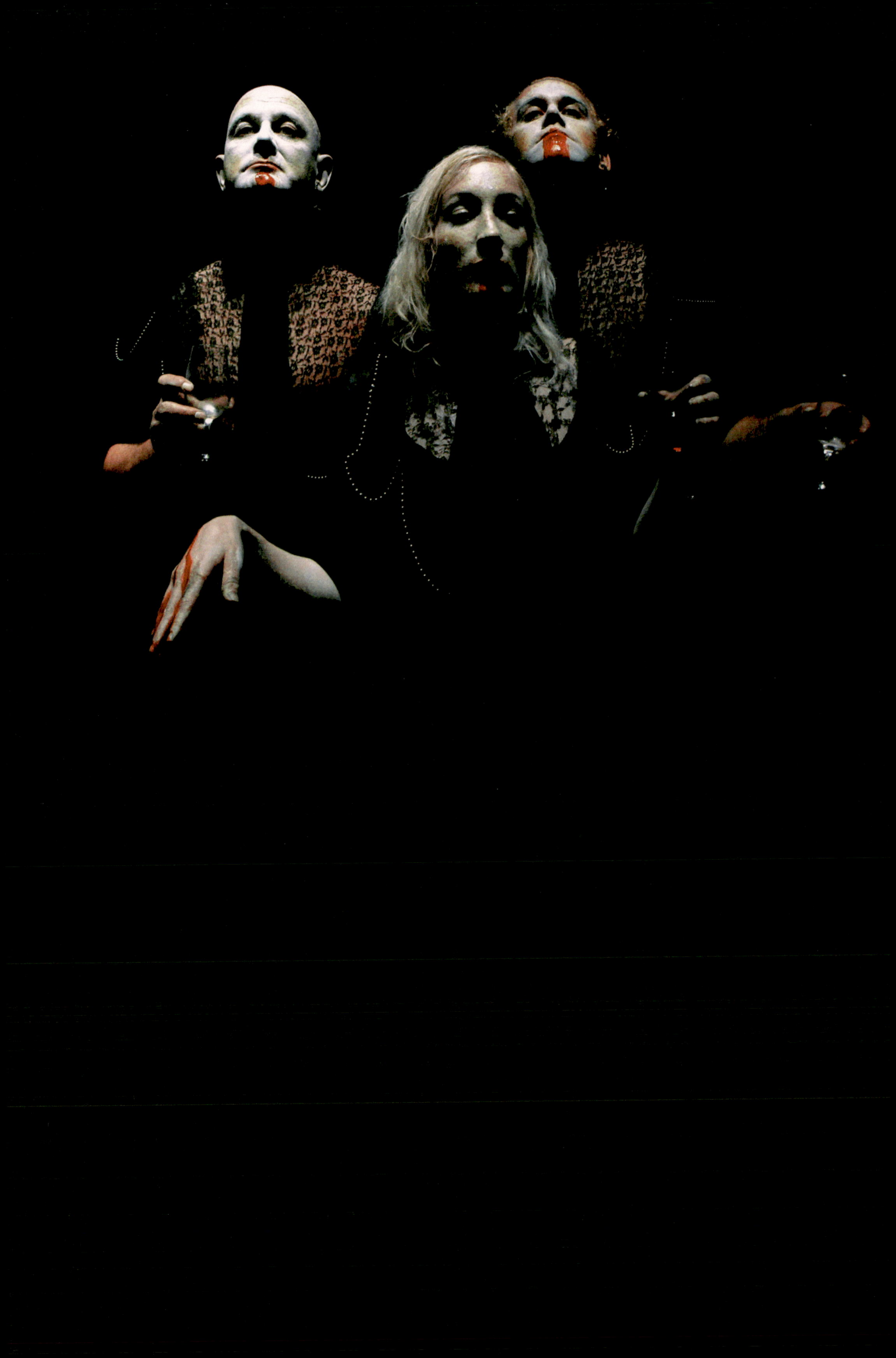

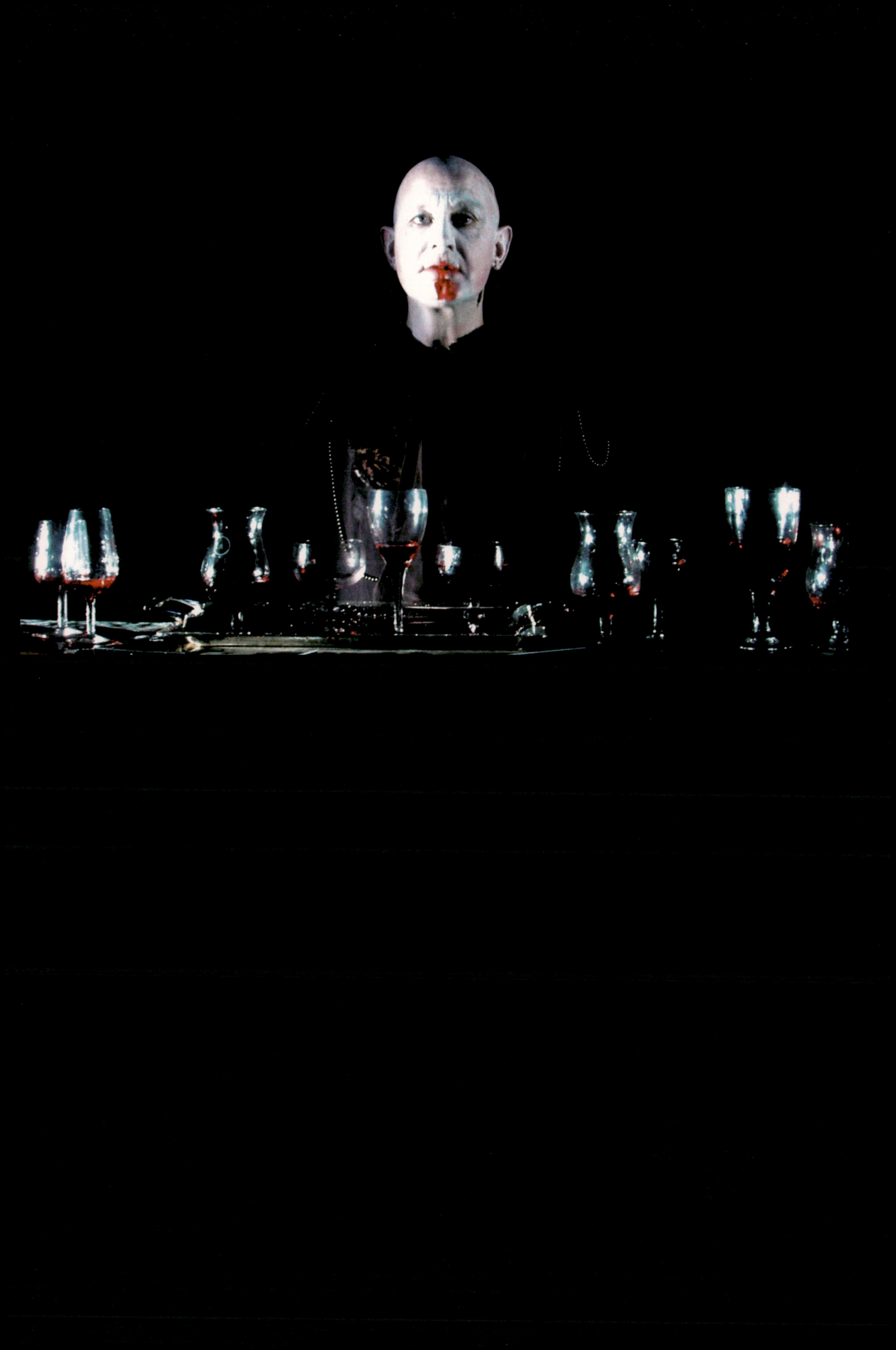

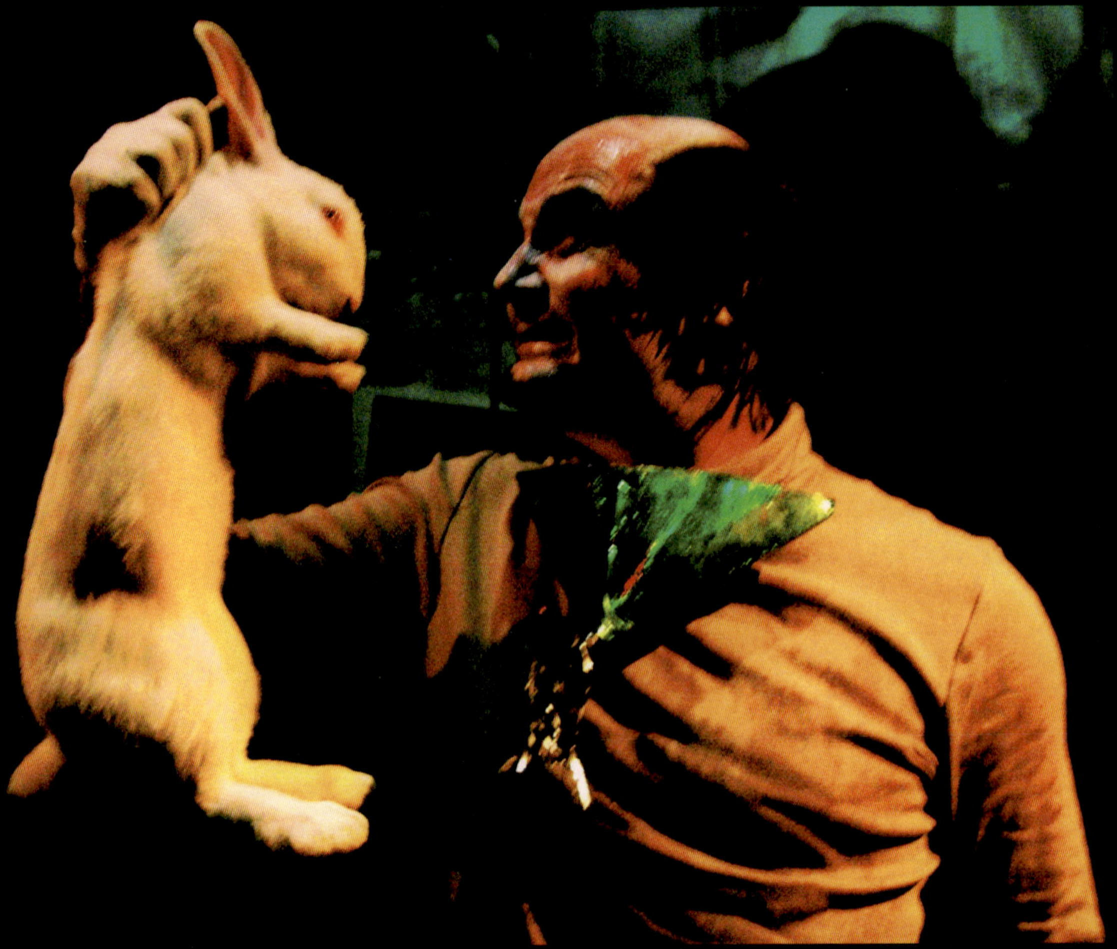

-213-

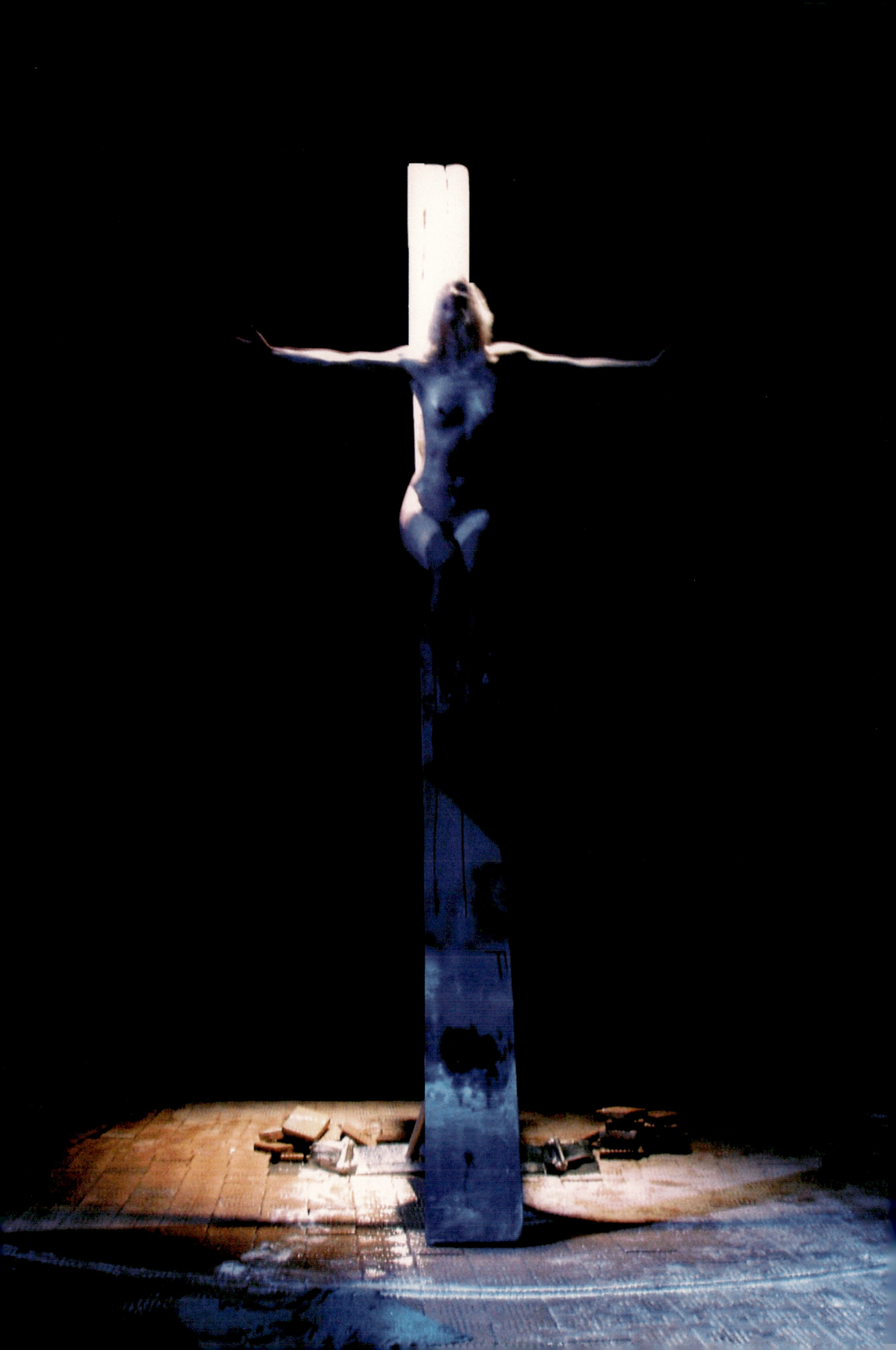

-215-

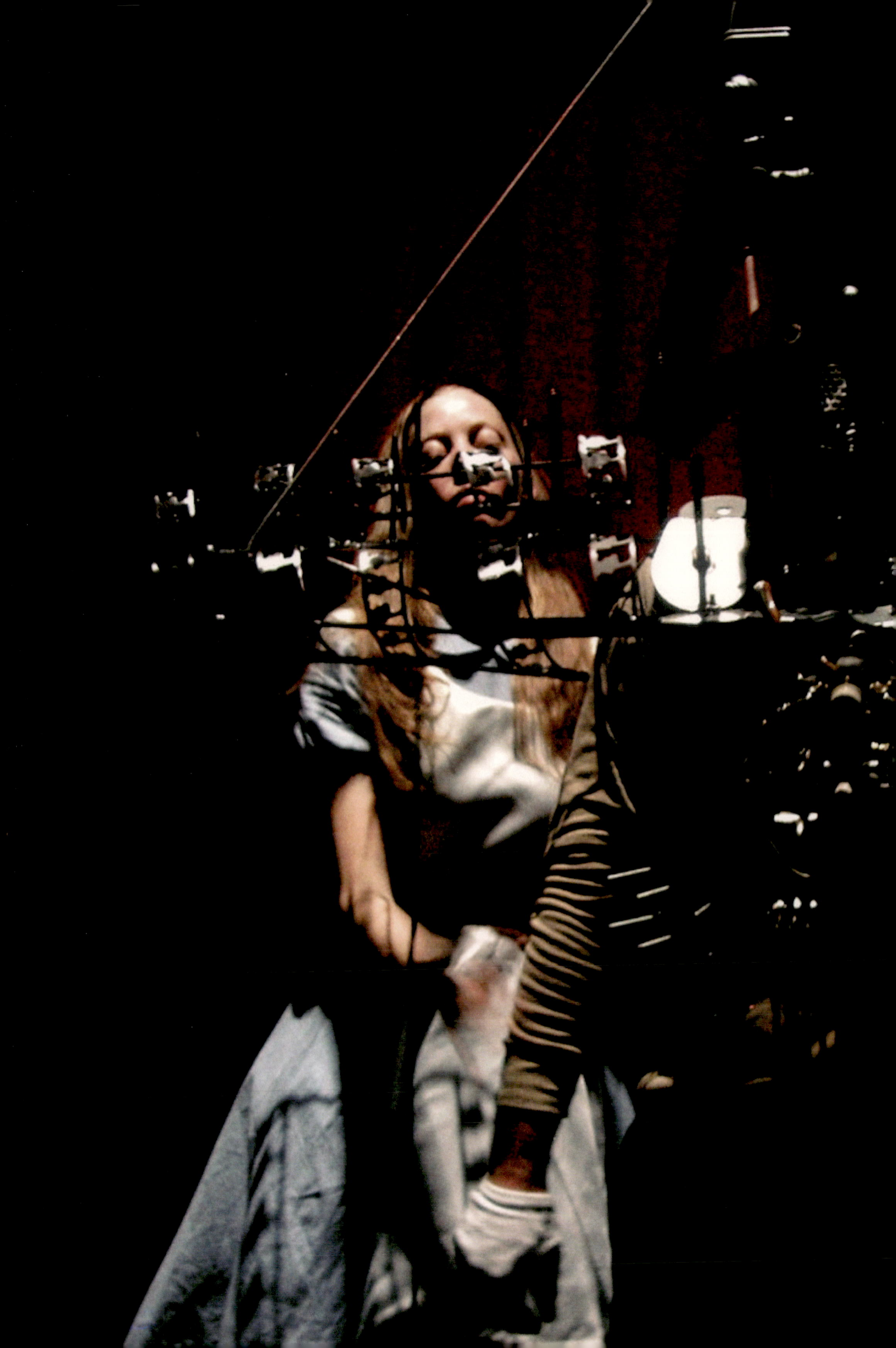

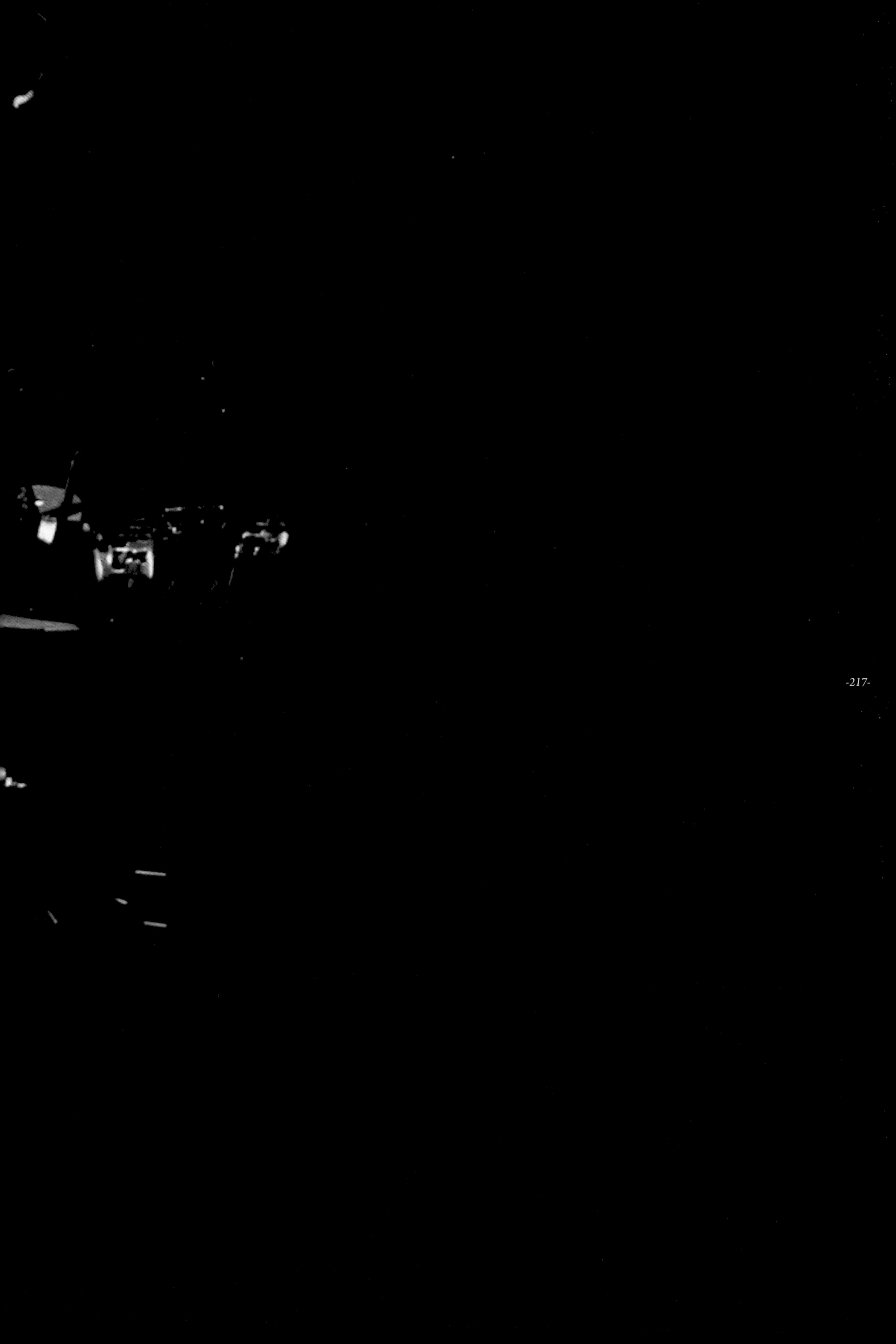

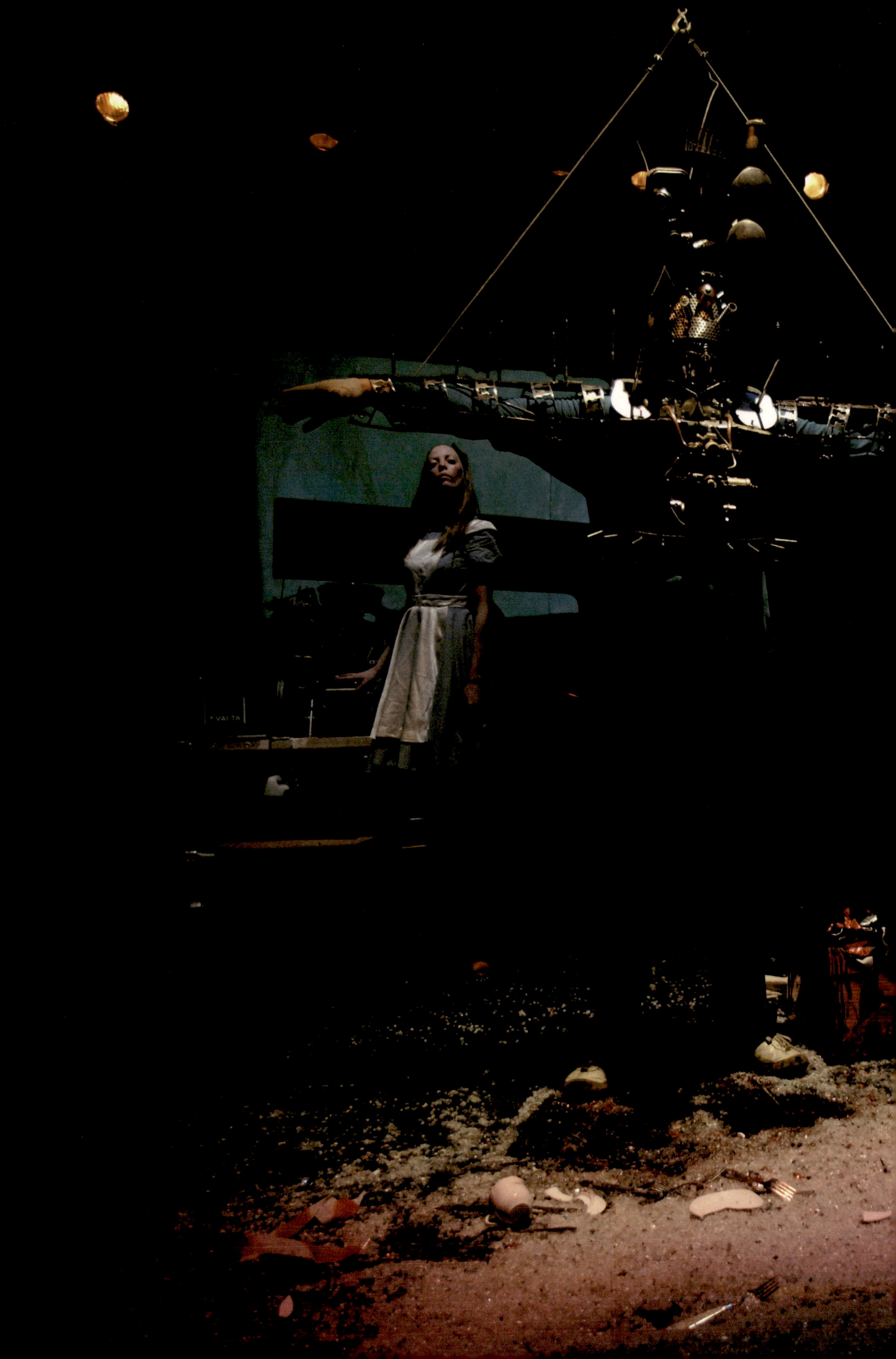

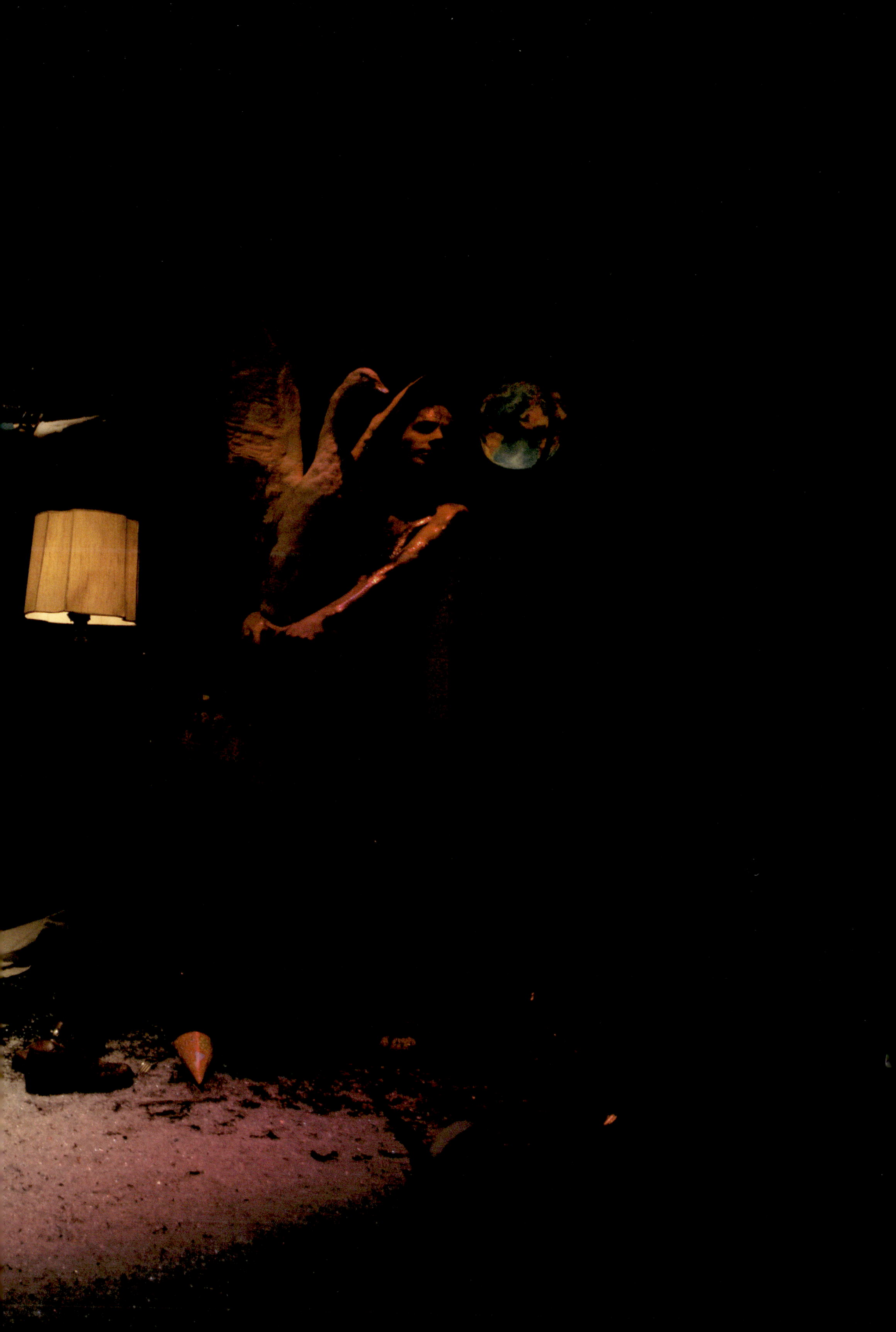

Int. nacht, een lijf op een necropsietafel / dieper zinkt het mes, zingend door mijn stembanden help / cut / int. van men hoofd, donker / impressie van de artiest zonder hulp van het geheugen want dat zit in die doos / een raam van één seconde / waarin roerloos / het hoofd in haar handen ligt / sorry sorry sorry / door haar ogen zie ik mezelf voor de laatste keer; een filmmaker van 32 de celdood mij al voor de geboorte de botten ingebed, weet ik waarom de camera dagelijks gericht is op de registratie van de dood: om te catalogiseren, om erin te snijden, om het te begrijpen / het was niet celdood die me velde maar een dame, niet mijn vrouw / het hoofd vergeet het lijf / het lijf vergeet zichzelf / zet uit, krimpt in / verkleurt en werpt zich het vel af / de ruggegraat trekt krom / de mens keert in zichzelf / wordt terug foetus vel van papier / ik ben een kaart / het universum foetusvormig / ik wil hier weg en volg het witte konijn / Alice op een warme zomernamiddag / tussen de scherven

Int. night, a body on a necropsy table / deeper the knife sinks, singing through my vocal chords help / cut / int. of my head, dark / impression of the artist without any help of the memory because that's in that box / a window of one second / in which, motionless / my head lies in her hands / sorry sorry sorry / through her eyes I see myself a last time; a 32-year-old filmmaker cellular death imbedded in my bones before I was born, I know why the camera is pointed daily at death: to catalogue, to cut it, to understand it / it was not cellular death that finished me off but a lady, not my wife / the head forgets about the body / the body forgets about itself / it expands, it shrinks / its colours fade and it throws off its skin / I am a map / the universe shaped like a foetus / I want to get out of here and follow the white rabbit / Alice on a golden afternoon / in between broken glass

Testament (2006)

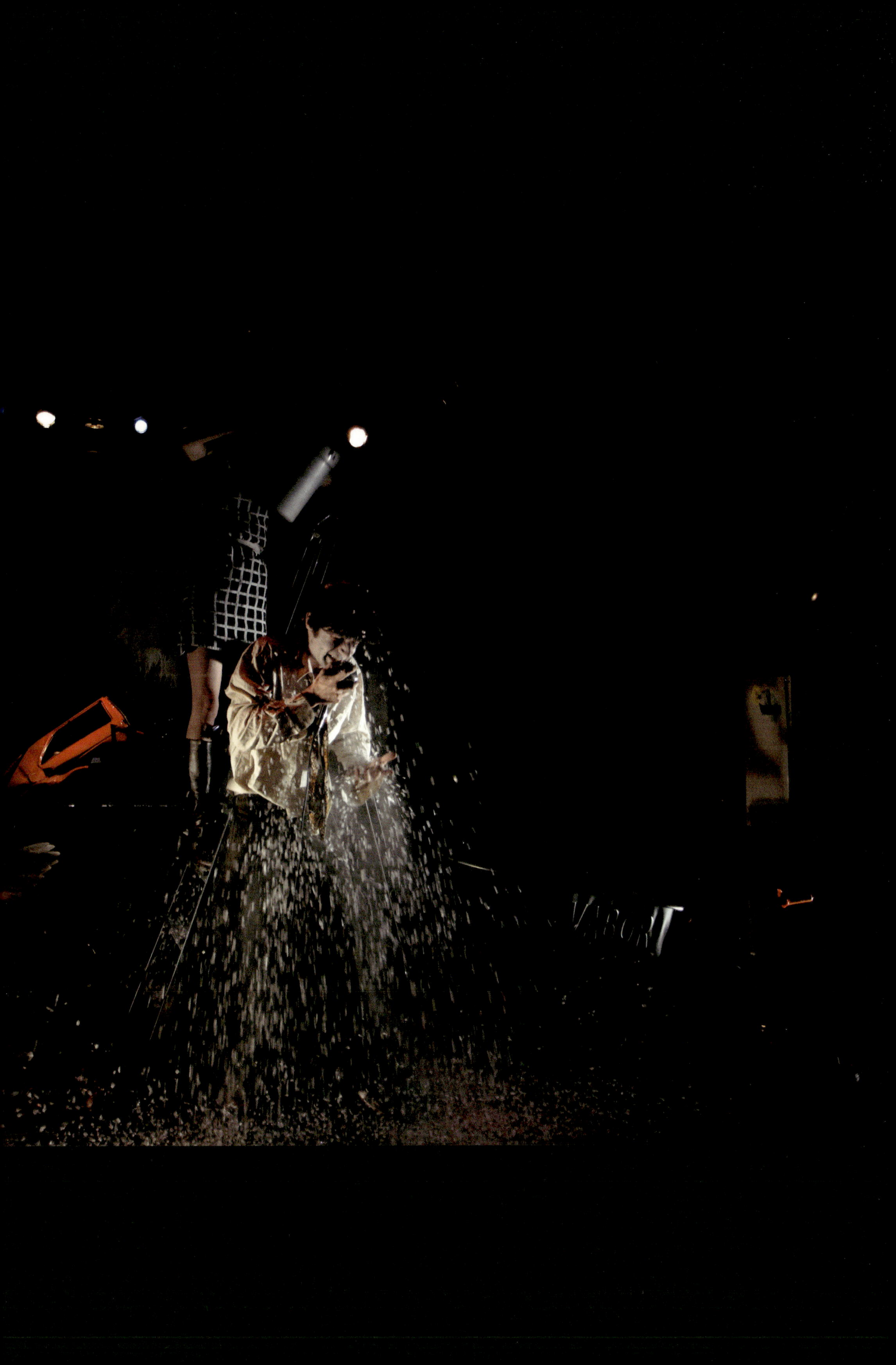

Abattoir Fermé presenteert

Moe
maar op en dolend

IV. SPARKS

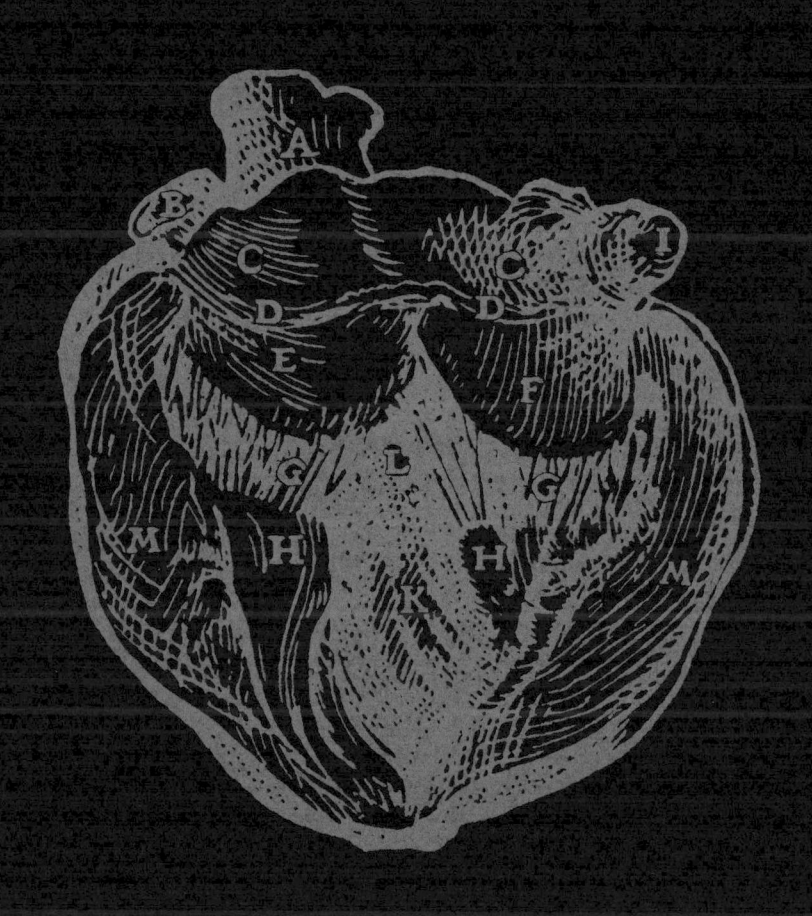

Lala-land – Abattoir Fermé

Iedere student die zich al eens op beschaafd terrein durft te begeven, wordt vroeg of laat geconfronteerd met onheilspellende uitlatingen aangaande een welbepaald Mechels theatercollectief. De roekeloze jongeling zal stellig op het hart worden gedrukt het viertal enkel te gaan aanschouwen indien zijn maagwand minstens de hardheid van plaatstaal evenaart; huiveringwekkende taferelen worden tot in de afschuwelijkste details geschetst bij wijze van voorsmaakje. Haren – wat zeg ik, hele kapsels rijzen terstond ten berge bij het aanhoren van zoveel theatrale horror. En wanneer de profeet in kwestie zijn weg vervolgt en de blijde boodschap elders gaat verspreiden, blijft de arme toneelliefhebber verweesd achter, ontdaan van zijn laatste restje culturele onschuld. Zo is het mij ook vergaan.

Nu ben ik geboren met een bovenmaatse nieuwsgierigheid die onder elk beding en zelfs wanneer al mijn overige karaktertrekken uit het lood geslagen zijn, de kop opsteekt. Dus begaf ik me met mijn stoutste schoenen maar daarboven een stel knikkende knieën richting STUK, alwaar een decoratief bushokje stond te wachten op een bus die nooit zou komen. Het rekwisiet bleek de daaropvolgende uren geen oord van verderf, en het gevreesde fysieke geweld bleef uit. In plaats daarvan een geweldige Tine Van den Wyngaert, die haar naïeve alter ego ten huize De Pauw met een welgemeende fuck you het nakijken gaf, zich geenszins uit evenwicht liet brengen door haar hoogzwangere buik en met veel gevoel voor humor en politieke incorrectheid naar de rand van een metropool trok. Tot uiteindelijk een volledige zaal aan haar lippen hing en ze niet anders kon dan onder het gewicht en onder oorverdovend applaus te buigen.

Misschien zijn studenten vandaag de dag niet snel meer geshockeerd. Ik hield aan het laatste deel van de Chaostrilogie in elk geval slechts een brede glimlach over, en met inmiddels gekalmeerde kniegewrichten begon ik aan mijn eigen kleine missie: de wereld verkondigen dat Abattoir Fermé dezer dagen de pannen van het dak speelt.

Waltrui Huysmans op www.gobots.be (2007)

Future Words (2009), blz. 257
Stills uit de videoclip Future Words (2009) van The Hickey Underworld, blz. 258 t.e.m. 261
Nimmermeer (2008) i.s.m. De Maan, blz. 262 t.e.m. 267
Seizoensbrochure en website van het Cultuurcentrum Mechelen (2009), blz. 268 t.e.m. 271
Just Linda (2008) i.s.m. Troubleyn/Jan Fabre, blz. 272 t.e.m. 275
Æon (2008) i.s.m. LOD, blz. 276, 277
Zaad en snaren (2006) i.s.m. Master na Masteropleiding Theaterwetenschappen, Universiteit Antwerpen, blz. 278, 279
Tines Routine (2004), blz. 280-281
Cinérama (2008) i.s.m RITS / IDeA, blz. 282 t.e.m. 291, 294 t.e.m. 297
Transmutation Device (2006), blz. 292-293
Prothese (2006) i.s.m. Unie der Zorgelozen, blz. 298, 299
Abattoir Fermé, blz. 300 t.e.m. 303
Stef Lernous, blz. 304

Alle foto's © Stef Lernous behalve:

Blz. 258 t.e.m. 261 © Stef Lernous (regie) en Nicolas Karakatsanis (DOP)
Blz. 293, foto rechtsboven en onderaan © Maaike Buys

MOORD EN DOODSLAG IN MECHELEN

Marc Didden

Zou Bart Somers weleens een voorstelling van Abattoir Fermé meemaken,
en zo ja, wat denkt hij daar dan van?
Dat vroeg ik me laatst af toen ik zelf weer eens toeschouwer was bij mijn slachthuis van vertrouwen.
'En zou iemand die dit stukje binnen honderd jaar leest nog weten wie Bart Somers was?',
dacht ik daar meteen bij.
En Abattoir Fermé? Ik weet het niet, zoals altijd.
Maar wat ik wel weet, is dat de mensen van Abattoir Fermé zich als gezelschap op minder dan tien jaar tijd
zowel in deze streken als ver daarbuiten enigszins *incontournable* gemaakt hebben.
Doodgewoon, bij wijze van spreken natuurlijk, want wat Stef Lernous en de zijnen u en mij regelmatig vanaf
het podium in de strot (en soms ook wel in andere lichaamsopeningen) rammen is zelfs voor mensen die al
veel gezien hebben vaak *du jamais vu*.

Ik heb het theater van Abattoir ergens onderweg ontdekt, op een avond in de Antwerpse Monty.
Er werd flink van eigen pis gedronken uit schuimende bierpullen, en ook aardig wat heen-en-weer gegooid met
de verse ingewanden van één of ander zoogdier. Mijn buren, aan hun sokken te zien duidelijk toneelliefhebbers
die doorgestudeerd hadden in de sociale sector, vonden er helemaal niks aan.
Maar daar staat weer tegenover dat ikzelf en nog een hoop andere slechte mensen meer dan enthousiast
waren en het kan toch niet zijn dat ze allemaal, zoals ik toen, tijdelijk maar hevig verliefd waren geworden
op Tine Van den Wyngaert.
Nee. Een voorstelling van Abattoir Fermé raakt je ofwel vlak tussen de ogen ofwel helemaal niet.
En de ogen zijn, zoals u wellicht weet, de spiegel van de ziel. En vandaar vertrekken er weer allerlei leidingen
naar de hersenen en de onderbuik. Waarmee ik alleen maar wil zeggen dat het bijwonen van een voorstelling
van Abattoir een totaalervaring is die de kijker toch altijd weer in een 'voor en na'- modus zet.
Je kan er volgens sommigen als een koorknaap binnenlopen en als satansjong buitenkomen, maar ik denk dat
het eigenlijk net andersom is.

Ik vind hun werk in de eerste plaats louterend en wil toch ook nog eens graag zwart op wit stellen dat de wereld
buiten een schouwburg waar Abattoir speelt veel en veel gevaarlijker is dan wat er binnen gebeurt.
Moord en doodslag willen weleens op de emotionele *shopping-list* van Abattoir staan en bloed en zweet en
tranen en wellicht kak ook (ik zei het al: ik heb niet alles gezien!), maar er is bij Abattoir ook altijd mooie
muziek te horen en er zijn voortdurend sterke, soepele spelers aan het werk en natuurlijk valt *deep down* ook
altijd wel wat te lachen.

Ik heb elders al eens gezegd dat de voorstellingen van Abattoir me aan de dood van de moeder van Bambi
doen denken en aan alle kinderverdriet dat daarbij hoort.
Maar ze spreken ook de kleine aap in mij aan die per se zijn vingers in een stopcontact wilde steken of
proefondervindelijk wilde vaststellen dat de onderkant van een strijkijzer warm kan zijn.

Ze zijn familie van Frank Zappa en Diane Arbus, van Francisco Goya en Buster Keaton, van Antonin Artaud en
Johnny Rotten en in stilte hoop ik dat ze dat ook een beetje zijn van mij. Waarvoor mijn eventuele dank.

Marc Didden is filmmaker.

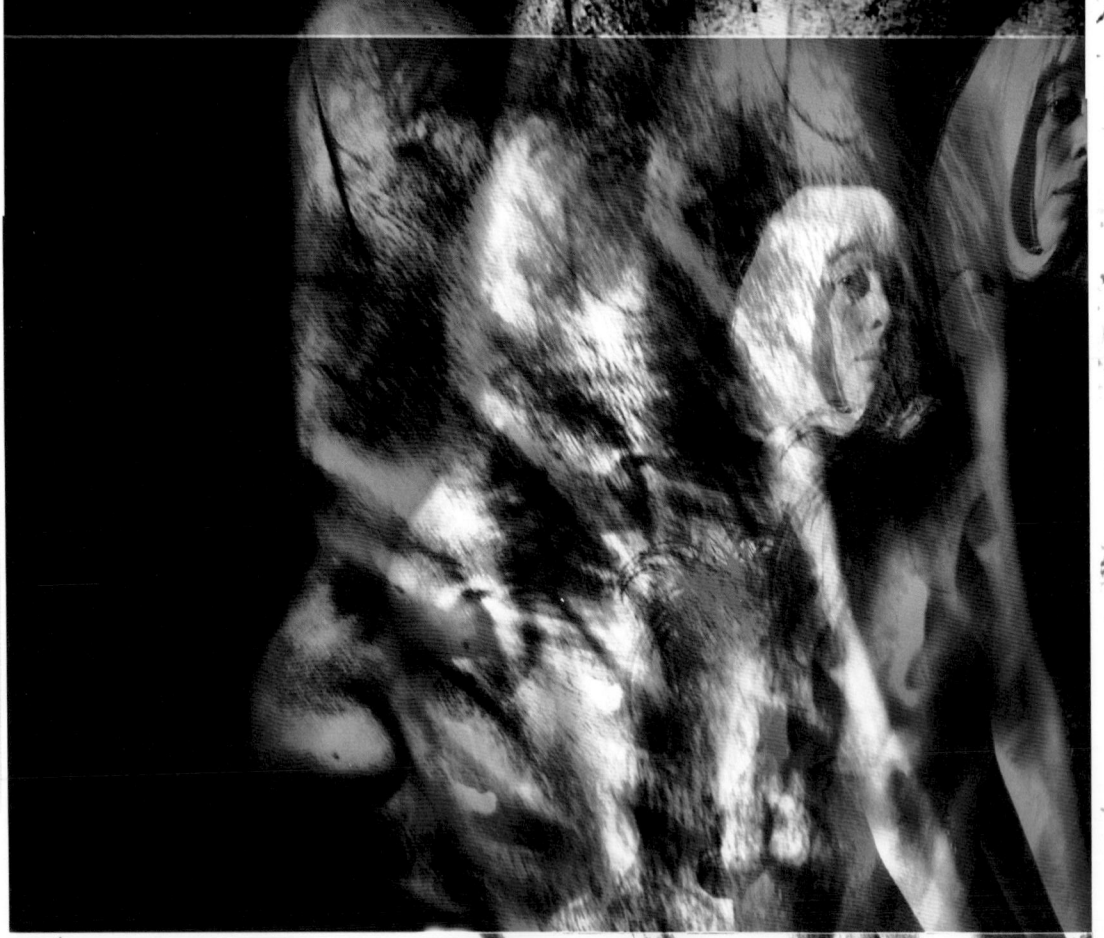

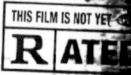

Affiche van Inside Jessica (1969), een verloren film van Ad-Harry Shredder

'THE MAN OF MANPHIBIAN'
An interview with Ad-Harry Shredder

After a few decades of obscurity some trailers of your movies are resurfacing, the likes of *House of the Seven Screams* and *Manphibian*. I'm sure you're happy.

Sure -well- rather the trailers then the actual movies, if you catch my meaning.

No, not really.

Well, the movies I make are not that good, they are actually very bad. I prefer the trailers, because in them you'll find the whole essence of the movie; you could say the whole movie is reduced to its idea and atmosphere. It's a rare thing seeing a trailer that stands on its own. Also I'd briefly like to mention that the preview was supposed 'to bait' an audience, so in a way the trailer is something better than the movie it is representing. Richard Foreman, for example, only likes the first five minutes of a film. Just about anything can happen in those first minutes, there is still mystery and characters are yet to be defined. I can certainly relate to this idea.

Do you like your trailers more than your films?

Absolutely. That's what I'm saying.
And since there seems to be some renewed interest in my work, I'm toying with the idea of making a movie consisting of nothing but trailers. With an elaborately developed scenario of course. Not just a means for promotion, but rather the idea of a stylistic exercise; the genre film. Look at it as a feature film divided into fifteen or twenty previews which are linked to one another, not by actors or themes but by actual story.

Ideas for other movies?

O yeah, loads. I rent the house of my neighbours just for storing scripts. I don't believe in computers, the power is in the pen. Or the pencil. Sometimes even in a marker or brush. On rare occasions in a quill. Or just with my pinkie in the inkpot.
And – erm - rather magnificent news; soon I will organize an audition for my dream project, its working title is *Baby Loves Pink*. It is an homage to super soft erotic espionage cinema the likes of *Femina Ridens* from 1969 by Piero Schivazappa, for example.

IV. SPARKS

spionagecinema waarvan *Femina Ridens* uit 1969 van Piero Schivazappa een voorbeeld is. Ik ben alleen nog op zoek naar tien actrices in diverse bijrollen, naar een *leading man* én lady, een locatie en een producer.

Waar komt de inspiratie vandaan?

Wat een saaie vraag. Uit de dagdagelijksheid, natuurlijk. *Manphibian* is tot stand gekomen omdat ik op een dag met men handen in een pot jam kwam vast te zitten. Toen ik men hand er uiteindelijk uit kreeg, zat de jam als een vlies tussen men vingers en toen dacht ik: wat als in de Tweede Wereldoorlog een nazi nu eens in plaats van haargel, ectoplasma over zijn scalp smeert en muteert in een halve kikker? Dat soort ideeën overvalt me dagelijks. Ik heb *chance* daarin, dat is Frans voor geluk, ik ben een vat zonder bodem. Een andere belangrijke bron is natuurlijk cinema zelve. Ook die van eigen bodem. In België zijn er trouwens flink wat vreemde films gemaakt. *Princess* met Herman van Veen en Alice Toen over een erotische fotoromanheldin of de lesbische vampierenfilm *Daughters of Darkness* voor een groot deel opgenomen in het Thermae Palace Hotel in Oostende. Wie kent ze nog? Wie?

Vertel me meer.

De Antwerp Killer met Michel Follet als psychiater. *The Afterman* of *Blue Belgium* van Rob Van Eyck. Dat zijn, euh, pareltjes van eigen bodem. Je leest over die films en je gaat ernaar op zoek. Dat verzamelen en zoeken naar, op het obsessieve af, maakt deel uit van mijn onderzoek. De collectie als deel van het atelier. *Blue Belgium* kon je maar op één tijdstip zien in een bioscoop in Diest. Een kopie van *De Antwerp Killer* vinden was een zoektocht van jaren van rommelmarkten tot videotheekfaillissementen. Aan het einde van de dag zagen men handen pikzwart van het snuffelen in honderden oude dozen. Het goeie is dat je dan ook die films vindt die je nog niet kent. *The Black Godfather, Terror Vision, Buio Omega*. Filmnet, de voorloper van Prime, kon er ook wat van. In de late uurtjes passeerden er de meest vreemde films. Een pornografische musicalversie van *Alice in Wonderland* bijvoorbeeld. Of de hoogdagen van de moviebox; die kon je huren in een videotheek en daar mocht je dan drie of vijf films bij kiezen om het weekend mee in te gaan. De jaren tachtig waren geweldig. Menig weekend heb ik gesleten met pelliculaire juweeltjes als *The Big Dollhouse, Squirm, Suspiria* en *Mondo Freudo*. Ik maak er nog steeds werk van om gemiddeld drie films per dag te zien. Na een drukke werkweek moet ik soms een heel weekend inhalen.

The only things I am still looking for are ten actresses in different parts, a leading man and lady, a location and a producer.

Where does your inspiration come from?

Such a boring question. From daily life of course. *Manphibian* came into being because one day my hands got stuck in a jar of jelly. When I got my hand out, eventually, the jelly was like a web between my fingers and I thought; what if during World War Two a Nazi instead of putting on hair styling gel, would run ectoplasm through his hair and mutate into half a frog. I have these kinds of ideas every day. I am a bottomless barrel of ideas.
Another very important source of inspiration is cinema. Even the ones made in Belgium. It so happens that a lot of very weird films were made here. *Princess* with Herman van Veen and Alice Toen about an erotic photo novel heroine or the lesbian vampire movie *Daughters of Darkness* which was filmed for the greater part in the Thermae Palace Hotel in Ostend. Who remembers them? Who?

Tell me more.

De Antwerp Killer with Michel Follet as a psychiatrist. *The Afterman* or *Blue Belgium* by Rob Van Eyck. These are – erm - gems made on Belgium soil. You read about them and you go out looking for them. This collecting and searching, bordering upon obsession, is part of my research. The collection as part of the atelier or studio. *Blue Belgium* was only to be seen at a certain time in a movie theatre in Diest. Finding a copy of *De Antwerp Killer* was a search that took years of visiting flea markets and video rental stores on the edge of bankruptcy. At the end of the day my hands would be pitch black from rummaging through hundreds of old boxes. The good thing about that is bumping into stuff you didn't know existed. *The Black Godfather, Terror Vision, Buio Omega*.
Filmnet, the predecessor of the digital movie channel Prime, was very good at that. Past midnight the strangest films would be on. A pornographic musical version of *Alice in Wonderland* for example. Or the heydays of the Moviebox, you could rent one in a video store along with three to five movies to get you through the weekend. The Eighties where fantastic. Many a weekend I spent with pellicular pearls the likes of *The Big Dollhouse, Squirm, Suspiria* and *Mondo Freudo*. I still try to watch an average of three movies a day. After a hard week of work, I sometimes have a whole weekend in which I have to try to catch up.

Why are you fascinated by that kind of cinema?

It is not fascination, it is an obsession. That is something different altogether. It is compulsive. Seventeen years ago I traced down an NTSC copy of *Forbidden Zone*, a film by Richard Elfman. The video tape was in a video store in Orlando, Florida. The owner didn't want to sell it, so I went to Orlando, bought myself a video player and rented the tape, to view it from my hotel room.
Ladies and gentlemen, we are talking obsession. Don't forget that I am speaking about the pre-internet years. Now even the most obscure movies see the light of day on DVD and you order them on Amazon. In one way it is a bit of a shame really, it demystifies the stories about these films. On the other hand, I keep on reading about hard-to-find films. I am crazy about films and can not get enough of them. It is like I, no matter what, would love to disappear into this filmic reality.

Yeah, yeah, I am so sure. But why 'those' kinds of films?

I will try to explain for you. But you must be patient. Listen.
First and foremost, I am not sure what you mean by 'that' kind of cinema. Do you mean 'horror', because I am also talking about musicals (*The First Nudie Musical, Shock Treatment*) and the films of John Waters (*Female Trouble, Desperate Living*) can hardly be called horror movies. And of course, dear boy, the sub-categories are endless: *giallo*, slasher films, splatter, splatter-punk, body-horror, trash, exploitation, blaxploitation, J-Horror ... Or did you mean B-movies or Z-cinema? Take for instance Jack Smith and his *Flaming Creatures*, for decades that was a Z-movie. The worst of the worst. But for a few years now Jack Smith is being honoured as probably the most talented underground artist ever!
It is not about the movie, it is about the creative spark. About why somebody makes what they have to make. Whether it is good or bad, it does not matter.
I can see in your eyes that you don't understand one bit. I am talking about genuineness, about being consistent, even about being consistently inconsistent. The craftsmanship of creating an original universe transcends 'good' or 'bad'. In short, it is about the degree of immersion of a self-made universe. This criterion is not limited to cinema.
Also modern day pop-culture.
Abattoir Fermé for example.

U zegt?

Abattoir Fermé, dat is Frans voor 'het slachthuis houdt voorlopig de deuren stevig dicht'. Het is ook een theatergezelschap dat zetelt in het idyllische Dijlestadje Mechelen.

Owkay.

Het gaat over een instrumentarium zoals woorden en beelden om mee aan de slag te gaan. Wanneer die woorden en taal niet uit de mainstream komen, dan kan diegene met de verkeerde expertise zich weleens schromelijk vergissen in de interpretatie ervan. De niche leeft namelijk verder via de niche. Alchemie leeft in de kabbala en in 'de boom des levens', in de grote Arcana en in de freakshows, in de underground film en in de *comic books*. Oude tekens die je niet terugvindt bij Anton Tsjechov maar wel bij Alfred Jarry, symbolen die vergeten zijn en opduiken op de meest onverwachte plekken zoals in de pagina's van *graphic novels* en als tatoeages op de huid van moderne primitieven.
En er is de interesse naar de mensen achter de films en de boeken. Personen die een zeer persoonlijk universum verbeelden en van wie de 'staat van zijn' hun geen andere keuze laat dan het uitvoeren van sociaal transgressieve daden. Bij wijlen kom je erop uit dat het verschil tussen diegene die kijkt en diegene die bekeken wordt, soms heel klein is.

Ik snap er niks van.

Ja, dat verbaast me niets. U moet beter luisteren. Misschien zelfs anders leren kijken.
Het begint bij de collectieve fascinatie voor de zoektocht achter het bekende.
Dissidente figuren als Tesla, Philip K. Dick, Charles Manson en plekken als The Forensic Anthropology Research Facility (aka The Body Farm), The Imperial Office of the Ku Klux Klan en The Michigan Cryonics Institute zullen nooit tot de mainstream horen. Het is een geheime en verboden wereld die hand in hand gaat met een pseudoreligieuze verwondering.

Enkele vragen terug had je het over het onderzoek, de collectie en het atelier. Hoe verhoudt het ene zich tot het andere?

Iedereen heeft één soort van verhaal te vertellen. In een eerste fase probeer je de *'tools'*, dat is Engels voor 'handig gereedschap', te vinden om je verhaal verteld te krijgen. Je bouwt een woordenschat op. En naarmate die woordenschat toeneemt, wordt het een

Sorry?

Abattoir Fermé is a theatre company that has its roots in the enchanting village of Mechelen by the Dijle.

Owkay.

We are talking about an instrumentarium such as words or images to work with. And when these words or images are not from the 'mainstream' then it is easy for someone with the wrong expertise to be mistaken in the interpretation. The niche lives on through the niche. Alchemy lives in the cabbala and in 'the tree of life', in the big Arcana and through the freak shows, in the underground film and through comic books. Old signs not to be found in Anton Tsjechov's work but certainly in the works of Alfred Jarry, symbols that are forgotten sometimes reappear in the pages of graphic novels and in the tattoos on the skin of modern primitives. And there is the interest in the people behind the books and films. People conjuring up a very personal universe whose very 'being' leaves no other choice than acting out in a socially transgressive way. Once in a while you find out that the difference between the person looking and the person being looked at, is very, very small.

I have no idea what you're talking about.

Yeah, well I am not surprised. You should listen. Maybe even learn to look in a different way.
It all starts with a collective fascination for the search behind what is known. Dissident characters such as Tesla, Philip K. Dick, Charles Manson and places like The Forensic Anthropology Research Facility (aka The Body Farm), The Imperial Office of the Ku Klux Klan and The Michigan Cryonics will never be part of what is mainstream. It is a secret and forbidden world that lives hand in hand with pseudo-religious admiration.

**A few questions ago you talked about research, the collection and the atelier.
What has one thing to do with the other?**

Everyone has a story to tell. First off you try to find your tools in order to tell your story. You build a vocabulary. And as this vocabulary expands, it becomes a language so communication enhances. The origins of developing a language are to be found in research. If your content remains the same, you need research to think about it, to develop variations, to – if necessary - develop another language, to sharpen, to learn to work in a more efficient way. Every serious

taal die resulteert in een grotere communicatie. Die taal ontwikkelen, vertrekt uit onderzoek. Als je *content* steeds hetzelfde is, heb je onderzoek nodig om erover na te denken, om erop te kunnen variëren, om mogelijk een andere taal te ontwikkelen, om scherp te stellen, om praktischer te kunnen werken. Elke serieuze artiest verricht noodzakelijkerwijs onderzoek, *one way or another*.
Het atelier is de veruiterlijking van het onderzoek, mogelijk gekoppeld aan een collectie. Ik ben gek op de verzameling. Het is de meest dwangmatige manier tot immersie, je verdwijnt letterlijk in het materiaal dat je inspireert. Ik verhuis weleens wanneer de collectie te groot wordt om te herbergen. Er zijn de films, de boeken, oude foto's, muziek, audio-opnamen, speelgoed, gevonden papiertjes, schriftjes, blikken dozen, kralensnoeren, huisnummers, opgezette dieren, staaltjes papier, brillen, sierlijsten, affiches, pennen, spiegels, poppen, glazen ogen, *paperweights*, kranten, magazines, protheses, rolstoelen en zoveel meer. Het heeft ook iets vertrouwelijks, alsof je van je woonst meer maakt dan alleen een woonst. Je geeft de werkplek een 'lading', een aura van creativiteit en het gevoel van een plek die even hard binnen als buiten de tijd staat. De keuze van het atelier is ook belangrijk, de plek waar je werkt, bepaalt soms mee de *'grain'* op wat je maakt.

Kijk je weleens televisie?

Zeg. Waar heb jij leren interviewen?

Antwoord.

Ja. Vooral fictie. Ik slijt serie na serie na serie. Omdat een verhaal dan tenminste tijd krijgt zich te ontwikkelen. Omdat personages écht personages worden, geen bordkartonnen Hollywood-helden. Terecht dat scenarist Allan Moore niets te maken wil hebben met een *Watchmen*-verfilming. De verfilming haalt het nooit van de *comic book*, niet dat een serie de oplossing zou zijn om dát meesterwerk recht aan te doen. Tv-series zijn big business, groter dan ooit. Een kijker wil langer verdwijnen dan mogelijk is in een film, tenzij de film natuurlijk briljant is. Tientallen vrienden van me doen niets liever dan drie, vier of vijf afleveringen van *The West Wing, Six Feet Under, Chuck* of *True Blood* te zien. Er is duidelijk nood aan totale immersie, we hebben het gehad met conventionele entertainment. We willen vreemder, intenser en meer.
Verder van de realiteit om ze meer te appreciëren. Rijst natuurlijk de vraag: 'Wat is realiteit?' Lees het Tibetaanse Boek der Doden maar eens ...
Hollywood is wat ideeën betreft failliet. Het aantal

artist inevitably researches, one way or another. The atelier is the externalisation of the research, possibly connected with a collection. I go nuts for collecting. It is the most relentless way towards full immersion, you literally disappear in the material that inspires you. I sometimes move when the collection becomes too big to house. There are the films, the books, old pictures, music, audio recordings, toys, found pieces of paper, copy books, tin cans, beads, house numbers, stuffed animals, glasses, frames, posters, pens, mirrors, dolls, glass eyes, paperweights, newspapers, magazines, artificial limbs, wheelchairs and much more. It is also very intimate, as if you turn your house into something that is more than a house. It is like 'charging' your workspace with an aura of creativity and the feel of a place which is at the same time inside as much as outside of time. The choice of a studio is important as well; the place where you work can be responsible for the 'colour' of what you create.

Do you ever watch television?

Say. Where did you learn to interview?

Answer.

Yes I do. Especially fiction. I wear out series by the dozen. Because a story can take the necessary time to develop. Because characters can really become characters, not cardboard Hollywood-heroes.
Allan Moore justly doesn't want to have anything to do with the movie adaptations of his *Watchmen*. The film can never top or add anything to the comic book. Come to think of it, not even a television series can do justice to that particular masterpiece. Television series are big business, bigger than ever. Viewers want to disappear longer than a movie can offer them, unless the film - of course - is brilliant. Dozens of my friends enjoy nothing more than watching consecutively three, four or five episodes of *The West Wing, Six Feet Under, Chuck* or *True Blood*. Obviously there is a need for total immersion, we have had it with conventional entertainment. We want to go further from reality so we can appreciate it more upon our return. Of course the question 'what is reality' comes to mind. Well, just read the Tibetan Book of the Dead.
Hollywood went bankrupt, they ran out of ideas. The amount of remakes cannot be counted on both hands. Even tons of very bad movies (Ah! My favourites!) are remade without scruples. In the process the creative heart is being torn out and its bones are being stripped of all its meat. And then there is the concept

-231-

IV. SPARKS

remakes valt niet op handen te tellen. Zelfs talloze hele slechte films – Ai, men pareltjes! – worden onscrupuleus overgedaan, maar daarbij wel ontzield en ontbeend. En dan heb je de term *'re-imagining'*, het heruitvinden en beter maken van klassiekers. Een nieuw slot is die nieuwe trend niet vreemd, maar nooit echt goed gedaan.

Wil je nog iets vertellen om af te sluiten?

Sure. 75 percent van alle kinderen tussen de vijf en de zestien jaar heeft een televisie op zijn kamer. Door het vertekend beeld dat Discovery Channel ophangt, denken ze al dat alle vissen uit het water opspringen en beren niets anders doen dan kuieren langs beekjes. De elektronische kennisvergaring kost geen enkele moeite, wat ten koste gaat van de uit-eerste-handbeleving en het zelfstandig denken. We vergeten wat het is om een biologisch en sociaal wezen te zijn.

Ad-Harry Shredder is regisseur van heel slechte films waaronder Manphibian *en* The House of the Seven Screams. *Hij was te zien in de beruchte Panorama-uitzending,* De politiek van de smaak. *Ad-Harry is ook freelancerecensent van films en televisiereeksen.*

of re-imagining; improving the classics. Filming new endings to well known films would not be a first, but it is never really well done. Always, even, in poor taste.

Is there anything else you would like to tell before we finish off?

Sure. 75 percent of all children between five and sixteen have a television set in their bedroom. Because of the distorted view of nature the Discovery Channel presents, most kids believe that fish jump up from brooks all the time and bears do nothing all day but hang around small streams. This electronic way of gathering knowledge is completely effortless and wreaks havoc upon first-hand-experience and independent thinking. We are forgetting what it is like to be a biological and social being.

Ad-Harry Shredder is director of bad movies the likes of Manphibian *and* The House of the Seven Screams. *He was to be seen in the infamous Panorama-episode about* The Politics of Taste. *Ad-Harry is also a freelance movie and television series critic.*

Affiche van The Whisperer in the Darkness *(1978), een andere verloren film van Ad-Harry Shredder*

IV. SPARKS

Angry elephants and biting chainsaws

A conversation about sound in the theatre of Abattoir Fermé

Bram De Cock

Abattoir Fermé, the theatre company from Mechelen, often assaults the audience's senses and frames of reference. In these grotesque, associative trips through the imagination bellman Kreng, the musical alter ego of Pepijn Caudron, beats the big drum. The prevailing tone however appears to be silence.

Cutting and pasting sound

Actor and composer Pepijn Caudron (1975) has been working with tape recorders and sound fragments since he was twelve. 'My record collection is my instrument. This source of materials is like a carcass (a 'kreng' in Dutch), a dead animal I reanimate. Samples of those records create a frame of reference in my compositions. I refer to ancient history, I cite, and I can't do that with new material. The sound quality of old recordings for example, is very important for the way the music is experienced. A bakelite blues record has a specific atmosphere. It doesn't make any sense to imitate that. Because of copyrights, I develop the samples in my work by adding field recordings, session musicians or some of my own tinkering with a box of matches and a contact microphone.'

'My music doesn't sound like typical laptop music. People recognise it as Kreng. A lot has to do with the choice of sounds. I have a penchant for dark, low tones, on the edge of what is still audible. These sounds manifest themselves particularly on a physical level, in the belly and in the resonance spaces in the head. I strongly believe in the direct physical impact of music. Music is not semantic like language. An article about the Belgian fusion jazz group Aka Moon, made me realise what a different effect music has on us as opposed to language. Aka Moon was visiting Pygmies in Central Africa. Fabrizio Cassol had played them the French nursery song *Frère Jacques* on a soprano sax, in a high register. To the Pygmies it sounded happy and festive. Afterwards Michel Hatzigeorgiou played the same song on his bass, in a low register. Now the audience thought it was a depressing, sombre song. They didn't even realise it was the same melody. So

niet als een vorm, maar gaan af op de directe, fysieke impact. Het was alsof dat mij bevestigde in mijn keuze om minder bezig te zijn met het intellectueel organiseren en structureren van geluid, en meer met de fysieke impact ervan. De basisvragen zijn: wat is klank, en wat kun je ermee doen? Voor de Abattoirvoorstelling *Tourniquet* (2007) had ik bijvoorbeeld de subbassen onder de tribune gezet, zodat iedereen mee in trilling werd gebracht.'
Toch noemt Caudron zijn composities nog steeds muziek. Het gaat nog altijd om de kunst om stukjes geluid in een bepaalde volgorde en verhouding ten opzichte van elkaar te plaatsen. Geluidsontwerp, geluidskunst of soundscapes zijn zo bekeken allemaal manieren om muziek te maken. 'De Amerikaanse avant-gardecomponist John Cage schreef in 1952 een stuk voor stilte, met de titel *4'33'*. In dit stuk doet een pianist gedurende 4 minuten en 33 seconden niets anders dan de bladen van zijn partituur omslaan. Dat verplicht de luisteraar om het overige geluid dat aanwezig is, in zich op te nemen. Cage wou bewijzen dat elke klank muziek is als je die als dusdanig benoemt.' Cage plaatste op die manier stilte op hetzelfde niveau als muziek, maar demonstreerde meteen dat volkomen stilte niet bestaat. Zelfs in een volledig geluidsvrije kamer hoor je nog het pompen van je eigen bloedsomloop. Het effect is dat de luisteraar zelf moet bepalen waar het lawaai ophoudt, en de muziek begint.

De emotionele impact van stilte: horen, zien en voelen

Op zijn MySpace-pagina citeert Kreng uitdagend John Cage: *'Noise lost its power to insult. Silence hasn't.'* Waarom de noodzaak tot beledigen? En waarom is stilte daartoe een beter middel? 'Beledigen is voor mij synoniem met een emotionele reactie uitlokken. Dat is een positief effect van muziek. In de lijn van Cage dichtte Morton Feldman stilte een bijzondere rol toe in zijn composities. Na één frase, zelfs één noot, volgt tien seconden stilte. Zo word je erg nieuwsgierig naar wat komen gaat. Die spanning is heel inspirerend. Ze verschilt van het alomtegenwoordige lawaai in de grootstad, zoals toeterend verkeer, rinkelende gsm's, loeiende sirenes, pompende muziek uit auto's of cafés … Onze hersens hebben geleerd dat lawaai te filteren en te plaatsen is. Op café kunnen we ons bijvoorbeeld concentreren op de stem van een gesprekspartner, ongeacht de vele achtergrondgeluiden. Door die gewenning heeft lawaai, als element in een compositie, veel van zijn emotionele kracht verloren. Echte stilte kan meer confronterend zijn. Dat wil niet zeggen dat ik geen

they don't understand sound as a form, but they relate to the direct, physical impact. It was like this confirmed my choice to spend less time intellectually organising and structuring sound, but focus more on its physical impact. The basic questions are: what is sound, and what can you do with it? For example, for the Abattoir production *Tourniquet* (2007) I placed subwoofers under the seating area, so the whole audience would feel the vibrations.'
Yet Caudron calls his compositions music. It is still about the art of placing pieces of sound in a certain order and relation to each other. Sound design, sound art or soundscapes are in this respect all ways of making music. 'The American avant-garde composer John Cage wrote a piece for silence in 1952, called *4'33'*. In this piece, a pianist does nothing else but turn the pages of his score for four minutes and thirty-three seconds. This forces the listener to soak up all the other sounds that are present. Cage wanted to prove that every sound is music if that's what you call it.' In this way, Cage placed sound on the same level as music, but immediately demonstrated that total silence doesn't exist. Even in a completely sound free room, you still hear the pumping of your own blood circulation. The effect is that the listener must decide for himself where noise ends and music begins.

-235-

The emotional impact of silence: hear, see and feel

On his MySpace-page, Kreng provocatively quotes John Cage: 'Noise has lost its power to insult. Silence hasn't.' Why the need to insult? And why is silence a better way to achieve it? 'To me, insulting is synonymous to eliciting an emotional reaction. That's the positive effect of music. Like Cage, Morton Feldman made silence a specific part of his compositions. One phrase, or even one note, is followed by ten seconds of silence. This makes you very curious to find out what will follow. That tension is very inspiring. It is so different to the ubiquitous noises of the big city, like honking traffic, ringing cell phones, blaring sirens, pumping music from cars or bars … Our brains have learned to filter and determine noise. In a bar for example we're able to concentrate on the voice of the person we're talking to, despite all the noise in the background. By this habituation noise, as part of a composition, has lost a lot of its emotional power. Real silence can be a lot more confrontational. This doesn't mean I don't use noise in my music. Everything depends on the moment and the context.'

IV. SPARKS

Caudron mainly works for Stef Lernous of Abattoir Fermé and Piet Arfeuille. He composed the music to *Hamlet* (2005) for the latter. 'Piet is an impressionist. His work is a lot more internalised, more intimate, smaller. Stef, on the other hand, is an expressionist: everything is enlarged, externalised. These two directors allow me to play in two different registers.' It seems obvious that silence and calmness complement the work of Arfeuille, but how does Kreng's penchant for silence match with the expressionism of Abattoir Fermé? Caudron's work fits into Abattoir Fermé's research into the power and the ambiguity of images. Caudron calls visual performances, virtually without text, like *Tired but Up and Erring* (2005), *Testament* (2006) and *Tourniquet* (2007) 'silent' performances, regardless of the emphatic presence of music, also in the narrative sense. 'In the textual plays I collaborated on, like the Chaos-trilogy (*Indie – Tinseltown - Lala-land*), I had to leave enough space for text and image. My story as a composer was pushed into the background. In the silent performances, the narrative aspect is up to me for fifty percent. Image and sound become equal narrative components.' But that doesn't mean that the composition demands half of the attention of the audience. Caudron feels that ideally, you shouldn't even notice that it's there. 'Silence' means that the spectator doesn't consciously register the composition, but rather undergoes it. 'When a spectator answers the question 'What did you think about the music?', with 'O, was there any music?', then you've done a good job.'

Finding this 'silence' in the stormy, upsetting performances of the past few years is Caudron's biggest challenge. 'My ideal score would be completely generated on stage itself, for example by the set. I would like the music not to come out of speakers or a sound recording medium. I don't know how to do it, but one day Abattoir Fermé will end up with a totally inhuman, lifeless performance. Like in *Tourniquet*: the actors stand there and act 'normal'. What are the implications for sound if you translate this to a set that is just as 'normal'? We still need to research this. Picasso once said: 'If you know exactly what to do, then what's the point of doing it?' And he's right.'

The dramaturgy of sound: to illustrate or to negate?

The performances of Abattoir Fermé seek a modus vivendi between the sound and the brutality of the texts, images and acts. But the creative principle of

De voorstellingen van Abattoir Fermé zoeken een modus vivendi tussen de klankband en de radicaliteit en brutaliteit van de teksten, beelden en handelingen. Het creatieve principe in de regie en de compositie blijft evenwel juxtapositie of het ter wille van het contrast naast elkaar plaatsen van de meest uiteenlopende elementen. Daarin kan de klank steeds twee kanten op: bekrachtigen of ontkrachten. 'De klankband van *Tinseltown* (2006) verzuipt in een teveel aan informatie. Ik bespeel een heel breed referentiekader; de openingstune van 20th Century Fox, popcorn, heavy metal, klassieke muziek, … kortom een potpourri van klanken die het mierennest van associaties in het hoofd van het hoofdpersonage, Wilfried Pateet-Borremans, vorm geven. Dat is een manier om de tekst te bekrachtigen. *Testament* gaat over overdaad, pijn, verdriet, dood. Daarom gebruikte ik agressieve klanken: toeterende freejazzblazers, die mijn vriendin steevast associeert met kwade olifanten, en *'number stations'*. Dat zijn dode punten op radiogolffrequenties die in de jaren zeventig-tachtig tijdens de Koude Oorlog gebruikt werden om cijfercodes door te sturen: een hoop ruis met cijfercombinaties die herhaald worden. Je begrijpt niet wat er gezegd wordt, enkel dát er iets gezegd wordt. *Testament* is als een ingewikkeld computerprogramma dat niet kan draaien omdat de hardware het niet kan verwerken. Het is alsof je Windows zou willen draaien op een oude Commodore 64. Die Commodore kan dat niet aan, net zoals onze hersens de dood niet kunnen verwerken. Ook daar bekrachtigt de klankband het gebeuren.'

Caudron gelooft echter ook sterk in het ontkrachten van een scène met geluid. 'Voor *Moe maar op en dolend* kon ik niet illustratief werken. De expliciete beelden eisen hun eigen bestaansrecht op, maar als je ze op zich zou bekijken, dan zou je je bescheuren. De muziek die ik eronder schoof, is dan weer doodsaai als je er gewoon naar luistert. Maar de beelden en de muziek werken goed in combinatie met elkaar. Ze creëren de juiste spanning net wegens die tegenstelling. Hoewel er tussen beeld en klank geen direct verband bestaat, wordt de kijker er wel toe verleid om daarnaar te blijven zoeken. Anderzijds biedt de klankband soms ook versterking: een druppelende kraan, een vliegje dat rondzoemt van links naar rechts, samples uit horrorfilms, veel ruis, het geluid van een onophoudelijk slaande deur, hoewel er geen deur op de scène staat … Dat zijn beschrijvende klanken. Ze suggereren een situatie, een context. Je creëert een universum door dingen naast elkaar te plaatsen die niets met elkaar te maken hebben. Dat gebeurt ook in *Tourniquet*. Terwijl mensen zich klaarmaken om naar een feest

the direction and composition remains juxtaposition or placing extremely diverse elements next to each other in order to obtain contrast. Sound always has two options: either to enforce or to negate. 'The soundtrack of *Tinseltown* (2006) drowns in an information overload. I play with a very broad frame of reference; the opening tune of 20th Century Fox, Popcorn, heavy metal, classical music, … a real potpourri of sounds that gives shape to the ant's nest of associations in the mind of the main character, Wilfried Pateet-Borremans. This way, the text is enforced by sound. *Testament* is about excess, pain, sorrow, death. That's why I used aggressive sounds: tooting free jazz trumpeters, which my girlfriend always associates with angry elephants, and 'number stations'. These are dead areas on radiofrequencies that were used during the Cold War in the '70s and '80s to transmit number codes: a lot of noise with number combinations that are constantly repeated. You don't understand what is being said, only that there is something being said. *Testament* is like a complex computer program that can't be used because the hardware can't process it. It's like trying to run Windows on an old Commodore 64. That Commodore can't process it, just like our brains can't process death. Here the soundtrack also enforces the action on stage.'

But Caudron also strongly believes in taking the edge off a scene with sound. 'In *Tired but Up and Erring* I wasn't able to work in an illustrative way. The explicit images demand their own right to exist, but they would be laughable if you saw them separately. And the music I put to the images is very boring if you listen to it independently. But the music and images work very well when combined together. They create the right tension exactly because of this opposition. Even though there is no direct link between image and sound, the spectator is tempted to keep searching for this link. On the other hand, sometimes the soundtrack enforces the visual aspect: a dripping tap, a little fly buzzing from left to right, samples from horror movies, lots of noise, the sound of a continuously slamming door even though there is no door on stage … Those are illustrative sounds. They suggest a situation, a context. You create a universe by juxtaposing things that are unrelated to each other. The same thing happens in *Tourniquet*. While people are getting ready to go to a party, I use low frequencies that communicate a feeling of being trapped. It's the opposite of a happy, joyful atmosphere.'

There isn't a lot of logic behind these choices. Either it works, or it doesn't. 'I've learned an awful lot about the dramaturgy of sound while working for Abattoir

te gaan, laat ik lage frequenties horen die beknelling communiceren. Dat is het tegendeel van een opgewekte, feestelijke sfeer.'

Er zit niet veel logica achter deze keuzes. Het werkt, of het werkt niet. 'Ik leer bij Abattoir Fermé heel veel over de dramaturgie van geluid. Hoe je met geluid een vertelling kan opzetten die niet aan taal gebonden is, maar aan de associaties die klank oproept bij toeschouwers. Iedere toeschouwer brouwt zijn persoonlijk verhaal, zijn dramaturgie uit wat wij aanbieden. We willen rondspoken in het hoofd van de toeschouwer. We doen dat zonder dingen te intellectualiseren of te benoemen. We zetten geen dramaturgie op schrift. Een te concrete narratieve uitwerking werkt dikwijls remmend en vernauwend.

We volgen ons instinct, onze onderbuik. Die impulsiviteit laat zich niet in een academisch jargon vatten. Onze dramaturgie is associatief en emotioneel. Bij *Testament* zijn we daar heel ver in gegaan. Daar ís de vorm de dramaturgie. De mensen hadden het daar moeilijk mee, ze hebben nog niet geleerd om zo te kijken en te luisteren.'

In de voorstellingen van Abattoir Fermé is klank meer dan een voorgeprogrammeerd geluidstapijt dat uit de luidsprekers rolt. De actie, de acteurs en de rekwisieten zijn vaak ook rumoerig, wat een grappig, grotesk effect oplevert. En daarmee een soort van publiekslouterende ontlading. Het totale klankbeeld is een luidruchtig feest van rondhappende kettingzagen, vuurspuwende slijpschijven, rinkelende takels, uitputtend gehoest en gehijg, hysterische, schrille spreekstemmen, knarsende raderen, ronkende dieselmotoren en pruttelende koffiezetapparaten. 'Ik heb geen probleem met die andere geluidsbronnen. Als er een toneelattribuut is dat geluid kan maken, geef ik het een plaats. Ik verdoezel dat niet. Mijn klanken zijn niet echt, ze komen uit software en luidsprekers, terwijl de kettingzaag die in *Tinseltown* op een meter van de eerste rij vervaarlijk door de lucht zaagt, onontkoombaar concreet is. Dat kan ik nooit bereiken met mijn klank, maar ik kan het wel versterken. In de voorstelling toont de pornoregisseur Walter Pateet (vertolkt door Chiel van Berkel) zijn filmpje op een televisietoestel aan het publiek. Dat filmpje heeft de grofste klankband die ik ooit maakte. Het geluid begint eerst op de tv en wordt vervolgens afwisselend links en rechts versterkt door de luidsprekers in de zaal. Zo krijg je een ronddraaiend effect waardoor je als kijker meegezogen wordt in de geluidsbrij van het filmpje. Door dat afleidingsmanoeuvre kan Chiel op het achterplan de kettingzaag in gang trekken en naar voren komen zonder dat je het doorhebt. Als je dat filmgeluid dan wegtrekt, komt de kettingzaag des te verrassender en luider aan.'

Fermé: how to use sound to construct a narrative that isn't linked to language, but to the associations that a particular sound evokes. Every spectator concocts his own personal story, his dramaturgy from what we're offering. We want to haunt the head of the viewer. We do it without intellectualising or naming things. We don't put the dramaturgy in writing. If you make the narrative too concrete, it often restrains and narrows the process. We follow our instincts, our underbelly. This impulsiveness can't be captured in an academic jargon. Our dramaturgy is associative and emotional. We went very far with that in *Testament*. Here the form is the dramaturgy. People found this difficult, they haven't learned to look and listen like that yet.'

In the productions of Abattoir Fermé, sound is more than a pre-programmed sound carpet that rolls out of the speakers. The action, actors and props are often boisterous, which creates a funny, grotesque effect and at the same time a catharsis-like release for the audience. The body of sound is a loud party of snapping chainsaws, fuming grinding discs, clinking tackles, exhaustive coughing and sighing, hysterical, shrill voices, squeaking cogwheels, throbbing diesel engines and percolating coffeemakers. 'I don't have a problem with all these other sources of sound. If a prop can make a sound, I will give it a place. I don't try to hide it. My sounds aren't real, they emanate from software and speakers, while the chainsaw in *Tinseltown*, which frightfully saws through the air about one yard away from the first row of the audience, is inescapably concrete. I can never achieve that with my sound, but I can amplify it. During the performance, porn director Walter Pateet (played by Chiel van Berkel) shows his film on a television set. That film has the roughest soundtrack I have ever made. The sound starts on TV and is then amplified alternately left and right through the speakers in the theatre. This creates a swirling effect which draws the spectator into the sound mush of the film. By this diversion, Chiel can start up the chainsaw in the background and move to the front of the stage without anyone noticing. If the film sound is then withdrawn, the chainsaw will be even more surprising and loud.'

It seems miles away from the silence with which Caudron tries to elicit intense reactions in an alternative way, but the effect is the same and that's ultimately what matters in Abattoir Fermé. It is the necessary leverage to break open frames of reference and associations in the spectator. Every performance evokes a new context, a new atmosphere and consequently a strategy of its own to deal with silence and noise. What sound a performance needs,

Het lijkt mijlenver verwijderd van de stilte waarmee Caudron op een alternatieve manier heftige reacties probeert uit te lokken, maar het effect is hetzelfde en daar gaat het uiteindelijk om bij Abattoir Fermé. Het is de noodzakelijke hefboom om de referentiekaders en associaties bij de toeschouwer open te breken. Elke voorstelling roept een nieuwe context op, een nieuwe sfeer en daaruitvolgend een geëigende strategie om met stilte en lawaai om te gaan. Het hangt er dus van af wat een voorstelling vanuit haar eigensoortige dramaturgie nodig heeft aan geluid. Vast staat dat geluid het beeld en de tekst volgt en niet omgekeerd. Ook stilte is aan die beperking gebonden.

Dit artikel verscheen oorspronkelijk in *Etcetera* Jg. 25, nr. 108, september 2007.

Bram De Cock studeerde onder andere vergelijkende cultuurwetenschap en theaterwetenschap. Af en toe publiceert hij over theater. Hij is ook actief als muzikant en dj.

depends on its own specific dramaturgy. But the fact is that sound follows the image and the text, and not the other way around. Even silence is tied to this limitation.

This article was first published in *Etcetera* Vol. 25, n° 108, September 2007.

Bram De Cock has read comparative cultural sciences and theatre science amongst others. From time to time he publishes about theatre. He is also a musician and a DJ.

Muziek: Le Poème De L'Extase *van Alexander Scriabin*
-opening credits-

'Raffael Pascoe: auteurschap in de pornocinematografie'
-scenario voor een korte documentaire-

scène 1
Footage van Pascoe's afstuderen.
Ext. Dag. De façade van een statig gebouw in een landelijke omgeving, het geluid van jubelende tieners.

VO: 'Raffael Pascoe studeerde in 1964 af aan Bostons Academy of Arts, Music and Film met de kortfilm *Assplosion*. Acteurs Brock Hengst en Gia Spunk speelden de hoofdrol in dit mooi uitgelichte pareltje onder de genrefilms.'

Footage van Assplosion. Een sleazy jaren zestig set met een chaise longue, daarop een onaantrekkelijke kleine harige man en een jonge vrouw met het grootste bos hout voor de deur ooit. In de kortfilm geeft Gia zich moedig over aan een bijzonder pijnlijke DP, een double penetration, terwijl Brock ondertussen ietwat verveeld een krant leest met de hoofding 'Fifty Die In Baking Accident'. Gia becommentarieert ondertussen het meubel waarop ze genomen wordt.

Gia: 'I don't think it's pink or salmon, Brock ... it's sort of ... puce ... yeah, me thinks it's puce ... ouch! Goddammit! ... I'm also of opinion that this couch ain't Victorian ... no Brock, not Victorian at all ... ouch! Watch your fists ... me thinks it's Georgian ... definitely Georgian ... ouch! Just take off your watch, muddafucka ...'

scène 2
Footage van een bioscoop.
Int. Nacht. Beelden van een afwisselend uitjoelend en applaudisserend publiek.
Sommigen gaan met mekaar op de vuist.

VO: 'Raffaels afstudeerfilmpje maakt onwaarschijnlijke furore op het 12ième Festival de Crépuscule in St-Guénolé.'

Insert Frans krantenartikel, uit Le Journal St-Guénolé.

VO: '"Raffael Pascoe wéét wat mensen vergeilt, het zijn niet de twee vuisten van Brock in Gia's broodje van een kont; het is het contrast tussen de onwaarschijnlijke smeuïgheid van de scène, de intrieste krantenkop en het prachtige meubel", zo schrijft Patrice Madou voor *Le Journal St-Guénolé*.'

scène 3
Footage van diezelfde bioscoop.
Int. Nacht. Raffael Pascoe schudt de hand en neemt een cheque in ontvangst van Vett Lexter, de godfather van de underground-porn, toen nog op middelbare leeftijd.

VO: 'Raffael blijft niet bij de pakken zitten en met de kleine som verbonden aan de *'prix du jury'*, begint hij in het najaar van '65 aan een scenario met werktitel *Cum Into Me, Bitch*.'

scène 4
footage van de 'Assmeister-series'
Int. Dag. Een steriele zitkamer met een wit leren salon, een glazen salontafel met gouden poten en de actrice
Tawnee Pussy met aan een dikke ketting een grote Ierse wolfshond.

VO: 'Om eindjes aan mekaar te knopen gaat Raffael Pascoe aan het werk in de film. Zijn eerste job is die van *cumboy*; iemand die handig genoeg is om acteurs tussen shots in stijf te houden, maar zo lelijk van smoel dat klaarkomen onmogelijk wordt. De eerste langspeler waar hij als *cum-* of *jerkboy* aan werkt, is *Assmeister 5*. Op die set leert hij Tawnee Pussy en Diva Cum kennen.'

De ruwharige Ierse wolfshond eet gehakt van de met vlees belegde billen van de mannelijke lead,
de inmiddels overleden Nederlandse acteur Peter Bangels.

Tawnee: 'Who's your bitch, muddafucka? Who's your bitch? Suck it, mudda-'
Diva: 'Stop! O my God, Tawnee just stop it!'
Tawnee: 'O my God! He's dead! Peter's dead-'
Director (off-screen): 'Could somebody get that dog away from him please-'
Assistant (off): 'Somebody call an ambulance-'
Tawnee: 'Muddafucka-'
Director (off): 'Could somebody please get that dog out of-'

VO: 'Tawnee en Diva vormen vanaf dan samen met Brock Hengst en Gia Spunk, onder Raffaels artistieke leiding, de basis van The Fuck Film Collective, pornocraten op zoek naar extremiteiten op persoonlijk en beroepsniveau. Het collectief zweert trouw aan de drie regels van het CUM manifest.'

Insert foto van het creatieve vijftal, anno 1965. Diva Cum ontbloot één van haar borsten voor de camera en
Raffael ontkurkt een fles goedkope champagne. Ondertussen loopt er audio-footage, een internet-soundbite waarvan ik
de bron niet heb kunnen achterhalen.

FFC: 'CUM one, cinema is reality. CUM two, U are free for what U want to be or do-'
Diva Cum: 'O my God, Raffael, you're so hard!'
FFC: 'CUM three, mutation is imminent.'

VO: 'Het geld dat Pascoe door de jaren in de mainstream-porno verdient, als *cumboy*, licht- of geluidsman, zal hij investeren in Fuck Film Collective-projecten. Het is Raffaels onvoorwaardelijk engagement naar het collectief toe dat hem uiteindelijk de pik zal snoeren.'

Fade to black.
scène 5
Footage van de sterk beschadigde tweede kortfilm van Raffael Pascoe.
Int. Dag. Een keuken met aan een zwart-wit betegelde muur een grote houten vork en lepel, een groot aanrecht onder
het bloed en de faecaliën. Brock voorovergebogen aan het aanrecht. Gia, Tawnee en Diva zijn naakt op hoge hakken en
koksmutsen na.

VO: 'In 1965 maakt het team de kortfilm *Cum On, Bitch and Wreck My Insides*, ontsproten uit voorgenoemd werkdocument *Cum Into Me, Bitch*. Deze keer is het Brock Hengst wiens bruine ster wordt volgepropt met elk denkbaar stuk bestek. Een highlight is de scène waarin een grote pollepel, bolle kant eerst, wordt ingebracht en 360° wordt gedraaid.'

-241-

IV. SPARKS

Zwart-wit footage van de Boston Regional Television Broadcast.
Brock ligt in bed met op zijn schoot een bord met daarop onmiskenbaar ziekenhuisvoedsel.

Brock: 'This doesn't mean shit. Next time, ladies and gentlemen, I will gladly and aptly broaden my physical limits by inserting a high maintenance blender while it's running. No need to say I'll happily insert it myself. That's exactly the sort of thing our audience demands and who are we to deny the consumers' needs ...'

scène 6
Footage van een korte Channel 5-uitzending
Ext. Night. The Tomcat-bioscoop.
Shots van mensen die joelen, zwaaien en applaudisseren wanneer ze zien dat de camera op hen gericht staat.

Reporter: 'How many times have you seen this film?'
Spectator 1: 'Thirty-seven times!'
Spectator 2: 'Eighty-five times!'
Spectator 3: 'About a hundred, I guess! It's my all-time favorite movie!'
Spectator 2: 'PASCOE RULES, MUDDAFUCKA!!!'
Reporter: 'As you can see this movie has been drawing quite a crowd as it celebrates its tenth birthday here at Van Nuys' theatre 'The Tomcat'. Some people wear masks resembling Brock Hengst's face, others wear cook's hats, all this in celebration to this cult-favorite.
Studio: '-*chuckles*- And Walter, are you going to see this short film?'
Reporter: '-*chuckles*- I am going home, Bill! I am looking forward to spending the night with the missus. Walter Davies for MovieTime, Channel 5.'

Footage freeze, close-up van Tawnee.

VO: '*Cum On, Bitch and Wreck My Insides* viel tien jaar elke vrijdag en zaterdag om middernacht te bekijken. In '75 is de print zoveel gescreend dat er weinig overbleef om naar te kijken, op ruis na.'

Extreme close-up van Tawnees grote groene ogen. De pellicule brandt door.

scène 7
Int. Dag. Een realistisch decor van een riante late sixties design-woonkamer. Enkele Vasarely's aan de muur.

VO: 'Van de opbrengst van de film koopt Raffael een grote leegstaande loods in Maine en doopt die om tot de Fuck Film Studios.'

Een repetitie die stilligt. Pascoe is aan het praten met de eigenaardig uitziende W.P. Borremans. Een twintigtal acteurs wachten geduldig op commentaar, ze dragen allemaal kostuums ontworpen door Rudy Gernreich.

VO: 'Zes maanden lang verlaat Pascoe zijn collectief om samen met W.P. Borremans, een Belgisch avant-garderegisseur aan het werk in NY, het libretto te schrijven voor een pornografische opera.'

Int. Nacht. Een theater.
Footage van de voorstelling.
De acteurs uit de repetitie bevolken de sixties-set en geven het beste van zichzelf.
Ze zingen het derde lied van de eerste acte: 'How Undecent to Reprocreate'.

Ricardo:
'I'll tell you of these things about which I often pontificate
about subjects that make men quake and cause women to ovulate
Pray tell us then, I hear you ask, what are these findings to relate to
these are things I quite enjoy to play with and to masturbate.'

'A cucumber for instance is too large and makes me weep,
a sour pickle on the other hand is too petite,
a lamb chop is quite vulgar and besides has too much meat,
while I believe a firm and ripe banana is just sweet.'

Chorus of masturbating men:
'We revel in imagination
and we praise the masturbation
so raise the glass and quaff and laugh
and ha-ha-ha-ha-ha
to this fixation
because to onanate is fun
we hate to share it with someone
a flick of the wrist and a turn and a twist
and ha-ha-ha-ha-ha
the deed is done.'

Ricardo:
'I often thought it would be great to contact friends and congregate
to have a get-together and to stimulate the male prostate
I'd kindly like to evocate and pleasantly to demonstrate
There's nothing more enthralling then to fondly masturbate.'

Chorus of masturbating men, reprise
VO: 'De opera *Sundae Mutt* wordt een off-Broadwayhit bij zowel pers als publiek.
Het lijkt of Pascoes geluk niet meer op kan.'

scène 8
Footage van een kerk.
Ext. Dag. Een huwelijk. Het Fuck Film Collective en fans wachten ongeduldig voor de kerk. Diva en Raffael komen buiten, als bruid en bruidegom. Iedereen roept enthousiast en gooit rijst. Diva draagt een kleed waar, door gaten in het kleed geknipt, haar borsten uithangen. Raffael draagt een grote groene strap-on. Voor de kerk staat een chique Cadillac geparkeerd.

IV. SPARKS

Int. Dag. Vett Lexter, anno 2006, die achter zijn bureau zit. Op de achtergrond posters van
Womb Dive en Slutts for Sale.
Credit: Vett Lexter, godfather van de underground-porno.

Vett Lexter: 'A likely couple. They went on a honeymoon to Boca Raton. The marriage lasted four months. She dumped him quicker than shit hits the water.'

Bruid en bruidegom stappen in de witte slee en scheuren weg.
Op de ruit van de wagen staat geschreven: 'She got hers, now he'll get his.'

Vett Lexter: 'After that ... I never expected ... I think nobody err... expected Raffi's work to become so dark ... so profoundly terrifying even ... certainly darker then what anyone could have expected from ... well ... porn. After all we're smut peddlers and pimps – the models are whores who take money to be fucked. Raffi took porn to a whole new level ... maybe ... even ... to an existentialist level ... taking tits and ass to a brave new world of seedy art and compulsive fetishism.'

Footage van I Crave Guts.
Ext. Nacht. Een verlaten parking. Eén wagen en wat outlines van mensen vallen in het duister te ontwaren.

VO: 'Het publiek zou acht jaar moeten wachten op een nieuwe langspeler van Pascoe. Onderwijl maakt hij de kortfilmtriptiek *Spread-Cunt*, *Beef-Suck* en *Clit-Cut*. In 1973 verscheen de langspeler *I Crave Guts*. De film speelt zich 's nachts af op een parking. Het pelliculaire monster werd slechts verlicht met een zaklamp.'

Beelden van Diva die, naakt en met tape vastgebonden, duidelijk tegen haar wil wordt overmeesterd door Brock en Tawnee. Raffael krikt de achterkant op van de witte Cadillac waar Diva en Raffael op huwelijksreis mee reden. Pascoe verwijdert al het rubber rond één van de achterste wielen.

VO: 'Negentig minuten zit je naar die ene locatie en het gestommel van de acteurs te kijken. Het gemoffeld huilen van Diva Cum is een constante. Het zijn echter de laatste drie minuten van de langspeler die het bestaan van The Fuck Film Collective voorgoed zouden veranderen.'

Pascoe draait een touw om de geul waar de band zat en knoopt een grote metalen haak aan het andere uiteinde. De haak wordt met glijmiddel ingevet en diep in Diva's aars aangebracht. Wanneer Diva wordt vrijgelaten, start Raffael de motor van de wagen.

In amper tien seconden is Diva ontdaan van acht meter darm die zich om het wiel wikkelt.
Leegbloedend en hoestend ligt ze op de verlaten parking.
Hengst, Tawnee en Gia wandelen weg. Kraanshot terwijl Raffael zich masturbeert op het hoopje huilende ellende dat Diva is, 's nachts, op een verlaten parking, bij het licht van een zaklamp.

Int. Dag. Op de set van het nieuwe stuk van regisseur W.P. Borremans.
Credit: W.P. Borremans, theatermaker

W.P. Borremans: 'Raffael Pascoe is een volbloed genie. Via *I Crave Guts* leren wij het concept 'decadent fetisjisme' kennen. De film leest als een verhandeling die gaat van de beperkingen dat het klassieke model ons oplegt tot cultureel fetisjisme in prefreudiaanse literatuur en theatraal spektakel dat 'de nieuwe decadentie' is.

De focus ligt daarbij op beperkingen die de orthodoxe psychoanalytische theoriëen met zich meebrengen, 'het deconstructief spelen' wat genus en seks betreft in zogenaamde 'decadente teksten' en fetisjistische relaties tot de raciale 'Other' dat we in decadent oriëntalisme terugvinden. Even slaagt Pascoe er zelf in het pre-oedipale fetisjisme aan te raken. Ga nu weg. Ik moet actrices slaan met een hamer.'

scène 9
Footage van LA News Today.
Ext. Dag. De Fuck Film Studio's.
Pascoe die door twee agenten, de handen achter de rug geboeid, uit zijn woonst wordt gezet.

Reporter: 'Today at 5 PM, LA police took out an arrest on enfant terrible of the adult movie entertainment, Raffael Pascoe. Pascoe is said to have brutally killed his own wife and member of The Fuck Film Collective, Diva Cum, real name Norma Janine Kuzma.
Pascoe is also believed to have taped this killing for viewing purposes of the cinemagoer.
Where does art end and violence start? This is a deeply shocked Sandy Folsem for LA News Today.'

Pascoe wordt door de agenten naar een politiewagen gebracht.

Raffael Pascoe: 'Diva knew what she was doing ... and what she did was art. She gave her life for that ... the screaming ... the sobbing? Yeah, sure it was convincing, she was the greatest actress of our generation ... yeah? fuck you ... there are no limits to art ... and certainly no moral ... yeah? ... okay ... well fuck you too ... mudda-'

Pascoe wordt naar binnen geduwd. De agenten sluiten de deur terwijl huilende tienermeisjes hun borst ontbloten en zich tegen de ruit van de wagen aandrukken.

VO: 'Raffael wordt veroordeeld tot twintig jaar gevangenisstraf, zijn drie kompanen krijgen elk tien jaar dwangarbeid.'

Het geluid van een celdeur op rails die wordt gesloten.

scène 10
Zwart-wit security-cam footage van Belle Rêve, 1993.
Int. Dag. Een kamer met een man op een stoel.
Credit: hoofdpsychiater dokter J. Baumbach.
Pascoe zit in een zeteltje, zijn haar kortgeschoren. Hij ziet er terneergeslagen en moe uit.

VO: 'De laatste vijf jaar van zijn straf zit Pascoe uit in de psychiatrische instelling Belle Rêve, in Boca Raton, Florida.'

Dr. Baumbach: 'Tell me more about your preoccupation with perfection.'

Raffael Pascoe: 'It's all about fetishism. Decadent fetishism offers a strategy for the transformation of a dissatisfying reality through disavowal and re-imagining of social reality.'

Dr. Baumbach: 'Is that why you make perverse movies? To escape reality? Yes?'

Raffael Pascoe: 'It involves progressive imagining of hybrid subjectivities that defy their cultural positioning and destabilize the binary nature of cultural category.'

Dr. Baumbach: 'You want chaos? Destroy things, yes?'

Raffael Pascoe: 'Decadent fetishism is idealistic and utopian. It can teach us to embrace difference, not just as part of a general apolitical postmodern celebration of all differences equality, but as political strategies.'

VO: 'Het is in Belle Rêve dat Raffael zal werken aan enkele nieuwe filmscenario's waaronder *The Divine Lady Slaughter*, de film waarvoor hij de annalen van de cinematografie zal in gaan.'

scène 11
Ext. Dag. Een tuin.
Een Indiër speelt met een Ierse wolfshond. Hij zet zich aan tafel terwijl hij het dier aait.
Credit: Indra Kapoor, filmhistoricus en schrijver van Pascoes biografie
Beyond Ye Burning Bush: tales from Fuck Film Collective.

Indra Kapoor: 'Upon his release, Raffael immediately called forth a meeting with Brock and Tawnee. Gia had died terribly the year before due to a venereal disease, absentimonas vaginalis. This rare VD dislodges the womb from the body, by developing an acidic secretion by which the womb 'eats' its way out through the genitourinary system. She caught the disease while in prison from Willy 'the wacko' Steele, a man detained for eating his baby brother. But I digress. A press conference was held by the remaining members of the collective.'

Int. Dag. De grote studio van Fuck Films inc. in Bangor, Maine.
Footage uit 1993 van het regionale Bangor News Broadcast, een gesticulerende Pascoe staat rechtop achter een tafel. Tawnee, dan zeven maanden zwanger, en Brock zitten in stilte de weinige journalisten streng aan te kijken. Een dan dertien jaar jongere Indra Kapoor is ook present.

Indra Kapoor (VO): 'There where so few with us. My goodness! Agreed, the man was insane, a killer even, but now free and healed had us enlightened years before with such miraculous pellicular atrocities ... but now ... nobody was interested ... nobody cared ...'

Raffael Pascoe: '... a new movie ... something altogether different ... more playful ... childlike if you will ... back to the very essence ... of cinema, copulation and therefore of life itself ... we had auditions ... a hundred courageous men and women ... brave as to withstand these modern times, willing to modify ... to taunt the ordinary ... to enlighten ... my new movie will bear the title *The Divine Lady Slaughter*. Ladies and gentlemen of the press ... Porn will set us free ... there will be no questions ...'

Indra Kapoor (VO): 'Poor man, I thought. That poor poor man ...'

scène 12
Resten footage van The Divine Lady Slaughter, *de nooit voltooide prent / de footage lijkt slordig en willekeurig aan mekaar geplakt, veel jumpcuts dus / het beeld draagt een ruwe korrel met zich mee alsof zeer slecht belicht / we horen* Le Poème De L'Extase *van Alexander Scriabin*

VO: 'Mijn god-'

Grote vellen transparante plastiek dekken de muren af van de studio.
Close-up van Tawnees grote groene ogen. Een straaltje 'rood' glijdt voor haar oog naar boven. De camera travelt achteruit en draait 180°; Tawnee hangt ondersteboven, bloed druipt over haar gezicht en kin. Haar lichaam blijkt bij de enkels opgehangen boven een vuile roestbruine badkuip. Ze is van haar kleren ontdaan en haar buik is een groot gapend gat. Haar bloed loopt langs haar armen en handen in de badkuip. Op de grond ligt een groot keukenmes. Cut naar een shot in de badkuip verraadt op de bodem een laag melk, nu, met bloed vermengd. In die melk drijft, cut naar close-up, de foetus haar uit de maag gesneden.

VO: 'Mijn god, mijn god ...'

Cut naar wide en camera travelt nog naar achteren; alle acteurs zijn versneden, gebroken, verbrijzeld. Nieuwe constructies zijn uitgeprobeerd, lijven op de meest creatieve manier gemodificeerd. Hoofdloze lijken met tien handen, afgesneden pikken omgekeerd in de vrijgekomen wonden gepropt. Brocks darmen met de blender uitgesneden en dan gevoerd aan de acteurs en actrices alvorens lijven aan mekaar te nieten, spijkeren en lijmen. Meisjes met de huid hen van het vlees gebrand en jongens waarvan elke spier met een vlijmscherp mes werd doorgesneden.

VO: 'Mijn god, mijn god, mijn god, mijn god, mijn god, mijn god, mijn god, mijn god ...'

Kraanshot, top; centraal, tien meter boven de groteske slachtpartij hangt Raffael Pascoe, witgeverfd met vleugels gemaakt van armen en benen, de buik opengehakt en zich verhangen bij de polsen. Zijn mondhoeken doorgesneden, het gezicht voorzien van een lach bevroren in tijd. De heilige Sint-Raffael die vanuit de snuff-pornohemel toekijkt. Een timer dimt de lampen in de studio. Diezelfde timer fadet de muziek van Scriabin.

Een ononderbroken diepe hartslag die alsmaar trager pulseert, rest.
Fade to black.

Vett Lexter (VO): 'The horror ... the horror ...'

De hartslag stopt.
End credits.

Deze tekst van Stef Lernous verscheen oorspronkelijk in Etcetera, jg. 24, nr. 103, september 2006.

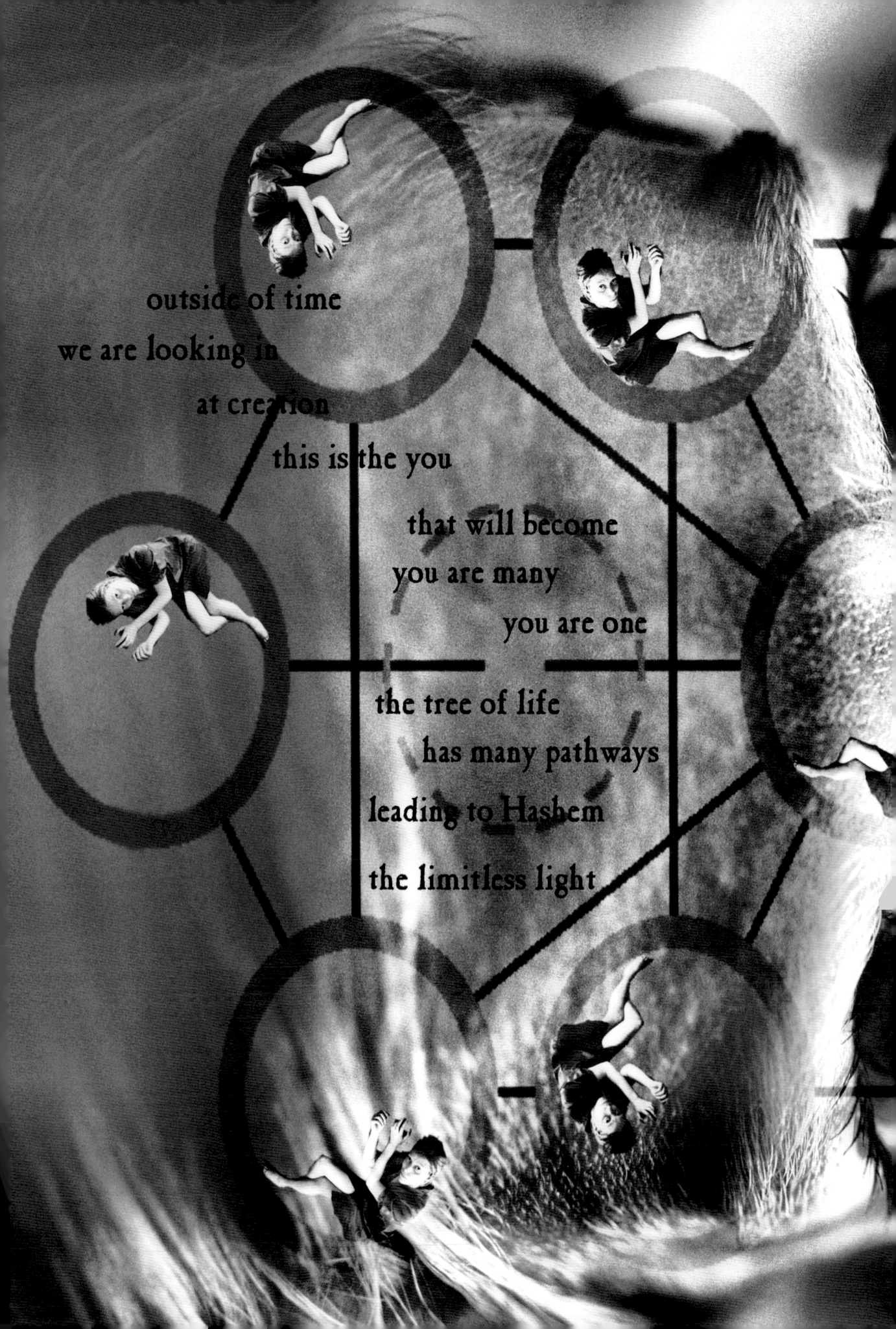

outside of time
we are looking in
at creation
this is the you
that will become
you are many
you are one

the tree of life
has many pathways
leading to Hashem
the limitless light

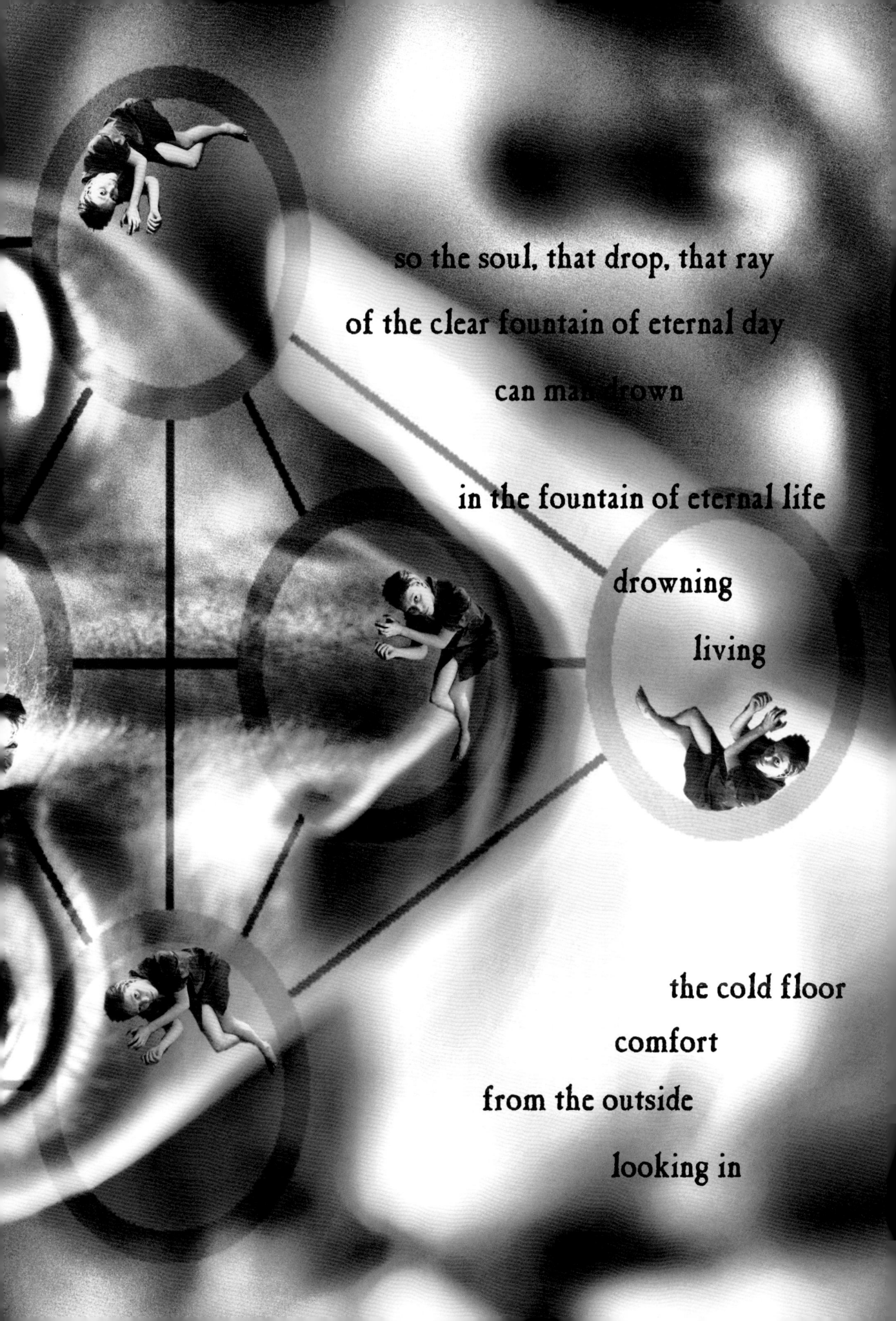

so the soul, that drop, that ray
of the clear fountain of eternal day
can man drown
in the fountain of eternal life

drowning

living

the cold floor

comfort

from the outside

looking in

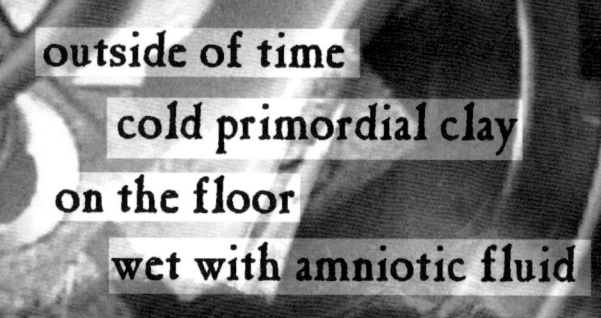

outside of time
    cold primordial clay
on the floor
    wet with amniotic fluid

you name it
    by sculpting, carving
        the golem

Genetically Organized Lifelike Electro Mechanics
nuts and bolts
    a delicate machinery

        Prometheus
    the spark of life
the stolen fire
    Consciousness
        for a sole purpose
topsy turvy
the Heyókha
    inward is outward

to raise awareness
    to equalize
        the trickster

the dark backward and abysm of time

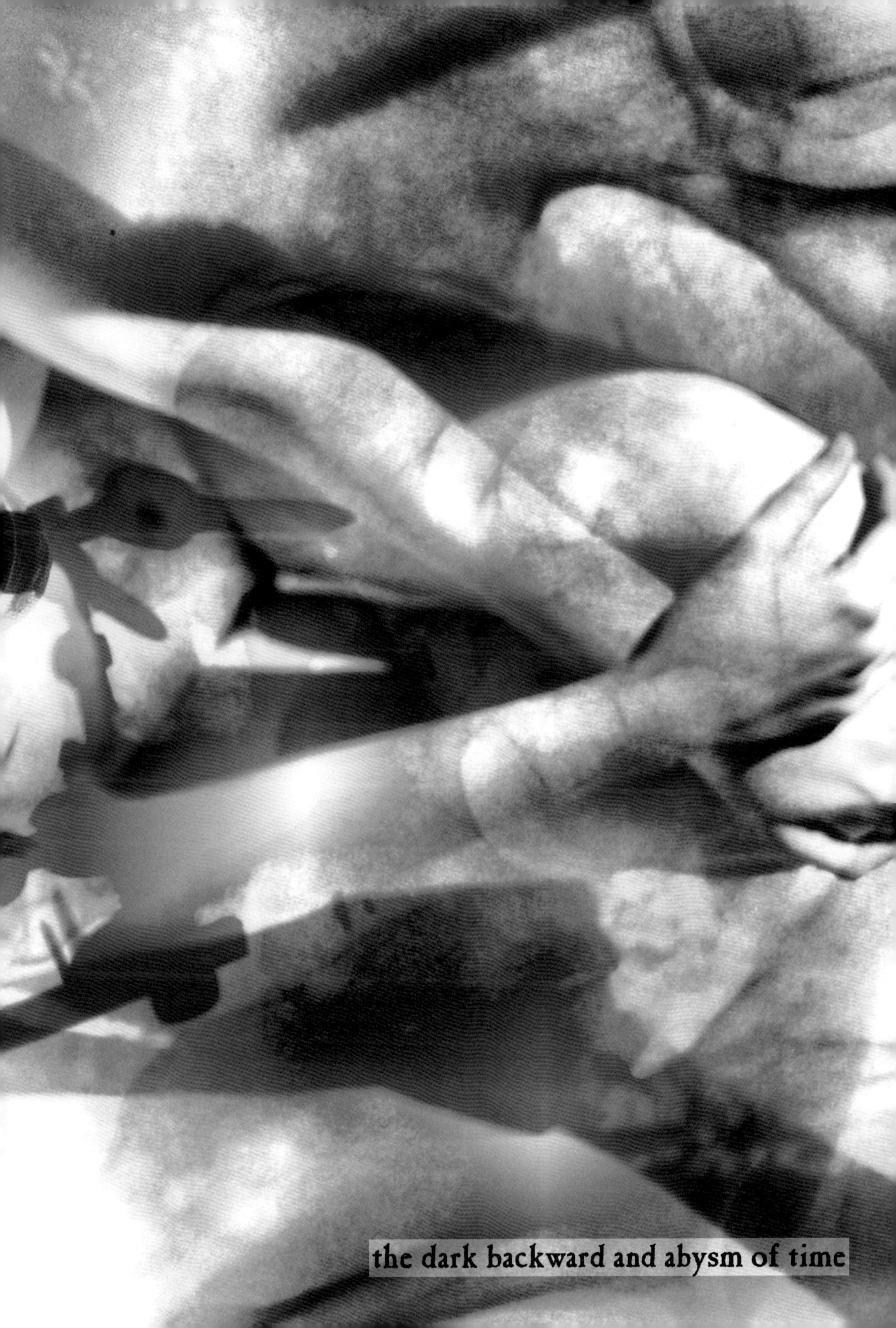

outside of time

looking in

rock-a-bye baby

at ourselves

harvesting

cradle will fall

in the end

again

circular

as a whirlin' dervish

as the Gnawa lila

'till cock-crow

the Sabbat comes to a halt

the enchantment dissolves

once upon a time

beating

beating

the cold body

on the floor

out of time

looking in

Kostuumschets voor Nimmermeer *(2008) van Margerita Sanders*

Als de werkelijkheid een lichaam zou zijn
En je gaat naar een voorstelling van Abattoir Fermé
Dan kom je binnen via de aars van het leven
Passeert het darmstelsel
Ziet de stront en de verteerde resten van cultuur
Het bedrog blootgelegd
De schoonheid van het ongenaakbare
Het mes in de kop van een varken
Mickey Mouse en Adolf Hitler
De achterkant van het gelijk
De kelders van het bewustzijn
Een losgeslagen wereld die bij wijze van ironie
In de toekomst wordt gesitueerd
Terwijl we ermiddenin zitten

Vanaf de eerste keer dat ik getuige was
Kreeg ik het gevoel dat ik beland was
In een roman
Als
Reis naar het einde van de nacht
Van Louis Ferdinand Céline
Werd meegesleurd in een achtbaan van beelden en geluid
Zinnen en stiltes
Die naar de strot grijpen

Maar terug naar het begin
De werkelijkheid is een lichaam

Eenmaal de weg vervolgd
Via de maag naar de slokdarm
Wordt uiteindelijk
Een driegangenmenu
Met twee sterren
Via de mond
Op je bord gekotst
En verstomd
Blijf je achter
Alleen aan een tafel
Met een gevoel van gelouterde verwarring

Zo verliet ik dikwijls het theater
Na een voorstelling van dit ongeleide gezelschap
Sprakeloos
Maar gevoed

Met dank

Stef Bos, theaterliefhebber

IV. SPARKS

Workshop at Garajistanbul, Istanbul (2009)

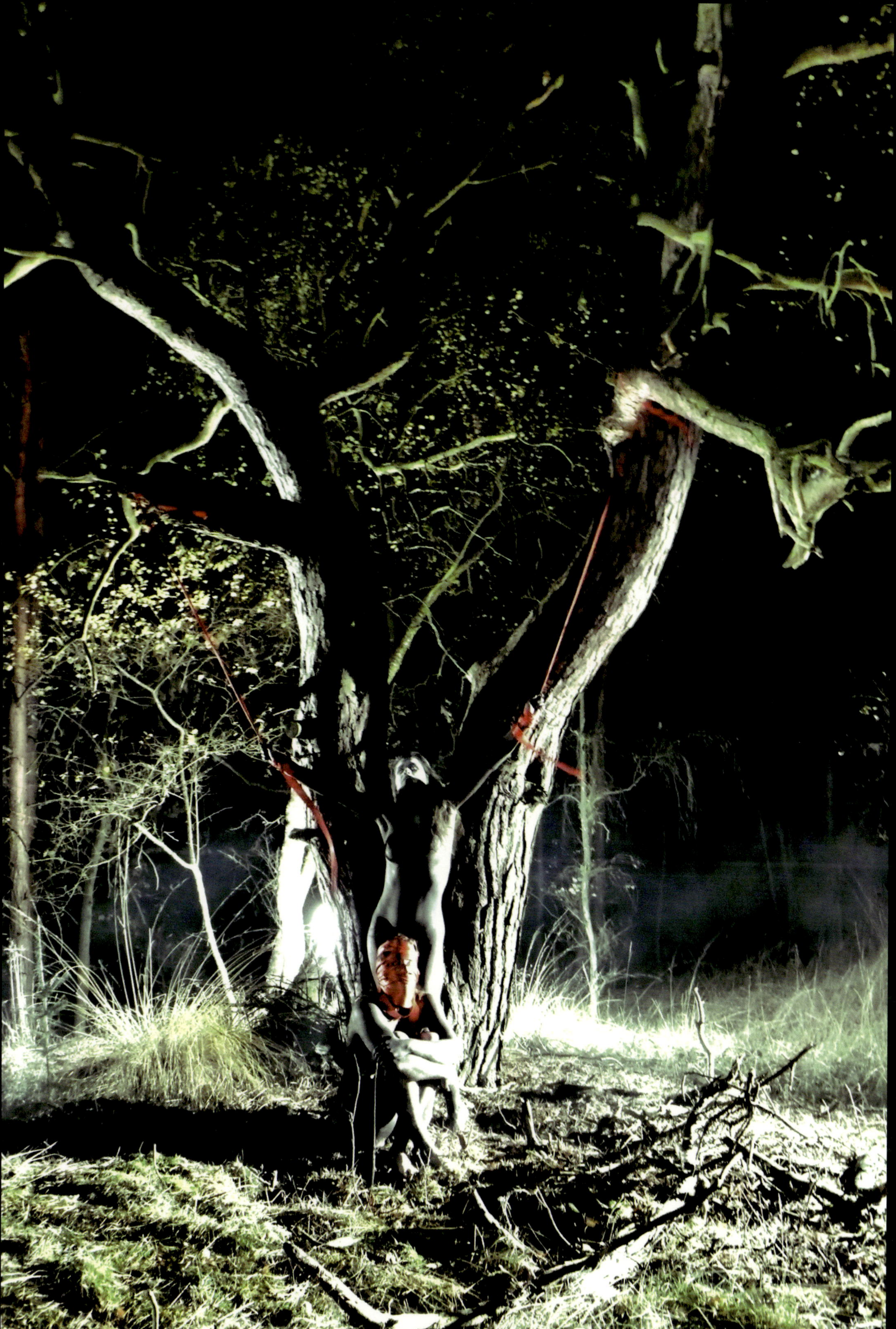

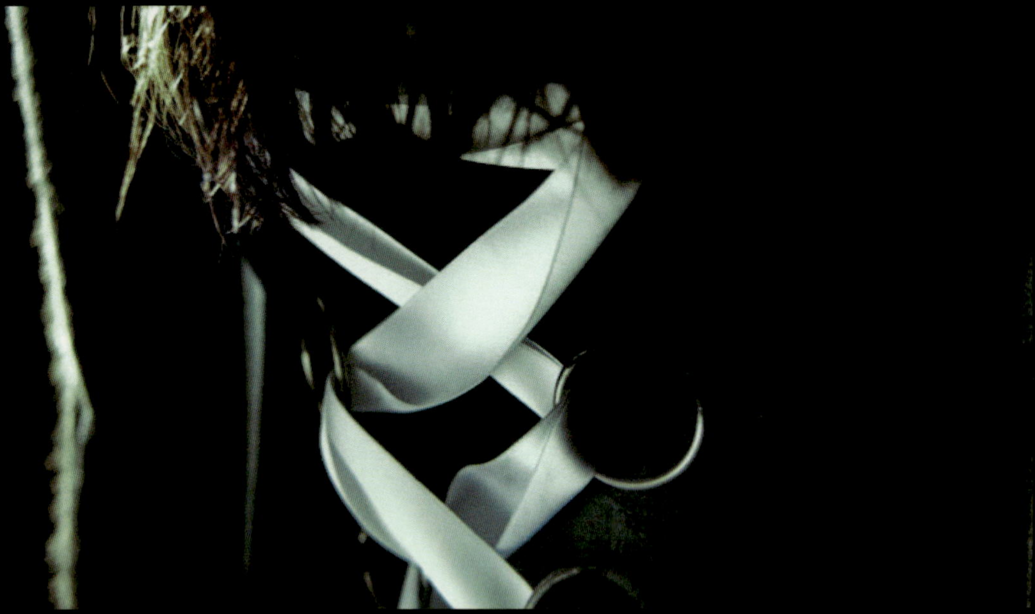
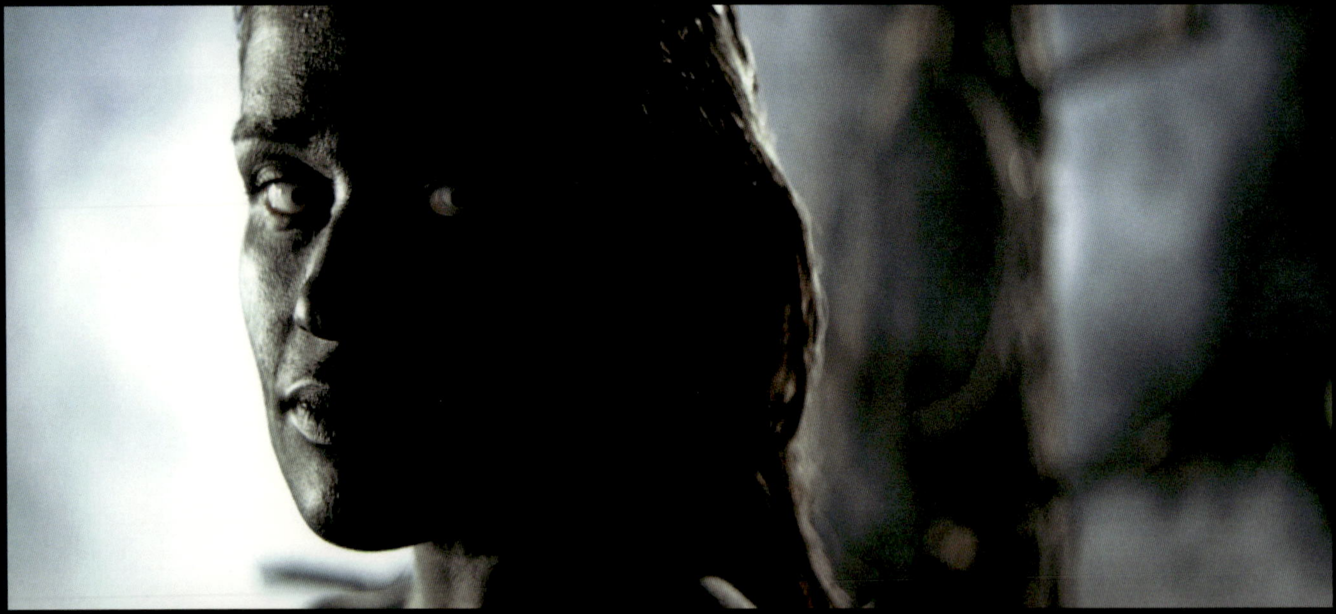

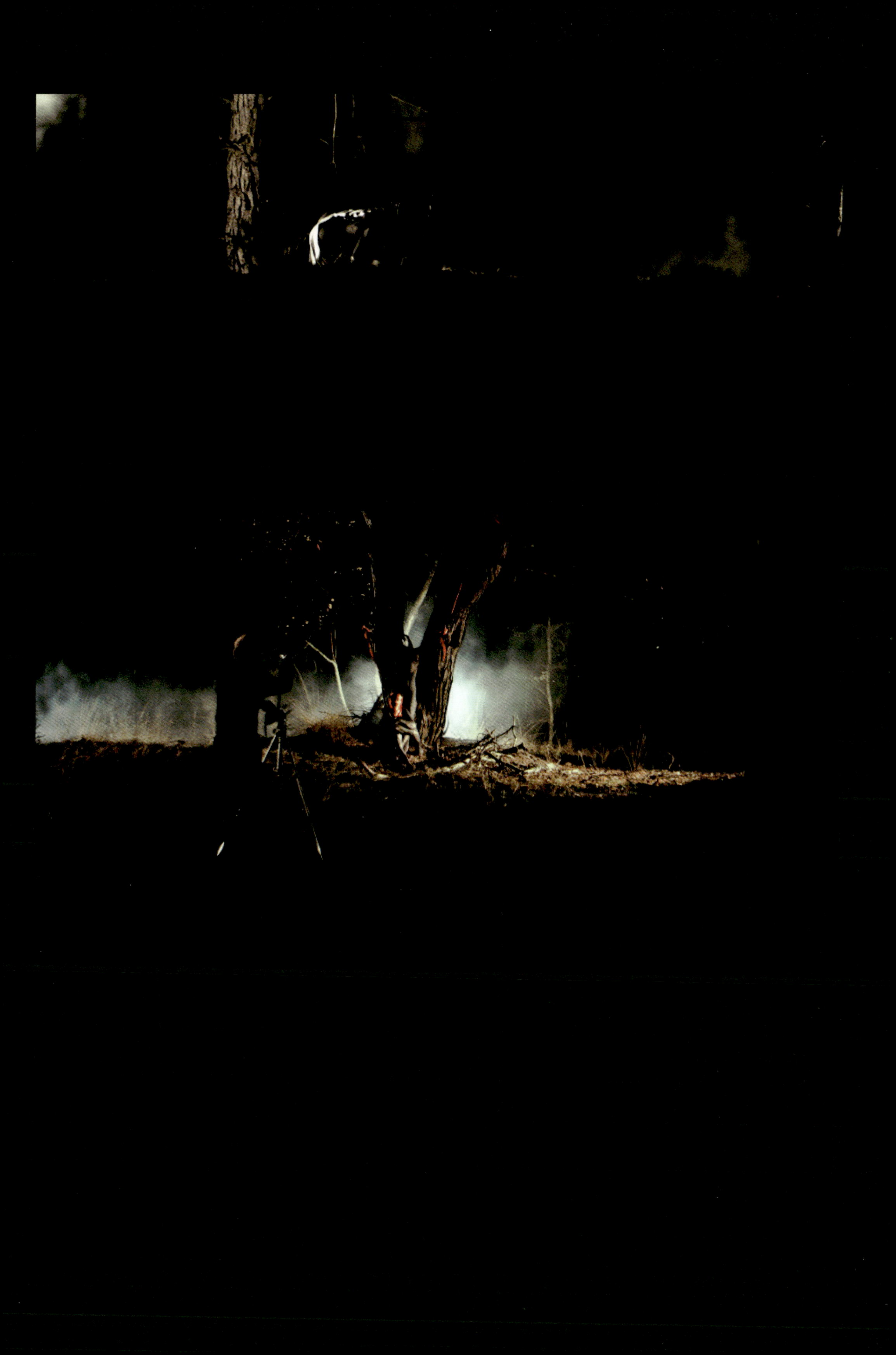

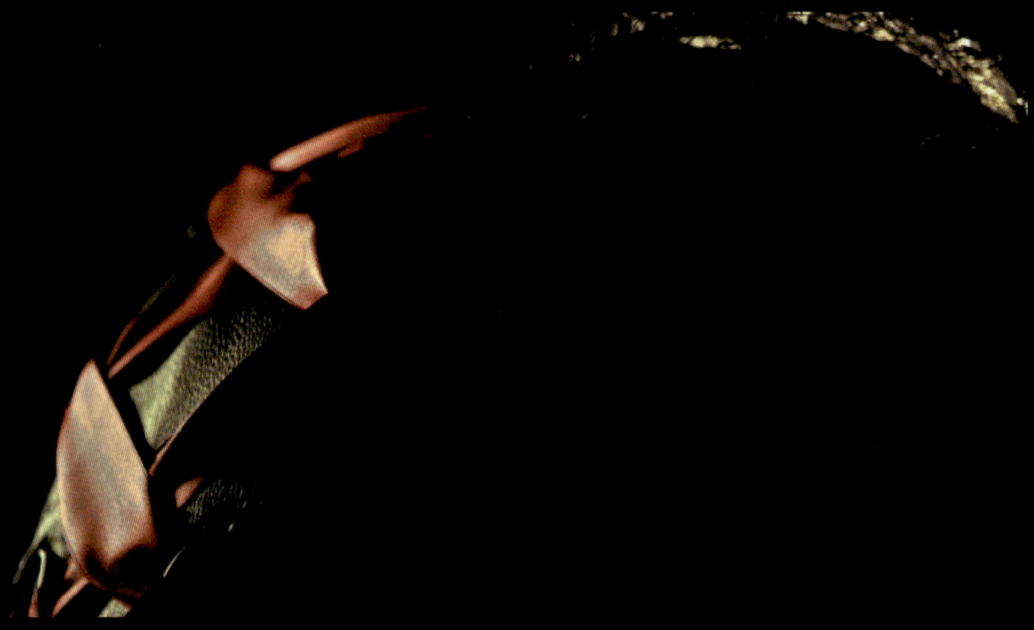

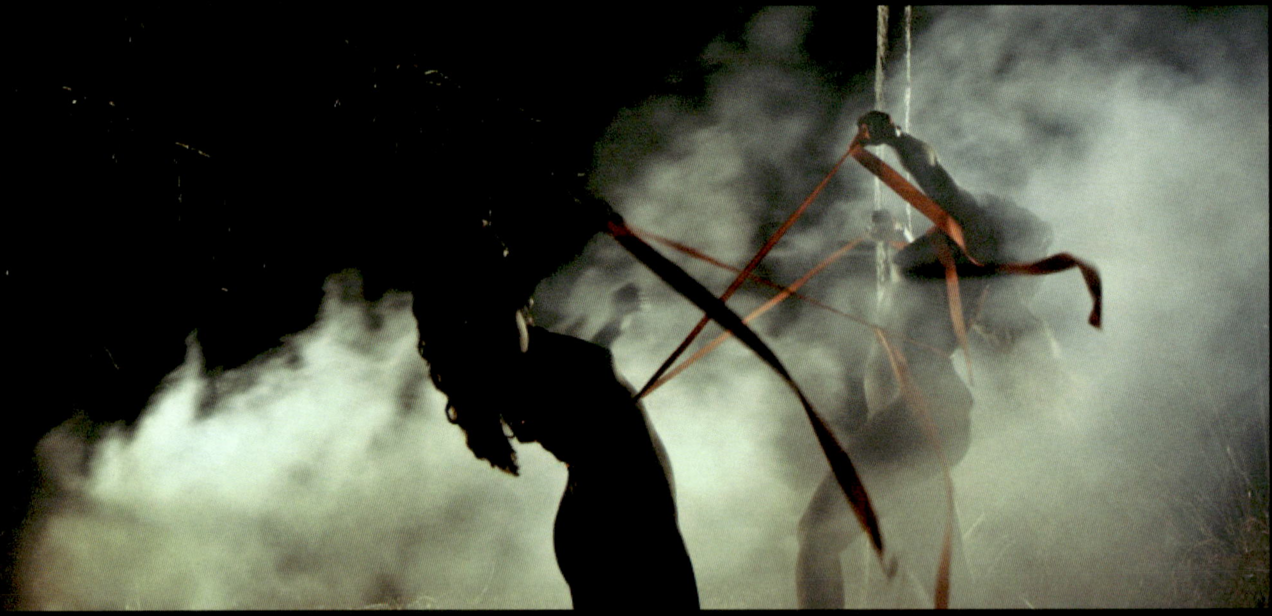

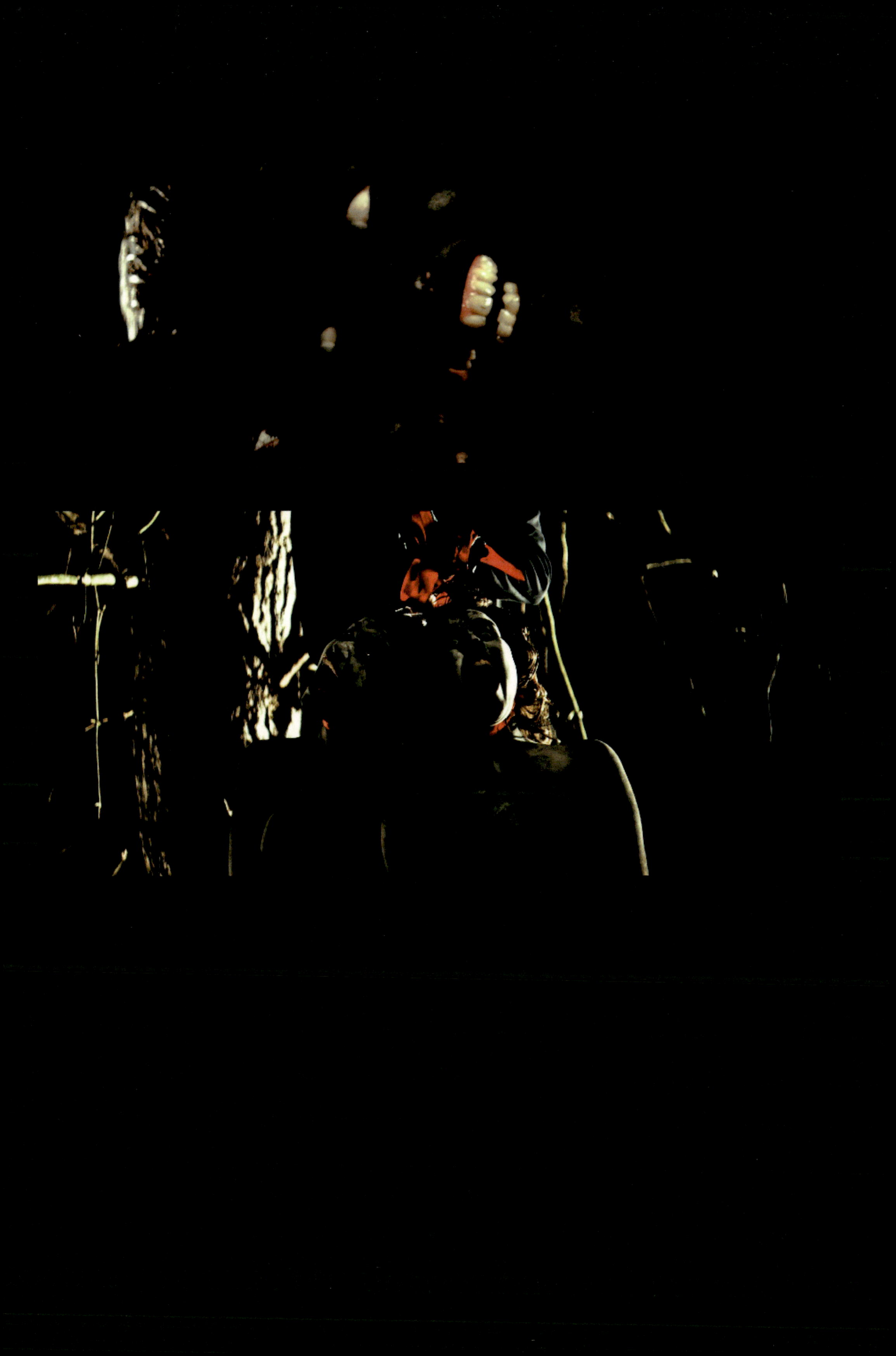

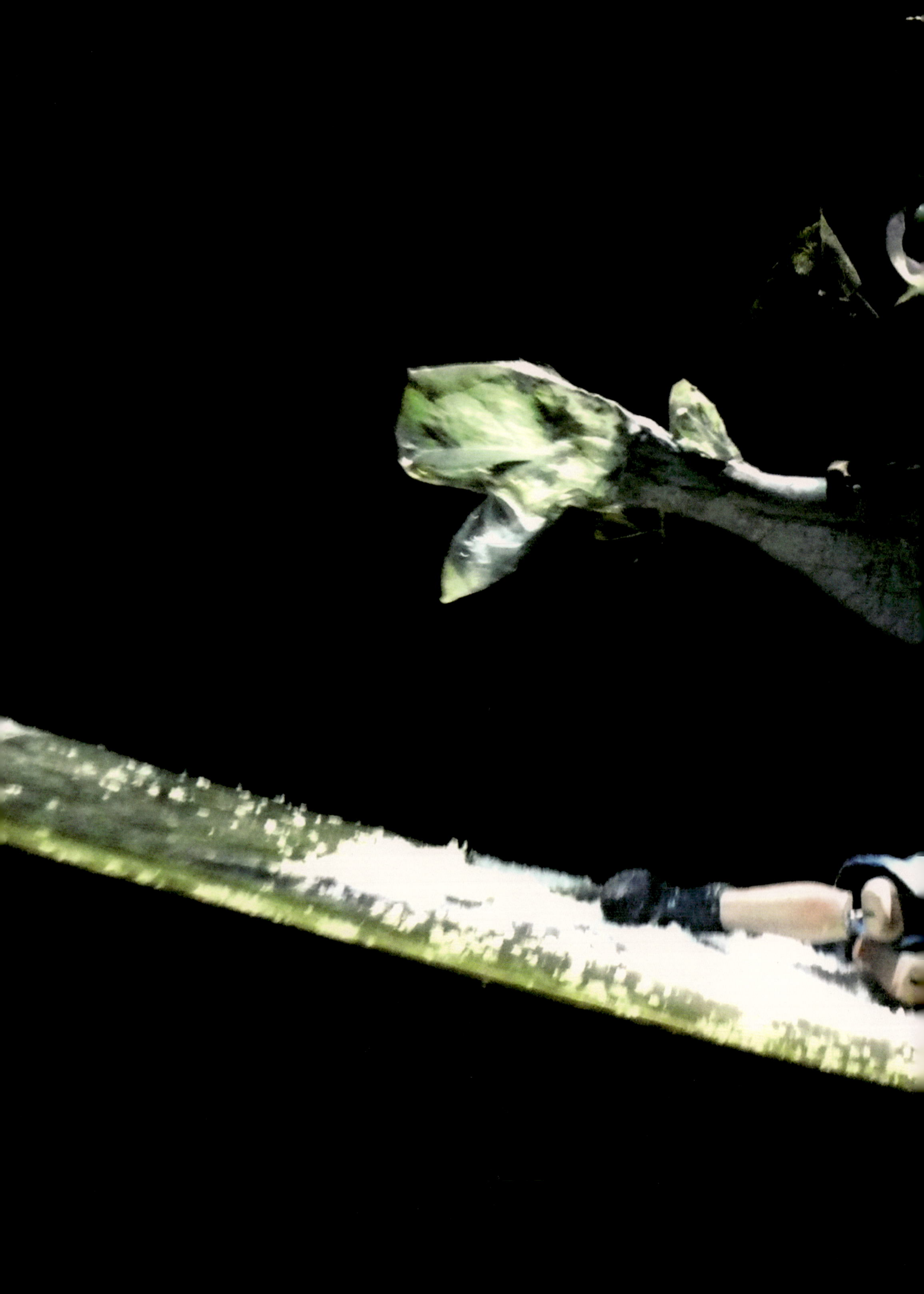

-263-

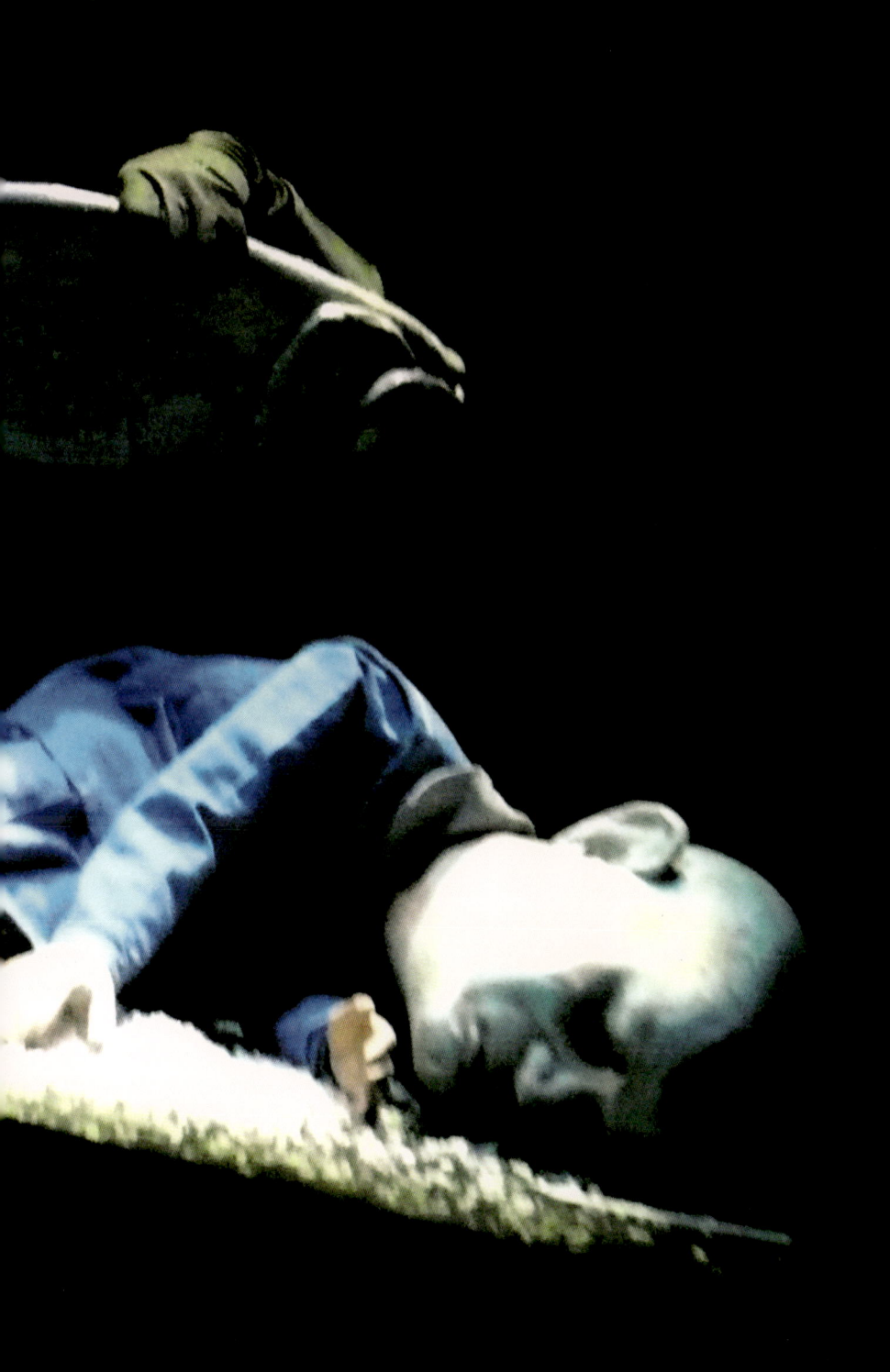

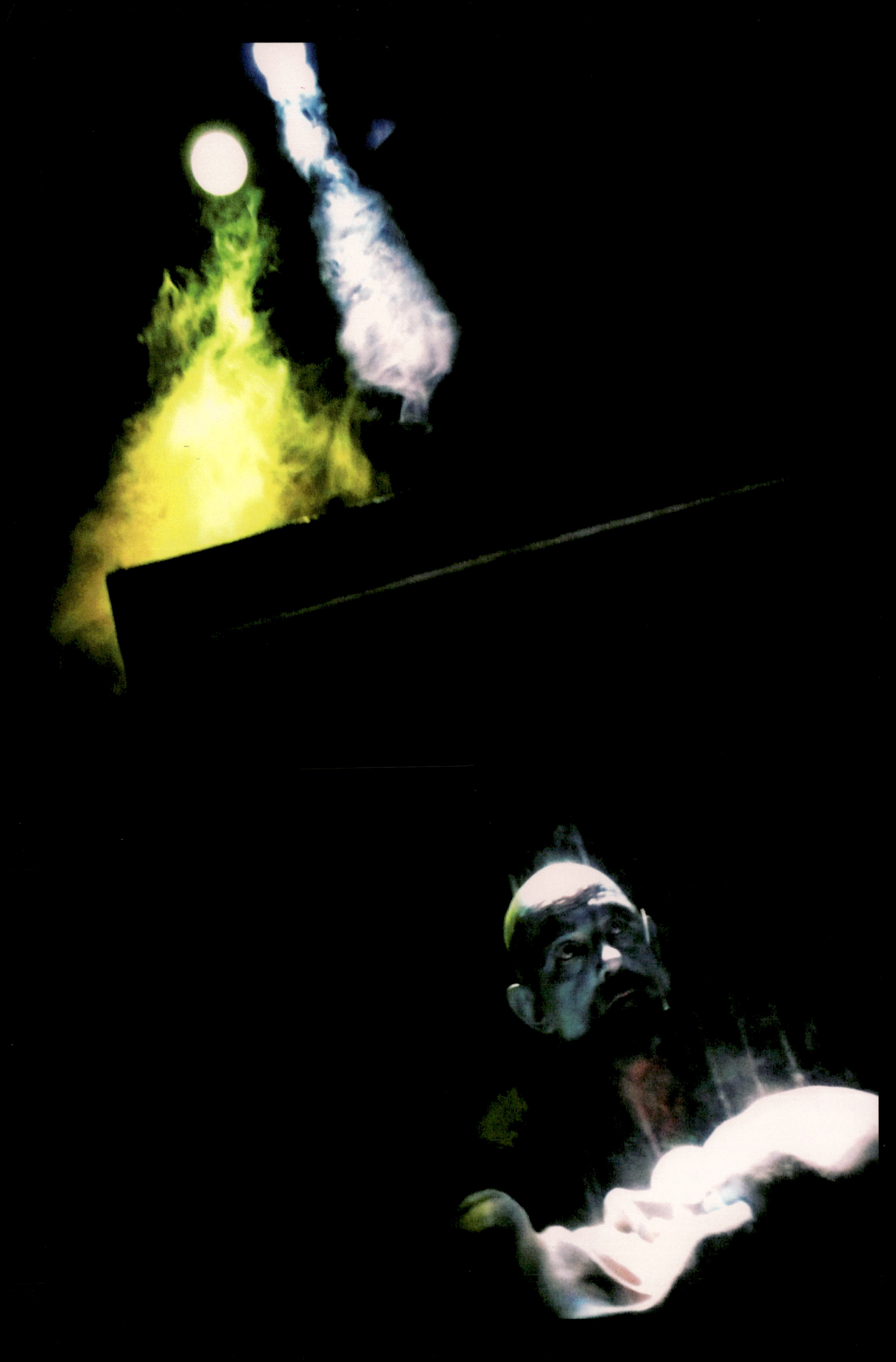

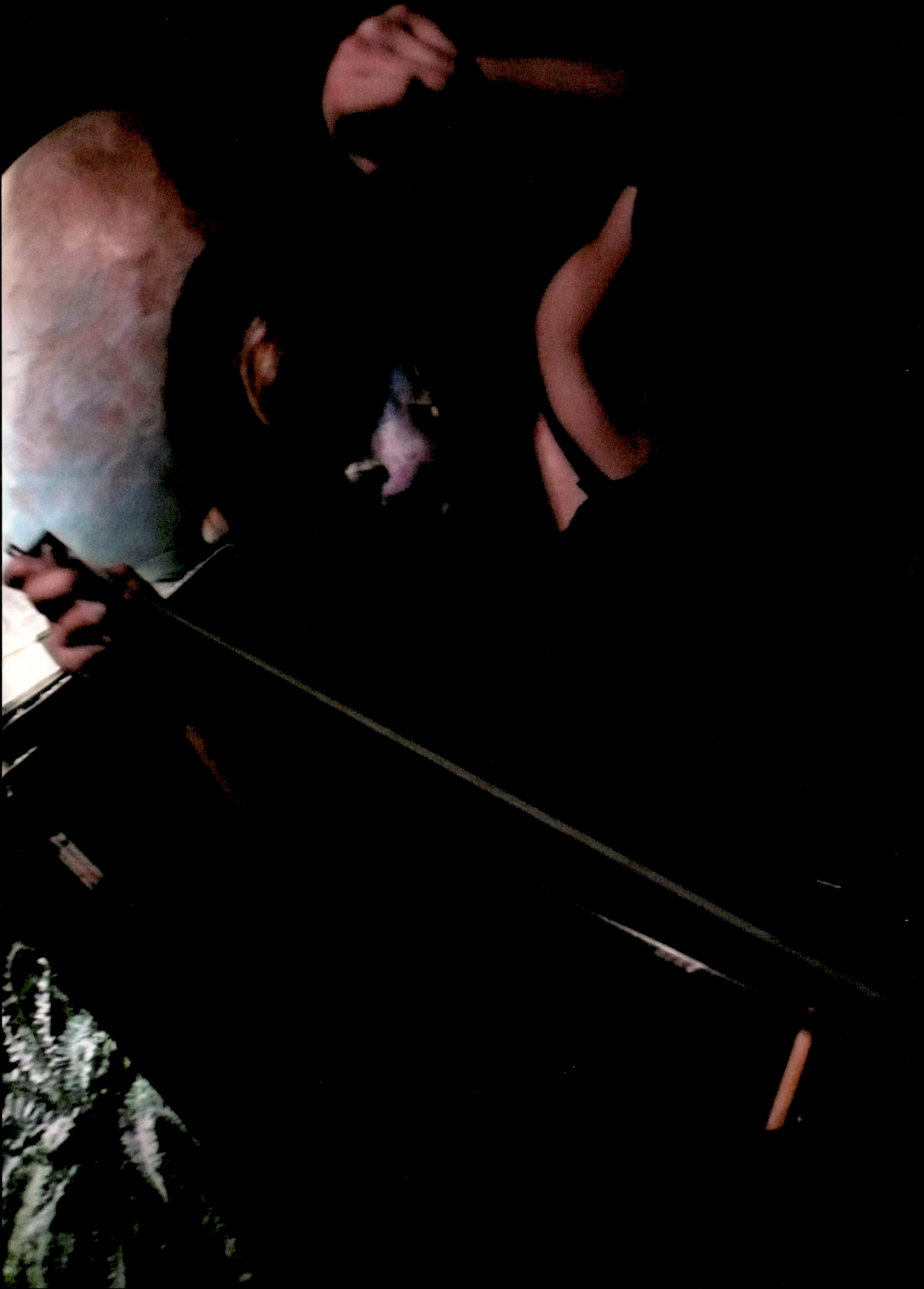

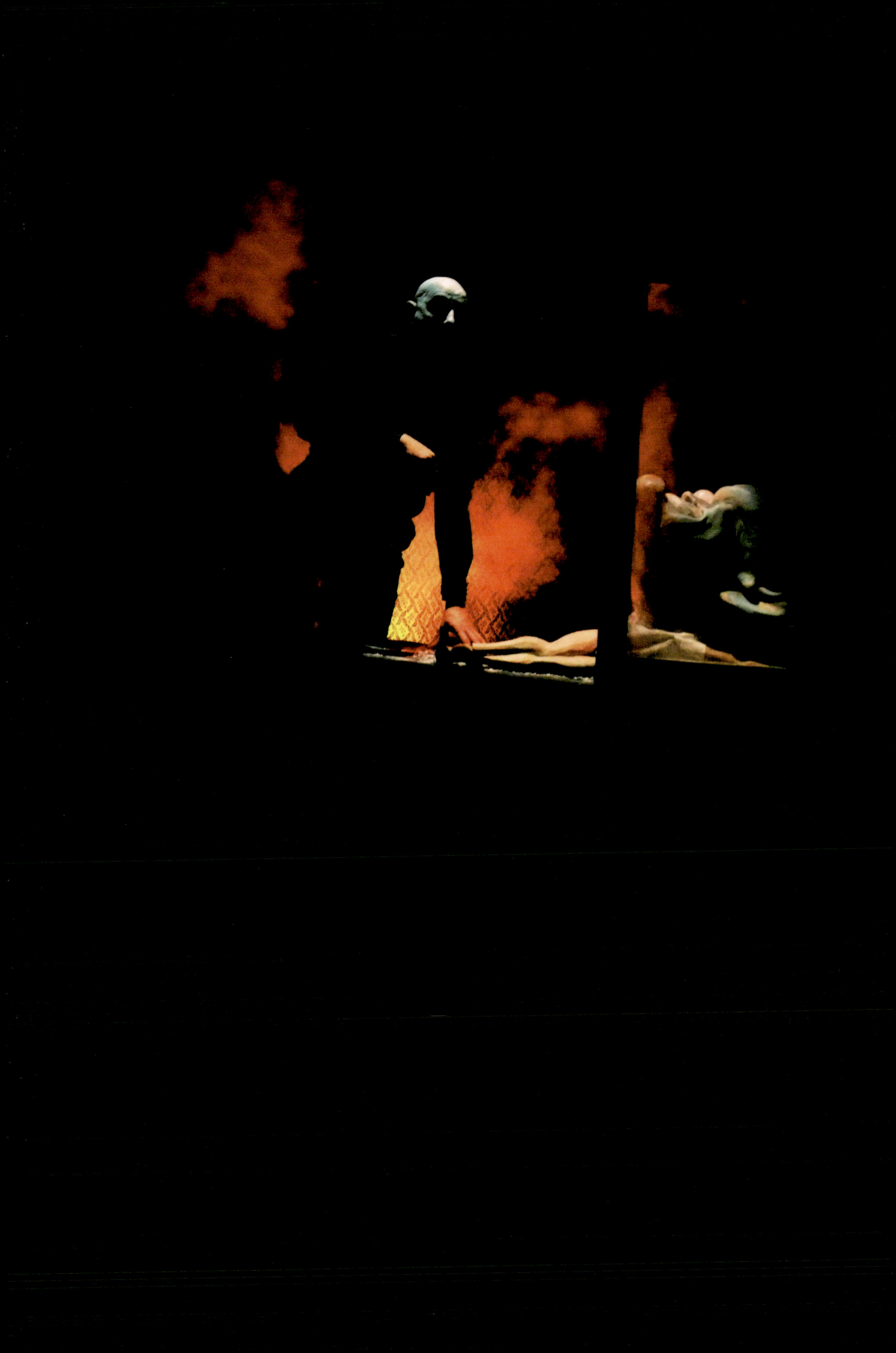

Als een mot tegen de lamp
die zich verbrandt
zo is de liefde

Like a moth against the lamp
that burns itself
such is love

Nimmermeer *(2008)*

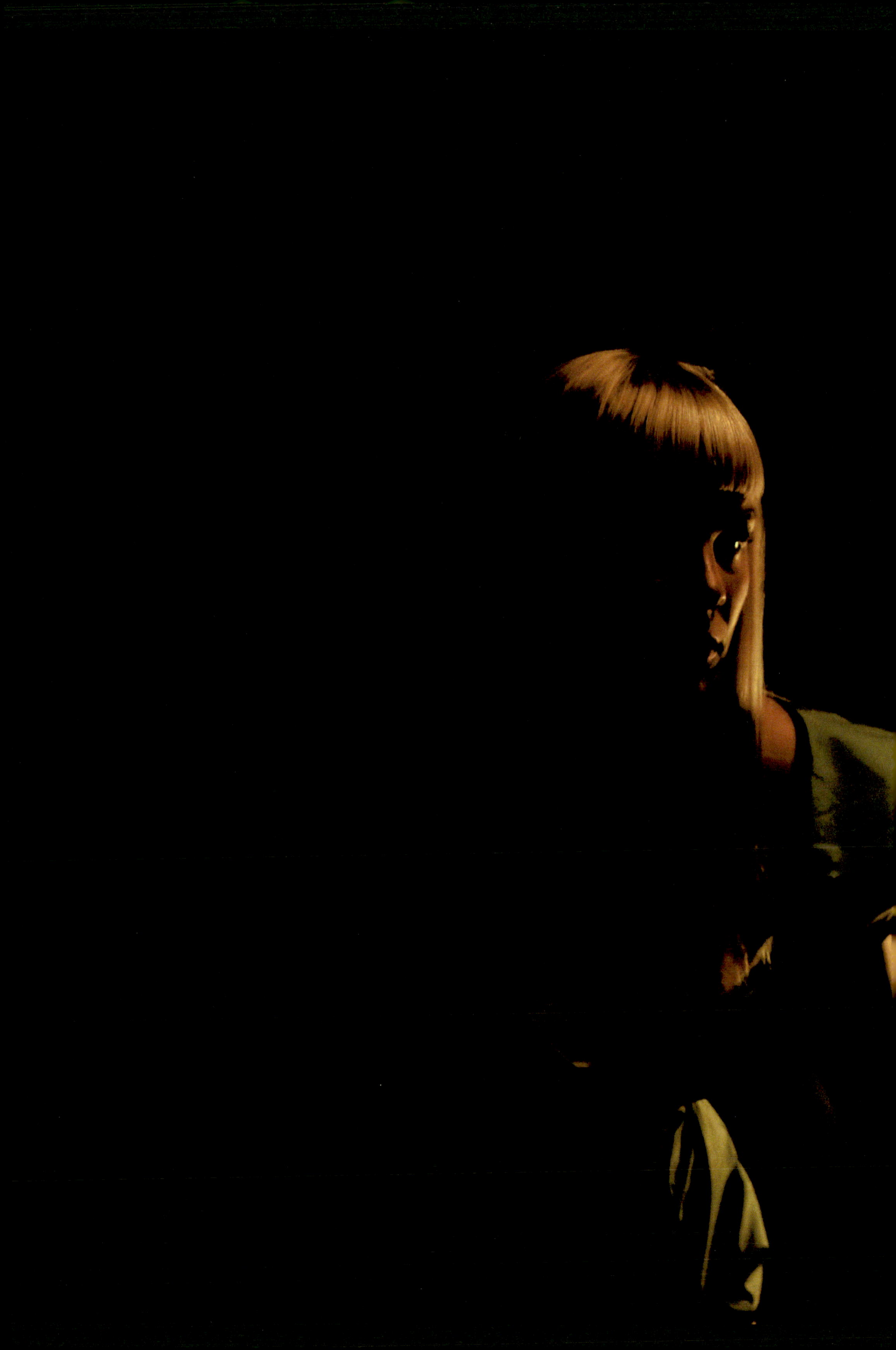

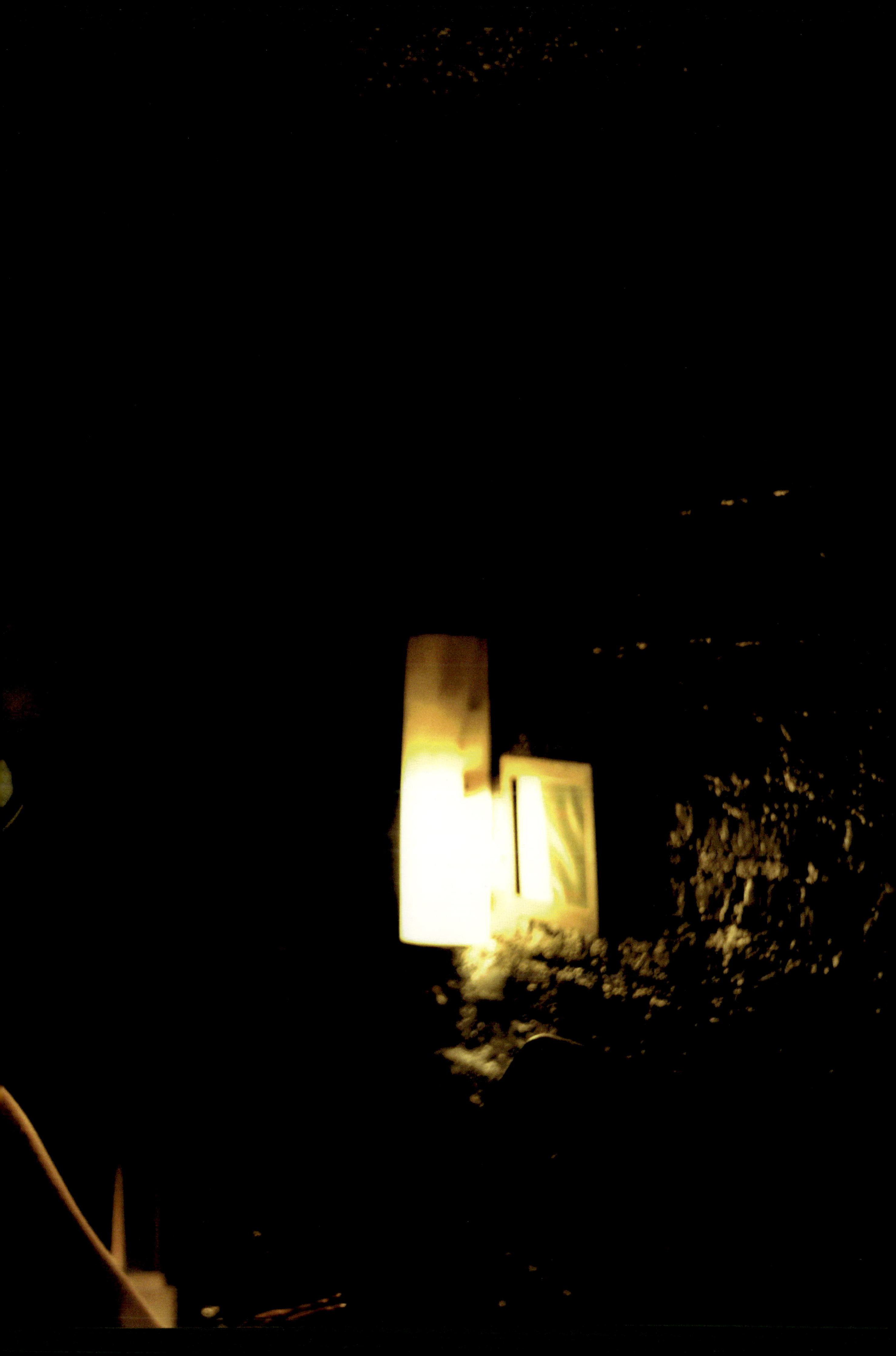

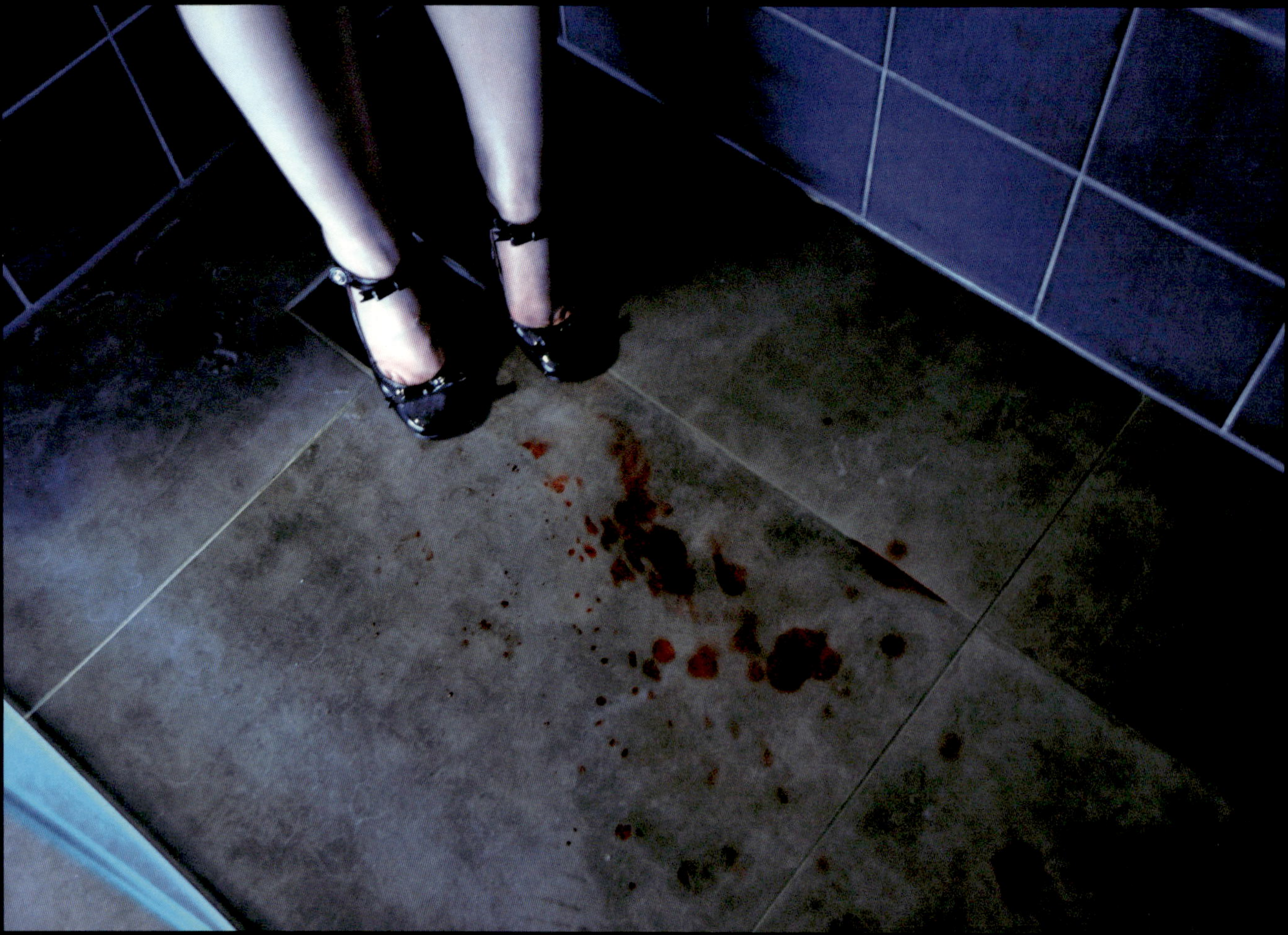

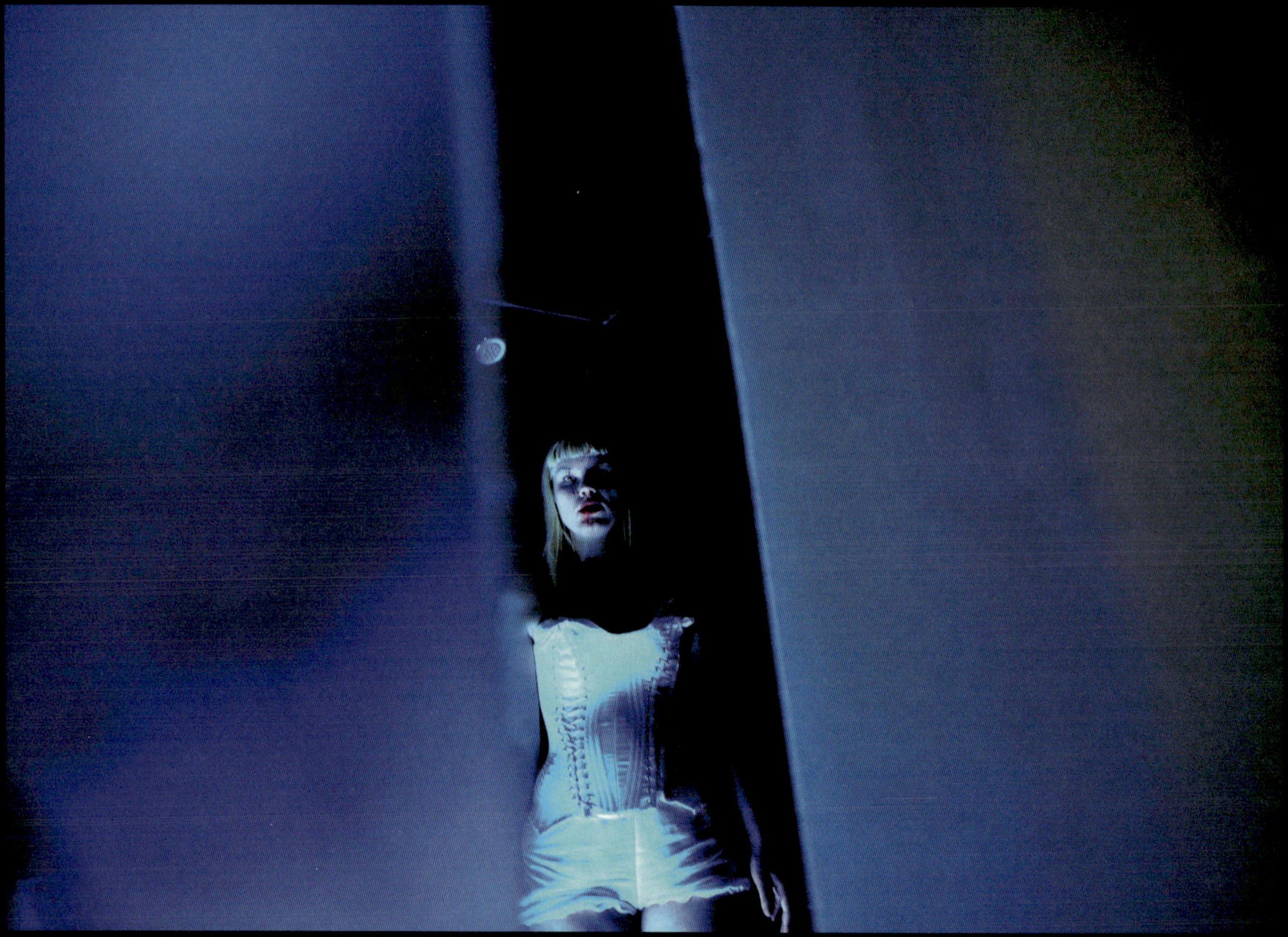

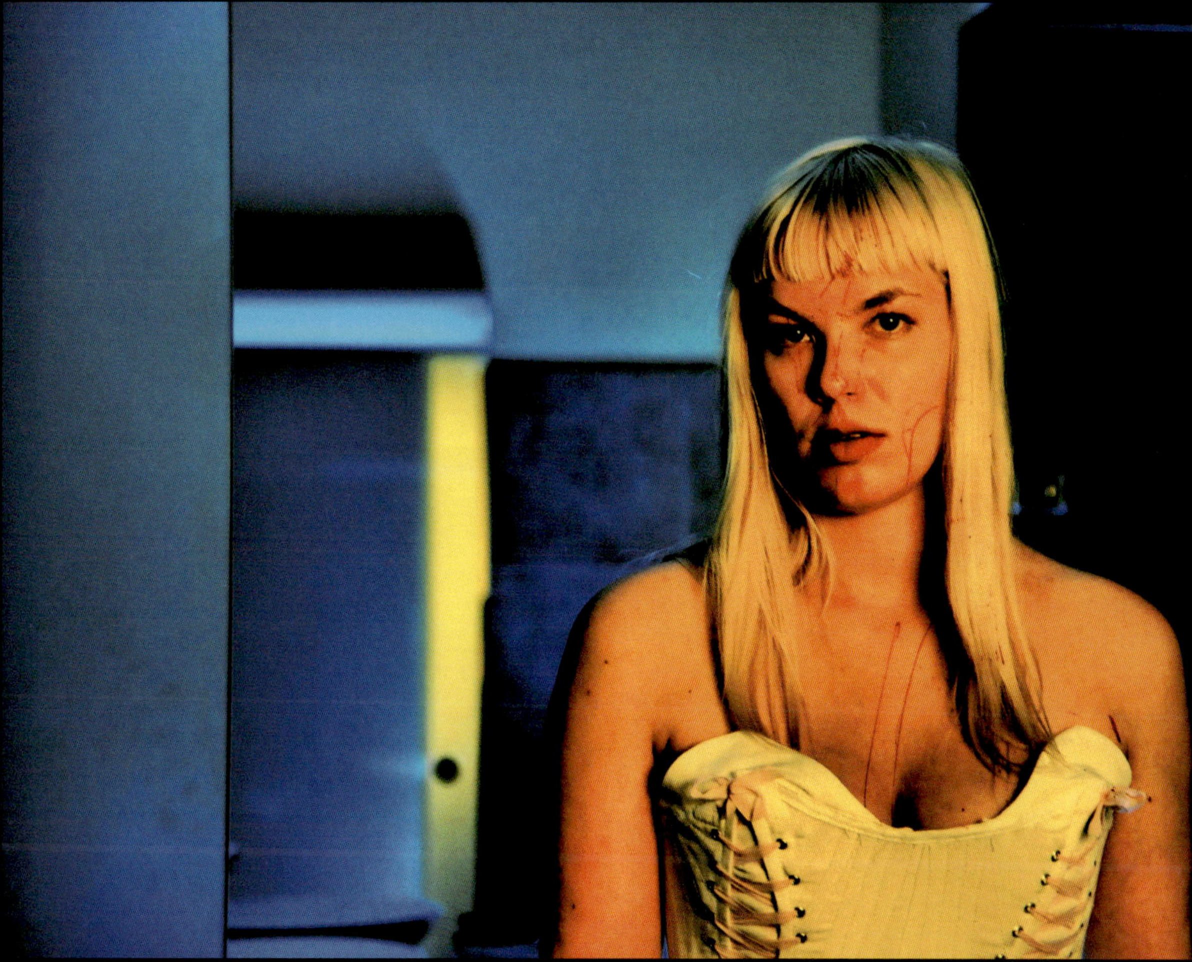

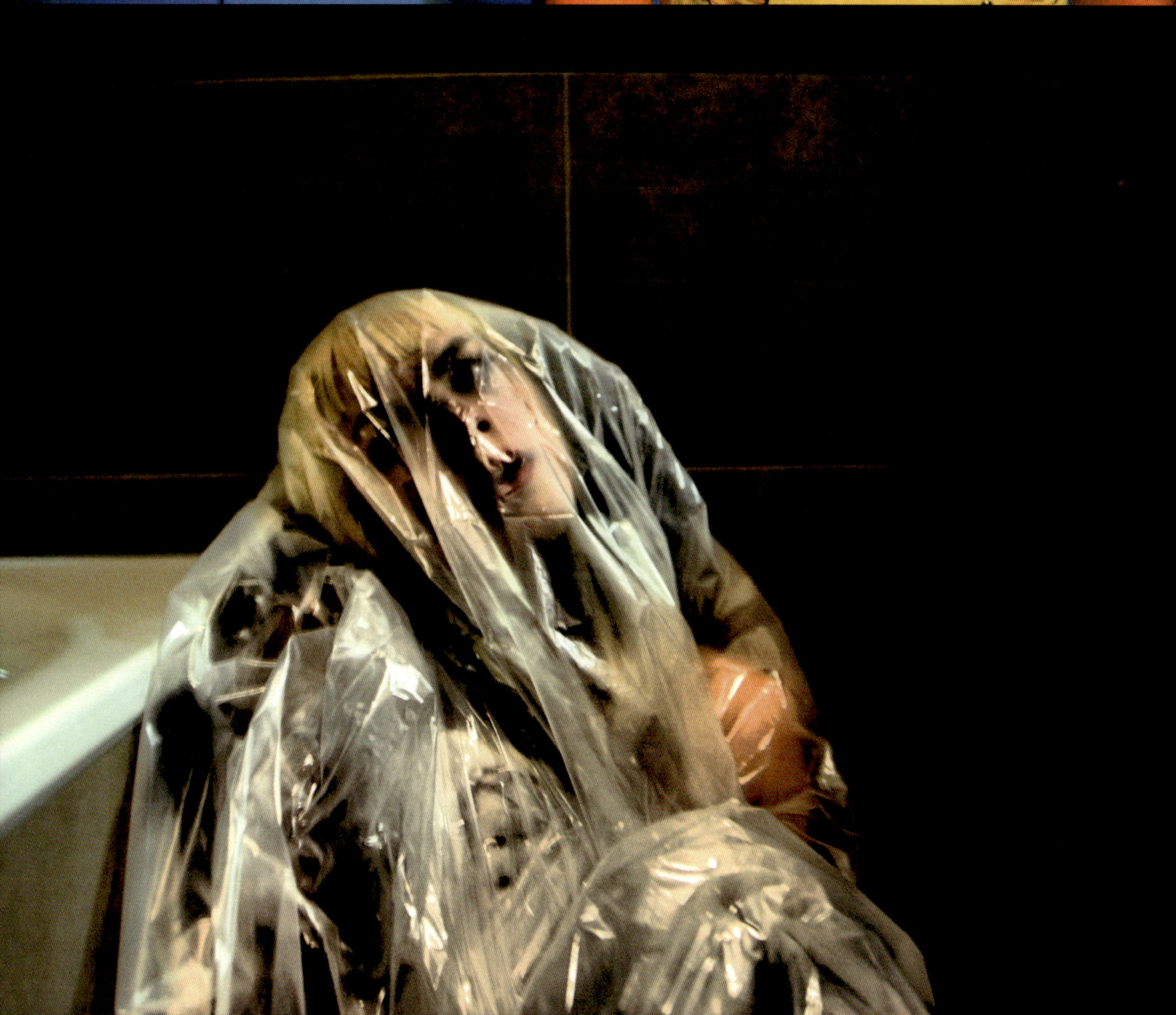

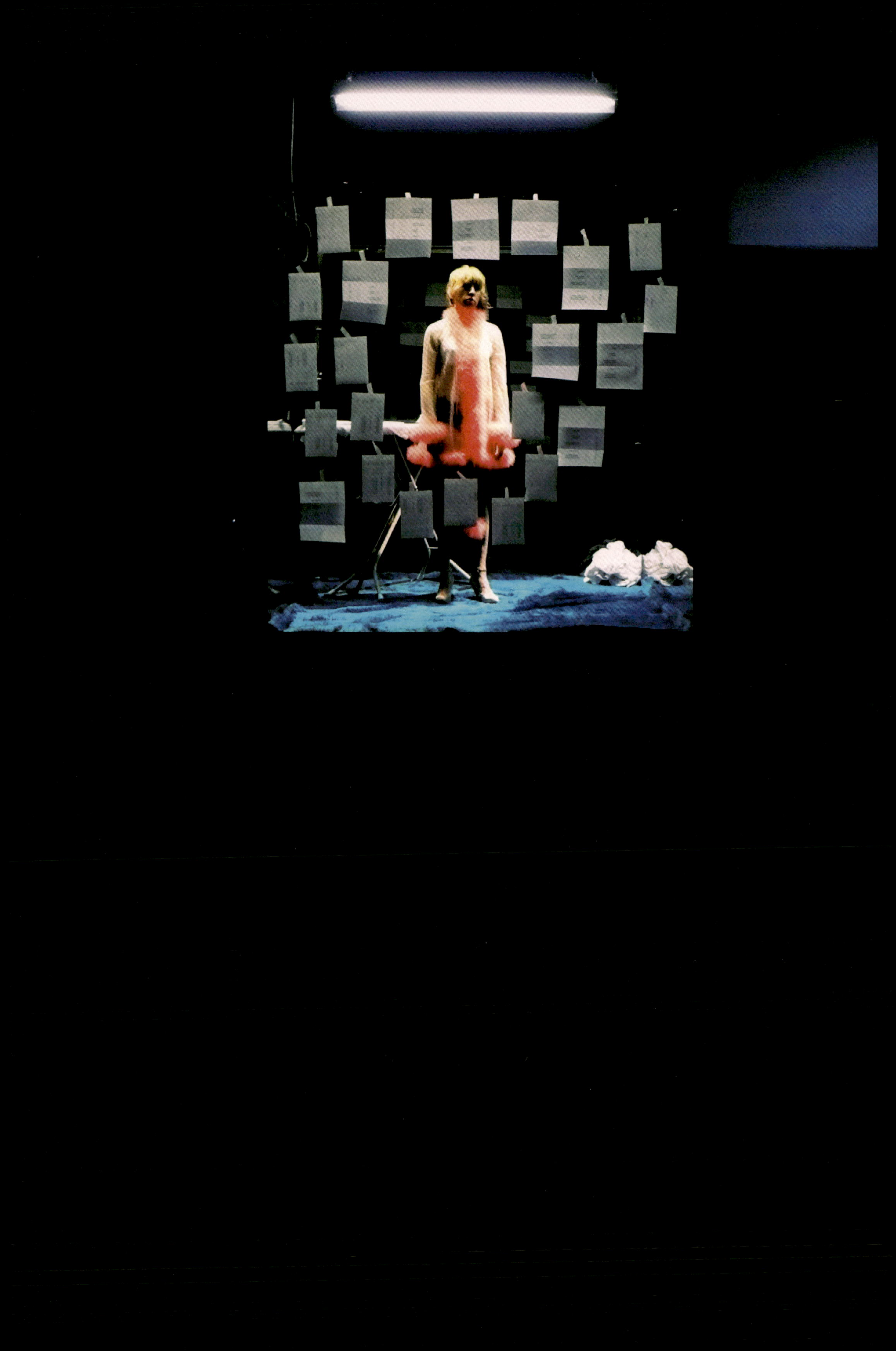

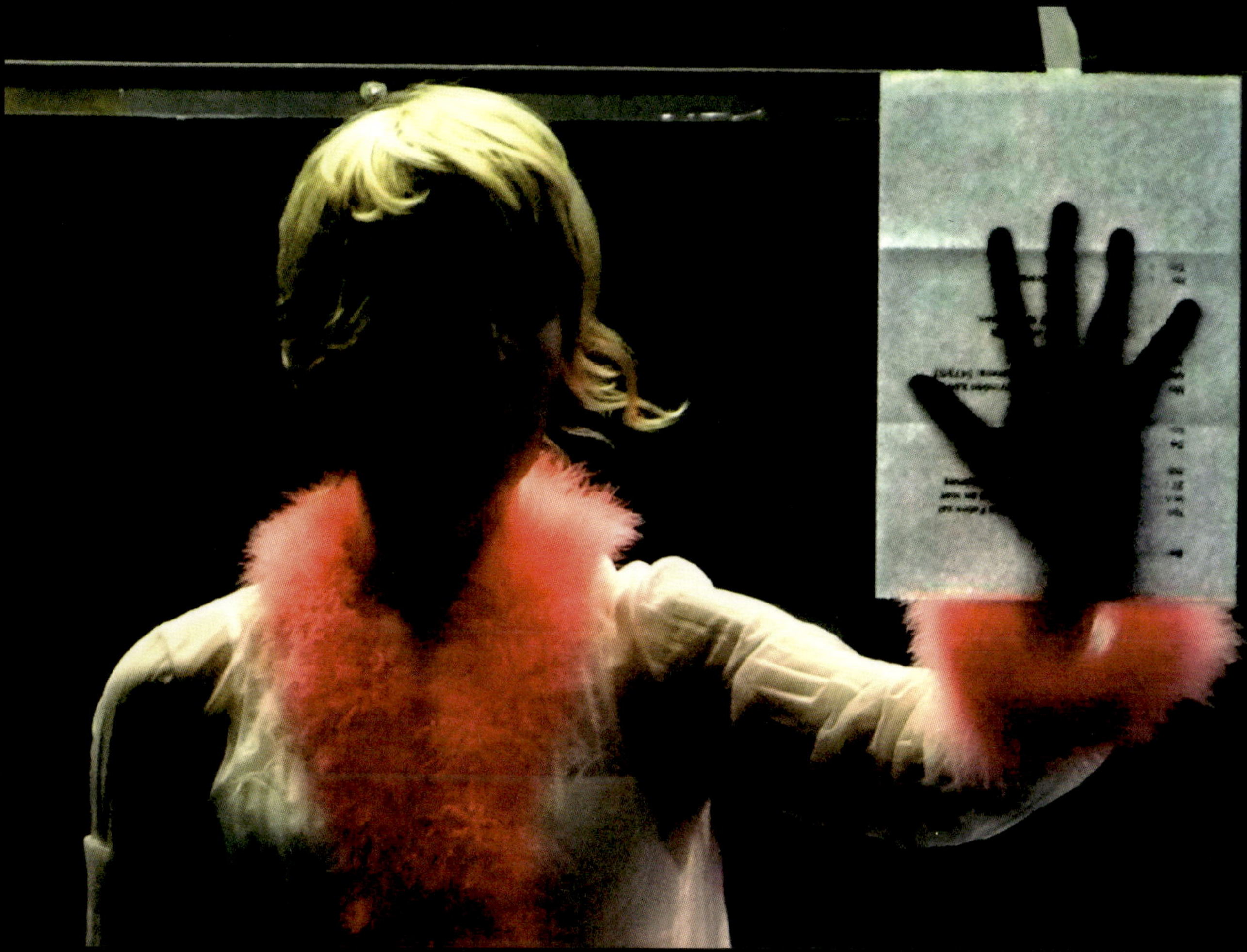

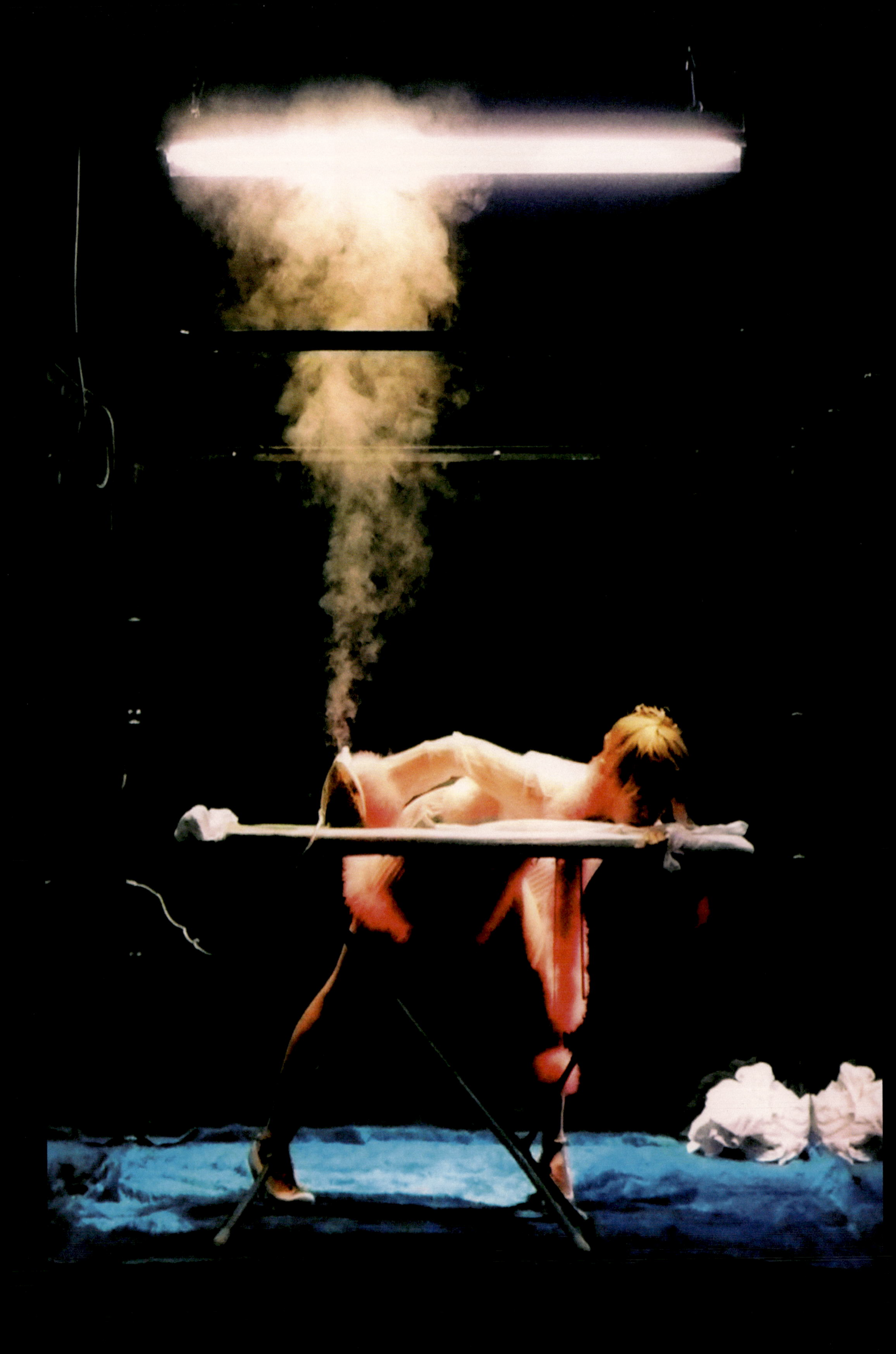

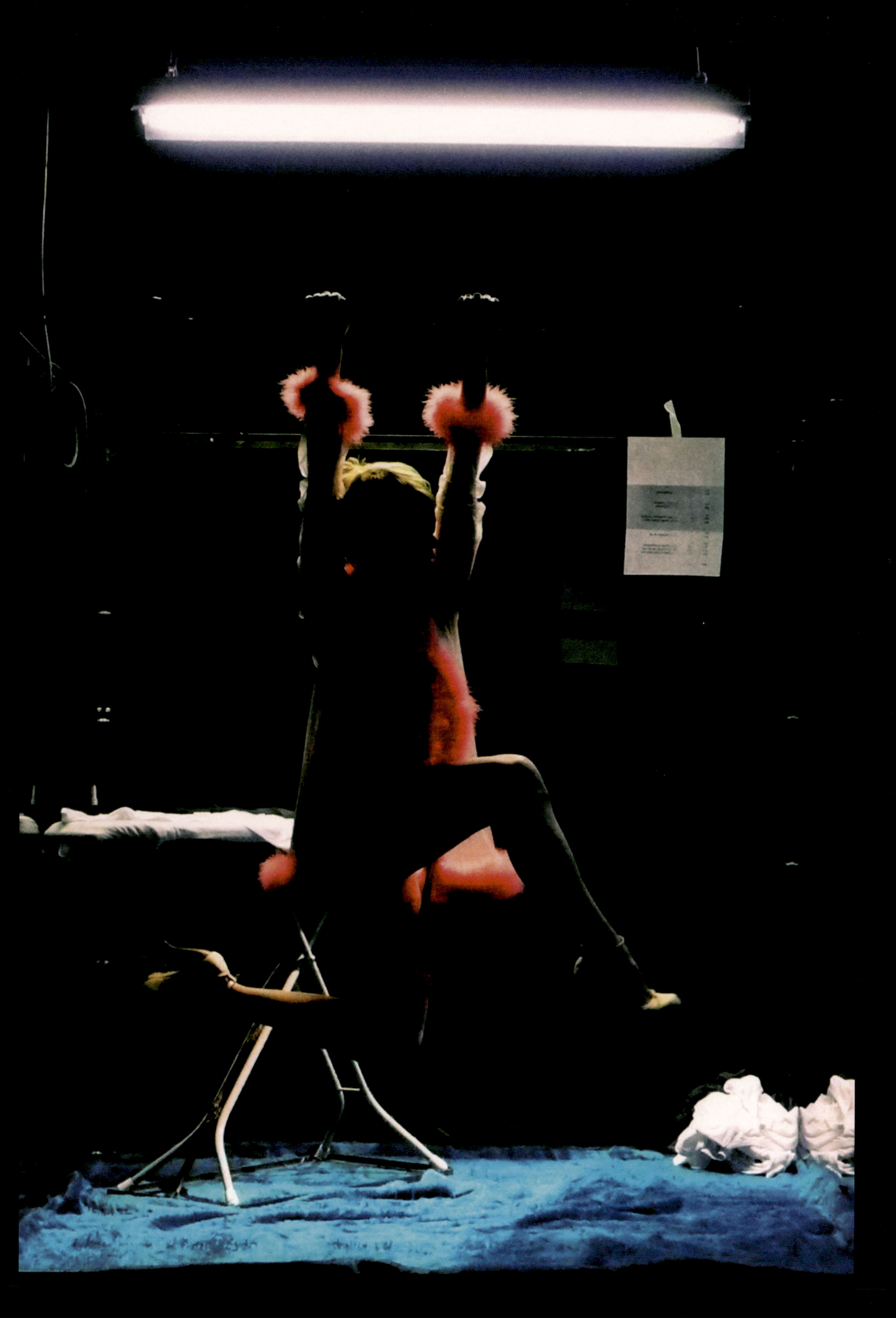

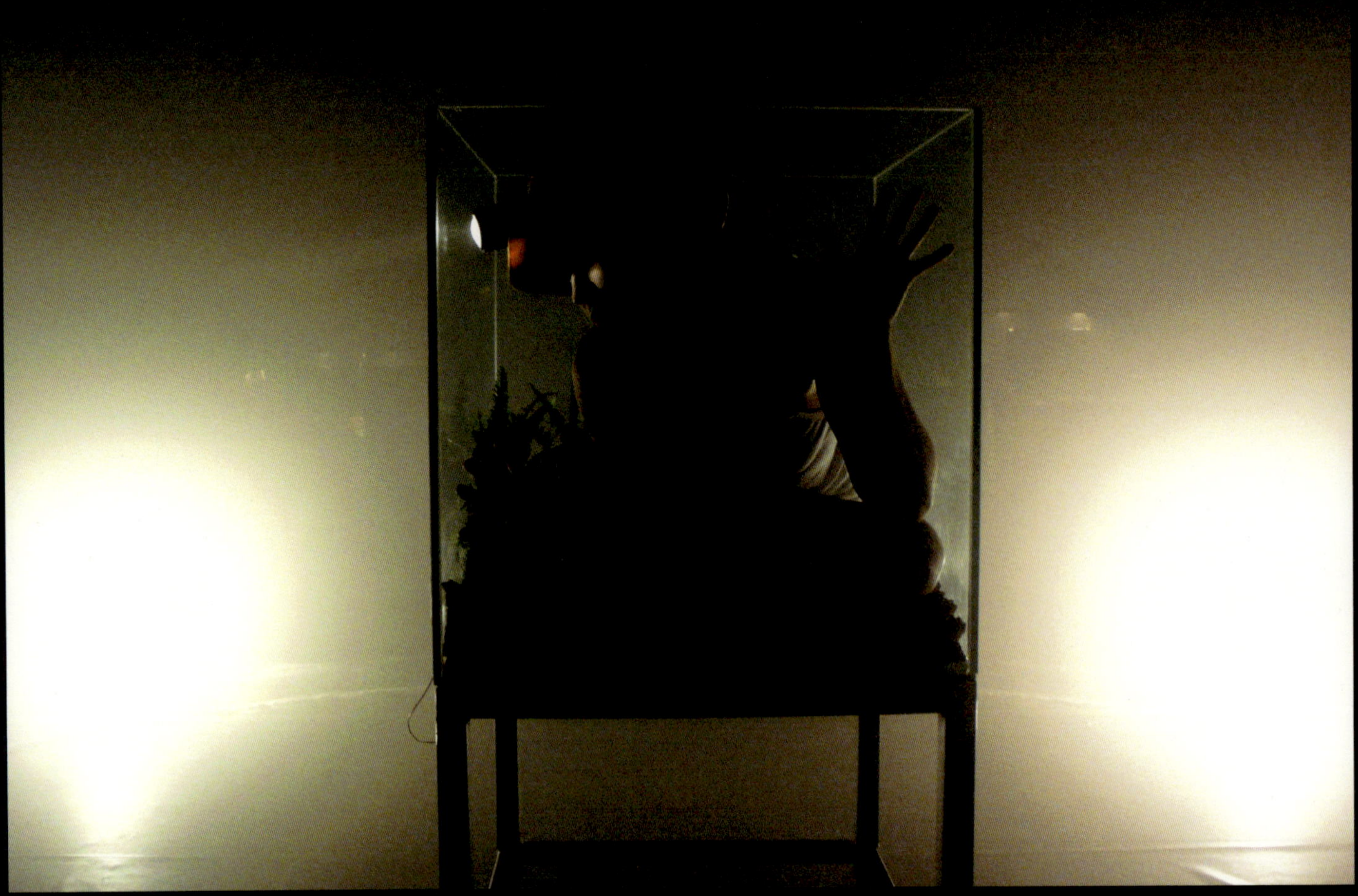
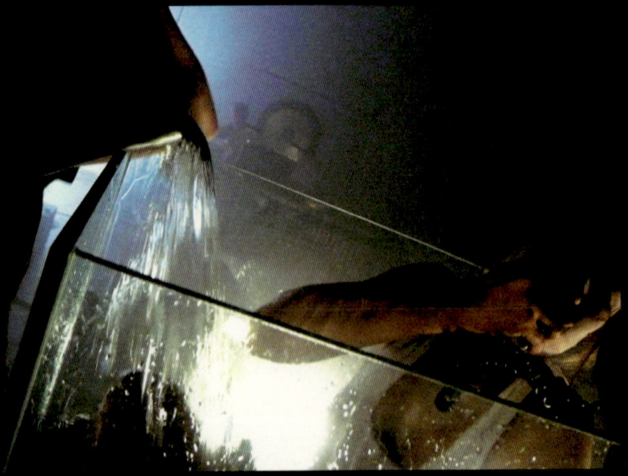
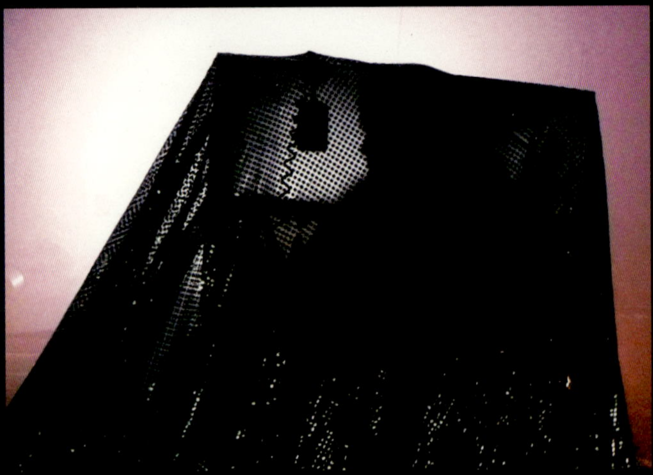

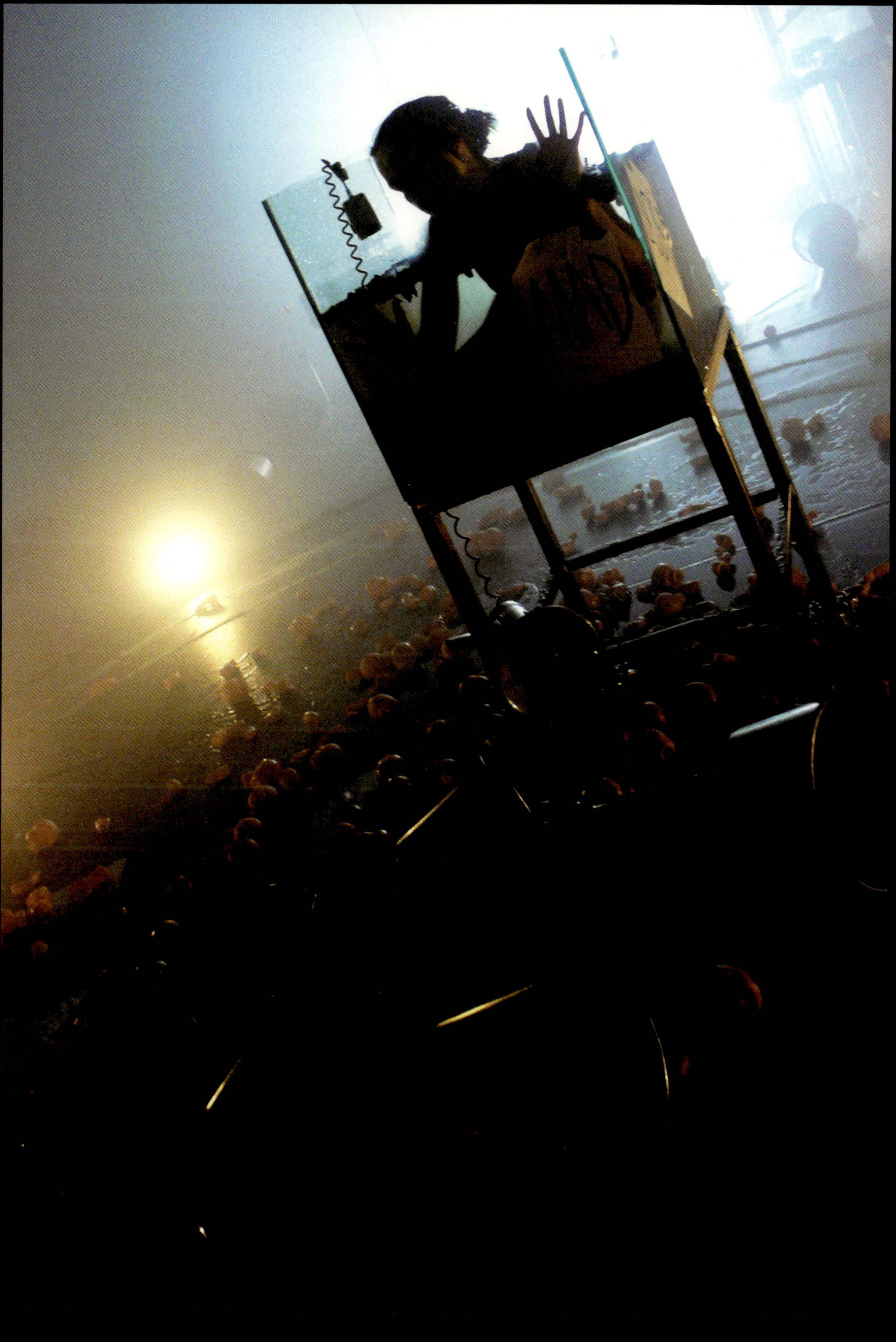

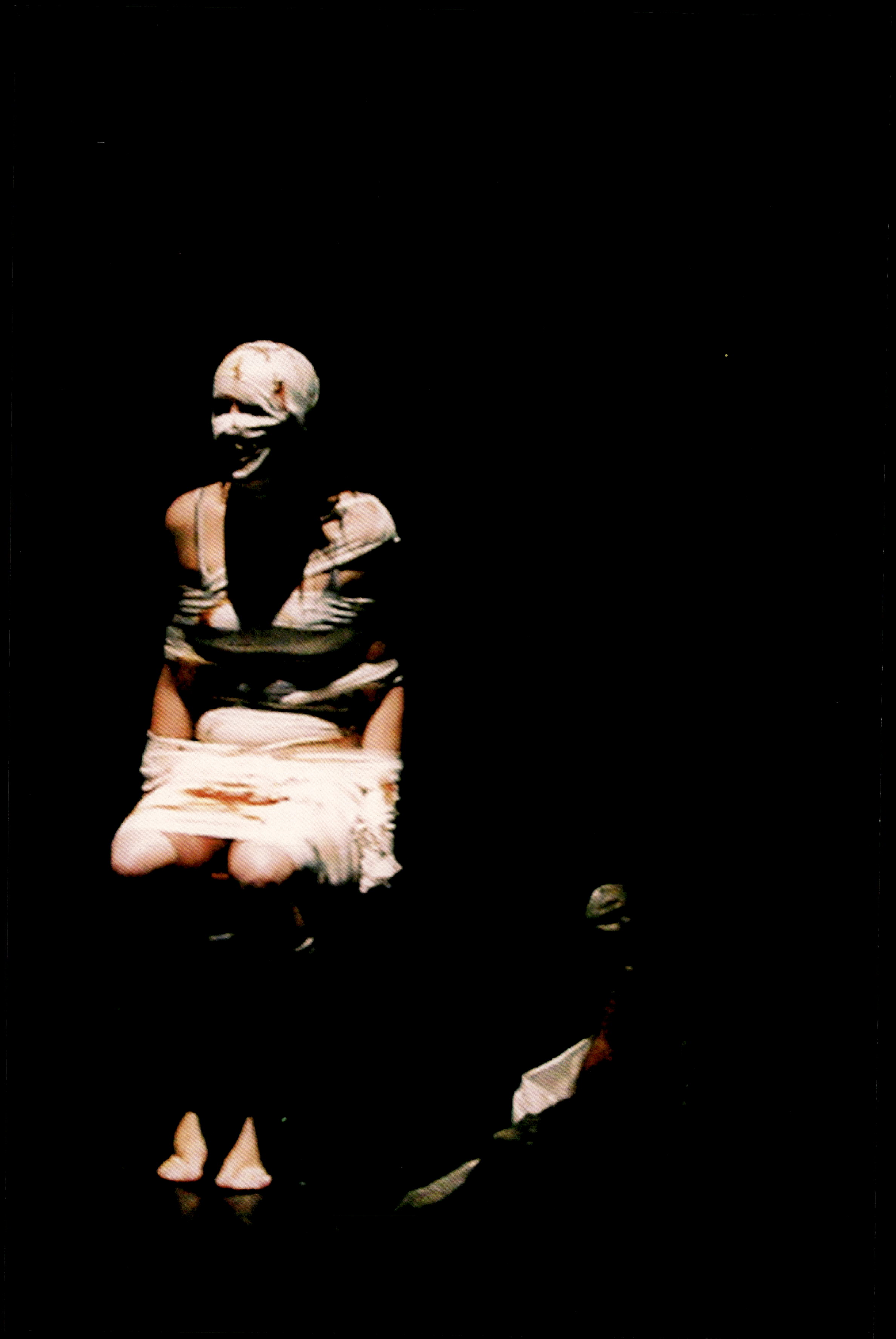

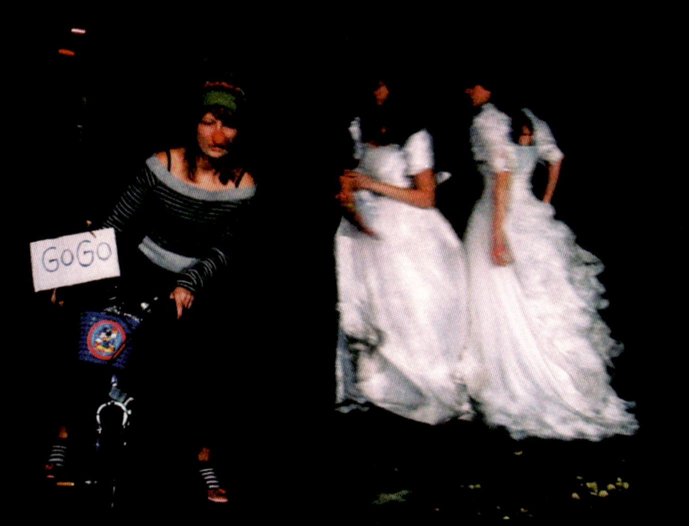
GoGo

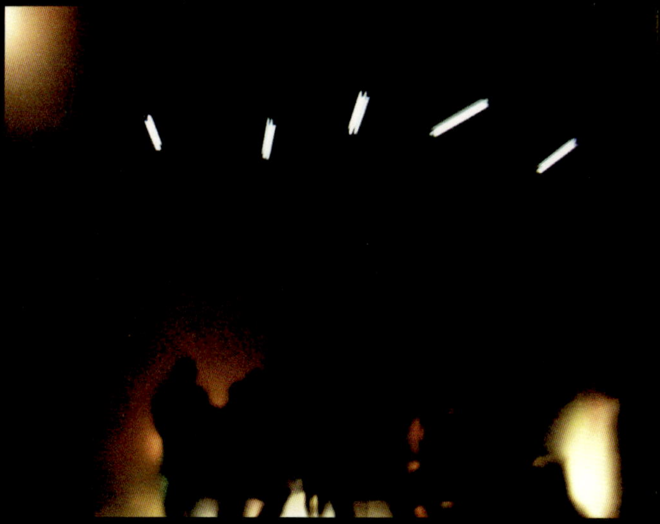

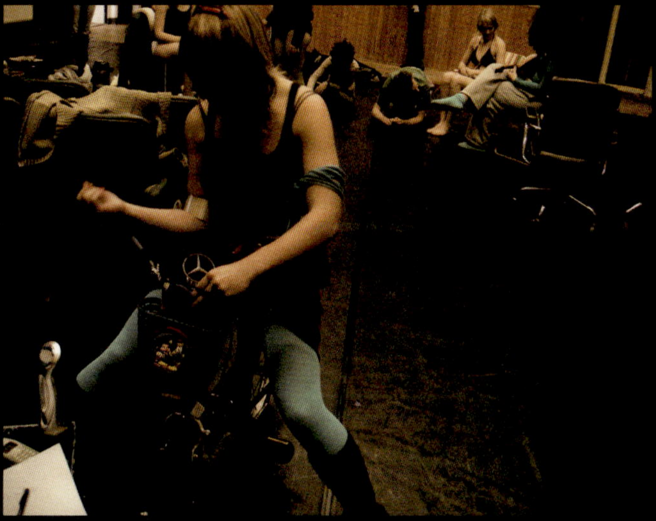

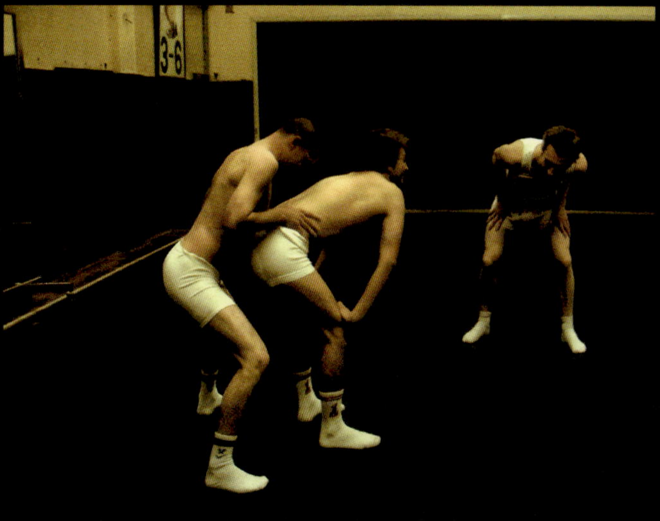
3-6

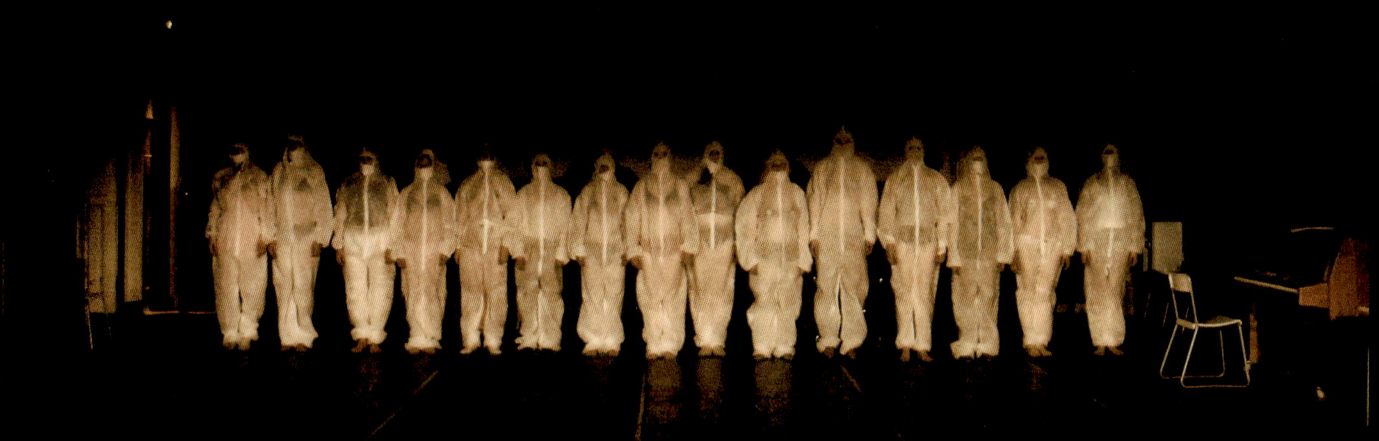

–komt tot zien–komt tot zien–
Heden ter uwer vermaak
'Tine's Routine'!!!
met Tine Van den Wyngaert
in de humoristische rolverdeling van 'Tine'

–binnenkort te koop in de betere speelgoedhaendel–

-281-

Kirsten Pieters . Pepijn Caudron . Chiel van Berkel

Testament

muziek Kreng . montage Kim Vanden Bergh . regie Stef Lernous

-283-

BELIEVE YOU ME: THE 7th SCREAM ...WILL BE...YOUR OWN!!!

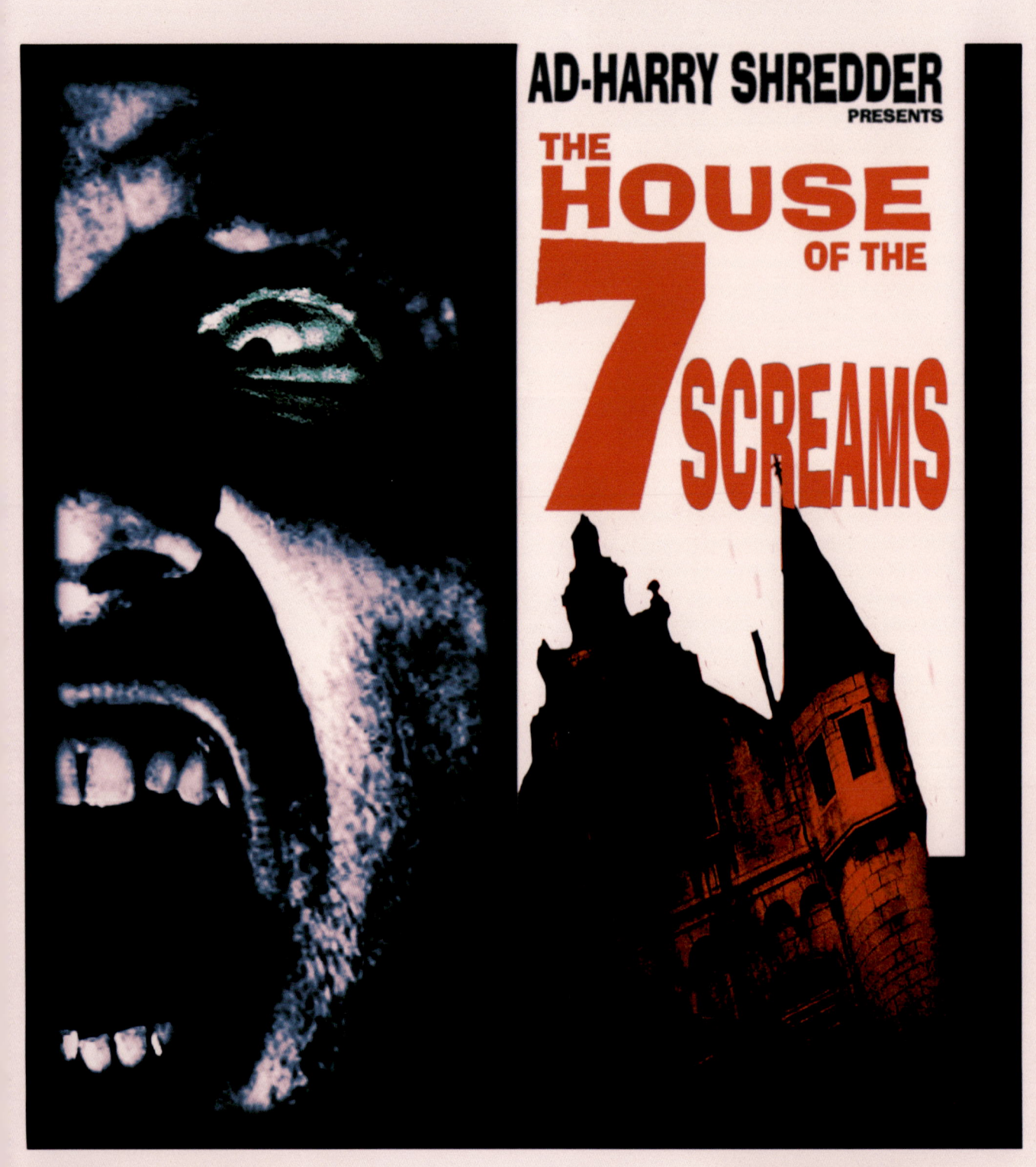

AD-HARRY SHREDDER
presents

THE HOUSE OF THE 7 SCREAMS

STARRING
TINE VAN DEN WYNGAERT . PEPYN CAUDRON . STEVEN GEERTS
CO-STARRING
LAURA AERNOUDT . BARBARA CLAES . WILFRIED PATEET-BORREMANS

WRITTEN AND DIRECTED BY
AD-HARRY SHREDDER
PRODUCED BY
ABATTOIR FERMÉ

-285-

script

Tin Van den Wyngaert
Peijn Cauron
Ciel Van Berkel

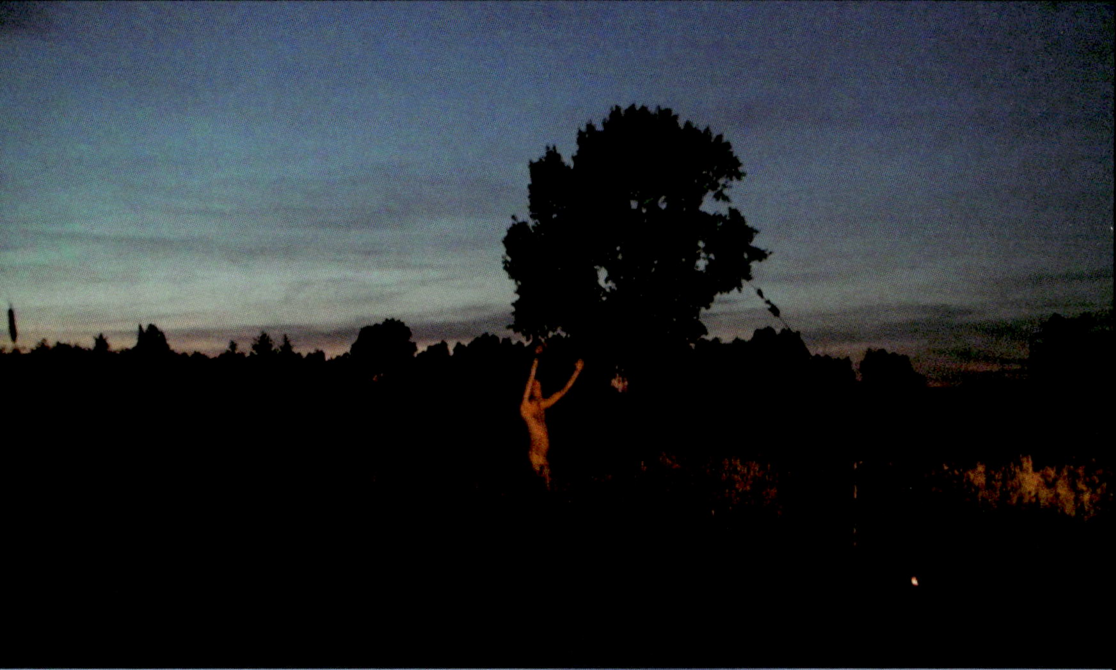

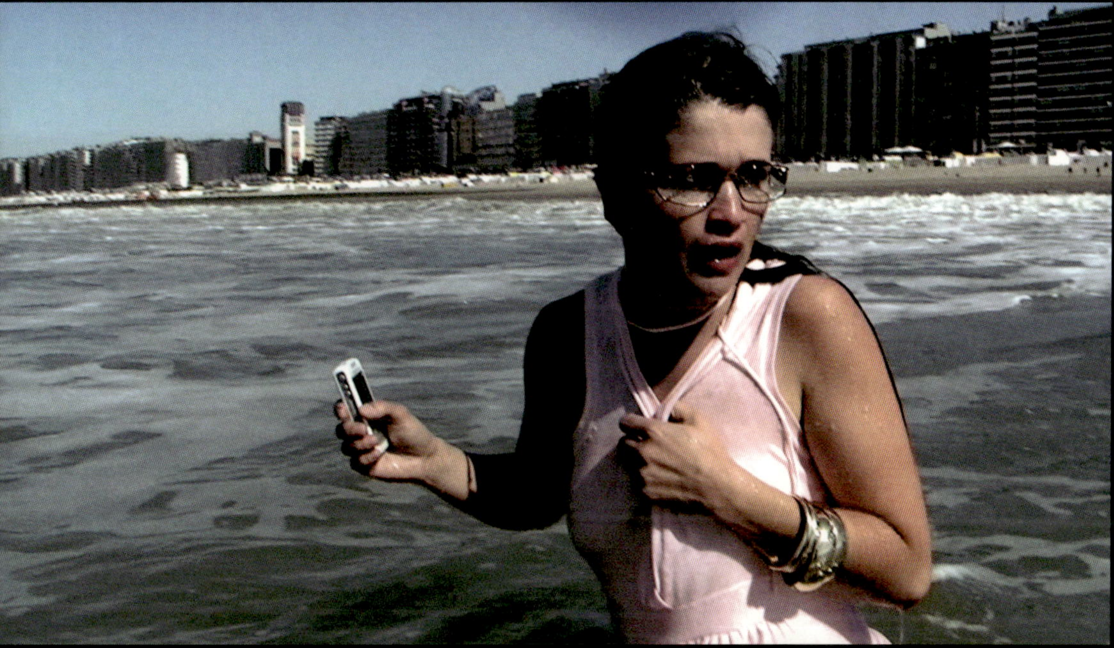

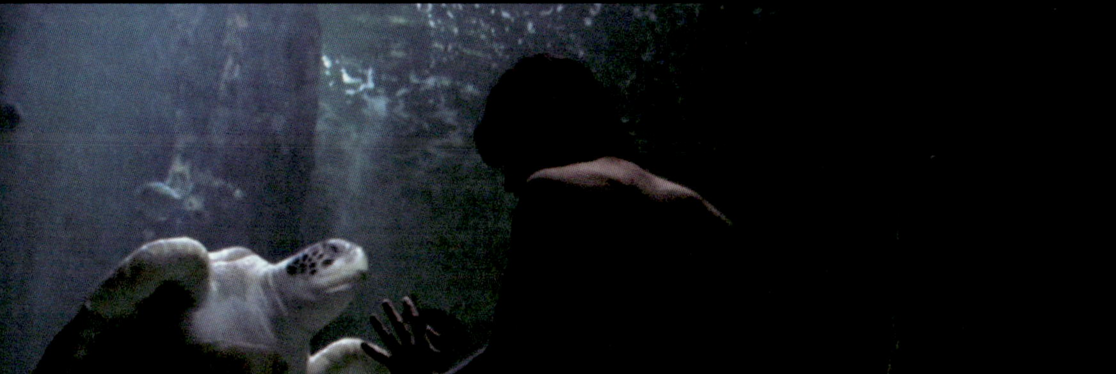

he was neither **MAN** nor **PHIBIAN** but **SHE** **LOVED** him just the **SAME**

Olga

Ilsa

Inga

Gretl

MANPHIBIAN

STARRING
CHARLOTTE VANDERMEERSCH . PEPIJN CAUDRON . TINE VAN DEN WYNGAERT
CO-STARRING
EMILIE JONET . LAURA AERNOUDT . KIRSTEN PIETERS

WRITTEN AND DIRECTED BY
AD-HARRY SHREDDER

MANPHIBIAN™

NO SHOW

TINE VAN DEN WYNGAERT . MIEKE LAUREYS . MANOU KERSTING . CHIEL VAN BERKEL

MUSIC BY KRENG . DIRECTED BY STEF LERNOUS

-291-

NOMINATIE BESTE DOCUMENTAIRE SCHELDAPEN TOONEELLELEL — 2006 ANTWERPEN

NOMINATIE BESTE DOCUMENTAIRE BELLUARD FESTIVAL — 2006 FRIBOURG

NOMINATIE BESTE DOCUMENTAIRE FESTIVÅL TLÖN, ORBIS TERTIUS — 2006 UQBAR

Babe LeStrange en Valentine LeStrange in

Transmutation Device

een documentaire

Une performance dans laquelle je coupe la tête de 84 souris avec les dents.

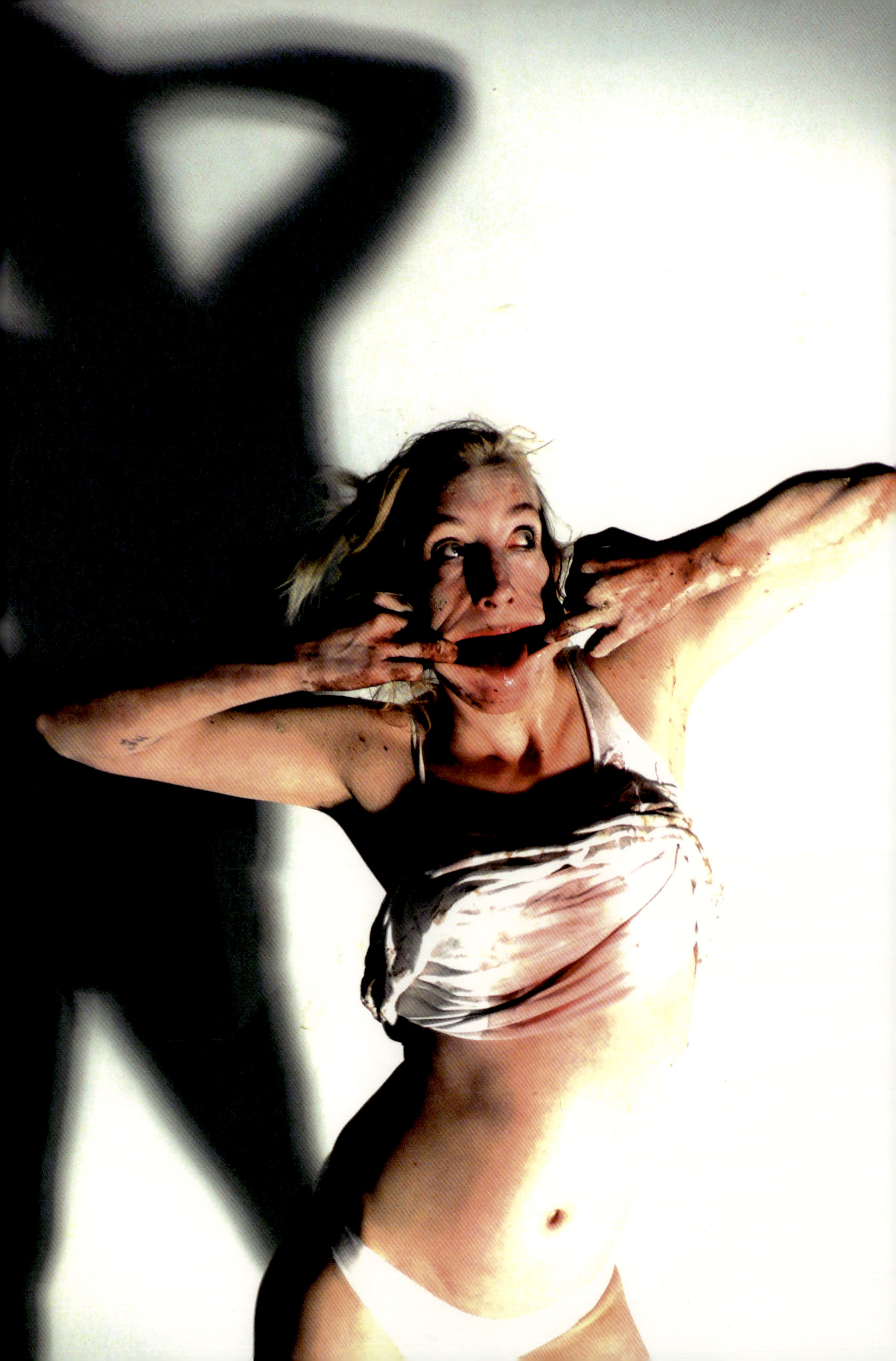

Elke . Tine . Eva . Ragna . Barbara . Laura

Sweeter Than Roses

The Interdimensional Polygamist

met Kirsten Pieters . Montage Kim Vandenbergh . Regie Stef Lernous

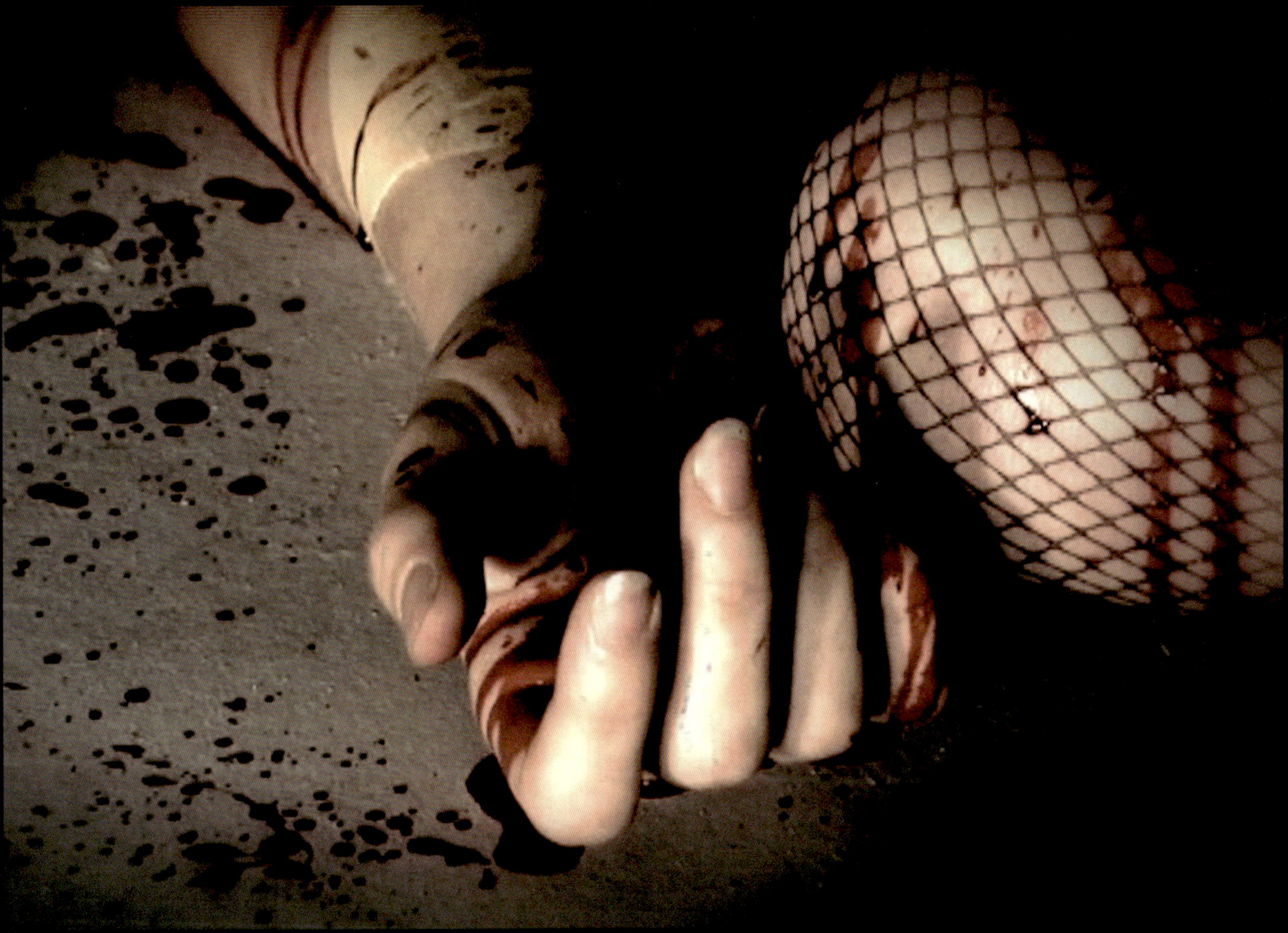

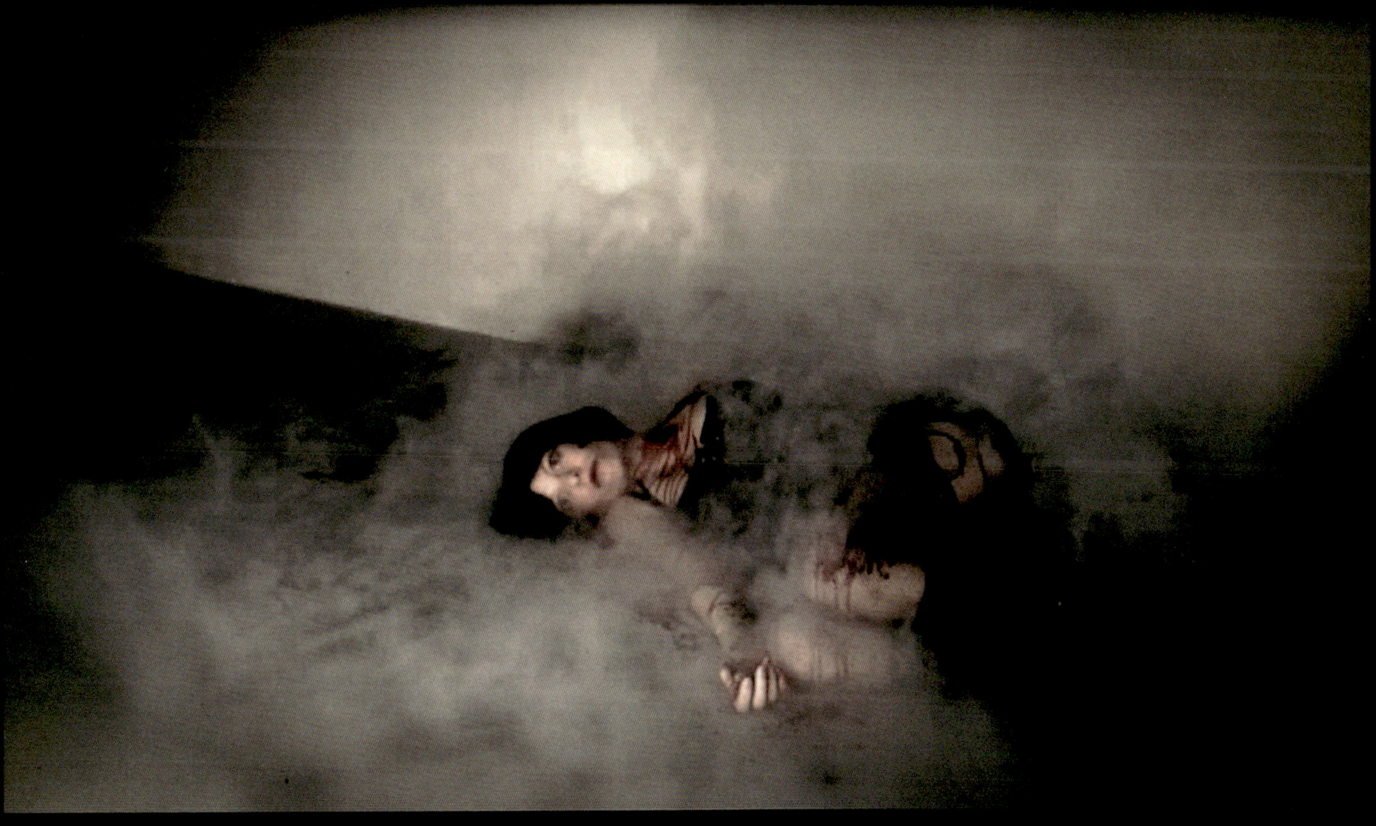

Prothese.

- hulpstuk voor een nieuwe wereld -

-299-

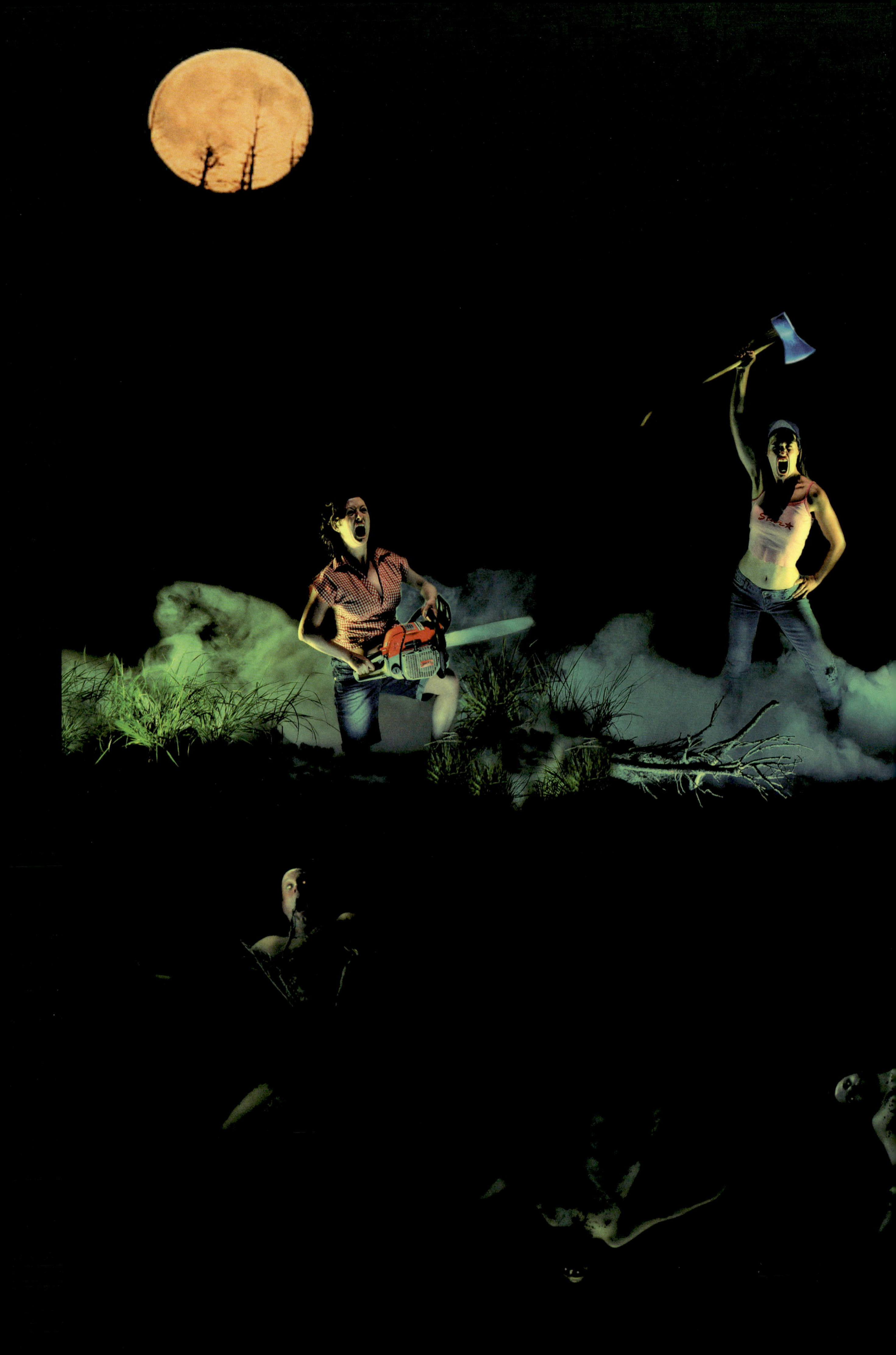

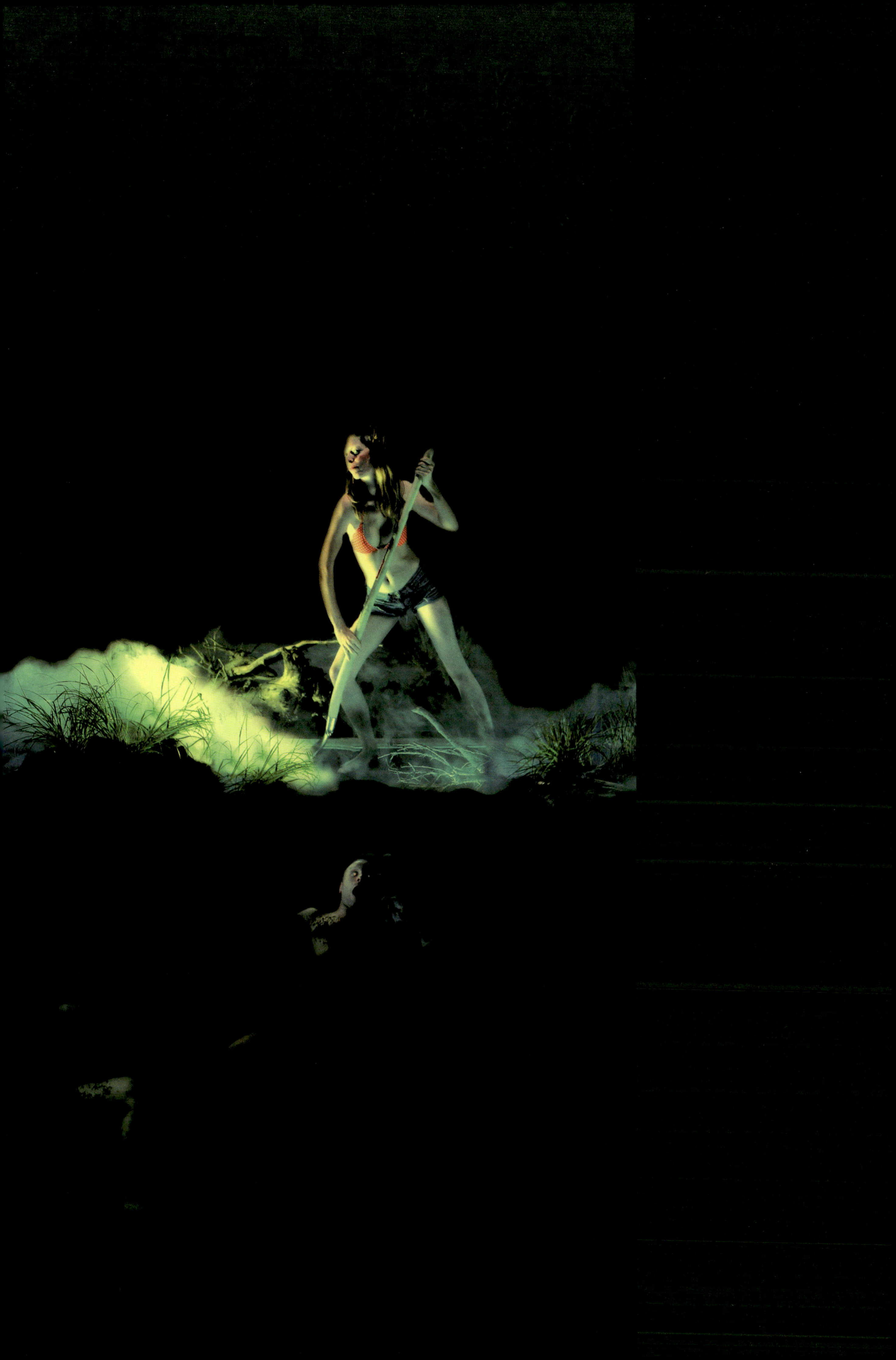

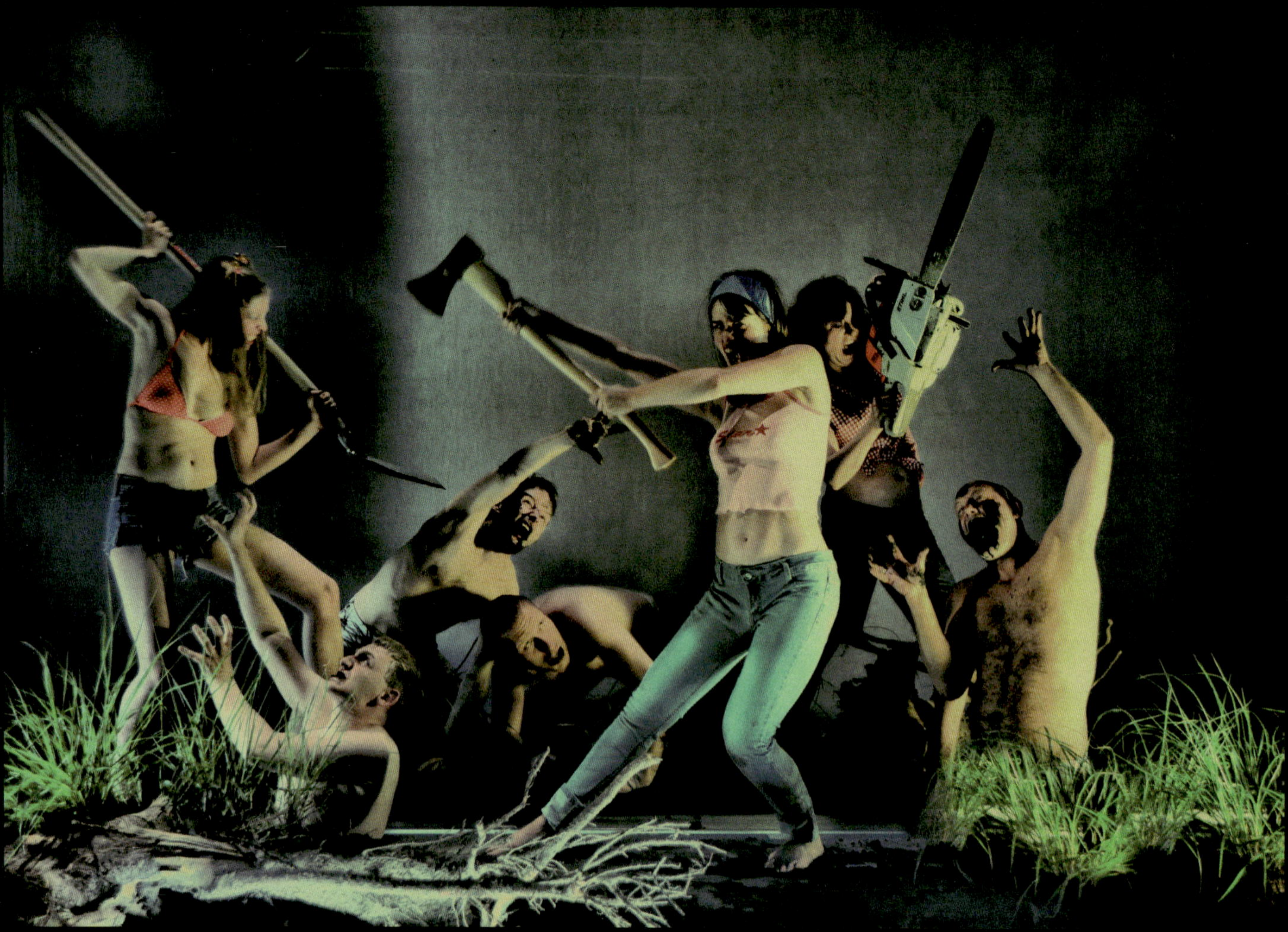

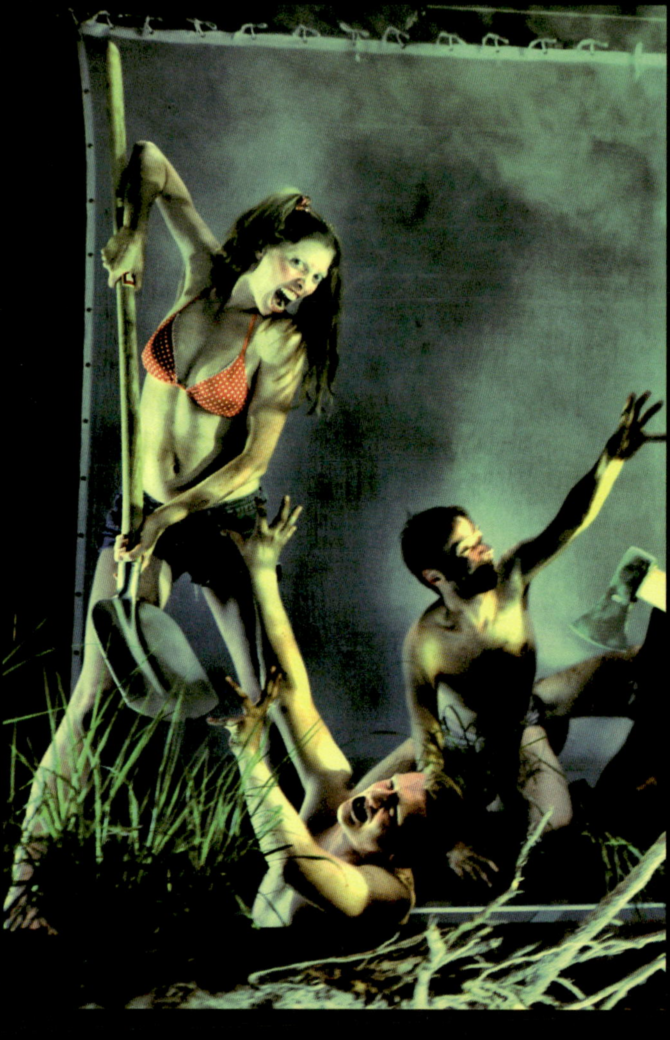

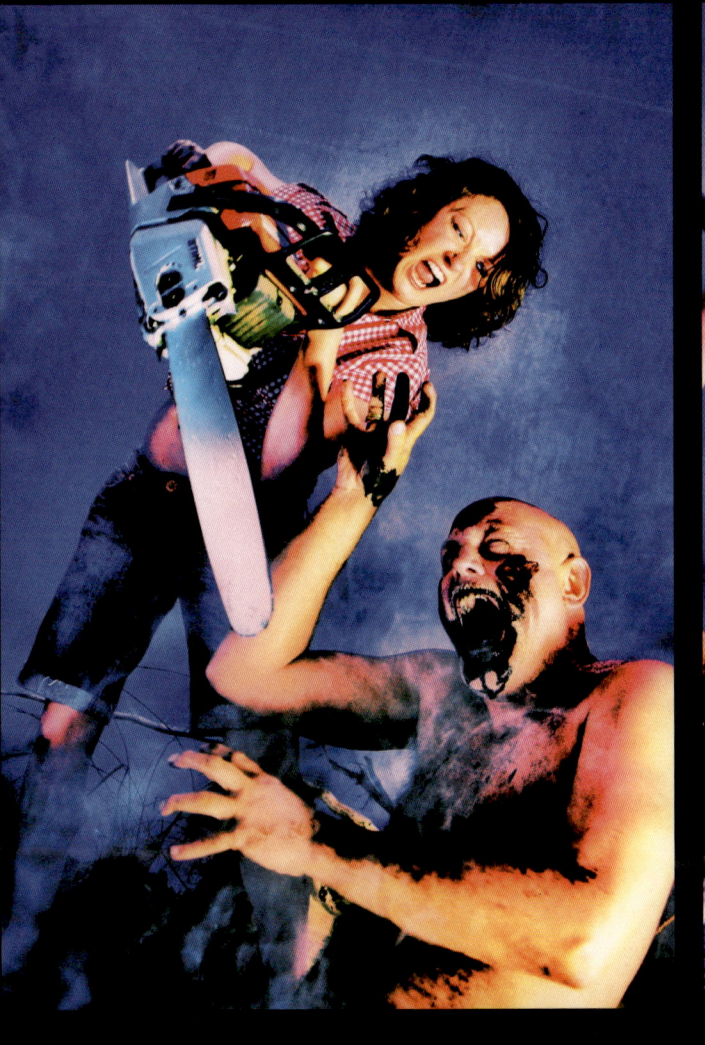

-303

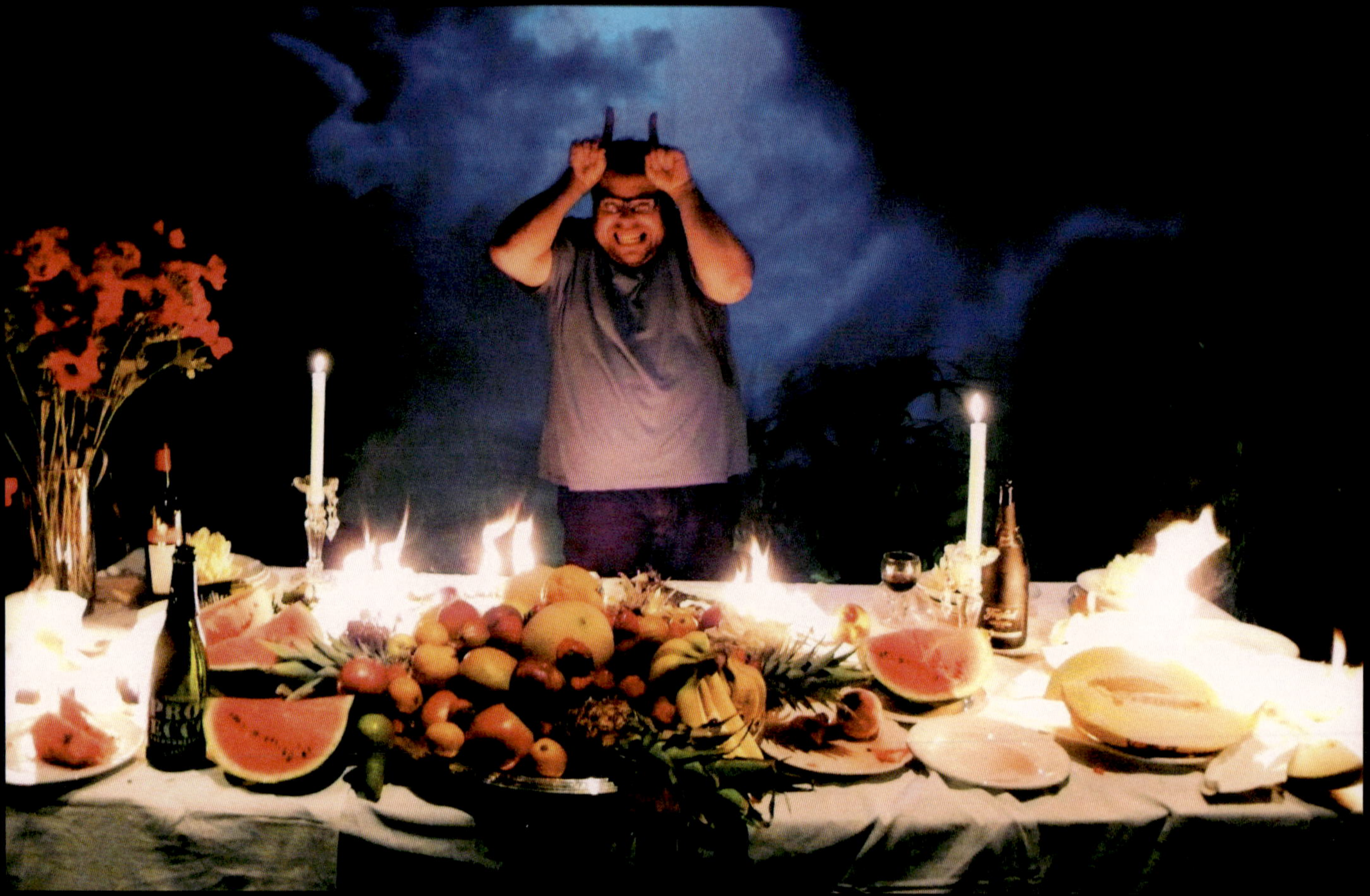

APPENDIX

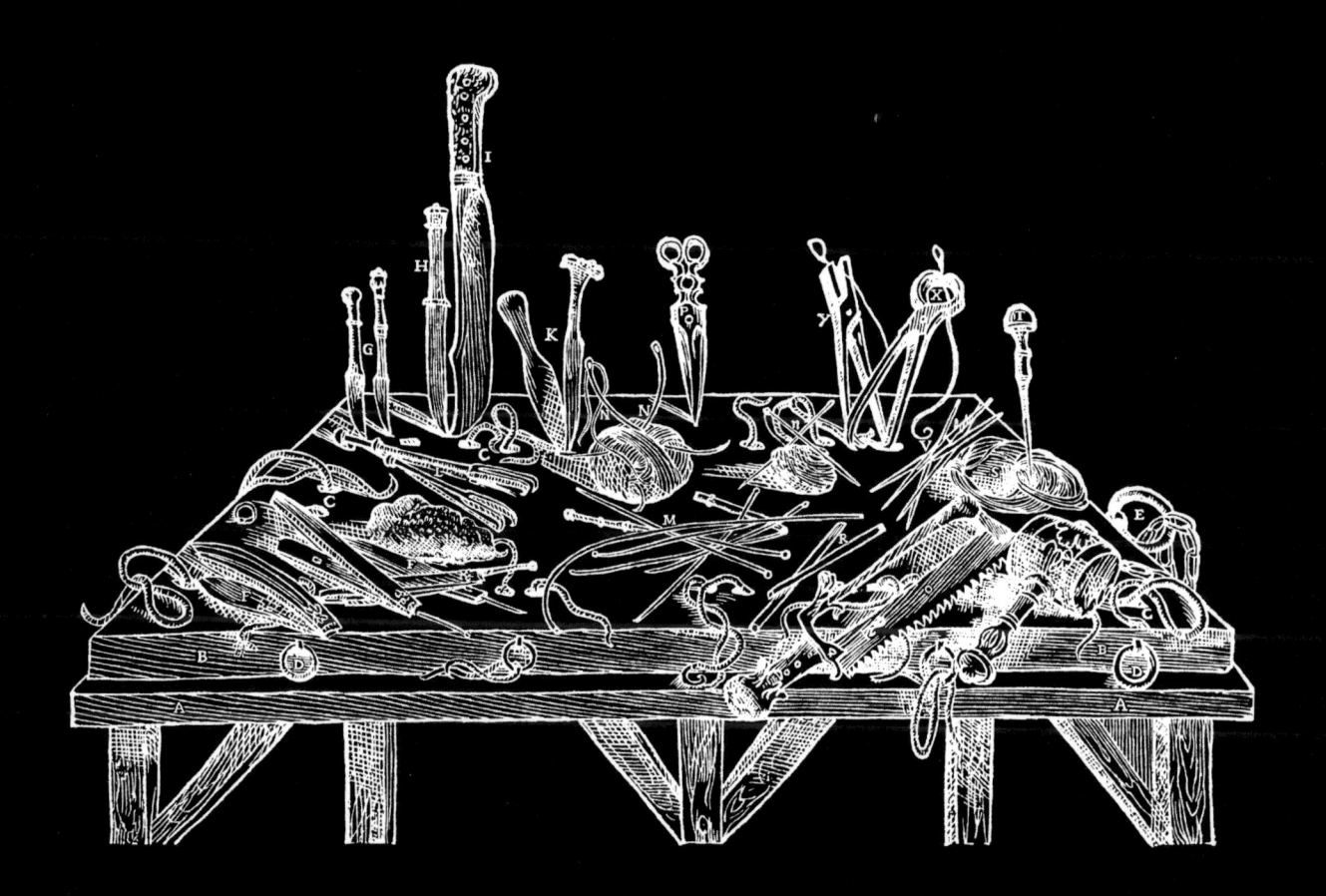

Capsule, *Hard-boiled* (2007)

Joost, *Moe maar op en dolend* (2005)

Tine

Nick

Marleen Decabooter en Bart Vanvoorden

Mieke Laureys, *Moe maar op en dolend* (2005)

Stef, Tom Rummens

Laura Aernoudt, *Naked Lunch*, RITS (2008)

Damien Trapletti, *Naked Lunch*, RITS (2008)

Super Seance (2003)

Jeroen Vanderven, *Naked Lunch*, RITS (2008)

Koen Kerckhofs en Dirk Verstockt, repetitie *Het Hof van Leyden en Afzien* (2003)

Repetitie *Het Hof van Leyden en Afzien* (2003)

Super Seance (2003)

Kirsten, *Testament, Cinérama* (2008)

Tine en Chiel

Tine

Marleen Decabooter en Bart Vanvoorden

Jeroen Vanderven, *Naked Lunch*, RITS (2008)

Super Seance (2003)

Ans Van den Eede en Laura Aernoudt, *Naked Lunch*,

Naked Lunch, RITS (2008)

Nick

Geboortekaartje Boon, zoon van Tine en Koen

Chiel & Tine

Chiel

Dirk Verstockt en Leen Laconte, worst in Zürich

Hard-boiled-affiche in de achtergrond van een pornofilm

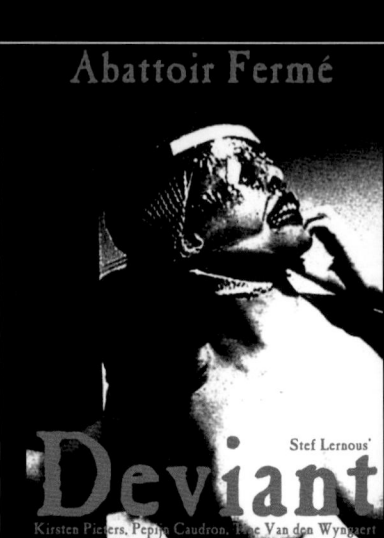

Voormalige repetitieruimte Lorettenklooster

Affiche voor het nooit gemaakte *Deviant*

Nick en Joost, Canter's Deli, West Hollywood

Nick en Joost, Melrose, West Hollywood

Nick

Leen Laconte

Repetitiepand in running

Stef, Sarah Vangeel, Amber Goethals, *Bloetverlies* (2004)

Laura Aernoudt en Nele Vereecken, *A Streetcar Named Desire*, RITS (2006)

Zaad en snaren (2006) i.s.m. Master na Masteropleiding Theaterwetenschappen, U.A. 2005-2006

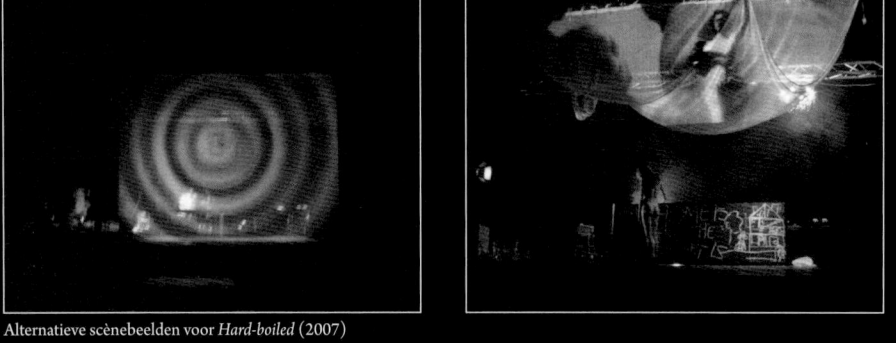

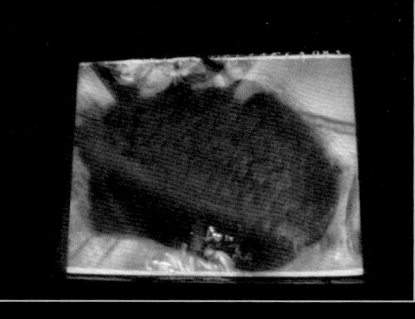

Alternatieve scènebeelden voor *Hard-boiled* (2007)

Alternatieve affiches voor *Tourniquet* (2007)

Chiel

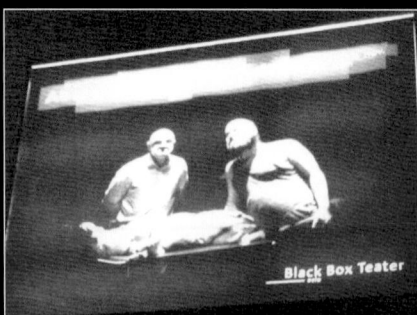

Indie, Black Box, Oslo

Indie, Black Box, Oslo

Indie, Black Box, Oslo

Indie, Black Box, Oslo

Indie, Black Box, Oslo

Indie, Black Box, Oslo

Indie, Black Box, Oslo

Indie, Black Box, Oslo

Indie, Black Box, Oslo

Indie, Black Box, Oslo

Joost

Mieke Laureys, repetitie *Hard-boiled* (2008)

Tine en Pepijn

Tine

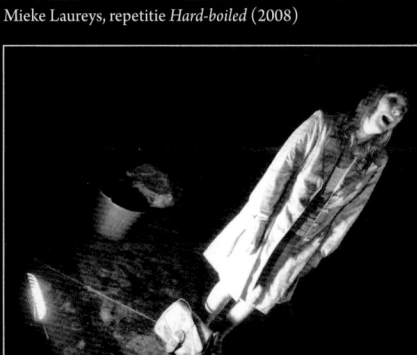

Ruth Becquart, repetitie *Snuff* (2009)

Ruth Becquart, repetitie *Snuff* (2009)

Repetitie *Snuff* (2009)

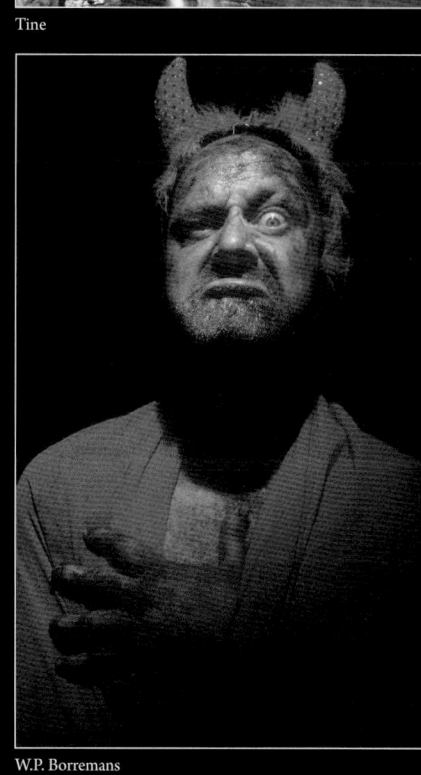

Repetitie *Snuff* (2009)

W.P. Borremans

Tines kijkkastjes

Laura en Stuart Gordon, BIFF (2008)

Kevin Trappeniers, op de set van *Manphibian, Cinérama (2008)* Kirsten, op de set van *Manphibian, Cinérama (2008)*  Kim, afscheidsfeest Dirk Verstockt

Hilde Joris, *Ontucht in het stadje M.* (2000)   *Moe maar op en dolend*, op weg naar Budapest

Repetitie *Testament* (2006)

Op de set van *Testament*, *Cinérama* (2008)

Op de set van *Testament*, *Cinérama* (2008)

Op de set van *Manphibian*, *Cinérama* (2008)

Repetitie *Mythobarbital* (2008)

Tine en Elke Van den Wyngaert, *Het Hof van Leyden en Afzien* (2001)

Tine, Elke Van den Wyngaert, Gerd Buellens, *Het Hof van Leyden en Afzien* (2001)

Tine

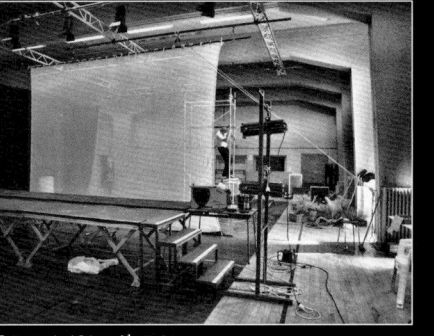

Fotosessie 10 jaar Abattoir

Fotosessie 10 jaar Abattoir

Fotosessie 10 jaar Abattoir

Chiel, Istanbul

Geboortekaartje Lucy, getekend door Dennis Tyfus

Geboortekaartje Lucy, dochter van Kirsten en Wannes

Hans Bruneel, Istanbul

Kreng at work

Laura Aernoudt, Chiel en Tine, Istanbul

Nadir en Zeynep, Istanbul

Nick

Mogelijke nieuwe repetitieplek, Mechelen

Mogelijke nieuwe repetitieplek, Mechelen

Op de set van *Future Words* (2009)

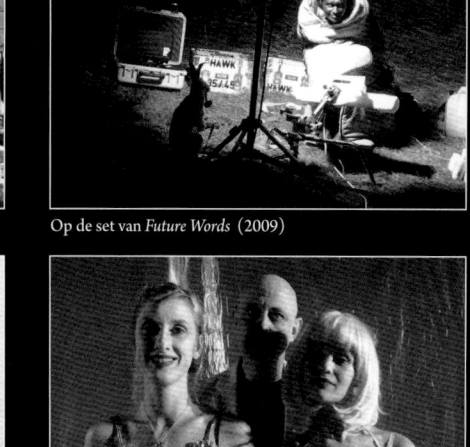

Op de set van *Future Words* (2009)

Op de set van *Future Words* (2009)

Pol Dehert

Repetitie *Snuff* (2009)

Repetitie *Snuff* (2009)

Repetitie *Snuff* (2009)

Rocky Horror at the Nuart, Santa Monica

Workshop, Istanbul

Workshop, Istanbul

Wouter Hillaert, Mesut Arslan, Istanbul

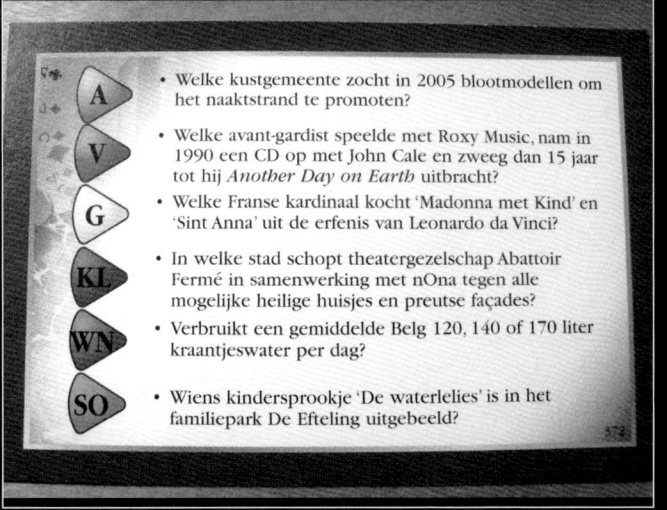

- **A** • Welke kustgemeente zocht in 2005 blootmodellen om het naaktstrand te promoten?
- **V** • Welke avant-gardist speelde met Roxy Music, nam in 1990 een CD op met John Cale en zweeg dan 15 jaar tot hij *Another Day on Earth* uitbracht?
- **G** • Welke Franse kardinaal kocht 'Madonna met Kind' en 'Sint Anna' uit de erfenis van Leonardo da Vinci?
- **KL** • In welke stad schopt theatergezelschap Abattoir Fermé in samenwerking met nOna tegen alle mogelijke heilige huisjes en preutse façades?
- **WN** • Verbruikt een gemiddelde Belg 120, 140 of 170 liter kraantjeswater per dag?
- **SO** • Wiens kindersprookje 'De waterlelies' is in het familiepark De Efteling uitgebeeld?

Trivial Pursuit: Abattoir-vraag

Trivial Pursuit GENUS™ EDITIE

- **A** Bredene
- **V** Brian Eno
- **G** Richelieu
- **KL** Mechelen
- **WN** 120 liter
- **SO** Koningin Fabiola

Eerste verbouwing, repetitieplek, loods

Jan Devos, Geert Opsomer

Kirsten

Just Linda, Dro

Moe maar op en dolend, Cesena

Moe maar op en dolend, Cesena

Moe maar op en dolend, Cesena

Moe maar op en dolend, Societas Raffaello Sanzio, Cesena

Moe maar op en dolend, Cesena

Mythobarbital, Istanbul

Raven Ruëll, Karel Vanhaesebrouck

Stef

Tourniquet, Dro

Tine

Tourniquet, Dro

Tourniquet, Dro

Tourniquet, Dro

Tourniquet, Gardameer

Uitnodiging trouwfeest Chiel en Evelyne

Tourniquet, Gardameer

Tourniquet, Gardameer

Barbara Claes, repetitie *Nimmermeer* (2008)

Chiel, repetitie *Nimmermeer* (2008)

Mieke Laureys, repetitie *Hard-boiled* (2008)

Pepijn en Stef

Repetitie *Nimmermeer* (2008)

Repetitie *Super Seance* (2003)

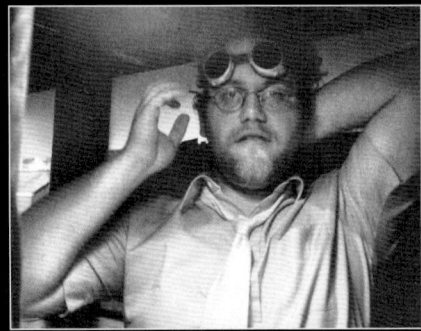

Repetitie *Super Seance* (2003)

Tine en Pepijn

Foto uitnodiging huwelijk van Nathalie en Pepijn

Huwelijk Pepijn en Nathalie

Lies en Thijs, huwelijk Pepijn en Nathalie

Tine, huwelijk Pepijn en Nathalie

Wannes en Kirsten, huwelijk Pepijn en Nathalie

Tourniquet, Lofoten

Tourniquet, Lofoten, 03.23 AM in juni (2008)

Tourniquet, Lofoten

Tourniquet, Lofoten

Tourniquet, Lofoten

Tourniquet, Lofoten

Tourniquet, Lofoten

Na een voorstelling van *Tourniquet*, Dro

ARCHIEF / ARCHIVE

1999-2000

De Jacht op de Snark
Première: 29 oktober 1999

De eerste Abattoirvoorstelling! De crew van een schip gaat op zoek naar een mythisch wezen waarvan niemand weet hoe het eruitziet. Gebaseerd op Lewis Carrolls gelijknamige nonsensgedicht.
Van en met: Tine Van den Wyngaert, Veerle Spoelders, Tino Coddé, Barbara Noteris, Ilse Mertens, Marc De Knijf, Jef De Smet, Maya Saliën, Naomi van Noordennen, Stef Lernous, Nick Kaldunski, het Hanswijk-koor

't Kruipend Vlees
Première: 21 januari 2000

Volksheid troef in café 't Kruipend Vlees waar de bazin tapdanst op Aphex Twin, kerst wordt gevierd rond een afgebrand boomeke en ze malkander wreed pijn doen.
Van en met: Barbara Noteris, Jul Thys, Werner Lefebvre, Marjolijn Boeykens, Tino Coddé, Tine Van den Wyngaert, Stef Lernous

Het Nut van Nele
Première: 28 april 2000

Een re-imagining van Tijl Uilenspiegels tocht door Breughelland en wie of wat hij daar allemaal tegenkomt. Waaronder: Filips 2 van Spanje, een varkenskweker, een hongerige leeuw en een engel.
Van en met: Gerd Beullens, Jana Kerremans, Tino Coddé, Jessie Glorie, Raf Lens, Michelle Mies, Veerle Spoelders, Line Van Assche, Jan Van den Bosch, Naomi van Noordennen, Elke Van den Wyngaert, Tine Van den Wyngaert, Preben Verberkt, Stef Lernous

1ste Nacht van de Waansmakelijke Film (maart 2000)
The Fuifth Sense (mei 2000)
Abattoir Brunché (juli 2000)

2000-2001

Ontucht in het stadje M.
Première: 6 oktober 2000

Een interpretatie van Nabokovs Lolita. Als 'foute' musical. Highlight is Constance die den duvel over de vloer krijgt waar ze thee mee drinkt. Samen zwelgen ze in synoniemen voor copulatie.
Van en met: Lies De Backer, Tino Coddé, Hilde Joris, Marc De Knijf, Jean-Claude Van der Auwera, Tine Van den Wyngaert, Nick Kaldunski, Stef Lernous

De Ongewervelden
Première: 10 november 2000

Kunstenaars komen samen en spelen 'artistieke' interpretaties van Edward Goreys werk. Een blokfluitsextet, plotloze verhalen, veel stout gegiechel en liedjes over renaissancegerechten.
Van en met: Sara Vaes, Jan Van den Bosch, Els Maes, Victor Peeters, Laura Vanhalle, Lies De Backer, Line Van Assche, Jana Kerremans, Stef Lernous, A.R.S.E.! (Gert De Meester, Koen Candries, Roel Spoelders)

Ves Bloet: zes voorstellingen
1. De laatste coupé
Première: 11 januari 2001

Een coupé waarin de reizigers een wel heel surrealistische trip beleven.
Van en met: Veerle Spoelders, Maya Saliën, Reinhilde Ardies, Stef Van Gompel

2. Josef K. made @ mistake
Première: 11 januari 2001

Een stand-uptirade over Mechelen.
Van en met: Anke Goossens, Roel Spoelders, Marjan Chaubet, Naomi van Noordennen, Devi Janssenswillen, Irene Van Gestel, Stef Lernous

3. Raah Lucie Raah
Première: 11 januari 2001
Een wannabe-schrijver huurt een kamer van een nogal merkwaardige dame.
Van en met: Nick Kaldunski, Hans Lettany, Sofie Desmet

4. Donker
Première: 19 januari 2001
De avonturen van drie zwervers, deliriums en verschijningen incluis.
Van en met: Tino Coddé, Werner Lefebvre, Gerd Beullens, Jan Van den Bosch

5. Marc & Betty
Première: 19 januari 2001
Een man krijgt een tombolalotje van Maria van Lourdes. Hij hoopt er z'n dochter een rijker leven mee te geven, maar zijn vrouw heeft andere plannen. Een bewerking van Macbeth.
Van en met: Barbara Noteris, Tess Uytterhoeven, Victor Peeters, Stef Lernous

6. Schneeweiss im Schwarzwald
Première: 19 januari 2001
Sneeuwwitje. Maar anders.
Van en met: Tine Van den Wyngaert, Raf Lens, Patrick Cronenberg, Veerle Spoelders

Het Hof van Leyden en Afzien
Première: 13 april 2001
Het lief en leed van een uitzuiperskot. De komst van een nieuw meisje, het winnen van het grote lot, een eventuele *sexchange* en veel koffie. Koffie, koffie, koffie.
Van en met: Veerle Spoelders, Stef Van Gompel, Gerd Beullens, Tine Van den Wyngaert, Elke Van den Wyngaert, Raf Lens, Stef Lernous, Victor Peeters, Lotte Kerremans

2de Nacht van de Waansmakelijke Film (november 2000)
Big Kosher Party (februari 2001)
De Abattoir Fermé All-Star Band (juni 2001)

2001-2002

De Regels van het Goor
Première: 5 oktober 2001
Een jongen vindt een meisje op het stort en moet haar de hele voorstelling door verstoppen of z'n zussen en moeder draaien er worst van. Een musical over Siamese tweelingzussen en een lijk dat Tony heet.
Van en met: Hilde Joris, Marc De Knijf, Tine Van den Wyngaert, Hans Lettany, Werner Lefebvre, Nick Kaldunski, Stef Lernous, Viki Van Iseghem, Dieter Verbeeck, Rhode Hagmeijer

De Invertebrae
Première: 1 november 2001
Een meiske verkoopt haar lief aan de duivel, maar gaat hem dan toch zoeken. Tot in het afterlife, de hel, door een schimmige familiegeschiedenis tot bij god. Ook met liedjes.
Van en met: Joyce Beullens, Tess Uytterhoeven, Winnie Meyskens, Barbara Noteris, Sofie Desmet, Marjan Chaubet, Jan Van den Bosch, A.R.S.E.! (Gert De Meester, Koen Candries, Roel Spoelders), Stef Lernous, Nick Kaldunski

Ves bloet 2: vier stukken, een filmke, een lezing en ne lounge

1. Bacchi Proles
Première: 11 januari 2002
Een moeder wast haar zoon terwijl de god Bacchus alsmaar dichter komt.
Van en met: Lies De Coster, Hans Lettany, Nick Kaldunski

2. Meiske in 't zwart
Première: 11 januari 2002
Een vampierenmeisje dat zich onlosmakelijk verbonden ziet met de geschiedenis.
Van en met: Sophie Veldeman, Victor Peeters, Stef Lernous

3. Metamorphosis, the musical
Première: 11 januari 2002
Naar Kafka. Voorts zegt de titel genoeg ...
Van en met: A.R.S.E.! (Gert De Meester, Koen Candries, Roel Spoelders), Tess Uytterhoeven, Jan Van den Bosch, Stef Van Gompel, Veerle Spoelders, Tine Van den Wyngaert

4. Play-doh macht Spass
Première: 18 januari 2002
Over dat alle talen van de wereld hun oorsprong vinden bij de kikkers.
Van en met: Tine Van den Wyngaert, Veerle Spoelders, Raf Lens, Patrick Cronenberg, Winnie Meyskens

5. De Jacht op de Snark (kortfilm)
Première: 18 januari 2002
Naar het gelijknamige gedicht van Lewis Carroll.
Van en met: Hans Lettany, De Kuskessarma, Tino Coddé, Mark De Knijf, Marjan Chaubet, Jan Van den Bosch, Jean-Claude Van der Auwera, Jan Lettany, Rik Lettany, Nena Geers, Paul Lettany, Stefan Lernous

6. Spoken word performance
Teksten van Kerouac en Burroughs gedeclameerd op jazz. Leve de Beats!
Van en met: Lernous en Kaldunski

7. De geschiedenis van de film volgens Abattoir Fermé
Van en met: een compilatie van filmfragmenten op een dj-set.

Marc & Betty - the remixes
Première: 1 februari 2002
i.s.m. Victoria, kc nOna & d.A.d.A

Marc & Betty - remix 1
Van en met: Koen Gisen, Jonas Boel, Victor Peeters, Tine Van den Wyngaert

Marc & Betty - remix 2
Van en met: Dirk Verstockt, Marlies Tack, Tess Uytterhoeven, Roland Dries

Marc & Betty - remix 3
Van en met: Jean-Claude Van der Auwera, Naomi van Noordennen, Lenny Van Wesemael, Nick Kaldunski

De Beatificatie van Nul
Première: 14 maart 2002
Fragmenten uit werk van Robert Walser en Wedekind. Vooral heel veel van de spelers zelf.
Van en met: Hans Lettany, Bram Putteneers, Line Van Assche, Ans Van den Eede, Stef Lernous, Leen De Vyver, Marjan Chaubet, Nick Kaldunski, Jan Cannaerts, Raf Van der Veken

Richard XXX
Première: 4 april 2002
Vrije interpretatie van Richard III die zich afspeelt in het pornocircuit.
Van en met: Olivier Dengis, Gerd Beullens, Viki Van Iseghem, Jean-Claude Van der Auwera, Jan Cannaerts, Veerle Spoelders, Tine Van den Wyngaert, Stef Lernous, Victor Peeters, Nick Kaldunski

Het Warme Hart van de Wereld
Première: 30 mei 2002
Twee vrouwen 'branden' een jonge man tot vader van hun wraakengel.
Van en met: Tine Van den Wyngaert, Stef Lernous, Lillie Verlinden, Jul Thys, Jan Cannaerts, Roland Dries, Patrick Cronenberg, Geert Ooms

Abattoir Brunché II (september 2001)
3de Nacht van de Waansmakelijke Film (november 2001)
Staat van de Stad - coleire van Nick Kaldunski (maart 2002)
Staat van de Stad - coleire van Stef Lernous (maart 2002)
De grootse Abattoir Fermé afscheidsfuif (april 2002)

2002-2003

Dial H for...*
Première: 30 oktober 2002
Over het Ministerie van Wederopbouw. Maar het had ook iets van *De Collega's*. Maar anders.
Van en met: Amber Goethals, Nick Kaldunski, Joost Vandecasteele

Het Hof van Leyden en Afzien: remix
Première: 14 mei 2003
i.s.m. kc nOna
Van en met: Annemie Wittocx, Stef Lernous, Koen Kerckhofs, Nick Kaldunski, Tine Van den Wyngaert, Lies De Backer, Dirk Verstockt

Het foute sprookjesbos - installatie Stef Lernous (september 2002)
Memorie 60 jaar deportatie - lezing Nick Kaldunski & Tine Van den Wyngaert (oktober 2002)

2003-2004

Bloetverlies
Première: 14 januari 2004
Een schrijver gevangen tussen twee harpijen van vrouwen, begint collectief mee te menstrueren.
Van en met: Sarah Vangeel, Amber Goethals, Stef Lernous, Nick Kaldunski, Tine Van den Wyngaert

Galapagos
Première: 27 april 2004
Vier donkere personages verbonden met donkere praktijken in een donker hotel.
Van en met: Tine Van den Wyngaert, Nick Kaldunski, Stef Lernous

Tines Routine
Première: 13 juli 2004
Tine unleashed! Losgelaten op scène in een onnavolgbare comedy-routine.
Van en met: Tine Van den Wyngaert, Stef Lernous

2004-2005

Life on the Edge
Première: 21 oktober 2004
Een tocht langs leven en werk van een aan het stendhalsyndroom lijdend artiest.
Van en met: Nick Kaldunski, Kirsten Pieters, Joost Vandecasteele, Griet Boels, Stef Lernous, Kreng

Indie
Première: 25 mei 2005
Een kennismaking met bewoners van een appartementsgebouw waarboven
een zwart gat zweeft dat alles naar zich toe zuigt.
*Van en met: Chiel van Berkel, Joost Vandecasteele, Pepijn Caudron, Kreng, Geert Vandyck,
Lotte Troch, Stef Lernous, Nick Kaldunski*

Glimp, een performance (april 2005)
Van de liefde, van de dood. Een spoken word. (juni 2005)

2005-2006

Moe maar op en dolend
Première: 20 oktober 2005
Een universum van slaapwandelaars, fantoomverkrachtingen, asfyxie en Henry Purcell.
*Van en met: Joost Vandecasteele, Mieke Laureys, Tine Van den Wyngaert, Stef Lernous, Kreng,
Natasja Morren, Nimfa Tegenbos, Kim Rens*

Prothese
Première: 15 februari 2006
I.s.m. Unie der Zorgelozen
Een theatrale lezing met ideeën en beelden van over heel de wereld, uit heel veel disciplines.
*Van en met: Matthias Depypere, Bart Huybrechts, Nick Kaldunski, Stef Lernous, Klaartje Mertens, Geert Opsomer,
Kim Rens, Geert Six, Joost Vandecasteele, Tine Van den Wyngaert*

Tinseltown
Première: 17 mei 2006
Over het kunstenaarsschap en hoe W.P. Borremans werd wie hij nu is.
*Van en met: Chiel van Berkel, Kirsten Pieters, Tine Van den Wyngaert, Stef Lernous, Joost Vandecasteele,
Kreng, Margerita Sanders, Nick Kaldunski, Kim Rens, Isabelle Willems, Nele Baert*

Transmutation Device
Première: 5 juli 2006
Een mockumentary en performance van kunstenaarsduo Valentine en Babe LeStrange.
Van en met: Chiel van Berkel, Laura Aernoudt, Stef Lernous, Kreng, Marjan Chaubet, Nick Kaldunski

Galapagos wordt geselecteerd voor het Theaterfestival Vlaanderen (augustus 2005)
**Stef Lernous leidt een workshop voor de theaterwetenschappers van de Universiteit Antwerpen, die uitmondt
in de voorstelling Zaad en snaren** (april-juni 2006)

2006-2007

Testament
Première: 19 oktober 2006
Een regisseur wiens hoofd wordt afgesneden door zijn geliefde. Een beschrijving van de laatste
beelden hem op 't oogvlies gebrand.
*Van en met: Pepijn Caudron, Kirsten Pieters, Chiel van Berkel, Stef Lernous, Kreng, Margerita Sanders,
Kim Rens, Marjan Chaubet, Nick Kaldunski, Bram Putteneers, Kim Vandenbergh*

Marie Bain
Première: 4 november 2006
I.s.m. BRONKS
Een verhaal over een madam die heel graag kookt en zichzelf klaarmaakt voor haar geliefde.
Van en met: Tine Van den Wyngaert, Dolores Bouckaert

Lala-land
Première: 16 januari 2007
Een jonge vrouw in een universum dat haar filmisch aandoet. Hoe ze haar partner leert kennen tijdens de screening van een Mister Panda-film.
Van en met: Tine Van den Wyngaert, Stef Lernous, Kreng, Joost Vandecasteele

Testament – The Remix
Première: 1 maart 2007
Van en met: Pepijn Caudron, Kirsten Pieters, Chiel van Berkel, Stef Lernous, Kreng, Margerita Sanders, Kim Rens, Marjan Chaubet, Nick Kaldunski, Kim Vandenbergh

Tourniquet
Première: 16 mei 2007
Drie spoken van mensen geven zich over aan een nacht van rituelen waarbij ze zichzelf door de geschiedenis draaien via een grote machine.
Van en met: Ragna Aurich, Chiel van Berkel, Joost Vandecasteele, Stef Lernous, Kreng, Margerita Sanders, Kim Rens, Leo de Nijs, Tine Van den Wyngaert, Marjan Chaubet, Nick Kaldunski

Moe maar op en dolend wordt door Romeo Castellucci uitgenodigd bij Sòcìetas Raffaello Sanzio in Cesena, Italië (februari 2007)

2007-2008

Hard-boiled
Première: 17 oktober 2007
I.s.m. Capsule & Troubleyn/Jan Fabre
Een jonge vrouw lijdt schipbreuk en spoelt aan op de oevers van de Styx.
Van en met: Laura Aernoudt, Kirsten Pieters, Tine Van den Wyngaert, Stef Lernous, Capsule, Kim Rens, Margerita Sanders, Nathalie Tabury, Nick Kaldunski

Mythobarbital
Première: 23 januari 2008
Een trio van zombies dat zich verveelt, verglijdt van rollenspel in rollenspel in een dode wereld.
Van en met: Kirsten Pieters, Tine Van den Wyngaert, Chiel van Berkel, Stef Lernous, Kreng, Joost Vandecasteele, Leo de Nijs, Kim Rens, Jan Hardies, Nathalie Tabury en Nick Kaldunski

Just Linda
Première: 1 februari 2008
I.s.m. Troubleyn/Jan Fabre
Linda als studieobject van twee professoren begaan met het paargedrag van kikkers.
Van en met: Linda Adami, Stef Lernous, Kreng

Tinseltown wordt geselecteerd voor het Theaterfestival Vlaanderen (augustus 2007)
Abattoir Fermé wordt laureaat van de CultuurPrijzen Vlaanderen - categorie Podiumkunsten (februari 2008).

2008-2009

Nimmermeer
Première: 4 oktober 2008
I.s.m. De Maan
Een heel lelijk pyromaan kind wordt een gruwelijk necrofiele oude man, verslaafd aan formol.
Een musical met poppen voor kindjes vanaf acht.
Van en met: Stef Lernous, Chiel van Berkel, Barbara Claes, Paul Contryn, Kreng, Margerita Sanders, Sven Van Kuijk, Stéphane Vloebergh, Lieve Van Luyck, Tine Van den Wyngaert, Nathalie Tabury, Laura Aernoudt, Nick Kaldunski

They Eat People
Première: 16 oktober 2008
I.s.m. Union Suspecte
Het relaas van de incidentrijkste verkiezingscampagne ooit op vaderlandse bodem.
Van en met: Joost Vandecasteele, Ruud Gielens, Zouzou Ben Chikha, Mourade Zeguendi

Cinérama
Première: 22 oktober 2008
I.s.m. met IDeA/ RITS (EHB)
Een onderzoeksproject waarbij wordt onderzocht hoe met weinig budget en nog minder kunde toch film kan worden gedraaid. Twee maanden werken leverde een tiental kortfilms op.
Van en met: Stefan Lernous, Kirsten Pieters, Chiel van Berkel, Pepijn Caudron, Kreng, Tine Van den Wyngaert, Joost Vandecasteele, Nathalie Tabury, Nick Kaldunski, Sven Van Kuijk, Kim Rens, Selma Alaoui, Manuel Haezebrouck, Pierre Megos, Ine Pieters, Kevin Trappeniers, Pieter Van Den Bosch, Emilie Jonet, Laura Aernoudt, Mayumi Sugitani, Sander Michiels, Brecht Beuselinck, Niels Huijers, Pieterjan Coppejans, Koen Goossens, Jonas Govaerts, Charlotte Vandermeersch, Steve Geerts, Manou Kersting, Mieke Laureys, Barbara Claes, Magali Pingaut, Eva Schram, Ragna Aurich, Elke Van den Wyngaert, Carlotta Caudron, Viktor Caudron, Dieter De Mulder, Kim Vandenbergh

Æon
Première: 27 november 2008
I.s.m. LOD
Een jonge vrouw roept een duivel op, een duivel die op haar beurt de grote, oude god Cthuluh aanbidt.
Van en met: Stef Lernous, Daan Janssens, Els Mondelaers, Hannelore Muyllaert, Pedro Guridi, Wim Segers, Sven Van Kuijk, Sofie De Wulf, Pieter-Jan Jordens

Snuff
Première: 23 april 2009
Een choreografie langs moord en bloed in de kunstgeschiedenis. Langs serial killers en autopsieën, het oude Rome en de brand van Londen.
Van en met: Stef Lernous, Ruth Becquart, Chiel van Berkel, Tine Van den Wyngaert, Kreng, Margerita Sanders, Sven Van Kuijk, Leo de Nijs, Nathalie Tabury, Nick Kaldunski, Kobe Ramakers, Annelies Van Assche, Kristien Van Driessche

Selectie Nederlands Theater Festival (TF) voor Tourniquet (augustus 2008)
Deelname aan Het spel van de waanzin *in het Museum Dr. Guislain* (november 2008)
Stef Lernous geeft een masterclass aan de Université Paris X te Parijs (maart 2009)
Nimmermeer *wordt geselecteerd voor het Theaterfestival Vlaanderen* (augustus 2009)

Dit boek kwam tot stand door

Nick Kaldunski, Stef Lernous, Nathalie Tabury (redactie)
Thijs Louis (vormgeving)
New Goff (drukwerk)

Met steun van de Vlaamse overheid — DOMMELHOF — cultuurcentrum mechelen

Abattoir Fermé is

Pepijn Caudron, Nick Kaldunski, Stef Lernous, Kirsten Pieters, Nathalie Tabury,
Chiel van Berkel, Tine Van den Wyngaert, Sven Van Kuijk & guests.

Copyrights

Copyright of all photographs: Stef Lernous, unless indicated otherwise.
Met dank aan Kaat Celis (www.kaatcelis.com), Liesbet Peremans, Maaike Buys,
Lore Troch en Ronny Wertelaers.
Illustrations at the beginning of each chapter from *De humani corporis fabrica* by Andreas Vesalius,
courtesy of Professor Daniel Garrison, Northwestern University (USA).

Thank you

in de eerste plaats het publiek, zonder wie we nooit bestonden;
alle spelers, medewerkers, stagiairs, vrijwilligers en samenwerkende partners van Abattoir Fermé 1999-2009;
alle schrijvers, fotografen en medewerkers aan deze publicatie;
Uitgeverij Lannoo; Drukkerij New Goff.

Special thanks

Pol Dehert; Dirk Verstockt;
de hele kc nOna-crew, in het bijzonder Marleen Decabooter, Bart Vanvoorden,
Axel Doumen en An De Hondt;
het bestuur van Abattoir Fermé: Leen Laconte, Tom Vanden Eede, Niels Van Campenhout;
Staf en Liza; Minister van Cultuur Bert Anciaux;
de Unie der Zorgelozen, vooral Geert Six en Klaartje Mertens;
het Cultuurcentrum Mechelen en in het bijzonder Koen Leemans;
Productiecentrum Dommelhof; Joost Vandecasteele;
Mieke Laureys; Veerle Malschaert; Charlotte Vandermeersch; Margerita Sanders;
Ragna Aurich; Geert Vandyck; Griet Boels; Ruth Becquart;
Laura Aernoudt; Justine Ghekiere; Lies Van Dionant; Kevin Trappeniers;
Karel Vanhaesebrouck; RITS – de afdeling Dramatische Kunsten;
Joon Bilcke; Katrien Darras; Geert Opsomer; Mark Geurden; Koen Vanhove; Jan Fabre;
Kim Rens; Marjan Chaubet; Capsule; Cis Bierinckx; Sven Åge Birkeland
en als laatste: criticus Guido Lauwaert, die zolang hij ons werk niet kan luchten,
bevestigt dat we goed bezig zijn.

Nen dikke merci, allemaal!
Good night, ladies, good night, sweet ladies, good night, good night.

© Uitgeverij Lannoo nv, Tielt, 2009
ISBN 978 90 209 8533 7
D/2009/45/513– NUR 670

All rights reserved. No part of this publication may be reprinted or reproduced or utilised in any form or by any electronic, mechanical or other means, not known or hereafter invented, including photocopying and recording, or in any information storage or retrieval system, without the prior permission in writing from the publisher.

www.lannoo.com
www.abattoirferme.be